AF275106

COLEX

Disfrute gratuitamente **DURANTE UN AÑO** de los eBook y audiolibros de las obras de Editorial Colex*

- ⊘ Acceda a la página web de la editorial **www.colex.es**

- ⊘ Identifíquese con su usuario y contraseña. En caso de no disponer de una cuenta regístrese.

- ⊘ Acceda en el menú de usuario a la pestaña «Mis códigos» e introduzca el que aparece a continuación:

RASCAR PARA VISUALIZAR EL CÓDIGO

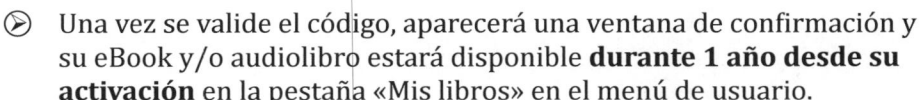

- ⊘ Una vez se valide el código, aparecerá una ventana de confirmación y su eBook y/o audiolibro estará disponible **durante 1 año desde su activación** en la pestaña «Mis libros» en el menú de usuario.

---

* Los audiolibros están disponibles en las ediciones más recientes de nuestras obras. Se excluyen expresamente las colecciones «Códigos comentados», «Biblioteca digital» y los productos de www.vademecumlegal.es.

No se admitirá la devolución si el código promocional ha sido manipulado y/o utilizado.

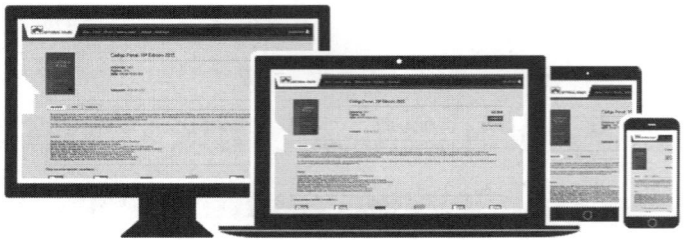

¡Gracias por confiar en nosotros!

La obra que acaba de adquirir incluye de forma gratuita la versión electrónica. Acceda a nuestra página web para aprovechar todas las funcionalidades de las que dispone en nuestro lector.

Funcionalidades eBook

Acceso desde cualquier dispositivo con conexión a internet

Idéntica visualización a la edición de papel

Navegación intuitiva

Tamaño del texto adaptable

Síguenos en: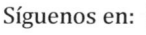

LEY REGULADORA DE LAS BASES DEL RÉGIMEN LOCAL
Y
LEY REGULADORA DE LAS HACIENDAS LOCALES

LEY REGULADORA DE LAS BASES DEL RÉGIMEN LOCAL
Y
LEY REGULADORA DE LAS HACIENDAS LOCALES

7.ª EDICIÓN 2026

(Edición actualizada a 15 de enero de 2026)

COLEX 2026

© Editorial Colex, S.L.
Calle Costa Rica, número 5, 3º B (local comercial)
A Coruña, 15004, A Coruña (Galicia)
info@colex.es
www.colex.es

I.S.B.N.: 979-13-7011-576-0
Depósito Legal: C 81-2026

LEYENDA ICONOS

Texto modificado	**Texto nuevo**

ABREVIATURAS

AAPP	Administraciones Públicas
ART	Artículo
BOE	Boletín Oficial del Estado
CCAA	Comunidades autónomas
CE	Constitución Española, de 27 de diciembre de 1978
D.A.	Disposición Adicional
D.DT.	Disposición Derogatoria
D.F.	Disposición Final
D.T.	Disposición Transitoria
LRBRL	Ley Reguladora de las Bases de Régimen Local (Ley 7/1985, de 2 de abril)
LJCA	Ley de la Jurisdicción Contencioso-administrativa (Ley 29/1998, de 13 de julio)
LO	Ley Orgánica
LPAC	Ley del Procedimiento Administrativo Común de las Administraciones Públicas (Ley 39/2015, de 1 de octubre)
LRJSP	Ley de Régimen Jurídico del Sector Público (Ley 40/2015, de 1 de octubre)
TRLRHL	Texto refundido de la Ley Reguladora de las Haciendas Locales (RDLeg. 2/2004, de 5 de marzo)

SUMARIO

LEY 7/1985, DE 2 DE ABRIL, REGULADORA DE LAS BASES DEL RÉGIMEN LOCAL

I. LEY 7/1985, DE 2 DE ABRIL, REGULADORA DE LAS BASES DEL RÉGIMEN LOCAL

–BOE núm. 80, de 3 de abril de 1985–

JUAN CARLOS I
REY DE ESPAÑA

A todos los que la presente vieren y entendieren, sabed:

Que las Cortes Generales han aprobado y Yo vengo en sancionar la siguiente Ley:

PREÁMBULO

I

La organización democrática de nuestra convivencia representada por la Constitución es un hecho singular de nuestra convulsa historia de los últimos siglos; singular por el grado de sosegado consenso que alcanzó en su elaboración y aprobación, hecho de por sí ya sin precedentes, y singular, también, por la importancia de los asuntos y viejas querellas que abordó; así en lo tocante a libertades y organización territorial del Estado, en torno a los cuales tal historia es pródiga en mostrarnos las notables y graves diferencias que dividían el sentimiento de los ciudadanos y eran causa de profundas alteraciones en la cosa pública.

La implantación de un cimiento tan sólido de convivencia, que vale tanto como decir de futuro, por fuerza ha de producir beneficiosos efectos a lo largo y ancho del ser nacional insuflando nueva savia y nuevas energías en los últimos reductos de la organización social; en una palabra, regenerando un tejido social desatendido cuando no decrépito y lacerado por los sucesivos embates de cuantos vicios y abusos asolaron nuestra vida pública, transformándola en campo de agramante de quienes disputaban el dominio de las instituciones para satisfacción de privados intereses.

Uno de los ámbitos en que mayores efectos produce y ha producido ya la aprobación de nuestra querida Constitución es el relativo a la Administración local tan necesitada de adaptación a la nueva realidad. En el día son numerosas las pruebas de la urgencia de definir desde el Estado el alcance de la autonomía que se reconoce a estas Entidades tan ricas en historia y en muestras de su importante contribución a la defensa y engrandecimiento de España, pero tan expuestas a sufrir los males que puedan derivarse de una abusiva limitación de su capacidad de actuación en los asuntos que son del pro-común de las villas, pueblos, parroquias, alfoces, comunidades y otros lugares que con distintos nombres son conocidos en las diferentes regiones de nuestra patria.

La gravedad del asunto no admite demora y mucho menos cuando, por mor de la nueva configuración territorial del Estado, las nuevas Comunidades Autónomas esperan, algunas con impaciencia, a que el Estado trace las líneas maestras definitorias de estas Entidades para, inmediatamente, proceder al ejercicio de las facultades que sus novísimos Estatutos les confían.

Se comprenderá fácilmente que, al elaborar las presentes normas reguladoras del régimen local, el legislador sienta la carga de una especial responsabilidad, que le incita a extender sus reflexiones a todos aquellos ámbitos relacionados con el asunto y a indagar sobre la misma desde todas las perspectivas posibles y en primer lugar volviendo la vista a la Historia. Y es que las Instituciones que conforman el régimen local, además de su importancia intrínseca, además de su inmediata proximidad no ya a colectivos más o menos nutridos, sino a la práctica totalidad de los ciudadanos, poseen extraordinaria densidad histórica; cuentan con un pasado multisecular susceptible por sí solo de proporcionar valiosas enseñanzas y de orientar el pulso del legislador.

Pensemos ante todo en el Municipio, marco por excelencia de la convivencia civil, cuya historia es en muy buena medida la del Occidente a que pertenecemos. Tanto en España como en Europa el progreso y el equilibrio social han estado asociados desde la antigüedad al esplendor de la vida urbana y al consiguiente florecimiento municipal. Y viceversa, los períodos de estancamiento o de retroceso se han caracterizado igualmente por la simultánea decadencia de las comunidades ciudadanas, que en siglos ya lejanos llegó a consumarse con la ruina y extinción de los municipios.

Al clausurarse el primer milenio de nuestra era, la confluencia de factores múltiples y de diversa índole provocó el resurgimiento de la poco menos que inexistente vida urbana. Los países de Europa occidental, España entre ellos, volvieron a presenciar la erupción de núcleos humanos compactos. Sus asentamientos dejan de ser meros centros de población para adquirir superior organicidad, personalidad progresivamente definida; para forjar lentamente un régimen jurídico específico. El municipio, claro es, no equivale sin más a la ciudad, a la materialidad de sus calles y edificios. El municipio es la organización jurídica peculiar del núcleo urbano y también, con frecuencia, de su entorno geográfico. No se olvide, en efecto, que los nacientes municipios medievales fueron durante varios siglos instrumentos esenciales de colonización de territorios ganados a los musulmanes. Con el decisivo concurso de los municipios y por impulso suyo se repoblaron amplias zonas y se crearon incontables villas y aldeas, organizándose, en suma, extensos términos y alfoces estrechamente vinculados a las ciudades respectivas. La expresión más acabada del alcance de la expansión municipal seguramente se encuentra en las numerosas comunidades castellanas de villa y tierra.

Se ha aludido a la singularidad de la organización municipal, pero ¿en qué consistió exactamente? Los hombres del siglo XX necesitamos ejercitar nuestra adormecida imaginación, trascender el horizonte histórico inmediato, para comprender cabalmente lo que antaño representó la emergencia del régimen municipal. Es menester recordar la anterior exclusividad de la vida agraria, controlada por entero por sectores señoriales cuya prepotencia se tradujo en el establecimiento y generalización de las relaciones de servidumbre. En ese contexto señorial, el renacimiento de las ciudades y su organización en municipios posibilita el disfrute de libertades hasta entonces inasequibles; permite redimirse de los malos usos y de la opresión señorial, así como adquirir un estatuto jurídico liberador de las pasadas y pesadas restricciones. No le faltaban motivos al hombre medieval para pregonar que «el aire de la ciudad hace libre». Si el Señorío es el arquetipo de la sujeción personal, el municipio es el reducto de las libertades. En verdad los municipios son enclaves liberadores en medio del océano señorial de payeses, solariegos, etcétera, sometidos a servidumbre.

No fue, naturalmente, el altruismo de los señores lo que motivó la concesión de esas libertades concretas. La iniciativa y el estímulo provienen de la Corona, interesada en debilitar la hegemonía y contrarrestar la influencia de las fuerzas señoriales, que se erige en protectora y aliada de las ciudades. De ahí que sea la monarquía la que otorga las normas singulares que cimentan el edificio municipal: innumerables y sucesivos fueros, privilegios, franquicias, exenciones, jalonan el régimen jurídico de las poblaciones que, tras recibirlas, se convierten en municipios. Como consecuencia de ese proceso no se encuentran dos municipios con idéntico régimen. Antes bien, coexisten tipos o modelos municipales diversos y dotados de distinto grado de desarrollo. Común a los municipios de realengo es, empero, el contraste jurídico con el señorío rural y la íntima conexión con la monarquía, como lo es, desde luego, haber obtenido generosas dosis de autogobierno consustanciales al municipio propiamente dicho. Porque, aun obviando los excesos interpretativos de la historiografía liberal, no es cuestionable que los municipios medievales -principal y precozmente los castellanos- cohonestaron su indiscutida dependencia de la realeza con el goce de amplia autonomía en todos los órdenes.

No obstante, la participación inicialmente igualitaria de la totalidad de los vecinos en el gobierno municipal ni se mantuvo en toda su pureza ni fue demasiado duradera. La aceptación de los criterios de estratificación estamental, a los que se sumaron las acusadas diferencias de riqueza que entre los convecinos provocó en determinadas ciudades la prosperidad comercial, no favorecía la perpetuación de la democracia municipal. La traducción jurídica de las distinciones sociales de base estamental (o económica) introdujo en el seno de las poblaciones un poderoso germen de desunión, engendró incesantes convulsiones y sumió a los municipios en una situación de crisis permanente.

La tendencia a la oligarquización del gobierno municipal, la descomposición y endémicos desórdenes del régimen urbano, la paralela propensión del poder central (en camino hacia el absolutismo) a fortalecer sus atribuciones en detrimento de la autonomía local, facilitaron la intervención de la monarquía. Entre mediados del siglo XIV y finales del XV la organización municipal experimentó profundas mutaciones que contribuyeron a estrechar considerablemente el ámbito del anterior autogobierno. Mencionemos, a título de ejemplo, sendas manifestaciones paradigmáticas del fenómeno que se acaba de indicar: las tempranas reformas de Alfonso XI en Castilla y las tardías de Fernando II en Cataluña, distintas y distanciadas en el tiempo, pero inspiradas a la postre en directrices políticas análogas.

A lo largo del bajo medievo los municipios quedaron, pues, literalmente atenazados de un lado -desde dentro-, por la acción de la nobleza y de los patriciados urbanos; de otro -desde fuera-, por las pretensiones intervencionistas de la propia monarquía. La pugna triangular que esmalta el acaecer del municipio hasta muy avanzado el Antiguo régimen desembocará en todo caso en el menoscabo de los sectores ciudadanos, a pesar de haberse alineado habitualmente en el bando de la realeza. El desarrollo de las oligarquías municipales se vió facilitado por la sustitución de las asambleas abiertas a todos los vecinos (Concejos abiertos) por organismos reducidos (Cabildos, Consells, Ayuntamientos) de los que todavía suelen formar parte, con los titulares de cargos de designación regia y sin confundirse con ellos, otros oficiales en principio rigurosamente electivos. La representatividad de las instituciones municipales es, sin embargo, decreciente. Mientras los oficios concebidos como resortes de protección del común de los vecinos pierden sustantividad, se desnaturalizan o se eclipsan, el fenómeno de patrimonialización de los cargos públicos que recorre Europa rompe el de por sí precario equilibrio y propicia el enquistamiento de las oligarquías locales gracias a la ocupación de los regimientos adquiridos por juro de heredad, transmisibles y «perpetuos».

Factores políticos y fiscales condujeron entre tanto a la monarquía a estrechar el cerco. Las vicisitudes del Estado absoluto repercutieron sobre los municipios en un doble orden de cosas. La formación de aquél supuso, en primer término, el notorio reforzamiento del control sobre el discurrir ciudadano, que se materializará en el despliegue de los corregidores reales por las poblaciones de cierta relevancia de la Corona castellana, sea cual fuere su posición geográfica (de Guipúzcoa a Cádiz, de La Coruña a Murcia). A los efectos que aquí atañen bastará con señalar que los corregidores eran los agentes por excelencia del poder regio y presidentes de los respectivos Ayuntamientos. La consolidación del Estado y los compromisos exteriores de los Austrias originaron, el segundo lugar, muy elevados costes y la consiguiente y crónica penuria de la Hacienda, que no reparó en medios para satisfacer sus perentorias exigencias. De esta suerte, a la desafortunada e inescrupulosa gestión económica de las oligarquías que gobiernan las ciudades, a la fortísima carga fiscal que gravita sobre la población pechera, se sumaron los trastornos ocasionados a los municipios por el innecesario acrecentamiento de oficios, por la proliferación de las exenciones de villas y lugares de los alfoces, por la imposición de múltiples gravámenes. Para alimentarse la Hacienda real vende sin tasa -oficios, villas, baldíos...-, a riesgo de empobrecer simultáneamente a los municipios y de poner en peligro la integridad de sus patrimonios.

La historia del municipio moderno es, con todo, sumamente compleja y está colmada de hechos de significación ambivalente, de matices aún inexplorados. Desde una óptica general es indudable su decadencia. No obstante, el régimen municipal preliberal tardó en desplomarse; conservó durante un período quizá más prolongado de lo que a menudo se cree parte de su potencia y los rescoldos de su pretérita autonomía distaron de apagarse al punto. ¿Acaso los denostados corregidores, brazo ejecutor de los designios reales, no sirvieron a la vez de freno a los abusos de las minorías poderosas?

En el tramo postrero del Antiguo Régimen, la organización municipal que los Austrias habían recibido, conservado y exportado a América, fue objeto de reformas inspiradas en los principios uniformistas y centralizadores característicos de la ilustración. Por más que resulten antagónicos de la orientación que preside esta Ley rehuyamos, en aras del rigor histórico, la tentación de silenciarlos o valorarlos acríticamente. No sería aceptable la atribución al Despotismo ilustrado de pretensiones democratizadoras de la vida local. Interesa subrayar, sin embargo, tres vertientes de las reformas aludidas. Su gradación misma no carece de significado, por cuanto insinúa el orden de prioridades de los gobernantes de la época. En una primera etapa se acomete la unificación de los modelos municipales regnícolas.

Se aborda luego el saneamiento de las postradas haciendas locales. Y se ensaya, en fin, la tímida aplicación de determinados mecanismos representativos. Salvo en lo que se refiere al primer aspecto, las transformaciones del longevo régimen municipal absolutista no fueron demasiado profundas, a pesar de lo cual su ejecución tropezó con los intereses estamentales y provocó fuerte resistencia.

La llegada del liberalismo modificó sustancialmente los supuestos del régimen municipal que hasta aquí se ha descrito a grandes rasgos. El espíritu uniformista y centralizado, entonces al servicio de la renovación, se difundió por doquier. La abolición de los privilegios estamentales y la consagración del principio representativo tornó imposible la continuidad de los regimientos perpetuos, alteró por completo el procedimiento de acceso a los cargos municipales y prejuzgó la composición de los Ayuntamientos constitucionales. La concepción de la propiedad sustentada por la burguesía no presagiaba, precisamente el disfrute pacífico e indefinido de los bienes municipales amortizados. El propósito de racionalizar y dotar de homogeneidad a la actuación pública en el ámbito territorial condujo a la introducción de la fórmula provincial y a la paralela creación de las Diputaciones.

La versión inicial del régimen local constitucional, regulada en Cádiz, se estableció efectivamente en el trienio liberal. Se caracterizaba por la implantación de Ayuntamientos de traza uniforme en todas las poblaciones que contaran al menos con 1.000 habitantes y por el tendido de la red provincial en torno al binomio Diputación-Jefe político. Los integrantes de los Ayuntamientos son elegidos por sufragio indirecto. Es innegable que la articulación de los órganos locales con los del poder central se realizó con el concurso de las técnicas centralizadoras en boca, si bien la esfera de las competencias reservadas a los Ayuntamientos era todavía amplia y, por otra parte, los autores de la Instrucción de 1823 no vacilaron en dar cabida a algunas soluciones que entonces resultaban prudentemente descentralizadoras.

Cuando, tras los consabidos interludios absolutistas se produce la definitiva instalación del sistema constitucional, el legado doceañista en materia de régimen local es prontamente reemplazado por un nuevo modelo de cuño doctrinario que moderados y progresistas comparten en lo fundamental, cierto que con variantes y diferencias de grado no desdeñables. El sufragio indirecto cede ante el directo en su modalidad censitaria. El fortalecimiento del poder ejecutivo y el coetáneo despegue de la Administración del Estado reduplican las posibilidades de controlar eficazmente a las Entidades locales, sometidas, al fin, a la férrea centralización que, ahora ya con miras inmovilistas, los moderados llevaron a sus últimas consecuencias en las leyes municipal y provincial de 1845. Los progresistas propugnarán, por el contrario, la ampliación del censo y consiguiente extensión del sufragio, la suavización de los mecanismos centralizadores, el incremento de las facultades de los Ayuntamientos, la plena electividad de los alcaldes. En la mayoría de las ocasiones, tales propuestas carecieron de eco y obtuvieron, en el mejor de los casos, éxitos fugaces. En el periodo isabelino se emprende, por lo demás, y a fuerte ritmo, la desamortización civil, que privó a los municipios de buena parte de su patrimonio.

La aportación de la inmediata Revolución de septiembre al régimen local -que se concretó en la legislación municipal y provincial de 1870- consistirá en la adopción de sufragio universal, en la electividad de todos los cargos municipales, en el robustecimiento de las Diputaciones provinciales y en la considerable atenuación del centralismo. Los gobernantes de la Restauración no tardaron, sin embargo, en retornar a la orientación del régimen local de corte moderado anterior al Sexenio. La modificación en ese sentido de las Leyes de 1870 tuvo lugar en diciembre de 1876. El Real Decreto de 2 de octubre de 1877 contiene el texto refundido de la última Ley municipal del siglo, a la vez que la regulación del régimen provincial luego sustituida por la de la Ley de 29 de agosto de 1882.

En verdad, el panorama que ofrecían las instituciones locales finiseculares era desolador. En el plano provincial, las Diputaciones permanecen subordinadas por completo a los Gobernadores civiles; en el municipal, los Ayuntamientos, escasamente representativos, siguen sometidos a la estrecha tutela del Estado. El poder central continúa investido de atribuciones sobradas para intervenir en la designación de los alcaldes, remover a las autoridades locales o suspender los acuerdos municipales. Los criterios a que respondía la legislación local mencionada, lejos de infundir vitalidad a Ayuntamientos y Diputaciones, propiciaron su parálisis. La incidencia del caciquismo agravó la situación: atrapó al régimen local en las mallas de la inautenticidad, lo rodeó de prácticas corruptoras y lo condenó a pervivir en estado agónico. Los testimonios de los contemporáneos, unánimes a este respecto, no dejan lugar a dudas.

En esa tesitura, el régimen local, constreñido por leyes caducas y asfixiado por la espesa trama caciquil, devino en problemas político de grueso calibre. Al tiempo que una serie de proyectos legislativos predestinados a fracasar desfila por las Cortes, las críticas se generalizan hasta alcanzar en la voz de los regeneracionistas un volumen clamoroso. Entre tales proyectos merecen ser recordados el de Sánchez Toca de 1891, el de Silvela de 1899 y, sobre todo, el de Maura de 1907, sin duda el más ambicioso y el que fue debatido con mayor ardor. Maura era consciente de la inocuidad de las reformas parciales y de la imposibilidad de frenar la degradación de la vida local sin extirpar el caciquismo y sin invertir la orientación centralizadora que inspiraba las leyes de 1877 y 1882 a la sazón vigentes. El suyo fue el intento más serio y meditado de reconsideración del régimen local en su conjunto, de lucha contra la corrupción y en favor del reforzamiento de los organismos municipales y Provinciales. El Proyecto reconocía la diversidad local, derogaba las disposiciones desamortizadoras, fortalecía la posición de los alcaldes, aflojaba la tutela del Estado y simultáneamente pretendía extender la acción de los entes locales por la vía -entre otras- de la municipalización de servicios. Los proyectos posteriores al de 1907 corrieron la misma suerte. Si hasta entonces la reforma del régimen local había concitado fortísima oposición, el planteamiento con caracteres agudos de la cuestión regional que a continuación sobrevino, al abrir una nueva brecha en el de por sí agrietado sistema político, aumentó las dificultades.

La trayectoria legislativa del régimen local desembocó durante la dictadura de Primo de Rivera en los Estatutos municipal de 8 de marzo de 1924 y Provincial de 20 de marzo de 1925, obra de José Calvo Sotelo íntimamente conectada con el ideario local maurista. El Estatuto municipal participa, en efecto, de la convicción de que el saneamiento de la vida local dependía, en buena parte, del previo abandono de las directrices uniformistas y centralizadoras. Se prestó en consecuencia, cierta atención a los municipios rurales y a las entidades menores, procediéndose, por otro lado, a suprimir algunas de las manifestaciones más rigurosas de la subordinación de los Ayuntamientos a la Administración del Estado y a ensanchar el ámbito de las competencias municipales. Medidas antes previstas por Maura y ya aludidas, como la derogación de la legislación desamortizadora y la municipalización de servicios, fueron igualmente incorporadas al Estatuto, expresión, en definitiva, de las soluciones técnicas que se habían ido gestando en las décadas precedentes y de las doctrinas políticas de signo autoritario, cuyo influjo se traduce, por ejemplo, en la introducción de la representación corporativa. Con independencia de las declaraciones formales en sentido contrario, régimen dictatorial, descentralización y vigorización del régimen local se excluían mutuamente; de hecho, la aplicación de aquellos preceptos de los Estatutos que simbolizaban el reflujo de la centralización se dejó en suspenso y no llegó a producirse.

El rapidísimo bosquejo que antecede sugiere algunas reflexiones, demasiado obvias por su misma elementalidad como para que el legislador prescinda de ellas y las olvide. La experiencia histórica demuestra de modo irrefutable que el florecimiento de la vida local presupone el disfrute de amplia autonomía nutrida por la participación auténtica de los vecinos. Es igualmente indudable que los entes locales precisan recursos suficientes, susceptibles de satisfacer las necesidades y de procurar los servicios que el administrado requiere y reclama. Tampoco parece cuestionable, por último, que régimen local y régimen político han evolucionado al unísono, vertebrados ambos por idénticos principios. No por otro motivo la historia tardía de nuestro régimen local es la historia de una prolongada, creciente y devastadora frustración. Cuando, como ocurrió de manera particularmente aleccionadora a partir de mediados del ochocientos, se coarta la participación vecinal, se adultera la representación, se usa y abusa de la centralización, las instituciones locales languidecen hasta agotarse. No se debió al azar que los reiterados intentos de reforma del régimen local de la Restauración resultaran a la postre estériles. El advenimiento del Estado democrático y autonómico exige consolidar de forma definitiva unas instituciones locales capaces de responsabilizarse de sus propios intereses y vivificadoras de todo el tejido del Estado.

II

Como demuestra nuestra historia y proclama hoy la Constitución, decir régimen local es decir autonomía. La pervivencia misma, a lo largo del tiempo y bajo las más diversas circunstancias políticas, de esta nota caracterizadora muestra, no obstante, la indeterminación y ambigüedad del concepto. Sólo su configuración positiva desde unos postulados y en un contexto jurídico-político determinado, es capaz de dotarlo de un contenido preciso.

Para empezar, el sentido de la autonomía local no puede prescindir de esa referencia fundamentadora de nuestro orden constitucional en que España, designándose a sí misma como sujeto real y protagonista de su historia, se constituye en Estado social y democrático de derecho; anticipando así la formalización de ese dato en la fórmula concisa de residenciar toda soberanía en el pueblo español. La autonomía local ha de situarse, pues, a la luz de ese principio y en la perspectiva de los principios nucleares que la Constitución contiene para la total estructuración del Estado.

La voluntad del pueblo español ha sido la de enriquecer su trama organizativa, multiplicando sus centros de decisión, sin mengua de la superior unidad de su realidad unificadora. La definición de los Municipios y Provincias se hace de forma suficiente, aunque no prolija, en el texto supremo. La autonomía municipal debe ser el principio rector de la regulación de cada entidad. El criterio para evitar contradicciones con otras instancias radica en la determinación de sus intereses respectivos. Qué cosa sea el interés respectivo no ha sido desarrollado por la Constitución, aunque sí ha determinado los asuntos de interés de la Comunidad Autónoma (art. 148.1) y del Estado (art.149.1). Con esos elementos y con los datos que se desprenden de la realidad misma de las cosas, es posible construir las instituciones locales manteniéndolas en el lugar que debe corresponderles en un Estado complejo como el actual; y a las Cortes Generales compete enriquecer y concretar el diseño básico de las entidades locales como una de las piezas de la entera organización territorial del Estado. Presupone, pues, una perspectiva territorial, es decir, global y no sectorial. Su desarrollo representa poner en pie una institución territorial y, consecuentemente, su estatuto subjetivo -puntos de referencia del nuevo ordenamiento desde y por ellos vertebrado- y la ordenación de la capacidad potencialmente universal de dicha institución. Todos los sectores de la realidad a que se extiende la acción pública se encuentran, por ello, aludidos y en mayor o menor medida afectados. Se está, en definitiva, ante una Ley que atañe a la construcción misma del Estado y al diseño de uno de los ordenamientos jurídico-administrativos que en él se integran.

Si en sus orígenes medievales autonomía local es el municipio urbano, la ciudad que nace libre por exención del mundo señorial en declive y si, en el momento del surgimiento del Estado constitucional, esa caracterización pudo completarse identificándola con un supuesto orden local de competencias, ninguna de esas dos ideas sirve hoy para determinar la autonomía. No se trata ahora de utilizar el escalón municipal como pieza decisiva en un proceso histórico de emergencia de un nuevo orden político, sino más bien de delimitar el espacio y el papel propios de las entidades locales en el seno de un orden constituido, pero tampoco es posible entender hoy los poderes públicos como estructuras monolíticas, construidas en cascada de mayor a menor y dotadas de funciones relativamente estables y diferenciadas por serlo también el mundo al que se enfrenta.

Muy al contrario, la realidad social, cultural, tecnológica y económica ha roto definitivamente las situaciones singulares de relativo aislamiento y hoy la sociedad se nos muestra como un todo continuo donde la distancia, antes factor explicativo de supuestas autarquías, ha sido vencida por los medios de transporte, por las ondas y por la dependencia de un mercado único a nivel nacional a su vez ya íntimamente relacionado con la realidad internacional.

Esa continuidad del tejido social hace imposible marcar unas fronteras nítidas a los intereses cuya tutela respectiva se encomienda a los distintos poderes que destacan así su condición de formar parte de un conjunto institucional de arquitectura compleja en que las partes adquieren sentido en función del todo, pero articulándose entre sí no por principios formales, sino por criterios materiales que tratan de adaptar las competencias a los intereses reales en juego.

La autonomía local no puede definirse de forma unidimensional desde el puro objetivismo localista o regionalista, sino que requiere ser situada en el marco del ordenamiento integral del Estado.

La dificultad específica de ese objetivo radica en que éste no es único y homogéneo, sino constituido por la acción simultánea de los principios de unidad y autonomía de las nacionalidades y regiones, que encuentran su expresión organizativa en la distribución del poder entre las instituciones generales de la Nación y las Comunidades Autónomas. Puede calificarse de feliz la conceptuación de esa fórmula como Estado compuesto, un Estado con una única soberanía, un solo pueblo con un destino político común, que -reconociendo su diversidad- constituye el sistema de resolución permanente de sus contradicciones, conflictos y tensiones que no otra cosa es el Estado, sobre la base de una pluralidad de instancias autónomas y diversas, vertebradas entre sí para el mantenimiento del valor de la unidad. Carece, pues, de verdadero sentido la apelación sin más a modelos preestablecidos, pues las Corporaciones locales tienen en el sistema así descrito una posición propia, que no se define por relación a ninguna otra de las instancias territoriales, afirmándose -igual que éstas- en su condición, ganada por su peso histórico y actual, de partes componentes de la total estructura del Estado.

Huelga decir que la autonomía local, para su realidad, precisa de una institución capaz de actuarla; institución que, por expreso mandato constitucional y cuando menos en el escalón básico municipal, ha de montarse sobre la doble nota de la representatividad directa y la personificación. Pero, en lo que más interesa ahora, ello significa que el régimen local tiene que ser, por de pronto, la norma institucional de los entes locales. Esta comprobación elemental implica dos consecuencias de primera importancia. En primer término, que esa norma desarrolla la garantía constitucional de la autonomía local, función ordinamental que, al estarle reservada o, lo que es igual, vedada a cualesquiera otras normas, presta a su posición en el ordenamiento en su conjunto una vis específica, no obstante su condición formal de Ley ordinaria. De otro lado, el hecho de que las entidades locales, no obstante su inequívoca sustancia política, desplieguen su capacidad en la esfera de lo administrativo, justifica tanto esta última condición del marco definidor de su autonomía, como la identificación del título constitucional para su establecimiento en el artículo 149.1, apartado 18, en relación con el 148.1, apartado 2.°, del texto fundamental.

Queda explicado, así, que la determinación de ese marco es el resultado de la acción conjunta, según la concreta distribución de la potestad legislativa en la materia operada por el bloque normativo integrado por la Constitución y los Estatutos de Autonomía, de la Ley general y la Ley territorial.

La peculiar estructura de dicho marco -decisión básica constitucional en términos de garantía institucional y remisión al legislador ordinario de los entes locales-, no significa, sin embargo, que ese Estatuto deba quedar regulado agotadoramente por la Ley. Resurge aquí la vieja polémica entre uniformismo y diversidad en la organización local, en modo alguno resuelta con los intentos frustrados de tipificación de regímenes locales (que sólo suponen una estéril flexibilización del uniformismo), sólo que ahora transmutada en la tensión entre los valores constitucionales de unidad y autonomías (de las nacionalidades y regiones y de los entes locales). La resolución adecuada a esa tensión exige desde luego la constricción del marco general a lo estrictamente indispensable para satisfacer el interés nacional, pero también desde luego una específica ponderación, según su valor constitucional relativo, de las exigencias recíprocas del interés autonómico y el estrictamente local. De esa ponderación resulta que si en lo que trasciende a la conformación de la organización territorial (procesos de alteración de municipios y creación de nuevos entes territoriales), debe primar el interés autonómico, no sucede lo mismo en el plano de la organización interna de las entidades locales; plano en el que procede reconocer la primacía del interés de la acomodación de aquella a las características específicas de éstas.

Pero el régimen local, para cumplir su función de garantía de la autonomía e, incluso, su cometido específico en cuanto norma institucional de la Administración local, precisa extravasar lo puramente organizativo y de funcionamiento para penetrar en el campo de las competencias, las reglas de la actividad pública y el régimen de los medios personales y materiales. Obvio resulta decir que, en este campo, la regulación legal ha de tener muy presente la opción constitucional, expresada en el artículo 149.1, apartado 18, en favor de una ordenación común, configurando las inevitables peculiaridades de la Administración local desde ese fondo homogéneo, para su integración coherente en el mismo.

En punto al aspecto, absolutamente crucial, de las competencias, la base de partida no puede ser hoy otra que la de la radical obsolescencia, por las razones ya dichas anteriormente, de la vinculación de la autonomía a un bloque de competencias por naturaleza sedicentemente locales.

En efecto, salvo algunas excepciones son raras las materias que en su integridad puedan atribuirse al exclusivo interés de las corporaciones locales; lógicamente también son raras aquellas en las que no exista interés local en juego; de ahí que la cuestión de los ámbitos competenciales de los Entes locales deba tener en cuenta una composición equilibrada de los siguientes factores:

a) La necesidad de la garantía suficiente de la autonomía local, que cumple satisfacer en primer término a la Ley general por tratarse del desarrollo de una opción constructiva constitucional, que, por tanto, ha de tener vigencia en todo el territorio de la nación en términos de, cuando menos, un mínimo común denominador en cuento al contenido de dicha autonomía.

b) La exigencia de la armonización de esa garantía general con la distribución territorial de la disposición legislativa sobre las distintas materias o sectores orgánicos de acción pública, pues es a todas luces claro que una y otra no pueden, so pena de inconstitucionalidad, anularse recíprocamente.

c) La imposibilidad material, en todo caso, de la definición cabal y suficiente de las competencias locales en todos y cada uno de los sectores de intervención potencial de la Administración local desde la legislación del régimen local.

El sistema legal de concreción competencial de la autonomía local pretende realizar esa composición equilibrada a que se ha hecho alusión. Sobre el fondo del reconocimiento expreso de las potestades y exorbitancias que corresponden a los entes locales territoriales en su condición de Administración Pública, todo el sistema pivota sobre la plasmación del criterio material desde el que debe producirse la concreción legal de las competencias; criterio que no es otro que el derecho de las Corporaciones locales a intervenir, con la intensidad y el alcance máximos -desde el principio constitucional de la descentralización y para la realización del derecho fundamental a la participación en los asuntos públicos- que permita la implicación relativa de los intereses de las diferentes colectividades territoriales en cualesquiera de dichos asuntos públicos. El mecanismo de cierre lo proporciona, de un lado, la imposición a la legislación sectorial -desde la especial posición ordinamental que a la Ley del régimen local es propia según ya se ha hecho notar- de la ponderación del expresado criterio, y de otro, la articulación de las competencias administrativas en la materia de que se trate de forma consecuente con la misma, así como la atribución a la legislación básica estatal de una función de aseguramiento de un mínimo competencial a la Administración Local.

Finalmente, la organización básica de las Corporaciones locales y las relaciones de éstas con las otras dos Administraciones Públicas territoriales, se inscriben lógicamente en las líneas maestras que han quedado trazadas.

Por lo que hace a las relaciones interadministrativas, salta a la vista la radical inadecuación del mantenimiento en el nuevo y compuesto Estado constitucional de las técnicas y las categorías cristalizadas en el Estado centralista y autoritario. En particular, ese juicio de radical obsolescencia merece predicarse de las técnicas formalizadas actuales por voluntad unilateral de una de las administraciones e incidentes normalmente en la validez o la eficacia de los actos emanados de otra, en este sentido subordinada a la anterior, técnicas que no son sino trasunto y consecuencia lógicos de la construcción piramidal y jerárquica del poder público administrativo, puesto que la tutela, a la que todas ellas se reconducen, no es sino una categoría que expresa una situación de fuerte dependencia casi jerárquica. El principio constitucional de autonomía y el administrativo de la descentralización, en que se fundamenta el nuevo Estado, implican las diversificaciones de los centros del poder público administrativo y la actuación de cada uno de ellos, en su ámbito propio, con plena capacidad y bajo la propia responsabilidad, es decir, impiden la atribución a alguno de ellos de facultades de control que recaigan sobre la actividad en general de los otros y que supongan una limitación de la capacidad de éstos. Cierto que ello no significa en modo alguno la invertebración del poder público administrativo, pues simultáneamente juega el principio de unidad y su traducción administrativa en los de coordinación y eficacia. Sucede sólo que ya no es legítima la realización de estos valores por las vías expuestas; antes bien, ha de ser el resultado del juego mismo de la vida institucional desde sus presupuestos de representatividad democrática y gestión autónoma de las propias competencias (con lo que todas las instancias administrativas son idénticas en cuanto a capacidad en la esfera de sus asuntos, derivando la desigualdad únicamente de la estructura inherente al interés público) como fruto del esfuerzo permanente de integración político-social en el orden constituido. De este modo, las técnicas de relación entre Administraciones han de tener por objeto más bien la definición del marco y de los procedimientos que faciliten el encuentro y la comunicación, incluso de carácter informal, para la colaboración y la coordinación interadministrativas, fundamentalmente voluntarios y de base negocial. Naturalmente que el cuadro de técnicas ha de cerrarse por un sistema resolutorio del supuesto límite del conflicto, por fracaso de las mismas. La configuración de ese sistema de conflictos tiene que ser, a la vez, respetuosa con la esencial igualdad posicional de las Administraciones territoriales y aseguradora de que el planteamiento y la sustanciación del conflicto no alteran la específica estructura constitucional de los intereses públicos a los que sirven dichas Administraciones.

Las anteriores reflexiones son un compendio de la filosofía que inspira la Ley. Esta, más que pretender garantizar la autonomía sobre la quietud de compartimentos estancos e incomunicados y, en definitiva, sobre un equilibrio estático propio de las cosas inanimadas, busca fundamentar aquélla en el equilibrio dinámico propio de un sistema de distribución del poder, tratando de articular los intereses del conjunto, reconociendo a cada uno lo suyo y estableciendo las competencias, principios, criterios y directrices que guíen la aplicación práctica de la norma en su conjunto de forma abierta a la realidad y a las necesidades del presente.

TÍTULO I
Disposiciones generales

ART. 1.

1. Los Municipios son entidades básicas de la organización territorial del Estado y cauces inmediatos de participación ciudadana en los asuntos públicos, que institucionalizan y gestionan con autonomía los intereses propios de las correspondientes colectividades.

2. La Provincia y, en su caso, la Isla gozan, asimismo, de idéntica autonomía para la gestión de los intereses respectivos.

ART. 2.

1. Para la efectividad de la autonomía garantizada constitucionalmente a las Entidades Locales, la legislación del Estado y la de las Comunidades Autónomas, reguladora de los distintos sectores de acción pública, según la distribución constitucional de competencias, deberá asegurar a los Municipios, las Provincias y las Islas su derecho a intervenir en cuantos asuntos afecten directamente al círculo de sus intereses, atribuyéndoles las competencias que proceda en atención a las características de la actividad pública de que se trate y a la capacidad de gestión de la Entidad Local, de conformidad con los principios de descentralización, proximidad, eficacia y eficiencia, y con estricta sujeción a la normativa de estabilidad presupuestaria y sostenibilidad financiera.

2. Las Leyes básicas del Estado previstas constitucionalmente deberán determinar las competencias que ellas mismas atribuyan o que, en todo caso, deban corresponder a los entes locales en las materias que regulen.

Apdo. 1 modificado por Ley 27/2013, de 27 de diciembre, de racionalización y sostenibilidad de la Administración Local. (BOE de 30-12-2013).

ART. 3.

1. Son entidades locales territoriales:
a) El Municipio.
b) La Provincia.
c) La Isla en los archipiélagos balear y canario.

2. Gozan, asimismo, de la condición de Entidades Locales:
a) Las Comarcas u otras entidades que agrupen varios Municipios, instituidas por las Comunidades Autónomas de conformidad con esta Ley y los correspondientes Estatutos de Autonomía.
b) Las Áreas Metropolitanas.
c) Las Mancomunidades de Municipios.

Apdo. 2 modificado por Ley 27/2013, de 27 de diciembre, de racionalización y sostenibilidad de la Administración Local. (BOE de 30-12-2013).

Apdo. 1: ver D.A. 9ª LRBRL.

Ver D.T. 4.ª Y D.T. 5.ª de la Ley 27/2013, de 27 de diciembre, de racionalización y sostenibilidad de la Administración Local, sobre disolución de entidades de ámbito territorial inferior al Municipio y las que estén en constitución.

ART. 4.

1. En su calidad de Administraciones públicas de carácter territorial, y dentro de la esfera de sus competencias, corresponden en todo caso a los municipios, las provincias y las islas:
a) Las potestades reglamentaria y de autoorganización.
b) Las potestades tributaria y financiera.
c) La potestad de programación o planificación.
d) Las potestades expropiatoria y de investigación, deslinde y recuperación de oficio de sus bienes.
e) La presunción de legitimidad y la ejecutividad de sus actos.
f) Las potestades de ejecución forzosa y sancionadora.
g) La potestad de revisión de oficio de sus actos y acuerdos.
h) Las prelaciones y preferencias y demás prerrogativas reconocidas a la Hacienda Pública para los créditos de la misma, sin perjuicio de las que correspondan a las Haciendas

del Estado y de las comunidades autónomas; así como la inembargabilidad de sus bienes y derechos en los términos previstos en las leyes.

2. Lo dispuesto en el número precedente podrá ser de aplicación a las entidades territoriales de ámbito inferior al municipal y, asimismo, a las comarcas, áreas metropolitanas y demás entidades locales, debiendo las leyes de las comunidades autónomas concretar cuáles de aquellas potestades serán de aplicación, excepto en el supuesto de las mancomunidades, que se rigen por lo dispuesto en el apartado siguiente.

3. Corresponden a las mancomunidades de municipios, para la prestación de los servicios o la ejecución de las obras de su competencia, las potestades señaladas en el apartado 1 de este artículo que determinen sus Estatutos. En defecto de previsión estatutaria, les corresponderán todas las potestades enumeradas en dicho apartado, siempre que sean precisas para el cumplimiento de su finalidad, y de acuerdo con la legislación aplicable a cada una de dichas potestades, en ambos casos.

Modificado por Ley 57/2003, de 16 de diciembre, de medidas para la modernización del gobierno local. (BOE de 17-12-2003).

ART. 5.

Para el cumplimiento de sus fines y en el ámbito de sus respectivas competencias, las Entidades locales, de acuerdo con la Constitución y las leyes, tendrán plena capacidad jurídica para adquirir, poseer, reivindicar, permutar, gravar o enajenar toda clase de bienes, celebrar contratos, establecer y explotar obras o servicios públicos, obligarse, interponer los recursos establecidos y ejercitar las acciones previstas en las leyes.

Modificado por Ley 11/1999, de 21 de abril, de modificación de la Ley 7/1985, de 2 de abril, Reguladora de las Bases del Régimen Local, y otras medidas para el desarrollo del Gobierno Local, en materia de tráfico, circulación de vehículos a motor y seguridad vial y en materia de aguas. (BOE de 22-04-1999).

ART. 6.

1. Las Entidades locales sirven con objetividad los intereses públicos que les están encomendados y actúan de acuerdo con los principios de eficacia, descentralización, desconcentración y coordinación, con sometimiento pleno a la ley y al Derecho.

2. Los Tribunales ejercen el control de legalidad de los acuerdos y actos de las Entidades locales.

ART. 7.

1. Las competencias de las Entidades Locales son propias o atribuidas por delegación.

2. Las competencias propias de los Municipios, las Provincias, las Islas y demás Entidades Locales territoriales solo podrán ser determinadas por Ley y se ejercen en régimen de autonomía y bajo la propia responsabilidad, atendiendo siempre a la debida coordinación en su programación y ejecución con las demás Administraciones Públicas.

3. El Estado y las Comunidades Autónomas, en el ejercicio de sus respectivas competencias, podrán delegar en las Entidades Locales el ejercicio de sus competencias.

Las competencias delegadas se ejercen en los términos establecidos en la disposición o en el acuerdo de delegación, según corresponda, con sujeción a las reglas establecidas en el artículo 27, y preverán técnicas de dirección y control de oportunidad y eficiencia.

4. Las Entidades Locales solo podrán ejercer competencias distintas de las propias y de las atribuidas por delegación cuando no se ponga en riesgo la sostenibilidad financiera del conjunto de la Hacienda municipal, de acuerdo con los requerimientos de la legislación de estabilidad presupuestaria y sostenibilidad financiera y no se incurra en un supuesto de ejecución simultánea del mismo servicio público con otra Administración Pública. A estos efectos, serán necesarios y vinculantes los informes previos de la Administración competente por razón de materia, en el que se señale la inexistencia de duplicidades, y de la Administración que tenga atribuida la tutela financiera sobre la sostenibilidad financiera de las nuevas competencias.

En todo caso, el ejercicio de estas competencias deberá realizarse en los términos previstos en la legislación del Estado y de las Comunidades Autónomas.

Modificado por Ley 27/2013, de 27 de diciembre, de racionalización y sostenibilidad de la Administración Local. (BOE de 30-12-2013).

ART. 8.

Sin perjuicio de lo dispuesto en el artículo anterior, las Provincias y las islas podrán realizar la gestión ordinaria de servicios propios de la Administración autonómica, de conformidad con los Estatutos de Autonomía y la legislación de las Comunidades Autónomas.

ART. 9.

Las normas de desarrollo de esta Ley que afecten a los Municipios, Provincias, islas u otras Entidades locales territoriales no podrán limitar su ámbito de aplicación a una o varias de dichas Entidades con carácter singular, sin perjuicio de lo dispuesto en esta Ley para los regímenes municipales o provinciales especiales.

ART. 10.

1. La Administración Local y las demás Administraciones públicas ajustarán sus relaciones recíprocas a los deberes de información mutua, colaboración coordinación y respeto a los ámbitos competenciales respectivos.

2. Procederá la coordinación de las competencias de las entidades locales entre sí y, especialmente, con las de las restantes Administraciones públicas, cuando las actividades o los servicios locales trasciendan el interés propio de las correspondientes Entidades, incidan o condicionen relevantemente los de dichas Administraciones o sean concurrentes o complementarios de los de éstas.

3. En especial, la coordinación de las Entidades Locales tendrá por objeto asegurar el cumplimiento de la legislación de estabilidad presupuestaria y sostenibilidad financiera.

4. Las funciones de coordinación serán compatibles con la autonomía de las Entidades Locales.

Apdo. 3 modificado y se añade apdo. 4 por Ley 27/2013, de 27 de diciembre, de racionalización y sostenibilidad de la Administración Local. (BOE de 30-12-2013).

Apdo. 2: ver art. 59.1 LRBRL.

TÍTULO II
El municipio

ART. 11.

1. El Municipio es la Entidad local básica de la organización territorial del Estado. Tiene personalidad jurídica y plena capacidad para el cumplimiento de sus fines.

2. Son elementos del Municipio el territorio, la población y la organización.

CAPÍTULO I
Territorio y población

ART. 12.

1. El término municipal es el territorio en que el ayuntamiento ejerce sus competencias.

2. Cada municipio pertenecerá a una sola provincia.

Modificado por Ley 57/2003, de 16 de diciembre, de medidas para la modernización del gobierno local. (BOE de 17-12-2003).

ART. 13.

1. La creación o supresión de municipios, así como la alteración de términos municipales, se regularán por la legislación de las Comunidades Autónomas sobre régimen local, sin que la alteración de términos municipales pueda suponer, en ningún caso, modificación de los límites provinciales. Requerirán en todo caso audiencia de los municipios interesados y dictamen del Consejo de Estado o del órgano consultivo superior de los Consejos de Gobierno de las Comunidades Autónomas, si existiere, así como informe de la Administración que ejerza la tutela financiera. Simultáneamente a la petición de este dictamen se dará conocimiento a la Administración General del Estado.

2. La creación de nuevos municipios solo podrá realizarse sobre la base de núcleos de población territorialmente diferenciados, de al menos 4.000 habitantes y siempre que los municipios resultantes sean financieramente sostenibles, cuenten con recursos suficientes para el cumplimiento de las competencias municipales y no suponga disminución en la calidad de los servicios que venían siendo prestados.

3. Sin perjuicio de las competencias de las Comunidades Autónomas, el Estado, atendiendo a criterios geográficos, sociales, económicos y culturales, podrá establecer medidas que tiendan a fomentar la fusión de municipios con el fin de mejorar la capacidad de gestión de los asuntos públicos locales.

4. Los municipios, con independencia de su población, colindantes dentro de la misma provincia podrán acordar su fusión mediante un convenio de fusión, sin perjuicio del procedimiento previsto en la normativa autonómica. El nuevo municipio resultante de la fusión no podrá segregarse hasta transcurridos diez años desde la adopción del convenio de fusión.

Al municipio resultante de esta fusión le será de aplicación lo siguiente:

a) El coeficiente de ponderación que resulte de aplicación de acuerdo con el artículo 124.1 del texto refundido de la Ley Reguladora de las Haciendas Locales, aprobado mediante Real Decreto Legislativo 2/2004, de 5 de marzo se incrementará en 0,10.

b) El esfuerzo fiscal y el inverso de la capacidad tributaria que le corresponda en ningún caso podrá ser inferior al más elevado de los valores previos que tuvieran cada municipio por separado antes de la fusión de acuerdo con el artículo 124.1 del texto refundido de la Ley Reguladora de las Haciendas Locales, aprobado mediante Real Decreto Legislativo 2/2004, de 5 de marzo.

c) Su financiación mínima será la suma de las financiaciones mínimas que tuviera cada municipio por separado antes de la fusión de acuerdo con el artículo 124.2 del texto refundido de la Ley Reguladora de las Haciendas Locales, aprobado mediante Real Decreto Legislativo 2/2004, de 5 de marzo.

d) De la aplicación de las reglas contenidas en las letras anteriores no podrá derivarse, para cada ejercicio, un importe total superior al que resulte de lo dispuesto en el artículo 123 del citado texto refundido de la Ley Reguladora de las Haciendas Locales.

e) Se sumarán los importes de las compensaciones que, por separado, corresponden a los municipios que se fusionen y que se derivan de la reforma del Impuesto sobre Actividades Económicas de la disposición adicional décima de la Ley 51/2002, de 27 de diciembre, de Reforma de la Ley 39/1988, de 28 de diciembre, Reguladora de las Haciendas Locales, actualizadas en los mismos términos que los ingresos tributarios del Estado en cada ejercicio respecto a 2004, así como la compensación adicional, regulada en la disposición adicional segunda de la Ley 22/2005, de 18 de noviembre, actualizada en los mismos términos que los ingresos tributarios del Estado en cada ejercicio respecto a 2006.

f) Queda dispensado de prestar nuevos servicios mínimos de los previstos en el artículo 26 que le corresponda por razón de su aumento poblacional.

g) Durante, al menos, los cinco primeros años desde la adopción del convenio de fusión, tendrá preferencia en la asignación de planes de cooperación local, subvenciones, convenios u otros instrumentos basados en la concurrencia. Este plazo podrá prorrogarse por la Ley de Presupuestos Generales del Estado.

La fusión conllevará:

a) La integración de los territorios, poblaciones y organizaciones de los municipios, incluyendo los medios personales, materiales y económicos, del municipio fusionado. A estos efectos, el Pleno de cada Corporación aprobará las medidas de redimensionamiento para la adecuación de las estructuras organizativas, inmobiliarias, de personal y de recursos resultantes de su nueva situación. De la ejecución de las citadas medidas no podrá derivarse incremento alguno de la masa salarial en los municipios afectados.

b) El órgano del gobierno del nuevo municipio resultante estará constituido transitoriamente por la suma de los concejales de los municipios fusionados en los términos previstos en la Ley Orgánica 5/1985, de 19 de junio, del Régimen Electoral General.

c) Si se acordara en el Convenio de fusión, cada uno de los municipios fusionados, o alguno de ellos podrá funcionar como forma de organización desconcentrada de conformidad con lo previsto en el artículo 24 bis.

d) El nuevo municipio se subrogará en todos los derechos y obligaciones de los anteriores municipios, sin perjuicio de lo previsto en la letra e).

e) Si uno de los municipios fusionados estuviera en situación de déficit se podrán integrar, por acuerdo de los municipios fusionados, las obligaciones, bienes y derechos patrimoniales que se consideren liquidables en un fondo, sin personalidad jurídica y con contabilidad separada, adscrito al nuevo municipio, que designará un liquidador al que le corresponderá la liquidación de este fondo. Esta liquidación deberá llevarse a cabo durante los cinco años siguientes desde la adopción del convenio de fusión, sin perjuicio de los posibles derechos que puedan corresponder a los acreedores. La aprobación de las normas a las que tendrá que ajustarse la contabilidad del fondo corresponderá al Ministro de Hacienda y Administraciones Públicas, a propuesta de la Intervención General de la Administración del Estado.

f) El nuevo municipio aprobará un nuevo presupuesto para el ejercicio presupuestario siguiente a la adopción del convenio de fusión.

5. Las Diputaciones provinciales o entidades equivalentes, en colaboración con la Comunidad Autónoma, coordinarán y supervisarán la integración de los servicios resultantes del proceso de fusión.

6. El convenio de fusión deberá ser aprobado por mayoría simple de cada uno de los plenos de los municipios fusionados. La adopción de los acuerdos previstos en el artículo 47.2, siempre que traigan causa de una fusión, será por mayoría simple de los miembros de la corporación.

Apdo. 2 modificado por Real Decreto-ley 6/2023, de 19 de diciembre, por el que se aprueban medidas urgentes para la ejecución del Plan de Recuperación, Transformación y Resiliencia en materia de servicio público de justicia, función pública, régimen local y mecenazgo. (BOE de 20-12-2023). Según dispone la D.T. 11.ª del mencionado RDLey, esta modificación se aplicará también a aquellos procedimientos de desanexión iniciados o en tramitación que aún no se hayan inscrito en el Registro de Entidades Locales previsto en el artículo 14 la presente Ley 7/1985, de 2 de abril.

Artículo anteriormente modificado por Ley 27/2013, de 27 de diciembre, de racionalización y sostenibilidad de la Administración Local. (BOE de 30-12-2013).

ART. 14.

1. Los cambios de denominación de los Municipios solo tendrán carácter oficial cuando, tras haber sido anotados en un Registro creado por la Administración del Estado para la inscripción de todas las Entidades a que se refiere la presente Ley, se publiquen en el «Boletín Oficial del Estado».

2. La denominación de los Municipios podrá ser, a todos los efectos, en castellano, en cualquier otra lengua española oficial en la respectiva Comunidad Autónoma, o en ambas.

ART. 15.

Toda persona que viva en España está obligada a inscribirse en el Padrón del municipio en el que resida habitualmente. Quien viva en varios municipios deberá inscribirse únicamente en el que habite durante más tiempo al año.

El conjunto de personas inscritas en el Padrón municipal constituye la población del municipio.

Los inscritos en el Padrón municipal son los vecinos del municipio.

La condición de vecino se adquiere en el mismo momento de su inscripción en el Padrón.

Modificado por Ley 4/1996, de 10 de enero, por la que se modifica la ley 7/1985, de 2 de abril, reguladora de las bases del régimen local, en relación con el padrón municipal. (BOE de 12-01-1996).

Ver art. 16.1 LRBRL.

ART. 16.

1. El Padrón municipal es el registro administrativo donde constan los vecinos de un municipio. Sus datos constituyen prueba de la residencia en el municipio y del domicilio habitual en el mismo. Las certificaciones que de dichos datos se expidan tendrán carácter de documento público y fehaciente para todos los efectos administrativos.

La inscripción en el Padrón Municipal sólo surtirá efecto de conformidad con lo dispuesto en el artículo 15 por el tiempo que subsista el hecho que la motivó y, en todo caso, deberá ser objeto de renovación periódica cada dos años cuando se trate de la inscripción de extranjeros sin autorización de residencia de larga duración, no pertenecientes a un Estado miembro de la Unión Europea, a Estados parte en el Acuerdo sobre el Espacio Económico

Europeo o a otros Estados a los que, en virtud de un convenio internacional se extienda el régimen jurídico previsto para los ciudadanos de los Estados mencionados anteriormente.

El transcurso del plazo señalado en el párrafo anterior será causa para acordar la caducidad de las inscripciones que deban ser objeto de renovación periódica, siempre que el interesado no hubiese procedido a tal renovación. En este caso, la caducidad podrá declararse sin necesidad de audiencia previa del interesado.

2. La inscripción en el Padrón municipal contendrá como obligatorios sólo los siguientes datos:

a) Nombre y apellidos.

b) Sexo.

c) Domicilio habitual, con especificación de la referencia catastral, en el territorio fiscal común o el código equivalente en los territorios forales, siempre que el domicilio cuente con referencia catastral o código equivalente*.

d) Nacionalidad.

e) Lugar y fecha de nacimiento.

f) Número de documento nacional de identidad o, tratándose de extranjeros:

1.º Número de identidad de extranjero que conste en el certificado de inscripción en el Registro Central de Extranjeros expedido por las autoridades españolas, o en su defecto, número del documento acreditativo de la identidad o del pasaporte en vigor expedido por las autoridades del país de procedencia, tratándose de ciudadanos nacionales de Estados miembros de la Unión Europea, de otros Estados parte en el Acuerdo sobre el Espacio Económico Europeo o de Estados a los que, en virtud de un convenio internacional se extienda el régimen jurídico previsto para los ciudadanos de los Estados mencionados.

2.º Número de identidad de extranjero que conste en documento, en vigor, expedido por las autoridades españolas o, en su defecto, por no ser titulares de estos, el número del pasaporte en vigor expedido por las autoridades del país de procedencia, tratándose de ciudadanos nacionales de Estados no comprendidos en el párrafo anterior, salvo que, por virtud de Tratado o Acuerdo Internacional, disfruten de un régimen específico de exención de visado en materia de pequeño tráfico fronterizo con el municipio en el que se pretenda el empadronamiento, en cuyo caso, se exigirá el correspondiente visado.

g) Certificado o título escolar o académico que se posea.

h) Cuantos otros datos puedan ser necesarios para la elaboración del Censo Electoral, siempre que se garantice el respeto a los derechos fundamentales reconocidos en la Constitución Española.

Asimismo, de conformidad con la Ley 39/2015, de 1 de octubre, del Procedimiento Administrativo Común de las Administraciones Públicas, la inscripción en el Padrón municipal podrá recoger la aportación voluntaria de los datos relativos a la designación de las personas que pueden representar a cada vecino ante la administración municipal a efectos padronales, el número de teléfono de contacto y la dirección de correo electrónico.

3. Los datos obligatorios del Padrón Municipal se cederán a otras Administraciones públicas que lo soliciten sin consentimiento previo del afectado solamente cuando les sean necesarios para el ejercicio de sus respectivas competencias, y exclusivamente para asuntos en los que la residencia o el domicilio sean datos relevantes. También pueden servir para elaborar estadísticas oficiales sometidas al secreto estadístico, en los términos previstos en la Ley 12/1989, de 9 de mayo, de la Función Estadística Pública y en las leyes de estadística de las Comunidades Autónomas con competencia en la materia. Los datos de aportación voluntaria no serán susceptibles de cesión en ningún caso.

Modificado por Real Decreto-ley 6/2023, de 19 de diciembre, por el que se aprueban medidas urgentes para la ejecución del Plan de Recuperación, Transformación y Resiliencia en materia de servicio público de justicia, función pública, régimen local y mecenazgo. (BOE de 20-12-2023).

*Según dispone la D.T. 9.ª del Real Decreto-ley 6/2023, de 19 de diciembre, la nueva redacción del apdo. 2.c), en cuanto a la obligación de que se especifique la referencia catastral en el territorio fiscal común o el código equivalente en los territorios forales, siempre que el domicilio cuente con referencia catastral o código equivalente, será de aplicación a partir del momento que se determine reglamentariamente.

Artículo anteriormente modificado por Ley 27/2013, de 27 de diciembre, de racionalización y sostenibilidad de la Administración Local. (BOE de 30-12-2013).

Apdo. 3: ver art. 17.3 LRBRL.

ART. 17.

1. La formación, mantenimiento, revisión y custodia del Padrón municipal corresponde al Ayuntamiento, de acuerdo con lo que establezca la legislación del Estado.

Con este fin, los distintos organismos de la Administración General del Estado, competentes por razón de la materia, remitirán periódicamente a cada Ayuntamiento información sobre las variaciones de los datos de sus vecinos que con carácter obligatorio deben figurar en el Padrón municipal, en la forma que se establezca reglamentariamente.

La gestión del Padrón municipal se llevará por los Ayuntamientos con medios informáticos. Las Diputaciones Provinciales o entidades equivalentes, Cabildos y Consejos insulares asumirán la gestión informatizada de los Padrones de los municipios que, por su insuficiente capacidad económica y de gestión, no puedan mantener los datos de forma automatizada.

2. Los Ayuntamientos realizarán las actuaciones y operaciones necesarias para mantener actualizados sus Padrones de modo que los datos contenidos en éstos concuerden con la realidad.

Si un ayuntamiento no llevara a cabo dichas actuaciones, el Instituto Nacional de Estadística, previo informe del Consejo de Empadronamiento, podrá requerirle previamente concretando la inactividad, y si fuere rechazado, sin perjuicio de los recursos jurisdiccionales que procedan, podrá acudir a la ejecución sustitutoria prevista en el artículo 60 de la presente ley.

3. Los Ayuntamientos remitirán al Instituto Nacional de Estadística los datos de sus respectivos Padrones, en la forma que reglamentariamente se determine por la Administración General del Estado, a fin de que pueda llevarse a cabo la coordinación entre los Padrones de todos los municipios.

El Instituto Nacional de Estadística, en aras a subsanar posibles errores y evitar duplicidades, realizará las comprobaciones oportunas, y comunicará a los Ayuntamientos las actuaciones y operaciones necesarias para que los datos padronales puedan servir de base para la elaboración de estadísticas de población a nivel nacional, para que las cifras resultantes de las revisiones anuales puedan ser declaradas oficiales, y para que los Ayuntamientos puedan remitir, debidamente actualizados, los datos del Censo Electoral.

Corresponderá a la persona que ejerza la Presidencia del Instituto Nacional de Estadística la resolución de las discrepancias que, en materia de empadronamiento, surjan entre los Ayuntamientos, Diputaciones Provinciales o entidades equivalentes, Cabildos y Consejos insulares o entre estos entes y el Instituto Nacional de Estadística, así como elevar al Gobierno de la Nación la propuesta de cifras oficiales de población de los municipios españoles, comunicándolo en los términos que reglamentariamente se determinan al Ayuntamiento interesado.

El Instituto Nacional de Estadística podrá ceder los datos de su base padronal a otras Administraciones Públicas en las mismas condiciones señaladas en el artículo 16.3. Asimismo, el Instituto Nacional de Estadística facilitará a los Institutos estadísticos de las Comunidades Autónomas, u órganos competentes en la materia, los datos relativos a los padrones de los municipios de su ámbito territorial en las condiciones previstas en el artículo 16.3, y con la periodicidad que se acuerde entre las partes.

4. Adscrito al Ministerio de Economía y Hacienda se crea el Consejo de Empadronamiento como órgano colegiado de colaboración entre la Administración General del Estado y los Entes Locales en materia padronal, de acuerdo con lo que reglamentariamente se establezca.

El Consejo será presidido por el Presidente del Instituto Nacional de Estadística y estará formado por representantes de la Administración General del Estado y de los Entes Locales.

El Consejo funcionará en Pleno y en Comisión, existiendo en cada provincia una Sección Provincial bajo la presidencia del Delegado del Instituto Nacional de Estadística y con representación de los Entes Locales.

El Consejo de Empadronamiento desempeñará las siguientes funciones:

A) Elevar a la decisión de la persona que ejerza la Presidencia del Instituto Nacional de Estadística propuesta vinculante de resolución de las discrepancias que surjan en materia de empadronamiento entre Ayuntamientos, Diputaciones Provinciales o entidades equivalentes, Cabildos, Consejos insulares o entre estos entes y el Instituto Nacional de Estadística.

B) Informar, con carácter vinculante, las propuestas que eleve al Gobierno el Presidente del Instituto Nacional de Estadística sobre cifras oficiales de población de los municipios españoles.

C) Proponer la aprobación de las instrucciones técnicas precisas para la gestión de los padrones municipales.

D) Cualquier otra función que se le atribuya por disposición legal o reglamentaria.

5. La Administración General del Estado, en colaboración con los Ayuntamientos y Administraciones de las Comunidades Autónomas confeccionará un Padrón de españoles residentes en el extranjero, al que será de aplicación las normas de esta Ley que regulan el Padrón municipal.

Las personas inscritas en este Padrón se considerarán vecinos del municipio español que figura en los datos de su inscripción únicamente a efectos del ejercicio del derecho de sufragio, no constituyendo, en ningún caso, población del municipio.

Apdos. 1, 3 y 4 modificados por Real Decreto-ley 6/2023, de 19 de diciembre, por el que se aprueban medidas urgentes para la ejecución del Plan de Recuperación, Transformación y Resiliencia en materia de servicio público de justicia, función pública, régimen local y mecenazgo. (BOE de 20-12-2023).

Artículo anteriormente modificado por Ley Orgánica 14/2003, de 20 de noviembre, de Reforma de la Ley orgánica 4/2000, de 11 de enero, sobre derechos y libertades de los extranjeros en España y su integración social, modificada por la Ley Orgánica 8/2000, de 22 de diciembre; de la Ley 7/1985, de 2 de abril, Reguladora de las Bases del Régimen Local; de la Ley 30/1992, de 26 de noviembre, de Régimen Jurídico de las Administraciones Publicas y del Procedimiento Administrativo Común, y de la Ley 3/1991, de 10 de enero, de Competencia Desleal. (BOE de 21-11-2003).

ART. 18.

1. Son derechos y deberes de los vecinos:

a) Ser elector y elegible de acuerdo con lo dispuesto en la legislación electoral.

b) Participar en la gestión municipal de acuerdo con lo dispuesto en las leyes y, en su caso, cuando la colaboración con carácter voluntario de los vecinos sea interesada por los órganos de gobierno y administración municipal.

c) Utilizar, de acuerdo con su naturaleza, los servicios públicos municipales, y acceder a los aprovechamientos comunales, conforme a las normas aplicables.

d) Contribuir mediante las prestaciones económicas y personales legalmente previstas a la realización de las competencias municipales.

e) Ser informado, previa petición razonada, y dirigir solicitudes a la Administración municipal en relación a todos los expedientes y documentación municipal, de acuerdo con lo previsto en el artículo 105 de la Constitución.

f) Pedir la consulta popular en los términos previstos en la ley.

g) Exigir la prestación y, en su caso, el establecimiento del correspondiente servicio público, en el supuesto de constituir una competencia municipal propia de carácter obligatorio.

h) Ejercer la iniciativa popular en los términos previstos en el artículo 70 bis.

i) Aquellos otros derechos y deberes establecidos en las leyes.

2. La inscripción de los extranjeros en el padrón municipal no constituirá prueba de su residencia legal en España ni les atribuirá ningún derecho que no les confiera la legislación vigente, especialmente en materia de derechos y libertades de los extranjeros en España.

Modificado por Ley 57/2003, de 16 de diciembre, de medidas para la modernización del gobierno local. (BOE de 17-12-2003).

CAPÍTULO II
Organización

ART. 19.

1. El Gobierno y la administración municipal, salvo en aquellos municipios que legalmente funcionen en régimen de Concejo Abierto, corresponde al ayuntamiento, integrado por el Alcalde y los Concejales.

2. Los Concejales son elegidos mediante sufragio universal, igual, libre, directo y secreto, y el Alcalde es elegido por los Concejales o por los vecinos; todo ello en los términos que establezca la legislación electoral general.

3. El régimen de organización de los municipios señalados en el título X de esta ley se ajustará a lo dispuesto en el mismo. En lo no previsto por dicho título, será de aplicación el régimen común regulado en los artículos siguientes.

Modificado por Ley 57/2003, de 16 de diciembre, de medidas para la modernización del gobierno local. (BOE de 17-12-2003).

ART. 20.

1. La organización municipal responde a las siguientes reglas:

a) El Alcalde, los Tenientes de Alcalde y el Pleno existen en todos los ayuntamientos.

b) La Junta de Gobierno Local existe en todos los municipios con población superior a 5.000 habitantes y en los de menos, cuando así lo disponga su reglamento orgánico o así lo acuerde el Pleno de su ayuntamiento.

c) En los municipios de más de 5.000 habitantes, y en los de menos en que así lo disponga su reglamento orgánico o lo acuerde el Pleno, existirán, si su legislación autonómica no prevé en este ámbito otra forma organizativa, órganos que tengan por objeto el estudio, informe o consulta de los asuntos que han de ser sometidos a la decisión del Pleno, así como el seguimiento de la gestión del Alcalde, la Junta de Gobierno Local y los concejales que ostenten delegaciones, sin perjuicio de las competencias de control que corresponden al Pleno. Todos los grupos políticos integrantes de la corporación tendrán derecho a participar en dichos órganos, mediante la presencia de concejales pertenecientes a los mismos en proporción al número de Concejales que tengan en el Pleno.

d) La Comisión Especial de Sugerencias y Reclamaciones existe en los municipios señalados en el título X, y en aquellos otros en que el Pleno así lo acuerde, por el voto favorable de la mayoría absoluta del número legal de sus miembros, o así lo disponga su Reglamento orgánico.

e) La Comisión Especial de Cuentas existe en todos los municipios, de acuerdo con la estructura prevista en el artículo 116.

2. Las leyes de las comunidades autónomas sobre el régimen local podrán establecer una organización municipal complementaria a la prevista en el número anterior.

3. Los propios municipios, en los reglamentos orgánicos, podrán establecer y regular otros órganos complementarios, de conformidad con lo previsto en este artículo y en las leyes de las comunidades autónomas a las que se refiere el número anterior.

Modificado por Ley 57/2003, de 16 de diciembre, de medidas para la modernización del gobierno local. (BOE de 17-12-2003).

Apdo. 1: ver D.A. 6ª.3.1ª y 2ª LRBRL.

ART. 21.

1. El Alcalde es el Presidente de la Corporación y ostenta las siguientes atribuciones:

a) Dirigir el gobierno y la administración municipal.

b) Representar al ayuntamiento.

c) Convocar y presidir las sesiones del Pleno, salvo los supuestos previstos en esta ley y en la legislación electoral general, de la Junta de Gobierno Local, y de cualesquiera otros órganos municipales cuando así se establezca en disposición legal o reglamentaria, y decidir los empates con voto de calidad.

d) Dirigir, inspeccionar e impulsar los servicios y obras municipales.

e) Dictar bandos.

f) El desarrollo de la gestión económica de acuerdo con el Presupuesto aprobado, disponer gastos dentro de los límites de su competencia, concertar operaciones de crédito, con exclusión de las contempladas en el artículo 158.5 de la Ley 39/1988, de 28 de diciembre, Reguladora de las Haciendas Locales, siempre que aquéllas estén previstas en el Presupuesto y su importe acumulado dentro de cada ejercicio económico no supere el 10 por ciento de sus recursos ordinarios, salvo las de tesorería que le corresponderán cuando el importe acumulado de las operaciones vivas en cada momento no supere el 15 por ciento de los ingresos corrientes liquidados en el ejercicio anterior, ordenar pagos y rendir cuentas; todo ello de conformidad con lo dispuesto en la Ley Reguladora de las Haciendas Locales.

g) Aprobar la oferta de empleo público de acuerdo con el Presupuesto y la plantilla aprobados por el Pleno, aprobar las bases de las pruebas para la selección del personal y para los concursos de provisión de puestos de trabajo y distribuir las retribuciones complementarias que no sean fijas y periódicas.

h) Desempeñar la jefatura superior de todo el personal, y acordar su nombramiento y sanciones, incluida la separación del servicio de los funcionarios de la Corporación y el despido del personal laboral, dando cuenta al Pleno, en estos dos últimos casos, en la primera sesión que celebre. Esta atribución se entenderá sin perjuicio de lo dispuesto en los artículos 99.1 y 3 de esta ley.

i) Ejercer la jefatura de la Policía Municipal.

j) Las aprobaciones de los instrumentos de planeamiento de desarrollo del planeamiento general no expresamente atribuidas al Pleno, así como la de los instrumentos de gestión urbanística y de los proyectos de urbanización.

k) El ejercicio de las acciones judiciales y administrativas y la defensa del ayuntamiento en las materias de su competencia, incluso cuando las hubiere delegado en otro órgano, y, en caso de urgencia, en materias de la competencia del Pleno, en este supuesto dando cuenta al mismo en la primera sesión que celebre para su ratificación.

l) La iniciativa para proponer al Pleno la declaración de lesividad en materias de la competencia de la Alcaldía.

m) Adoptar personalmente, y bajo su responsabilidad, en caso de catástrofe o de infortunios públicos o grave riesgo de los mismos, las medidas necesarias y adecuadas dando cuenta inmediata al Pleno.

n) Sancionar las faltas de desobediencia a su autoridad o por infracción de las ordenanzas municipales, salvo en los casos en que tal facultad esté atribuida a otros órganos.

ñ) (Derogada)

o) La aprobación de los proyectos de obras y de servicios cuando sea competente para su contratación o concesión y estén previstos en el presupuesto.

p) (Derogada)

q) El otorgamiento de las licencias, salvo que las leyes sectoriales lo atribuyan expresamente al Pleno o a la Junta de Gobierno Local.

r) Ordenar la publicación, ejecución y hacer cumplir los acuerdos del Ayuntamiento.

s) Las demás que expresamente le atribuyan las leyes y aquellas que la legislación del Estado o de las comunidades autónomas asignen al municipio y no atribuyan a otros órganos municipales.

2. Corresponde asimismo al Alcalde el nombramiento de los Tenientes de Alcalde.

3. El Alcalde puede delegar el ejercicio de sus atribuciones, salvo las de convocar y presidir las sesiones del Pleno y de la Junta de Gobierno Local, decidir los empates con el voto de calidad, la concertación de operaciones de crédito, la jefatura superior de todo el personal, la separación del servicio de los funcionarios y el despido del personal laboral, y las enunciadas en los párrafos a), e), j), k), l) y m) del apartado 1 de este artículo. No obstante, podrá delegar en la Junta de Gobierno Local el ejercicio de las atribuciones contempladas en el párrafo j).

Apdos. 1.ñ) y p) derogados por Ley 30/2007, de 30 de octubre, de Contratos del Sector Publico. (BOE de 31-10-2007).

ART. 22.

1. El Pleno, integrado por todos los Concejales, es presidido por el Alcalde.

2. Corresponden, en todo caso, al Pleno municipal en los Ayuntamientos, y a la Asamblea vecinal en el régimen de Concejo Abierto, las siguientes atribuciones:

a) El control y la fiscalización de los órganos de gobierno.

b) Los acuerdos relativos a la participación en organizaciones supramunicipales; alteración del término municipal; creación o supresión de municipios y de las entidades a que se refiere el artículo 45; creación de órganos desconcentrados; alteración de la capitalidad del municipio y el cambio de nombre de éste o de aquellas entidades y la adopción o modificación de su bandera, enseña o escudo.

c) La aprobación inicial del planeamiento general y la aprobación que ponga fin a la tramitación municipal de los planes y demás instrumentos de ordenación previstos en la legislación urbanística, así como los convenios que tengan por objeto la alteración de cualesquiera de dichos instrumentos.

d) La aprobación del reglamento orgánico y de las ordenanzas.

e) La determinación de los recursos propios de carácter tributario; la aprobación y modificación de los presupuestos, y la disposición de gastos en materia de su competencia y la aprobación de las cuentas; todo ello de acuerdo con lo dispuesto en la Ley Reguladora de las Haciendas Locales.

f) La aprobación de las formas de gestión de los servicios y de los expedientes de municipalización.

g) La aceptación de la delegación de competencias hecha por otras Administraciones públicas.

h) El planteamiento de conflictos de competencias a otras entidades locales y demás Administraciones públicas.

i) La aprobación de la plantilla de personal y de la relación de puestos de trabajo, la fijación de la cuantía de las retribuciones complementarias fijas y periódicas de los funcionarios y el número y régimen del personal eventual.

j) El ejercicio de acciones judiciales y administrativas y la defensa de la corporación en materias de competencia plenaria.

k) La declaración de lesividad de los actos del Ayuntamiento.

l) La alteración de la calificación jurídica de los bienes de dominio público.

m) La concertación de las operaciones de crédito cuya cuantía acumulada, dentro de cada ejercicio económico, exceda del 10 por ciento de los recursos ordinarios del Presupuesto -salvo las de tesorería, que le corresponderán cuando el importe acumulado de las operaciones vivas en cada momento supere el 15 por ciento de los ingresos corrientes liquidados en el ejercicio anterior- todo ello de conformidad con lo dispuesto en la Ley Reguladora de las Haciendas Locales.

n) (Derogada)

ñ) La aprobación de los proyectos de obras y servicios cuando sea competente para su contratación o concesión, y cuando aún no estén previstos en los presupuestos.

o) (Derogada)

p) Aquellas otras que deban corresponder al Pleno por exigir su aprobación una mayoría especial.

q) Las demás que expresamente le confieran las leyes.

3. Corresponde, igualmente, al Pleno la votación sobre la moción de censura al Alcalde y sobre la cuestión de confianza planteada por el mismo, que serán públicas y se realizarán mediante llamamiento nominal en todo caso, y se rigen por lo dispuesto en la legislación electoral general.

4. El Pleno puede delegar el ejercicio de sus atribuciones en el Alcalde y en la Junta de Gobierno Local, salvo las enunciadas en el apartado 2, párrafos a), b), c), d), e), f), g), h), i), l) y p), y en el apartado 3 de este artículo.

Apdo. 2 modificado por Real Decreto Legislativo 7/2015, de 30 de octubre, por el que se aprueba el texto refundido de la Ley de Suelo y Rehabilitación Urbana. (BOE de 31-10-2015).

Apdo. 3: ver D.A. 6ª.3.2ª LRBRL.

ART. 23.

1. La Junta de Gobierno Local se integra por el Alcalde y un número de Concejales no superior al tercio del número legal de los mismos, nombrados y separados libremente por aquél, dando cuenta al Pleno.

2. Corresponde a la Junta de Gobierno Local:

a) La asistencia al Alcalde en el ejercicio de sus atribuciones.

b) Las atribuciones que el Alcalde u otro órgano municipal le delegue o le atribuyan las leyes.

3. Los Tenientes de Alcalde sustituyen, por el orden de su nombramiento y en los casos de vacante, ausencia o enfermedad, al Alcalde, siendo libremente designados y removidos por éste de entre los miembros de la Junta de Gobierno Local y, donde ésta no exista, de entre los Concejales.

4. El Alcalde puede delegar el ejercicio de determinadas atribuciones en los miembros de la Junta de Gobierno Local y, donde ésta no exista, en los Tenientes de Alcalde, sin perjuicio de las delegaciones especiales que, para cometidos específicos, pueda realizar en favor de cualesquiera Concejales, aunque no pertenecieran a aquélla.

Modificado por Ley 57/2003, de 16 de diciembre, de medidas para la modernización del gobierno local. (BOE de 17-12-2003).

Apdo. 2.b): ver art. 47.1 TRLRHL.

Ver D.A. 6ª.3.3ª LRBRL; 185.3 TRLRHL.

ART. 24.

1. Para facilitar la participación ciudadana en la gestión de los asuntos locales y mejorar ésta, los municipios podrán establecer órganos territoriales de gestión desconcentrada, con

la organización, funciones y competencias que cada ayuntamiento les confiera, atendiendo a las características del asentamiento de la población en el término municipal, sin perjuicio de la unidad de gobierno y gestión del municipio.

2. En los municipios señalados en el artículo 121 será de aplicación el régimen de gestión desconcentrada establecido en el artículo 128.

Modificado por Ley 57/2003, de 16 de diciembre, de medidas para la modernización del gobierno local. (BOE de 17-12-2003).

ART. 24 bis.

1. Las leyes de las Comunidades Autónomas sobre régimen local regularán los entes de ámbito territorial inferior al Municipio, que carecerán de personalidad jurídica, como forma de organización desconcentrada del mismo para la administración de núcleos de población separados, bajo su denominación tradicional de caseríos, parroquias, aldeas, barrios, anteiglesias, concejos, pedanías, lugares anejos y otros análogos, o aquella que establezcan las leyes.

2. La iniciativa corresponderá indistintamente a la población interesada o al Ayuntamiento correspondiente. Este último debe ser oído en todo caso.

3. Solo podrán crearse este tipo de entes si resulta una opción más eficiente para la administración desconcentrada de núcleos de población separados de acuerdo con los principios previstos en la Ley Orgánica 2/2012, de 27 de abril, de Estabilidad Presupuestaria y Sostenibilidad Financiera.

Añadido por Ley 27/2013, de 27 de diciembre, de racionalización y sostenibilidad de la Administración Local. (BOE de 30-12-2013).

Ver art. 13.4 LRBRL y D.T. 4ª y 5ª de la Ley 27/2013, de 27 de diciembre, de racionalización y sostenibilidad de la Administración Local.

CAPÍTULO III
Competencias

ART. 25.

1. El Municipio, para la gestión de sus intereses y en el ámbito de sus competencias, puede promover actividades y prestar los servicios públicos que contribuyan a satisfacer las necesidades y aspiraciones de la comunidad vecinal en los términos previstos en este artículo.

2. El Municipio ejercerá en todo caso como competencias propias, en los términos de la legislación del Estado y de las Comunidades Autónomas, en las siguientes materias:

a) Urbanismo: planeamiento, gestión, ejecución y disciplina urbanística. Protección y gestión del Patrimonio histórico. Promoción y gestión de la vivienda de protección pública con criterios de sostenibilidad financiera. Conservación y rehabilitación de la edificación.

b) Medio ambiente urbano: en particular, parques y jardines públicos, gestión de los residuos sólidos urbanos y protección contra la contaminación acústica, lumínica y atmosférica en las zonas urbanas.

c) Abastecimiento de agua potable a domicilio y evacuación y tratamiento de aguas residuales.

d) Infraestructura viaria y otros equipamientos de su titularidad.

e) Evaluación e información de situaciones de necesidad social y la atención inmediata a personas en situación o riesgo de exclusión social.

f) Policía local, protección civil, prevención y extinción de incendios.

g) Tráfico, estacionamiento de vehículos y movilidad. Transporte colectivo urbano.

h) Información y promoción de la actividad turística de interés y ámbito local.

i) Ferias, abastos, mercados, lonjas y comercio ambulante.

j) Protección de la salubridad pública.

k) Cementerios y actividades funerarias.

l) Promoción del deporte e instalaciones deportivas y de ocupación del tiempo libre.

m) Promoción de la cultura y equipamientos culturales.

n) Participar en la vigilancia del cumplimiento de la escolaridad obligatoria y cooperar con las Administraciones educativas correspondientes en la obtención de los solares necesarios para la construcción de nuevos centros docentes. La conservación, mantenimiento y vigilancia de los edificios de titularidad local destinados a centros públicos de educación infantil, de educación primaria o de educación especial.

ñ) Promoción en su término municipal de la participación de los ciudadanos en el uso eficiente y sostenible de las tecnologías de la información y las comunicaciones.

o) Actuaciones en la promoción de la igualdad entre hombres y mujeres así como contra la violencia de género.

3. Las competencias municipales en las materias enunciadas en este artículo se determinarán por Ley debiendo evaluar la conveniencia de la implantación de servicios locales conforme a los principios de descentralización, eficiencia, estabilidad y sostenibilidad financiera.

4. La Ley a que se refiere el apartado anterior deberá ir acompañada de una memoria económica que refleje el impacto sobre los recursos financieros de las Administraciones Públicas afectadas y el cumplimiento de los principios de estabilidad, sostenibilidad financiera y eficiencia del servicio o la actividad. La Ley debe prever la dotación de los recursos necesarios para asegurar la suficiencia financiera de las Entidades Locales sin que ello pueda conllevar, en ningún caso, un mayor gasto de las Administraciones Públicas.

Los proyectos de leyes estatales se acompañarán de un informe del Ministerio de Hacienda y Administraciones Públicas en el que se acrediten los criterios antes señalados.

5. La Ley determinará la competencia municipal propia de que se trate, garantizando que no se produce una atribución simultánea de la misma competencia a otra Administración Pública.

6. Con carácter previo a la atribución de competencias a los municipios, de acuerdo con el principio de diferenciación, deberá realizarse una ponderación específica de la capacidad de gestión de la entidad local, dejando constancia de tal ponderación en la motivación del instrumento jurídico que realice la atribución competencial, ya sea en su parte expositiva o en la memoria justificativa correspondiente.

Apdo. 6 añadido por Real Decreto-ley 6/2023, de 19 de diciembre, por el que se aprueban medidas urgentes para la ejecución del Plan de Recuperación, Transformación y Resiliencia en materia de servicio público de justicia, función pública, régimen local y mecenazgo. (BOE de 20-12-2023).

Letra o) del apdo. 2 añadida por Real Decreto-ley 9/2018, de 3 de agosto, de medidas urgentes para el desarrollo del Pacto de Estado contra la violencia de genero. (BOE de 04-08-2018).

Apdo. 2: ver art. 42.4 LRBRL.

Ver D.A. 8ª.1 TRLRHL.

ART. 26.

1. Los Municipios deberán prestar, en todo caso, los servicios siguientes:

a) En todos los Municipios: alumbrado público, cementerio, recogida de residuos, limpieza viaria, abastecimiento domiciliario de agua potable, alcantarillado, acceso a los núcleos de población y pavimentación de las vías públicas.

b) En los Municipios con población superior a 5.000 habitantes, además: parque público, biblioteca pública y tratamiento de residuos.

c) En los Municipios con población superior a 20.000 habitantes, además: protección civil, evaluación e información de situaciones de necesidad social y la atención inmediata a personas en situación o riesgo de exclusión social, prevención y extinción de incendios e instalaciones deportivas de uso público.

d) En los Municipios con población superior a 50.000 habitantes, además: transporte colectivo urbano de viajeros y medio ambiente urbano.

2. En los municipios con población inferior a 20.000 habitantes será la Diputación provincial o entidad equivalente la que coordinará la prestación de los siguientes servicios:

a) Recogida y tratamiento de residuos.

b) Abastecimiento de agua potable a domicilio y evacuación y tratamiento de aguas residuales.

c) Limpieza viaria.

d) Acceso a los núcleos de población.

e) Pavimentación de vías urbanas.

f) Alumbrado público.

Para coordinar la citada prestación de servicios la Diputación propondrá, con la conformidad de los municipios afectados, *al Ministerio de Hacienda y Administraciones Públicas* la forma de prestación, consistente en la prestación directa por la Diputación o la implantación de fórmulas de gestión compartida a través de consorcios, mancomunidades u otras fórmulas. *Para reducir los costes efectivos de los servicios el mencionado Ministerio decidirá sobre la propuesta formulada que deberá contar con el informe preceptivo de la Comunidad Autónoma si es la Administración que ejerce la tutela financiera.*

Cuando el municipio justifique ante la Diputación que puede prestar estos servicios con un coste efectivo menor que el derivado de la forma de gestión propuesta por la Diputación provincial o entidad equivalente, el municipio podrá asumir la prestación y coordinación de estos servicios si la Diputación lo considera acreditado.

Cuando la Diputación o entidad equivalente asuma la prestación de estos servicios repercutirá a los municipios el coste efectivo del servicio en función de su uso. Si estos servicios estuvieran financiados por tasas y asume su prestación la Diputación o entidad equivalente, será a ésta a quien vaya destinada la tasa para la financiación de los servicios.

3. La asistencia de las Diputaciones o entidades equivalentes a los Municipios, prevista en el artículo 36, se dirigirá preferentemente al establecimiento y adecuada prestación de los servicios mínimos.

> *Se declaran inconstitucionales y nulos los incisos destacados por Sentencia del Tribunal Constitucional 111/2016, de 9 de junio de 2016. Recurso de inconstitucionalidad 1959-2014. Interpuesto por el Consejo de Gobierno de la Junta de Andalucía en relación con diversos preceptos de la Ley 27/2013, de 27 de diciembre, de racionalización y sostenibilidad de la Administración Local. Principios de autonomía local, democrático y de lealtad institucional, autonomía financiera: nulidad parcial de los preceptos relativos a las funciones atribuidas a la Administración del Estado respecto de la coordinación de los servicios municipales por las diputaciones provinciales, condiciones para la ejecución en régimen de monopolio de las actividades reservadas y mayoría requerida para la adopción de acuerdos en las corporaciones locales; interpretación conforme de los preceptos relativos a la competencia provincial sobre prestación de los servicios de administración electrónica y contratación centralizada en determinados municipios y al plan provincial de cooperación a las obras y servicios de competencia municipal. Voto particular. (BOE de 15-07-2016).*
>
> *Ver art. 13.4.f) LRBRL.*

ART. 27.

1. El Estado y las Comunidades Autónomas, en el ejercicio de sus respectivas competencias, podrán delegar en los Municipios el ejercicio de sus competencias.

La delegación habrá de mejorar la eficiencia de la gestión pública, contribuir a eliminar duplicidades administrativas y ser acorde con la legislación de estabilidad presupuestaria y sostenibilidad financiera.

La delegación deberá determinar el alcance, contenido, condiciones y duración de ésta, que no podrá ser inferior a cinco años, así como el control de eficiencia que se reserve la Administración delegante y los medios personales, materiales y económicos, que ésta asigne sin que pueda suponer un mayor gasto de las Administraciones Públicas.

La delegación deberá acompañarse de una memoria económica donde se justifiquen los principios a que se refiere el párrafo segundo de este apartado y se valore el impacto en el gasto de las Administraciones Públicas afectadas sin que, en ningún caso, pueda conllevar un mayor gasto de las mismas.

2. Cuando el Estado o las Comunidades Autónomas deleguen en dos o más municipios de la misma provincia una o varias competencias comunes, dicha delegación deberá realizarse siguiendo criterios homogéneos.

La Administración delegante podrá solicitar la asistencia de las Diputaciones provinciales o entidades equivalentes para la coordinación y seguimiento de las delegaciones previstas en este apartado.

3. Con el objeto de evitar duplicidades administrativas, mejorar la transparencia de los servicios públicos y el servicio a la ciudadanía y, en general, contribuir a los procesos de racionalización administrativa, generando un ahorro neto de recursos, la Administración del Estado y las de las Comunidades Autónomas podrán delegar, siguiendo criterios homogéneos, entre otras, las siguientes competencias:

a) Vigilancia y control de la contaminación ambiental.

b) Protección del medio natural.

c) Prestación de los servicios sociales, promoción de la igualdad de oportunidades y la prevención de la violencia contra la mujer.

d) Conservación o mantenimiento de centros sanitarios asistenciales de titularidad de la Comunidad Autónoma.

e) Creación, mantenimiento y gestión de las escuelas infantiles de educación de titularidad pública de primer ciclo de educación infantil.

f) Realización de actividades complementarias en los centros docentes.

g) Gestión de instalaciones culturales de titularidad de la Comunidad Autónoma o del Estado, con estricta sujeción al alcance y condiciones que derivan del artículo 149.1.28.ª de la Constitución Española.

h) Gestión de las instalaciones deportivas de titularidad de la Comunidad Autónoma o del Estado, incluyendo las situadas en los centros docentes cuando se usen fuera del horario lectivo.

i) Inspección y sanción de establecimientos y actividades comerciales.

j) Promoción y gestión turística.

k) Comunicación, autorización, inspección y sanción de los espectáculos públicos.

l) Liquidación y recaudación de tributos propios de la Comunidad Autónoma o del Estado.

m) Inscripción de asociaciones, empresas o entidades en los registros administrativos de la Comunidad Autónoma o de la Administración del Estado.

n) Gestión de oficinas unificadas de información y tramitación administrativa.

o) Cooperación con la Administración educativa a través de los centros asociados de la Universidad Nacional de Educación a Distancia.

4. La Administración delegante podrá, para dirigir y controlar el ejercicio de los servicios delegados, dictar instrucciones técnicas de carácter general y recabar, en cualquier momento, información sobre la gestión municipal, así como enviar comisionados y formular los requerimientos pertinentes para la subsanación de las deficiencias observadas. En caso de incumplimiento de las directrices, denegación de las informaciones solicitadas, o inobservancia de los requerimientos formulados, la Administración delegante podrá revocar la delegación o ejecutar por sí misma la competencia delegada en sustitución del Municipio. Los actos del Municipio podrán ser recurridos ante los órganos competentes de la Administración delegante.

5. La efectividad de la delegación requerirá su aceptación por el Municipio interesado.

6. La delegación habrá de ir acompañada en todo caso de la correspondiente financiación, para lo cual será necesaria la existencia de dotación presupuestaria adecuada y suficiente en los presupuestos de la Administración delegante para cada ejercicio económico, siendo nula sin dicha dotación.

El incumplimiento de las obligaciones financieras por parte de la Administración autonómica delegante facultará a la Entidad Local delegada para compensarlas automáticamente con otras obligaciones financieras que ésta tenga con aquélla.

7. La disposición o acuerdo de delegación establecerá las causas de revocación o renuncia de la delegación. Entre las causas de renuncia estará el incumplimiento de las obligaciones financieras por parte de la Administración delegante o cuando, por circunstancias sobrevenidas, se justifique suficientemente la imposibilidad de su desempeño por la Administración en la que han sido delegadas sin menoscabo del ejercicio de sus competencias propias. El acuerdo de renuncia se adoptará por el Pleno de la respectiva Entidad Local.

8. Las competencias delegadas se ejercen con arreglo a la legislación del Estado o de las Comunidades Autónomas.

Modificado por Ley 27/2013, de 27 de diciembre, de racionalización y sostenibilidad de la Administración Local. (BOE de 30-12-2013).

Ver art. 7.3, 37.3 y 52.2.a) LRBRL.

ART. 28.

Podrán establecerse, en municipios determinados de menos de 20.000 habitantes, sistemas de gestión colaborativa dirigidos a garantizar los recursos suficientes para el cumplimiento de las competencias municipales y, en particular, para una prestación de calidad, financieramente sostenible, de los servicios públicos mínimos obligatorios, mediante medidas de racionalización organizativa y de funcionamiento; de garantía de la prestación de dichos servicios mediante fórmulas de gestión comunes o asociativas; de sostenimiento del personal en común con otro u otros municipios; y, en general, de fomento del desarrollo económico y social de los municipios.

La aplicación efectiva a un municipio de la gestión colaborativa requerirá decisión en tal sentido de la Comunidad Autónoma respectiva, adoptada conforme a su legislación de régimen local propia, y en todo caso, con la conformidad previa del municipio afectado y el informe de las entidades locales afectadas.

Se añade contenido a este artículo por Real Decreto-ley 6/2023, de 19 de diciembre, por el que se aprueban medidas urgentes para la ejecución del Plan de Recuperación, Transformación y Resiliencia en materia de servicio público de justicia, función pública, régimen local y mecenazgo. (BOE de 20-12-2023).

Este artículo había sido suprimido por Ley 27/2013, de 27 de diciembre, de racionalización y sostenibilidad de la Administración Local. (BOE de 30-12-2013).

CAPÍTULO IV
Regímenes especiales

ART. 29.

1. Funcionan en Concejo Abierto:

a) Los municipios que tradicional y voluntariamente cuenten con ese singular régimen de gobierno y administración.

b) Aquellos otros en los que por su localización geográfica, la mejor gestión de los intereses municipales u otras circunstancias lo hagan aconsejable.

2. La constitución en concejo abierto de los municipios a que se refiere el apartado b) del número anterior, requiere petición de la mayoría de los vecinos, decisión favorable por mayoría de dos tercios de los miembros del Ayuntamiento y aprobación por la Comunidad Autónoma.

3. En el régimen de Concejo Abierto, el gobierno y la administración municipales corresponden a un Alcalde y una asamblea vecinal de la que forman parte todos los electores. Ajustan su funcionamiento a los usos, costumbres y tradiciones locales y, en su defecto, a lo establecido en esta Ley y las leyes de las Comunidades Autónomas sobre régimen local.

4. No obstante lo anterior, los alcaldes de las corporaciones de municipios de menos de 100 residentes podrán convocar a sus vecinos a Concejo Abierto para decisiones de especial trascendencia para el municipio. Si así lo hicieren deberán someterse obligatoriamente al criterio de la Asamblea vecinal constituida al efecto.

Los municipios que con anterioridad venían obligados por Ley en función del número de residentes a funcionar en Concejo Abierto, podrán continuar con ese régimen especial de gobierno y administración si tras la sesión constitutiva de la Corporación, convocada la Asamblea Vecinal, así lo acordaran por unanimidad los tres miembros electos y la mayoría de los vecinos.

Modificado por Ley Orgánica 2/2011, de 28 de enero, por la que se modifica la Ley Orgánica 5/1985, de 19 de junio, del Régimen Electoral General. (BOE de 29-01-2011).

ART. 30.

Las Leyes sobre régimen local de las Comunidades Autónomas, en el marco de lo establecido en esta Ley, podrán establecer regímenes especiales para Municipios pequeños o de carácter rural y para aquellos que reúnan otras características que lo hagan aconsejable, como su carácter histórico-artístico o el predominio en su término de las actividades turísticas, industriales, mineras u otras semejantes.

TÍTULO III
La provincia

ART. 31.

1. La Provincia es una Entidad local determinada por la agrupación de Municipios, con personalidad jurídica propia y plena capacidad para el cumplimiento de sus fines.

2. Son fines propios y específicos de la Provincia garantizar los principios de solidaridad y equilibrio intermunicipales, en el marco de la política económica y social, y, en particular:

a) Asegurar la prestación integral y adecuada en la totalidad del territorio provincial de los servicios de competencia municipal.

b) Participar en la coordinación de la Administración local con la de la Comunidad Autónoma y la del Estado.

3. El gobierno y la administración autónoma de la Provincia corresponden a la Diputación u otras Corporaciones de carácter representativo.

CAPÍTULO I
Organización

ART. 32.

La organización provincial responde a las siguientes reglas:

1. El Presidente, los Vicepresidentes, la Junta de Gobierno y el Pleno existen en todas las Diputaciones.

2. Asimismo, existirán en todas las Diputaciones órganos que tengan por objeto el estudio, informe o consulta de los asuntos que han de ser sometidos a la decisión del Pleno, así como el seguimiento de la gestión del Presidente, la Junta de Gobierno y los Diputados que ostenten delegaciones, siempre que la respectiva legislación autonómica no prevea una forma organizativa distinta en este ámbito y sin perjuicio de las competencias de control que corresponden al Pleno.

Todos los grupos políticos integrantes de la corporación tendrán derecho a participar en dichos órganos, mediante la presencia de Diputados pertenecientes a los mismos, en proporción al número de Diputados que tengan en el Pleno.

3. El resto de los órganos complementarios de los anteriores se establece y regula por las propias Diputaciones. No obstante las leyes de las comunidades autónomas sobre régimen local podrán establecer una organización provincial complementaria de la prevista en este texto legal.

Modificado por Ley 57/2003, de 16 de diciembre, de medidas para la modernización del gobierno local. (BOE de 17-12-2003).

ART. 32 bis. Personal Directivo de Diputaciones, Cabildos y Consejos Insulares.

El nombramiento del personal directivo que, en su caso, hubiera en las Diputaciones, Cabildos y Consejos Insulares deberá efectuarse de acuerdo a criterios de competencia profesional y experiencia, entre funcionarios de carrera del Estado, de las Comunidades Autónomas, de las Entidades Locales o con habilitación de carácter nacional que pertenezcan a cuerpos o escalas clasificados en el subgrupo A1, salvo que el correspondiente Reglamento Orgánico permita que, en atención a las características específicas de las funciones de tales órganos directivos, su titular no reúna dicha condición de funcionario.

Añadido por Ley 27/2013, de 27 de diciembre, de racionalización y sostenibilidad de la Administración Local. (BOE de 30-12-2013).

NOTA: El régimen previsto en este artículo será de aplicación a los nombramientos que se produzcan con posterioridad a la entrada en vigor de la Ley 27/2013, de 27 de diciembre, según establece su D.T. 8ª.

ART. 33.

1. El Pleno de la Diputación está constituido por el Presidente y los Diputados.

2. Corresponde en todo caso al Pleno:

a) La organización de la Diputación.

b) La aprobación de las ordenanzas.

c) La aprobación y modificación de los Presupuestos, la disposición de gastos dentro de los límites de su competencia y la aprobación provisional de las cuentas; todo ello de acuerdo con lo dispuesto en la Ley Reguladora de las Haciendas Locales.

d) La aprobación de los planes de carácter provincial.

e) El control y la fiscalización de los órganos de gobierno.

f) La aprobación de la plantilla de personal, la relación de puestos de trabajo, la fijación de la cuantía de las retribuciones complementarias fijas y periódicas de los funcionarios, y el número y régimen del personal eventual.

g) La alteración de la calificación jurídica de los bienes de dominio público.

h) El planteamiento de conflictos de competencias a otras Entidades locales y demás Administraciones públicas.

i) El ejercicio de acciones judiciales y administrativas y la defensa de la Corporación en materias de competencia plenaria.

j) La declaración de lesividad de los actos de la Diputación.

k) La concertación de las operaciones de crédito cuya cuantía acumulada en el ejercicio económico exceda del 10 por 100 de los recursos ordinarios, salvo las de tesorería, que le corresponderán cuando el importe acumulado de las operaciones vivas en cada momento supere el 15 por 100 de los ingresos corrientes liquidados en el ejercicio anterior, todo ello de conformidad con lo dispuesto en la Ley Reguladora de las Haciendas Locales.

l) (Derogada)

m) La aprobación de los proyectos de obra y de servicios cuando sea competente para su contratación o concesión y cuando aún no estén previstos en los Presupuestos.

n) (Derogada)

ñ) Aquellas atribuciones que deban corresponder al Pleno por exigir su aprobación una mayoría especial.

o) Las demás que expresamente la atribuyan las leyes.

3. Corresponde, igualmente, al Pleno la votación sobre la moción de censura al Presidente y sobre la cuestión de confianza planteada por el mismo, que serán públicas y se realizarán mediante llamamiento nominal en todo caso, y se rigen por lo dispuesto en la legislación electoral general.

4. El Pleno puede delegar el ejercicio de sus atribuciones en el Presidente y en la Comisión de Gobierno, salvo las enunciadas en el número 2, letras a), b), c), d), e), f), h) y ñ), y número 3 de este artículo.

Apdos. 2.l) y n) derogados por Ley 30/2007, de 30 de octubre, de Contratos del Sector Publico. (BOE de 31-10-2007).

ART. 34.

1. Corresponde en todo caso al Presidente de la Diputación:

a) Dirigir el gobierno y la administración de la provincia.

b) Representar a la Diputación.

c) Convocar y presidir las sesiones del Pleno, salvo los supuestos previstos en la presente Ley y en la legislación electoral general, de la Junta de Gobierno y cualquier otro órgano de la Diputación, y decidir los empates con voto de calidad.

d) Dirigir, inspeccionar e impulsar los servicios y obras cuya titularidad o ejercicio corresponde a la Diputación Provincial.

e) Asegurar la gestión de los servicios propios de la Comunidad Autónoma cuya gestión ordinaria esté encomendada a la Diputación.

f) El desarrollo de la gestión económica de acuerdo con el Presupuesto aprobado, disponer gastos dentro de los límites de su competencia, concertar operaciones de crédito, con exclusión de las contempladas en el artículo 158.5 de la Ley 39/1988, de 28 de diciembre, Reguladora de las Haciendas Locales, siempre que aquéllas estén previstas en el Presupuesto y su importe acumulado dentro de cada ejercicio económico no supere el 10 por 100 de sus recursos ordinarios, salvo las de tesorería que le corresponderán cuando el importe acumulado de las operaciones vivas en cada momento no supere el 15 por 100 de los ingresos corrientes liquidados en el ejercicio anterior, ordenar pagos y rendir cuentas; todo ello de conformidad con lo dispuesto en la Ley Reguladora de las Haciendas Locales.

g) Aprobar la oferta de empleo público de acuerdo con el Presupuesto y la plantilla aprobados por el Pleno, aprobar las bases de las pruebas para la selección del personal y para los concursos de provisión de puestos de trabajo y distribuir las retribuciones complementarias que no sean fijas y periódicas.

h) Desempeñar la jefatura superior de todo el personal, y acordar su nombramiento y sanciones, incluida la separación del servicio de los funcionarios de la Corporación y el despido del personal laboral, dando cuenta al Pleno en la primera sesión que celebre. Esta atribución se entenderá sin perjuicio de lo previsto en el artículo 99.1 y 3 de esta Ley.

i) El ejercicio de las acciones judiciales y administrativas y la defensa de la Diputación en las materias de su competencia, incluso cuando las hubiere delegado en otro órgano, y, en caso de urgencia, en materias de la competencia del Pleno, en este último supuesto dando cuenta al mismo en la primera sesión que celebre para su ratificación.

j) La iniciativa para proponer al Pleno la declaración de lesividad en materia de la competencia del Presidente.

k) (Derogada)

l) La aprobación de los proyectos de obras y de servicios cuando sea competente para su contratación o concesión y estén previstos en el Presupuesto.

m) (Derogada)

n) Ordenar la publicación y ejecución y hacer cumplir los acuerdos de la Diputación.

ñ) Las demás que expresamente les atribuyan las leyes.

o) El ejercicio de aquellas otras atribuciones que la legislación del Estado o de las Comunidades Autónomas asigne a la Diputación y no estén expresamente atribuidas a otros órganos.

2. El Presidente puede delegar el ejercicio de sus atribuciones, salvo la de convocar y presidir las sesiones del Pleno y de la Junta de Gobierno, decidir los empates con el voto de calidad, concertar operaciones de crédito, la jefatura superior de todo el personal, la separación del servicio de funcionarios y el despido del personal laboral, y las enunciadas en los párrafos a), i) y j) del número anterior.

3. Corresponde, asimismo, al Presidente el nombramiento de los Vicepresidentes.

Apdos. 1.k) y .m) derogados por Ley 30/2007, de 30 de octubre, de Contratos del Sector Publico. (BOE de 31-10-2007).

ART. 35.

1. La Junta de Gobierno se integra por el Presidente y un número de Diputados no superior al tercio del número legal de los mismos, nombrados y separados libremente por aquél, dando cuenta al Pleno.

2. Corresponde a la Junta de Gobierno:

a) La asistencia al Presidente en el ejercicio de sus atribuciones.

b) Las atribuciones que el Presidente le delegue o le atribuyan las leyes.

3. El Presidente puede delegar el ejercicio de determinadas atribuciones en los miembros de la Junta de Gobierno, sin perjuicio de las delegaciones especiales que para cometidos específicos pueda realizar a favor de cualesquiera Diputados, aunque no perteneciera a la Junta de Gobierno.

4. Los Vicepresidentes sustituyen, por el orden de su nombramiento y en los casos de vacante, ausencia o enfermedad, al Presidente, siendo libremente designados por éste entre los miembros de la Junta de Gobierno.

Modificado por Ley 57/2003, de 16 de diciembre, de medidas para la modernización del gobierno local. (BOE de 17-12-2003).

CAPÍTULO II
Competencias

ART. 36.

1. Son competencias propias de la Diputación o entidad equivalente las que le atribuyan en este concepto las leyes del Estado y de las Comunidades Autónomas en los diferentes sectores de la acción pública y, en todo caso, las siguientes:

a) La coordinación de los servicios municipales entre sí para la garantía de la prestación integral y adecuada a que se refiere el apartado a) del número 2 del artículo 31.

b) La asistencia y cooperación jurídica, económica y técnica a los Municipios, especialmente los de menor capacidad económica y de gestión. En todo caso garantizará en los municipios de menos de 1.000 habitantes la prestación de los servicios de secretaría e intervención.

c) La prestación de servicios públicos de carácter supramunicipal y, en su caso, supracomarcal y el fomento o, en su caso, coordinación de la prestación unificada de servicios de los municipios de su respectivo ámbito territorial. En particular, asumirá la prestación de los servicios de tratamiento de residuos en los municipios de menos de 5.000 habitantes, y de prevención y extinción de incendios en los de menos de 20.000 habitantes, cuando éstos no procedan a su prestación.

d) La cooperación en el fomento del desarrollo económico y social y en la planificación en el territorio provincial, de acuerdo con las competencias de las demás Administraciones Públicas en este ámbito.

e) El ejercicio de funciones de coordinación en los casos previstos en el artículo 116 bis.

f) Asistencia en la prestación de los servicios de gestión de la recaudación tributaria, en periodo voluntario y ejecutivo, y de servicios de apoyo a la gestión financiera de los municipios con población inferior a 20.000 habitantes.

g) La prestación de los servicios de administración electrónica y la contratación centralizada en los municipios con población inferior a 20.000 habitantes.

h) El seguimiento de los costes efectivos de los servicios prestados por los municipios de su provincia. Cuando la Diputación detecte que estos costes son superiores a los de los servicios coordinados o prestados por ella, ofrecerá a los municipios su colaboración para una gestión coordinada más eficiente de los servicios que permita reducir estos costes.

i) La coordinación mediante convenio, con la Comunidad Autónoma respectiva, de la prestación del servicio de mantenimiento y limpieza de los consultorios médicos en los municipios con población inferior a 5000 habitantes.

2. A los efectos de lo dispuesto en las letras a), b) y c) del apartado anterior, la Diputación o entidad equivalente:

a) Aprueba anualmente un plan provincial de cooperación a las obras y servicios de competencia municipal, en cuya elaboración deben participar los Municipios de la Provincia. El plan, que deberá contener una memoria justificativa de sus objetivos y de los criterios de distribución de los fondos, criterios que en todo caso han de ser objetivos y equitativos y entre los que estará el análisis de los costes efectivos de los servicios de los municipios, podrá financiarse con medios propios de la Diputación o entidad equivalente, las aportaciones municipales y las subvenciones que acuerden la Comunidad Autónoma y el Estado con cargo a sus respectivos presupuestos. Sin perjuicio de las competencias reconocidas en los Estatutos de Autonomía y de las anteriormente asumidas y ratificadas por éstos, la Comunidad Autónoma asegura, en su territorio, la coordinación de los diversos planes provinciales, de acuerdo con lo previsto en el artículo 59 de esta Ley.

Cuando la Diputación detecte que los costes efectivos de los servicios prestados por los municipios son superiores a los de los servicios coordinados o prestados por ella, incluirá en el plan provincial fórmulas de prestación unificada o supramunicipal para reducir sus costes efectivos.

El Estado y la Comunidad Autónoma, en su caso, pueden sujetar sus subvenciones a determinados criterios y condiciones en su utilización o empleo y tendrán en cuenta el análisis de los costes efectivos de los servicios de los municipios.

b) Asegura el acceso de la población de la Provincia al conjunto de los servicios mínimos de competencia municipal y a la mayor eficacia y economía en la prestación de éstos mediante cualesquiera fórmulas de asistencia y cooperación municipal.

Con esta finalidad, las Diputaciones o entidades equivalentes podrán otorgar subvenciones y ayudas con cargo a sus recursos propios para la realización y el mantenimiento de obras y servicios municipales, que se instrumentarán a través de planes especiales u otros instrumentos específicos.

c) Garantiza el desempeño de las funciones públicas necesarias en los Ayuntamientos y les presta apoyo en la selección y formación de su personal sin perjuicio de la actividad desarrollada en estas materias por la Administración del Estado y la de las Comunidades Autónomas.

d) Da soporte a los Ayuntamientos para la tramitación de procedimientos administrativos y realización de actividades materiales y de gestión, asumiéndolas cuando aquéllos se las encomienden.

Modificado por Ley 27/2013, de 27 de diciembre, de racionalización y sostenibilidad de la Administración Local. (BOE de 30-12-2013).

Ver art. 26.3 LRBRL.

ART. 37.

1. Las Comunidades Autónomas podrán delegar competencias en las Diputaciones, así como encomendar a éstas la gestión ordinaria de servicios propios en los términos previstos en los Estatutos correspondientes. En este último supuesto las Diputaciones actuarán con sujeción plena a las instrucciones generales y particulares de las Comunidades.

2. El Estado podrá, asimismo, previa consulta e informe de la Comunidad Autónoma interesada, delegar en las Diputaciones competencias de mera ejecución cuando el ámbito provincial sea el más idóneo para la prestación de los correspondientes servicios.

3. El ejercicio por las Diputaciones de las facultades delegadas se acomodará a lo dispuesto en el artículo 27.

ART. 38.

Las previsiones establecidas para la Diputación en este Capítulo y en los restantes de la presente Ley serán de aplicación a aquellas otras Corporaciones de carácter representativo a las que corresponda el gobierno y la administración autónoma de la Provincia.

CAPÍTULO III
Regímenes especiales

ART. 39.

Los órganos forales de Álava, Guipúzcoa y Vizcaya conservan su régimen peculiar en el marco del Estatuto de Autonomía de la Comunidad Autónoma del País Vasco. No obstante, las disposiciones de la presente Ley les serán de aplicación con carácter supletorio.

ART. 40.

Las Comunidades Autónomas uniprovinciales y la Foral de Navarra asumen las competencias, medios y recursos que corresponden en el régimen ordinario a las Diputaciones Provinciales. Se exceptúa la Comunidad Autónoma de las Islas Baleares en los términos de su Estatuto propio.

ART. 41.

1. Los Cabildos Insulares Canarios, como órganos de gobierno, administración y representación de cada isla, se rigen por las normas contenidas en la disposición adicional decimocuarta de esta ley y supletoriamente por las normas que regulan la organización y funcionamiento de las Diputaciones provinciales, asumiendo las competencias de éstas, sin perjuicio de lo dispuesto en el Estatuto de Autonomía de Canarias.

2. En el Archipiélago Canario subsisten las mancomunidades provinciales interinsulares exclusivamente como órganos de representación y expresión de los intereses provinciales. Integran dichos órganos los Presidentes de los Cabildos insulares de las provincias correspondientes, presidiéndolos el del Cabildo de la Isla en que se halle la capital de la provincia.

3. Los Consejos Insulares de las Islas Baleares, a los que son de aplicación las normas de esta ley que regulan la organización y funcionamiento de las Diputaciones provinciales, asumen sus competencias de acuerdo con lo dispuesto en esta ley y las que les correspondan de conformidad con el Estatuto de Autonomía de Baleares.

Modificado por Ley 57/2003, de 16 de diciembre, de medidas para la modernización del gobierno local. (BOE de 17-12-2003).

TÍTULO IV
Otras Entidades locales

ART. 42.

1. Las Comunidades Autónomas, de acuerdo con lo dispuesto en sus respectivos Estatutos, podrán crear en su territorio comarcas u otras Entidades que agrupen varios Municipios, cuyas características determinen intereses comunes precisados de una gestión propia o demanden la prestación de servicios de dicho ámbito.

2. La iniciativa para la creación de una comarca podrá partir de los propios Municipios interesados. En cualquier caso, no podrá crearse la comarca si a ello se oponen expresamente las dos quintas partes de los Municipios que debieran agruparse en ella, siempre que, en este caso, tales Municipios representen al menos la mitad del censo electoral del territorio correspondiente. Cuando la comarca deba agrupar a Municipios de más de una

Provincia, será necesario el informe favorable de las Diputaciones Provinciales a cuyo ámbito territorial pertenezcan tales Municipios.

3. Las Leyes de las Comunidades Autónomas determinarán el ámbito territorial de las comarcas, la composición y el funcionamiento de sus órganos de gobierno, que serán representativos de los Ayuntamientos que agrupen, así como las competencias y recursos económicos que, en todo caso, se les asignen.

4. La creación de las Comarcas no podrá suponer la pérdida por los Municipios de la competencia para prestar los servicios enumerados en el artículo 26, ni privar a los mismos de toda intervención en cada una de las materias enumeradas en el apartado 2 del artículo 25.

Apdo. 2: ver D.A. 4ª. LRBRL.

ART. 43.

1. Las Comunidades Autónomas, previa audiencia de la Administración del Estado y de los Ayuntamientos y Diputaciones afectados, podrán crear, modificar y suprimir, mediante Ley, áreas metropolitanas, de acuerdo con lo dispuesto en sus respectivos Estatutos.

2. Las áreas metropolitanas son Entidades locales integradas por los Municipios de grandes aglomeraciones urbanas entre cuyos núcleos de población existan vinculaciones económicas y sociales que hagan necesaria la planificación conjunta y la coordinación de determinados servicios y obras.

3. La legislación de la Comunidad Autónoma determinará los órganos de gobierno y administración, en los que estarán representados todos los Municipios integrados en el área; el régimen económico y de funcionamiento, que garantizará la participación de todos los Municipios en la toma de decisiones y una justa distribución de las cargas entre ellos; así como los servicios y obras de prestación o realización metropolitana y el procedimiento para su ejecución.

ART. 44.

1. Se reconoce a los municipios el derecho a asociarse con otros en mancomunidades para la ejecución en común de obras y servicios determinados de su competencia.

2. Las mancomunidades tienen personalidad y capacidad jurídicas para el cumplimiento de sus fines específicos y se rigen por sus Estatutos propios. Los Estatutos han de regular el ámbito territorial de la entidad, su objeto y competencia, órganos de gobierno y recursos, plazo de duración y cuantos otros extremos sean necesarios para su funcionamiento.

En todo caso, los órganos de gobierno serán representativos de los ayuntamientos mancomunados.

3. El procedimiento de aprobación de los estatutos de las mancomunidades se determinará por la legislación de las comunidades autónomas y se ajustará, en todo caso, a las siguientes reglas:

a) La elaboración corresponderá a los concejales de la totalidad de los municipios promotores de la mancomunidad, constituidos en asamblea.

b) La Diputación o Diputaciones provinciales interesadas emitirán informe sobre el proyecto de estatutos.

c) Los Plenos de todos los ayuntamientos aprueban los estatutos.

4. Se seguirá un procedimiento similar para la modificación o supresión de mancomunidades.

5. Podrán integrarse en la misma mancomunidad municipios pertenecientes a distintas comunidades autónomas, siempre que lo permitan las normativas de las comunidades autónomas afectadas.

Modificado por Ley 57/2003, de 16 de diciembre, de medidas para la modernización del gobierno local. (BOE de 17-12-2003).

ART. 45.

(SIN CONTENIDO)

Sin contenido por Ley 27/2013, de 27 de diciembre, de racionalización y sostenibilidad de la Administración Local. (BOE de 30-12-2013).

TÍTULO V
Disposiciones comunes a las Entidades locales

CAPÍTULO I
Régimen de funcionamiento

ART. 46.

1. Los órganos colegiados de las Entidades locales funcionan en régimen de sesiones ordinarias de periodicidad preestablecida y extraordinarias, que pueden ser, además, urgentes.

2. En todo caso, el funcionamiento del Pleno de las Corporaciones Locales se ajusta a las siguientes reglas:

a) El Pleno celebra sesión ordinaria como mínimo cada mes en los Ayuntamientos de municipios de más de 20.000 habitantes y en las Diputaciones Provinciales; cada dos meses en los Ayuntamientos de los municipios de una población entre 5.001 habitantes y 20.000 habitantes; y cada tres en los municipios de hasta 5.000 habitantes. Asimismo, el Pleno celebra sesión extraordinaria cuando así lo decida el Presidente o lo solicite la cuarta parte, al menos, del número legal de miembros de la Corporación, sin que ningún concejal pueda solicitar más de tres anualmente. En este último caso, la celebración del mismo no podrá demorarse por más de quince días hábiles desde que fuera solicitada, no pudiendo incorporarse el asunto al orden del día de un Pleno ordinario o de otro extraordinario con más asuntos si no lo autorizan expresamente los solicitantes de la convocatoria.

Si el Presidente no convocase el Pleno extraordinario solicitado por el número de concejales indicado dentro del plazo señalado, quedará automáticamente convocado para el décimo día hábil siguiente al de la finalización de dicho plazo, a las doce horas, lo que será notificado por el Secretario de la Corporación a todos los miembros de la misma al día siguiente de la finalización del plazo citado anteriormente. En ausencia del Presidente o de quien legalmente haya de sustituirle, el Pleno quedará válidamente constituido siempre que concurra el quórum requerido en la letra c) de este precepto, en cuyo caso será presidido por el miembro de la Corporación de mayor edad entre los presentes.

b) Las sesiones plenarias han de convocarse, al menos, con dos días hábiles de antelación, salvo las extraordinarias que lo hayan sido con carácter urgente, cuya convocatoria con este carácter deberá ser ratificada por el Pleno. La documentación íntegra de los asuntos incluidos en el orden del día, que deba servir de base al debate y, en su caso, votación, deberá figurar a disposición de los Concejales o Diputados, desde el mismo día de la convocatoria, en la Secretaría de la Corporación.

c) El Pleno se constituye válidamente con la asistencia de un tercio del mínimo legal de miembros del mismo, que nunca podrá ser inferior a tres. En los municipios de hasta 100 residentes, que no funcionen en régimen de Concejo Abierto, el Pleno se constituirá válidamente con la asistencia del número legal de miembros del mismo, que nunca deberá ser inferior a dos. Estos quórums deberán mantenerse durante toda la sesión.

En todo caso, se requiere la asistencia del Presidente y del Secretario de la Corporación o de quienes legalmente les sustituyan.

d) La adopción de acuerdos se produce mediante votación ordinaria, salvo que el propio Pleno acuerde, para un caso concreto, la votación nominal. El voto puede emitirse en sentido afirmativo o negativo, pudiendo los miembros de las Corporaciones abstenerse de votar.

La ausencia de uno o varios Concejales o Diputados, una vez iniciada la deliberación de un asunto, equivale, a efectos de la votación correspondiente, a la abstención.

En el caso de votaciones con resultado de empate, se efectuará una nueva votación, y si persistiera el empate, decidirá el voto de calidad del Presidente.

e) En los plenos ordinarios la parte dedicada al control de los demás órganos de la Corporación deberá presentar sustantividad propia y diferenciada de la parte resolutiva, debiéndose garantizar de forma efectiva en su funcionamiento y, en su caso, en su regulación, la participación de todos los grupos municipales en la formulación de ruegos, preguntas y mociones.

3. En todo caso, cuando concurran situaciones excepcionales de fuerza mayor, de grave riesgo colectivo, o catástrofes públicas que impidan o dificulten de manera desproporcionada el normal funcionamiento del régimen presencial de las sesiones de los órganos colegiados de las Entidades Locales, estos podrán, apreciada la concurrencia de la situación descrita por el Alcalde o Presidente o quien válidamente les sustituya al efecto de la con-

vocatoria de acuerdo con la normativa vigente, constituirse, celebrar sesiones y adoptar acuerdos a distancia por medios electrónicos y telemáticos, siempre que sus miembros participantes se encuentren en territorio español y quede acreditada su identidad. Asimismo, se deberá asegurar la comunicación entre ellos en tiempo real durante la sesión, disponiéndose los medios necesarios para garantizar el carácter público o secreto de las mismas según proceda legalmente en cada caso.

A los efectos anteriores, se consideran medios electrónicos válidos las audioconferencias, videoconferencias, u otros sistemas tecnológicos o audiovisuales que garanticen adecuadamente la seguridad tecnológica, la efectiva participación política de sus miembros, la validez del debate y votación de los acuerdos que se adopten.

Apdo. 3 se añade por Real Decreto-ley 11/2020, de 31 de marzo, por el que se adoptan medidas urgentes complementarias en el ámbito social y económico para hacer frente al COVID-19 (BOE de 01-04-2020).

Apdo. 2.c) modificado por Ley Orgánica 2/2011, de 28 de enero, por la que se modifica la Ley Orgánica 5/1985, de 19 de junio, del Régimen Electoral General. (BOE de 29-01-2011).

Apdo. 2: ver art. 122.4.c LRBRL.

ART. 47.

1. Los acuerdos de las corporaciones locales se adoptan, como regla general, por mayoría simple de los miembros presentes. Existe mayoría simple cuando los votos afirmativos son más que los negativos.

2. Se requiere el voto favorable de la mayoría absoluta del número legal de miembros de las corporaciones para la adopción de acuerdos en las siguientes materias:

a) Creación y supresión de municipios y alteración de términos municipales.

b) Creación, modificación y supresión de las entidades a que se refiere el artículo 45 de esta ley.

c) Aprobación de la delimitación del término municipal.

d) Alteración del nombre y de la capitalidad del municipio.

e) Adopción o modificación de su bandera, enseña o escudo.

f) Aprobación y modificación del reglamento orgánico propio de la corporación.

g) Creación, modificación o disolución de mancomunidades u otras organizaciones asociativas, así como la adhesión a las mismas y la aprobación y modificación de sus estatutos.

h) Transferencia de funciones o actividades a otras Administraciones públicas, así como la aceptación de las delegaciones o encomiendas de gestión realizadas por otras administraciones, salvo que por ley se impongan obligatoriamente.

i) Cesión por cualquier título del aprovechamiento de los bienes comunales.

j) Concesión de bienes o servicios por más de cinco años, siempre que su cuantía exceda del 20 por ciento de los recursos ordinarios del presupuesto.

k) Municipalización o provincialización de actividades en régimen de monopolio y aprobación de la forma concreta de gestión del servicio correspondiente.

l) Aprobaciones de operaciones financieras o de crédito y concesiones de quitas o esperas, cuando su importe supere el 10 por ciento de los recursos ordinarios de su presupuesto, así como las operaciones de crédito previstas en el artículo 158.5 de la Ley 39/1988, de 28 de diciembre, reguladora de las Haciendas Locales.

ll) Los acuerdos que corresponda adoptar a la corporación en la tramitación de los instrumentos de planeamiento general previstos en la legislación urbanística.

m) Enajenación de bienes, cuando su cuantía exceda del 20 por ciento de los recursos ordinarios de su presupuesto.

n) Alteración de la calificación jurídica de los bienes demaniales o comunales.

ñ) Cesión gratuita de bienes a otras Administraciones o instituciones públicas.

o) Las restantes determinadas por la ley.

3. Las normas relativas a adopción de acuerdos en los municipios señalados en el artículo 121 de esta ley, son las contenidas en el apartado 2 del artículo 123.

Modificado por Ley 57/2003, de 16 de diciembre, de medidas para la modernización del gobierno local. (BOE de 17-12-2003).

Apdo. 2: ver art. 13.6 LRBRL.

Apdo. 3: ver art. 177.5 TRLRHL.

Ver D.A. 6ª.3.2ª LRBRL.

ART. 48.

En los asuntos en que sea preceptivo el dictamen del Consejo de Estado, la correspondiente solicitud se cursará por conducto del Presidente de la Comunidad Autónoma.

Cuando el dictamen deba ser solicitado conjuntamente por Entidades pertenecientes al ámbito territorial de distintas Comunidades Autónomas, la solicitud se cursará por conducto del Ministerio de Administraciones Públicas a petición de la Entidad de mayor población.

> *Segundo párrafo añadido por Ley 11/1999, de 21 de abril, de modificación de la Ley 7/1985, de 2 de abril, Reguladora de las Bases del Régimen Local, y otras medidas para el desarrollo del Gobierno Local, en materia de tráfico, circulación de vehículos a motor y seguridad vial y en materia de aguas. (BOE de 22-04-1999).*

ART. 49.

La aprobación de las Ordenanzas locales se ajustará al siguiente procedimiento:

a) Aprobación inicial por el Pleno.

b) Información pública y audiencia a los interesados por el plazo mínimo de treinta días para la presentación de reclamaciones y sugerencias.

c) Resolución de todas las reclamaciones y sugerencias presentadas dentro del plazo y aprobación definitiva por el Pleno.

En el caso de que no se hubiera presentado ninguna reclamación o sugerencia, se entenderá definitivamente adoptado el acuerdo hasta entonces provisional.

> *Párrafo final de la letra c) añadido por Ley 11/1999, de 21 de abril, de modificación de la Ley 7/1985, de 2 de abril, Reguladora de las Bases del Régimen Local, y otras medidas para el desarrollo del Gobierno Local, en materia de tráfico, circulación de vehículos a motor y seguridad vial y en materia de aguas. (BOE de 22-04-1999).*
>
> *Ver art. 113.3 LRBRL.*

ART. 50.

1. Los conflictos de atribuciones que surjan entre órganos y Entidades dependientes de una misma Corporación local se resolverán:

a) Por el Pleno, cuando se trate de conflictos que afecten a órganos colegiados, miembros de éstos o Entidades locales de las previstas en el artículo 45.

b) Por el Alcalde o Presidente de la Corporación, en el resto de los supuestos.

2. Los conflictos de competencias planteados entre diferentes entidades locales serán resueltos por la Administración de la Comunidad Autónoma o por la Administración del Estado, previa audiencia de las Comunidades Autónomas afectadas, según se trate de entidades pertenecientes a la misma o a distinta Comunidad, y sin perjuicio de la ulterior posibilidad de impugnar la resolución dictada ante la Jurisdicción contencioso-administrativa.

3. Las cuestiones que se susciten entre municipios pertenecientes a distintas Comunidades Autónomas sobre deslinde de sus términos municipales se resolverán por la Administración del Estado, previo informe del Instituto Geográfico Nacional, audiencia de los municipios afectados y de las respectivas Comunidades Autónomas y dictamen del Consejo de Estado.

> *Apdo. 3 añadido por Ley 11/1999, de 21 de abril, de modificación de la Ley 7/1985, de 2 de abril, Reguladora de las Bases del Régimen Local, y otras medidas para el desarrollo del Gobierno Local, en materia de tráfico, circulación de vehículos a motor y seguridad vial y en materia de aguas. (BOE de 22-04-1999).*

ART. 51.

Los actos de las Entidades locales son inmediatamente ejecutivos, salvo en aquellos casos en que una disposición legal establezca lo contrario o cuando se suspenda su eficacia de acuerdo con la Ley.

ART. 52.

1. Contra los actos y acuerdos de las Entidades locales que pongan fin a la vía administrativa, los interesados podrán ejercer las acciones que procedan ante la jurisdicción competente, pudiendo no obstante interponer con carácter previo y potestativo recurso de reposición.

2. Ponen fin a la vía administrativa las resoluciones de los siguientes órganos y autoridades:

a) Las del Pleno, los Alcaldes o Presidentes y las Juntas de Gobierno, salvo en los casos excepcionales en que una ley sectorial requiera la aprobación ulterior de la Administración del Estado o de la comunidad autónoma, o cuando proceda recurso ante éstas en los supuestos del artículo 27.2.

b) Las de autoridades y órganos inferiores en los casos que resuelvan por delegación del Alcalde, del Presidente o de otro órgano cuyas resoluciones pongan fin a la vía administrativa.

c) Las de cualquier otra autoridad u órgano cuando así lo establezca una disposición legal.

Apdo. 2.a) modificado por Ley 57/2003, de 16 de diciembre, de medidas para la modernización del gobierno local. (BOE de 17-12-2003).

ART. 53.

Sin perjuicio de las previsiones específicas contenidas en los artículos 65, 67 y 110 de esta Ley, las Corporaciones locales podrán revisar sus actos y acuerdos en los términos y con el alcance que, para la Administración del Estado, se establece en la legislación del Estado reguladora del procedimiento administrativo común.

ART. 54.

Las Entidades locales responderán directamente de los daños y perjuicios causados a los particulares en sus bienes y derechos como consecuencia del funcionamiento de los servicios públicos o de la actuación de sus autoridades, funcionarios o agentes, en los términos establecidos en la legislación general sobre responsabilidad administrativa.

CAPÍTULO II
Relaciones interadministrativas

ART. 55.

Para la efectiva coordinación y eficacia administrativa, la Administración General del Estado, así como las Administraciones autonómica y local, de acuerdo con el principio de lealtad institucional, deberán en sus relaciones recíprocas:

a) Respetar el ejercicio legítimo por las otras Administraciones de sus competencias y las consecuencias que del mismo se deriven para las propias.

b) Ponderar, en la actuación de las competencias propias, la totalidad de los intereses públicos implicados y, en concreto, aquellos cuya gestión esté encomendada a otras Administraciones.

c) Valorar el impacto que sus actuaciones, en materia presupuestaria y financiera, pudieran provocar en el resto de Administraciones Públicas.

d) Facilitar a las otras Administraciones la información sobre la propia gestión que sea relevante para el adecuado desarrollo por éstas de sus cometidos.

e) Prestar, en el ámbito propio, la cooperación y asistencia activas que las otras Administraciones pudieran precisar para el eficaz cumplimiento de sus tareas.

Modificado por Ley 27/2013, de 27 de diciembre, de racionalización y sostenibilidad de la Administración Local. (BOE de 30-12-2013).

ART. 56.

1. Las Entidades locales tienen el deber de remitir a las Administraciones del Estado y de las Comunidades Autónomas, en los plazos y forma que reglamentariamente se determinen, copia o, en su caso, extracto comprensivo de los actos y acuerdos de las mismas. Los Presidentes y, de forma inmediata, los Secretarios de las Corporaciones serán responsables del cumplimiento de este deber.

2. En todo caso, las Administraciones del Estado y de las Comunidades Autónomas estarán facultadas, con el fin de comprobar la efectividad, en su aplicación y, respectivamente, de la legislación estatal y la autonómica, para recabar y obtener información concreta sobre la actividad municipal, pudiendo solicitar incluso la exhibición de expedientes y la emisión de informes.

3. La Administración del Estado y la de las Comunidades Autónomas deberán facilitar el acceso de los representantes legales de las Entidades locales a los instrumentos de planificación, programación y gestión de obras y servicios que les afecten directamente.

ART. 57.

1. La cooperación económica, técnica y administrativa entre la Administración local y las Administraciones del Estado y de las Comunidades Autónomas, tanto en servicios locales como en asuntos de interés común, se desarrollará con carácter voluntario, bajo las formas y en los términos previstos en las leyes, pudiendo tener lugar, en todo caso, mediante los consorcios o los convenios administrativos que suscriban.

De cada acuerdo de cooperación formalizado por alguna de estas Administraciones se dará comunicación a aquellas otras que, resultando interesadas, no hayan intervenido en el mismo, a los efectos de mantener una recíproca y constante información.

2. La suscripción de convenios y constitución de consorcios deberá mejorar la eficiencia de la gestión pública, eliminar duplicidades administrativas y cumplir con la legislación de estabilidad presupuestaria y sostenibilidad financiera.

3. La constitución de un consorcio solo podrá tener lugar cuando la cooperación no pueda formalizarse a través de un convenio y siempre que, en términos de eficiencia económica, aquélla permita una asignación más eficiente de los recursos económicos. En todo caso, habrá de verificarse que la constitución del consorcio no pondrá en riesgo la sostenibilidad financiera del conjunto de la Hacienda de la Entidad Local de que se trate, así como del propio consorcio, que no podrá demandar más recursos de los inicialmente previstos.

4. Asimismo, en el ámbito de las relaciones interadministrativas de cooperación, las entidades locales, cuando concurran situaciones ocasionadas tras la producción de una emergencia civil por catástrofes naturales o derivadas de la acción humana con graves daños, podrán aportar por decisión de los órganos competentes de la entidad local, con sujeción a la normativa de estabilidad presupuestaria y sostenibilidad financiera, medios humanos y materiales a las entidades locales afectadas gravemente por dicha catástrofe a fin de coadyuvar al restablecimiento de la normalidad en lo posible, todo ello en razón de la protección de los intereses públicos y la aplicación del principio de solidaridad.

Apdo. 4 añadido por Real Decreto-ley 7/2024, de 11 de noviembre, por el que se adoptan medidas urgentes para el impulso del Plan de respuesta inmediata, reconstrucción y relanzamiento frente a los daños causados por la Depresión Aislada en Niveles Altos (DANA) en diferentes municipios entre el 28 de octubre y el 4 de noviembre de 2024. (BOE 12-11-2024).

Modificado por Ley 27/2013, de 27 de diciembre, de racionalización y sostenibilidad de la Administración Local. (BOE de 30-12-2013).

ART. 57 bis. Garantía de pago en el ejercicio de competencias delegadas.

(INCONSTITUCIONAL Y NULO)

Inconstitucional y nulo por Sentencia del Tribunal Constitucional 41/2016, de 3 de marzo de 2016. Recurso de inconstitucionalidad 1792-2014. Interpuesto por la Asamblea de Extremadura en relación con diversos preceptos de la Ley 27/2013, de 27 de diciembre, de racionalización y sostenibilidad de la Administración local. Autonomía local, competencias sobre hacienda general y régimen jurídico de las Administraciones públicas: nulidad de los preceptos legales que autorizan al Estado a compensar determinadas deudas contraídas por las Comunidades Autónomas con los créditos resultantes de su sistema de financiación, establecen el régimen transitorio de asunción autonómica de las competencias municipales sobre salud y servicios sociales, disolución de entidades locales de ámbito territorial inferior al municipio y mancomunidades de municipios; interpretación conforme de la disposición relativa a la asunción autonómica de competencias municipales en materia de educación. (BOE de 08-04-2016).

ART. 58.

1. Las leyes del Estado o de las Comunidades Autónomas podrán crear, para la coordinación administrativa, órganos de colaboración de las Administraciones correspondientes con las Entidades locales. Estos órganos, que serán únicamente deliberantes o consultivos, podrán tener ámbito autonómico o provincial y carácter general o sectorial.

Para asegurar la colaboración entre la Administración del Estado y la Administración Local en materia de inversiones y de prestación de servicios, el Gobierno podrá crear en cada Comunidad Autónoma una Comisión Territorial de Administración Local. Reglamentariamente, se establecerá la composición, organización y funcionamiento de la Comisión.

2. Tanto la Administración del Estado como las de las Comunidades Autónomas podrán participar en los respectivos órganos de colaboración establecidos por cada una de ellas.

En todo caso, las Administraciones que tengan atribuidas la formulación y aprobación de instrumentos de planificación deberán otorgar a las restantes una participación que permita armonizar los intereses públicos afectados.

La participación de los municipios en la formación de los planes generales de obras públicas que les afecten se realizará en todo caso de conformidad con lo que disponga la correspondiente legislación sectorial. Asimismo, en la determinación de usos y en la adopción de resoluciones por parte de otras Administraciones públicas en materia de concesiones o autorizaciones relativa al dominio público de su competencia, será requisito indispensable para su aprobación el informe previo de los municipios en cuyo territorio se encuentre dicho dominio público, de acuerdo con lo establecido en los artículos 82 y 83 de la Ley 30/1992, de 26 de noviembre, de Régimen Jurídico de las Administraciones Públicas y del Procedimiento Administrativo Común.

> *Último párrafo del apdo. 2 se añade por Ley 11/1999, de 21 de abril, de modificación de la Ley 7/1985, de 2 de abril, Reguladora de las Bases del Régimen Local, y otras medidas para el desarrollo del Gobierno Local, en materia de tráfico, circulación de vehículos a motor y seguridad vial y en materia de aguas. (BOE de 22-04-1999).*
>
> *Apdo. 2: Los artículos 82 y 83 de la Ley 30/1992, de 26 de noviembre equivalen a los actuales 79 y 80 de la Ley 39/2015, de 1 de octubre.*

ART. 59.

1. A fin de asegurar la coherencia de la actuación de las Administraciones Públicas, en los supuestos previstos en el número 2 del artículo 10 y para el caso de que dicho fin no pueda alcanzarse por los procedimientos contemplados en los artículos anteriores o éstos resultaran manifiestamente inadecuados por razón de las características de la tarea pública de que se trate, las leyes del Estado y las de las Comunidades Autónomas, reguladoras de los distintos sectores de la acción pública, podrán atribuir al Gobierno de la Nación, o al Consejo de Gobierno, la facultad de coordinar la actividad de la Administración Local y, en especial, de las Diputaciones Provinciales en el ejercicio de sus competencias.

La coordinación se realizará mediante la definición concreta y en relación con una materia, servicio o competencia determinados de los intereses generales o comunitarios, a través de planes sectoriales para la fijación de los objetivos y la determinación de las prioridades de la acción pública en la materia correspondiente. En la tramitación de los mismos se observará lo dispuesto en el número 2 del artículo anterior.

Las Entidades locales ejercerán sus facultades de programación, planificación u ordenación de los servicios o actividades de su competencia en el marco de las previsiones de los planes a que se refiere el párrafo anterior.

2. En todo caso, la Ley deberá precisar, con el suficiente grado de detalle, las condiciones y los límites de la coordinación, así como las modalidades de control que se reserven las Cortes Generales o las correspondientes Asambleas Legislativas.

ART. 60.

Cuando una Entidad local incumpliera las obligaciones impuestas directamente por la Ley de forma que tal incumplimiento afectará al ejercicio de competencias de la Administración del Estado o de la Comunidad Autónoma, y cuya cobertura económica estuviere legalmente o presupuestariamente garantizada, una u otra, según su respectivo ámbito competencial, deberá recordarle su cumplimiento concediendo al efecto el plazo que fuere necesario. Si, transcurrido dicho plazo, nunca inferior a un mes, el incumplimiento persistiera, se procederá a adoptar las medidas necesarias para el cumplimiento de la obligación a costa y en sustitución de la Entidad local.

ART. 61.

1. El Consejo de Ministros, a iniciativa propia y con conocimiento del Consejo de Gobierno de la comunidad autónoma correspondiente o a solicitud de éste y, en todo caso, previo acuerdo favorable del Senado, podrá proceder, mediante real decreto, a la disolución de los órganos de las corporaciones locales en el supuesto de gestión gravemente dañosa para los intereses generales que suponga incumplimiento de sus obligaciones constitucionales.

2. Se considerarán, en todo caso, decisiones gravemente dañosas para los intereses generales en los términos previstos en el apartado anterior, los acuerdos o actuaciones de los órganos de las corporaciones locales que den cobertura o apoyo, expreso o tácito, de forma reiterada y grave, al terrorismo o a quienes participen en su ejecución, lo enaltezcan o justifiquen, y los que menosprecien o humillen a las víctimas o a sus familiares.

3. Acordada la disolución, será de aplicación la legislación electoral general, cuando proceda, en relación a la convocatoria de elecciones parciales y, en todo caso, la normativa reguladora de la provisional administración ordinaria de la corporación.

> *Modificado por Ley Orgánica 1/2003, de 10 de marzo, para la garantía de la democracia en los Ayuntamientos y la seguridad de los Concejales. (BOE de 11-03-2003).*
>
> *Ver art. 118 LRBRL.*

ART. 62.

En aquellos casos en que la naturaleza de la actividad de que se trate haga muy difícil o inconveniente una asignación diferenciada y distinta de facultades decisorias en la materia, las Leyes reguladoras de la acción pública en relación con la misma asegurarán, en todo caso, a las Entidades locales su participación o integración en actuaciones o procedimientos conjuntamente con la Administración del Estado y/o con la de la Comunidad Autónoma correspondiente, atribuyéndole a una de éstas la decisión final.

En ningún caso estas técnicas podrán afectar a la potestad de autoorganización de los servicios que corresponde a la Entidad local.

CAPÍTULO III
Impugnación de actos y acuerdos y ejercicio de acciones

ART. 63.

1. Junto a los sujetos legitimados en el régimen general del proceso contencioso-administrativo podrán impugnar los actos y acuerdos de las Entidades locales que incurran en infracción del ordenamiento jurídico:

a) La Administración del Estado y la de las Comunidades Autónomas, en los casos y términos previstos en este Capítulo.

b) Los miembros de las corporaciones que hubieran votado en contra de tales actos y acuerdos.

2. Están igualmente legitimadas en todo caso las Entidades locales territoriales para la impugnación de las disposiciones y actos de la Administraciones del Estado y de las Comunidades Autónomas que lesionen su autonomía, tal como ésta resulta garantizada por la Constitución y esta Ley.

3. Asimismo, las Entidades locales territoriales estarán legitimadas para promover, en los términos del artículo 119 de esta Ley, la impugnación ante el Tribunal Constitucional de leyes del Estado o de las Comunidades Autónomas cuando se estime que son éstas las que lesionan la autonomía constitucionalmente garantizada.

ART. 64.

La Administración del Estado y la de las Comunidades Autónomas pueden solicitar ampliación de la información a que se refiere el número 1 del artículo 56, que deberá remitirse en el plazo máximo de veinte días hábiles, excepto en el caso previsto en el artículo 67 de esta Ley, en el que lo será de cinco días hábiles. En tales casos se suspende el cómputo de los plazos a que se refieren el número 2 del artículo 65 y el 1 del artículo 67, que se reanudarán a partir de la recepción de la documentación interesada.

Modificado por Ley 11/1999, de 21 de abril, de modificación de la Ley 7/1985, de 2 de abril, Reguladora de las Bases del Régimen Local, y otras medidas para el desarrollo del Gobierno Local, en materia de tráfico, circulación de vehículos a motor y seguridad vial y en materia de aguas. (BOE de 22-04-1999).

ART. 65.

1. Cuando la Administración del Estado o de las Comunidades Autónomas considere, en el ámbito de las respectivas competencias, que un acto o acuerdo de alguna Entidad local infringe el ordenamiento jurídico, podrá requerirla, invocando expresamente el presente artículo, para que anule dicho acto en el plazo máximo de un mes.

2. El requerimiento deberá ser motivado y expresar la normativa que se estime vulnerada. Se formulará en el plazo de quince días hábiles a partir de la recepción de la comunicación del acuerdo.

3. La Administración del Estado o, en su caso, la de la Comunidad Autónoma, podrá impugnar el acto o acuerdo ante la jurisdicción contencioso-administrativa dentro del plazo señalado para la interposición del recurso de tal naturaleza señalado en la Ley Reguladora de dicha Jurisdicción, contado desde el día siguiente a aquel en que venza el requerimiento dirigido a la Entidad local, o al de la recepción de la comunicación de la misma rechazando el requerimiento, si se produce dentro del plazo señalado para ello.

4. La Administración del Estado o, en su caso, la de la Comunidad Autónoma, podrá también impugnar directamente el acto o acuerdo ante la jurisdicción contencioso-adminis-

trativa, sin necesidad de formular requerimiento, en el plazo señalado en la Ley Reguladora de dicha Jurisdicción.

Modificado por Ley 11/1999, de 21 de abril, de modificación de la Ley 7/1985, de 2 de abril, Reguladora de las Bases del Régimen Local, y otras medidas para el desarrollo del Gobierno Local, en materia de tráfico, circulación de vehículos a motor y seguridad vial y en materia de aguas. (BOE de 22-04-1999).

Apdo. 2: ver arts. 64, 70.2 y 111 LRBRL.

Ver art. 53 LRBRL.

ART. 66.

Los actos o acuerdos de las Entidades locales que menoscaben competencias del Estado o de las Comunidades Autónomas, interfieran su ejercicio o excedan de la competencia de dichas Entidades, podrán ser impugnados por cualquiera de los procedimientos previstos en el artículo anterior.

La impugnación deberá precisar la lesión o, en su caso, extralimitación competencial que la motiva y las normas legales vulneradas en que se funda. En el caso de que, además, contuviera petición expresa de suspensión del acto o acuerdo impugnado, razonada en la integridad y efectividad del interés general o comunitario afectado, el Tribunal, si la estima fundada, acordará dicha suspensión en el primer trámite subsiguiente a la presentación de la impugnación. No obstante, a instancia de la Entidad local y oyendo a la Administración demandante, podrá alzar en cualquier momento, en todo o en parte, la suspensión decretada, en caso de que de ella hubiera de derivarse perjuicio al interés local no justificado por las exigencias del interés general o comunitario hecho valer en la impugnación.

Modificado por Ley 11/1999, de 21 de abril, de modificación de la Ley 7/1985, de 2 de abril, Reguladora de las Bases del Régimen Local, y otras medidas para el desarrollo del Gobierno Local, en materia de tráfico, circulación de vehículos a motor y seguridad vial y en materia de aguas. (BOE de 22-04-1999).

ART. 67.

1. Si una Entidad local adoptara actos o acuerdos que atenten gravemente al interés general de España, el Delegado del Gobierno, previo requerimiento para su anulación al Presidente de la Corporación efectuado dentro de los diez días siguientes al de la recepción de aquéllos, podrá suspenderlos y adoptar las medidas pertinentes para la protección de dicho interés.

2. El plazo concedido al Presidente de la Corporación en el requerimiento de anulación no podrá ser superior a cinco días. El del ejercicio de la facultad de suspensión será de diez días, contados a partir del siguiente al de la finalización del plazo del requerimiento o al de la respuesta del Presidente de la Corporación, si fuese anterior.

3. Acordada la suspensión de un acto o acuerdo, el Delegado del Gobierno deberá impugnarlo en el plazo de diez días desde la suspensión ante la Jurisdicción Contencioso-administrativa.

Modificado por Ley 11/1999, de 21 de abril, de modificación de la Ley 7/1985, de 2 de abril, Reguladora de las Bases del Régimen Local, y otras medidas para el desarrollo del Gobierno Local, en materia de tráfico, circulación de vehículos a motor y seguridad vial y en materia de aguas. (BOE de 22-04-1999).

Ver art. 53 LRBRL.

Apdo. 1: ver art. 64 LRBRL.

ART. 68.

1. Las Entidades locales tienen la obligación de ejercer las acciones necesarias para la defensa de sus bienes y derechos.

2. Cualquier vecino que se hallare en pleno goce de sus derechos civiles y políticos podrá requerir su ejercicio a la Entidad interesada. Este requerimiento, del que se dará conocimiento a quienes pudiesen resultar afectados por las correspondientes acciones, suspenderá el plazo para el ejercicio de las mismas por un término de treinta días hábiles.

3. Si en el plazo de esos treinta días la entidad no acordara el ejercicio de las acciones solicitadas, los vecinos podrán ejercitar dicha acción en nombre e interés de la Entidad local.

4. De prosperar la acción, el actor tendrá derecho a ser reembolsado por la Entidad de las costas procesales y a la indemnización de cuantos daños y perjuicios se le hubieran seguido.

CAPÍTULO IV
Información y participación ciudadanas

ART. 69.

1. Las Corporaciones locales facilitarán la más amplia información sobre su actividad y la participación de todos los ciudadanos en la vida local.

2. Las formas, medios y procedimientos de participación que las Corporaciones establezcan en ejercicio de su potestad de autoorganización no podrán en ningún caso menoscabar las facultades de decisión que corresponden a los órganos representativos regulados por la Ley.

Apdo. 2: ver art. 72 LRBRL.

ART. 70.

1. Las sesiones del Pleno de las corporaciones locales son públicas. No obstante, podrán ser secretos el debate y votación de aquellos asuntos que puedan afectar al derecho fundamental de los ciudadanos a que se refiere el artículo 18.1 de la Constitución, cuando así se acuerde por mayoría absoluta.

No son públicas las sesiones de la Junta de Gobierno Local.

2. Los acuerdos que adopten las corporaciones locales se publican o notifican en la forma prevista por la Ley. Las ordenanzas, incluidos el articulado de las normas de los planes urbanísticos, así como los acuerdos correspondientes a éstos cuya aprobación definitiva sea competencia de los entes locales, se publicarán en el 'Boletín Oficial' de la Provincia y no entrarán en vigor hasta que se haya publicado completamente su texto y haya transcurrido el plazo previsto en el artículo 65.2 salvo los presupuestos y las ordenanzas fiscales que se publican y entran en vigor en los términos establecidos en la Ley 39/1988, de 28 de diciembre, reguladora de las Haciendas Locales. Las Administraciones públicas con competencias urbanísticas deberán tener, a disposición de los ciudadanos que lo soliciten, copias completas del planeamiento vigente en su ámbito territorial.

3. Todos los ciudadanos tienen derecho a obtener copias y certificaciones acreditativas de los acuerdos de las corporaciones locales y sus antecedentes, así como a consultar los archivos y registros en los términos que disponga la legislación de desarrollo del artículo 105, párrafo b), de la Constitución. La denegación o limitación de este derecho, en todo cuanto afecte a la seguridad y defensa del Estado, la averiguación de los delitos o la intimidad de las personas, deberá verificarse mediante resolución motivada.

Modificado por Ley 57/2003, de 16 de diciembre, de medidas para la modernización del gobierno local. (BOE de 17-12-2003).

Apdo. 2: ver arts. 65.2 y 111 LRBRL.

ART. 70 bis.

1. Los ayuntamientos deberán establecer y regular en normas de carácter orgánico procedimientos y órganos adecuados para la efectiva participación de los vecinos en los asuntos de la vida pública local, tanto en el ámbito del municipio en su conjunto como en el de los distritos, en el supuesto de que existan en el municipio dichas divisiones territoriales.

2. Los vecinos que gocen del derecho de sufragio activo en las elecciones municipales podrán ejercer la iniciativa popular, presentando propuestas de acuerdos o actuaciones o proyectos de reglamentos en materias de la competencia municipal.

Dichas iniciativas deberán ir suscritas al menos por el siguiente porcentaje de vecinos del municipio:

a) Hasta 5.000 habitantes, el 20 por ciento.

b) De 5.001 a 20.000 habitantes, el 15 por ciento.

c) A partir de 20.001 habitantes, el 10 por ciento.

Tales iniciativas deberán ser sometidas a debate y votación en el Pleno, sin perjuicio de que sean resueltas por el órgano competente por razón de la materia. En todo caso, se requerirá el previo informe de legalidad del secretario del ayuntamiento, así como el informe del interventor cuando la iniciativa afecte a derechos y obligaciones de contenido económico del ayuntamiento. En los municipios a que se refiere el artículo 121 de esta ley, el informe de legalidad será emitido por el secretario general del Pleno y cuando la iniciativa afecte a derechos y obligaciones de contenido económico, el informe será emitido por el Interventor general municipal.

Lo dispuesto en este apartado se entiende sin perjuicio de la legislación autonómica en esta materia.

Tales iniciativas pueden llevar incorporada una propuesta de consulta popular local, que será tramitada en tal caso por el procedimiento y con los requisitos previstos en el artículo 71.

3. Asimismo, las entidades locales y, especialmente, los municipios, deberán impulsar la utilización interactiva de las tecnologías de la información y la comunicación para facilitar la participación y la comunicación con los vecinos, para la presentación de documentos y para la realización de trámites administrativos, de encuestas y, en su caso, de consultas ciudadanas.

Las Diputaciones provinciales, Cabildos y Consejos insulares colaborarán con los municipios que, por su insuficiente capacidad económica y de gestión, no puedan desarrollar en grado suficiente el deber establecido en este apartado.

4. Cuando se trate de procedimientos y trámites relativos a una actividad de servicios y a su ejercicio incluida en el ámbito de aplicación de la Ley 17/2009, de 23 de noviembre, sobre el libre acceso a las actividades de servicios y su ejercicio, los prestadores podrán realizarlos, por medio de una ventanilla única, por vía electrónica y a distancia, salvo que se trate de la inspección del lugar o del equipo que se utiliza en la prestación del servicio.

Asimismo, las Entidades locales garantizarán, dentro del ámbito de sus competencias, que los prestadores de servicios puedan a través de la ventanilla única obtener la información y formularios necesarios para el acceso a una actividad y su ejercicio, y conocer las resoluciones y resto de comunicaciones de las autoridades competentes en relación con sus solicitudes. Las Entidades Locales impulsarán la coordinación para la normalización de los formularios necesarios para el acceso a una actividad y su ejercicio.

Apdo. 4 añadido por Ley 25/2009, de 22 de diciembre, de modificación de diversas leyes para su adaptación a la Ley sobre el libre acceso a las actividades de servicios y su ejercicio. (BOE de 23-12-2009).

Ver art. 18.1.h) LRBRL.

ART. 70 ter.

1. Las Administraciones públicas con competencias de ordenación territorial y urbanística deberán tener a disposición de los ciudadanos o ciudadanas que lo soliciten, copias completas de los instrumentos de ordenación territorial y urbanística vigentes en su ámbito territorial, de los documentos de gestión y de los convenios urbanísticos.

2. Las Administraciones públicas con competencias en la materia, publicarán por medios telemáticos el contenido actualizado de los instrumentos de ordenación territorial y urbanística en vigor, del anuncio de su sometimiento a información pública y de cualesquiera actos de tramitación que sean relevantes para su aprobación o alteración.

En los municipios menores de 5.000 habitantes, esta publicación podrá realizarse a través de los entes supramunicipales que tengan atribuida la función de asistencia y cooperación técnica con ellos, que deberán prestarles dicha cooperación.

3. Cuando una alteración de la ordenación urbanística, que no se efectúe en el marco de un ejercicio pleno de la potestad de ordenación, incremente la edificabilidad o la densidad o modifique los usos del suelo, deberá hacerse constar en el expediente la identidad de todos los propietarios o titulares de otros derechos reales sobre las fincas afectadas durante los cinco años anteriores a su iniciación, según conste en el registro o instrumento utilizado a efectos de notificaciones a los interesados de conformidad con la legislación en la materia.

Añadido por Real Decreto Legislativo 7/2015, de 30 de octubre, por el que se aprueba el texto refundido de la Ley de Suelo y Rehabilitación Urbana. (BOE de 31-10-2015).

ART. 70 quater.

1. Las Entidades Locales deberán adoptar las medidas necesarias para facilitar la accesibilidad de los servicios públicos a los vecinos, promoviendo la utilización de las tecnologías de la información y la comunicación en la prestación de los mismos. Para ello, elaborarán planes que tengan por objeto la implementación de mecanismos digitales que faciliten la accesibilidad de los vecinos y de las empresas a los servicios públicos.

2. Las Entidades Locales deberán crear y mantener un portal de internet de información a los vecinos y de acceso a los servicios públicos digitalizados para los que así se determine,

que opere como plataforma tecnológica de comunicación entre aquellos y la Administración local destinada a promover la digitalización progresiva de los servicios públicos.

3. En este portal deberán publicar la información que las Administraciones locales consideren adecuada a este efecto y, en su caso, la relación de servicios públicos a los que se pueda acceder por el portal o los vínculos a la información sobre el acceso a los servicios públicos disponibles en el territorio, en los términos en los que disponga la normativa autonómica.

4. En el caso de los municipios de menos de 20.000 habitantes, los servicios previstos en este artículo se prestarán con las adaptaciones y plazos de implementación correspondientes a sus especialidades en los términos que se determinen por la legislación autonómica.

Añadido por Real Decreto-ley 6/2023, de 19 de diciembre, por el que se aprueban medidas urgentes para la ejecución del Plan de Recuperación, Transformación y Resiliencia en materia de servicio público de justicia, función pública, régimen local y mecenazgo. (BOE de 20-12-2023).

ART. 71.

De conformidad con la legislación del Estado y de la Comunidad Autónoma, cuando ésta tenga competencia estatutariamente atribuida para ello, los Alcaldes, previo acuerdo por mayoría absoluta del Pleno y autorización del Gobierno de la Nación, podrán someter a consulta popular aquellos asuntos de la competencia propia municipal y de carácter local que sean de especial relevancia para los intereses de los vecinos, con excepción de los relativos a la Hacienda local.

Ver art. 70 bis.2 LRBRL.

ART. 72.

Las Corporaciones locales favorecen el desarrollo de las asociaciones para la defensa de los intereses generales o sectoriales de los vecinos, les facilitan la más amplia información sobre sus actividades y, dentro de sus posibilidades, el uso de los medios públicos y el acceso a las ayudas económicas para la realización de sus actividades e impulsan su participación en la gestión de la Corporación en los términos del número 2 del artículo 69. A tales efectos pueden ser declaradas de utilidad pública.

CAPÍTULO V
Estatuto de los miembros de las Corporaciones locales

ART. 73.

1. La determinación del número de miembros de las Corporaciones locales, el procedimiento para su elección, la duración de su mandato y los supuestos de inelegibilidad e incompatibilidad se regularán en la legislación electoral.

2. Los miembros de las Corporaciones locales gozan, una vez que tomen posesión de su cargo, de los honores, prerrogativas y distinciones propios del mismo que se establezcan por la Ley del Estado o de las Comunidades Autónomas y están obligados al cumplimiento estricto de los deberes y obligaciones inherentes a aquél.

3. A efectos de su actuación corporativa, los miembros de las corporaciones locales se constituirán en grupos políticos, en la forma y con los derechos y las obligaciones que se establezcan con excepción de aquéllos que no se integren en el grupo político que constituya la formación electoral por la que fueron elegidos o que abandonen su grupo de procedencia, que tendrán la consideración de miembros no adscritos.

El Pleno de la corporación, con cargo a los Presupuestos anuales de la misma, podrá asignar a los grupos políticos una dotación económica que deberá contar con un componente fijo, idéntico para todos los grupos y otro variable, en función del número de miembros de cada uno de ellos, dentro de los límites que, en su caso, se establezcan con carácter general en las Leyes de Presupuestos Generales del Estado y sin que puedan destinarse al pago de remuneraciones de personal de cualquier tipo al servicio de la corporación o a la adquisición de bienes que puedan constituir activos fijos de carácter patrimonial.

Los derechos económicos y políticos de los miembros no adscritos no podrán ser superiores a los que les hubiesen correspondido de permanecer en el grupo de procedencia, y se ejercerán en la forma que determine el reglamento orgánico de cada corporación.

Esta previsión no será de aplicación en el caso de candidaturas presentadas como coalición electoral, cuando alguno de los partidos políticos que la integren decida abandonarla.

Respecto a la dotación a que se refiere el párrafo segundo de este apartado 3, las aportaciones que los grupos políticos destinen a los partidos políticos, de conformidad con lo dispuesto en la normativa de financiación de estos últimos, no serán objeto de contabilidad específica excepto de aquellas cantidades que, en su caso, se pudiera reservar el grupo municipal que pondrá a disposición del pleno de la corporación siempre que este lo pida. Cuando la mayoría de los concejales de un grupo político municipal abandonen la formación política que presentó la candidatura por la que concurrieron a las elecciones o sean expulsados de la misma, serán los concejales que permanezcan en la citada formación política los legítimos integrantes de dicho grupo político a todos los efectos. En cualquier caso, el secretario de la corporación podrá dirigirse al representante legal de la formación política que presentó la correspondiente candidatura a efectos de que notifique la acreditación de las circunstancias señaladas.

> *Párrafo 5.º del apdo. 3 modificado por Ley Orgánica 1/2025, de 2 de enero, de medidas en materia de eficiencia del Servicio Público de Justicia. (BOE 03-01-2025). Esta modificación entró en vigor el 03-04-2025.*
>
> *Apdo. 3 anteriormente modificado por Ley 57/2003, de 16 de diciembre, de medidas para la modernización del gobierno local. (BOE de 17-12-2003).*

ART. 74.

1. Los miembros de las Corporaciones locales quedan en situación de servicios especiales en los siguientes supuestos:

a) Cuando sean funcionarios de la propia Corporación para la que han sido elegidos.

b) Cuando sean funcionarios de carrera de otras Administraciones públicas y desempeñen en la Corporación para la que han sido elegidos un cargo retribuido y de dedicación exclusiva.

En ambos supuestos, las Corporaciones afectadas abonarán las cotizaciones de las mutualidades obligatorias correspondientes para aquellos funcionarios que dejen de prestar el servicio que motivaba su pertenencia a ellas, extendiéndose a las cuotas de clases pasivas.

2. Para el personal laboral rigen idénticas reglas, de acuerdo con lo previsto en su legislación específica.

3. Los miembros de las Corporaciones locales que no tengan dedicación exclusiva en dicha condición tendrán garantizada, durante el período de su mandato, la permanencia en el centro o centros de trabajo públicos o privados en el que estuvieran prestando servicios en el momento de la elección, sin que puedan ser trasladados u obligados a concursar a otras plazas vacantes en distintos lugares.

ART. 75.

1. Los miembros de las Corporaciones locales percibirán retribuciones por el ejercicio de sus cargos cuando los desempeñen con dedicación exclusiva, en cuyo caso serán dados de alta en el Régimen general de la Seguridad Social, asumiendo las Corporaciones el pago de las cuotas empresariales que corresponda, salvo lo dispuesto en el artículo anterior.

En el supuesto de tales retribuciones, su percepción será incompatible con la de otras retribuciones con cargo a los presupuestos de las Administraciones públicas y de los entes, organismos o empresas de ellas dependientes, así como para el desarrollo de otras actividades, todo ello en los términos de la Ley 53/1984, de 26 de diciembre, de Incompatibilidades del Personal al Servicio de las Administraciones Públicas.

2. Los miembros de las Corporaciones locales que desempeñen sus cargos con dedicación parcial por realizar funciones de presidencia, vicepresidencia u ostentar delegaciones, o desarrollar responsabilidades que así lo requieran, percibirán retribuciones por el tiempo de dedicación efectiva a las mismas, en cuyo caso serán igualmente dados de alta en el Régimen General de la Seguridad Social en tal concepto, asumiendo las Corporaciones las cuotas empresariales que corresponda, salvo lo dispuesto en el artículo anterior. Dichas retribuciones no podrán superar en ningún caso los límites que se fijen, en su caso, en las Leyes de Presupuestos Generales del Estado. En los acuerdos plenarios de determinación de los cargos que lleven aparejada esta dedicación parcial y de las retribuciones de los mismos, se deberá contener el régimen de la dedicación mínima necesaria para la percepción de dichas retribuciones.

Los miembros de las Corporaciones locales que sean personal de las Administraciones públicas y de los entes, organismos y empresas de ellas dependientes solamente podrán percibir retribuciones por su dedicación parcial a sus funciones fuera de su jornada en sus respectivos centros de trabajo, en los términos señalados en el artículo 5 de la Ley 53/1984, de 26 de diciembre, sin perjuicio de lo dispuesto en el apartado sexto del presente artículo.

3. Sólo los miembros de la Corporación que no tengan dedicación exclusiva ni dedicación parcial percibirán asistencias por la concurrencia efectiva a las sesiones de los órganos colegiados de la Corporación de que formen parte, en la cuantía señalada por el pleno de la misma.

4. Los miembros de las Corporaciones locales percibirán indemnizaciones por los gastos efectivos ocasionados en el ejercicio de su cargo, según las normas de aplicación general en las Administraciones públicas y las que en desarrollo de las mismas apruebe el pleno corporativo.

5. Las Corporaciones locales consignarán en sus presupuestos las retribuciones, indemnizaciones y asistencias a que se hace referencia en los cuatro números anteriores, dentro de los límites que con carácter general se establezcan, en su caso. Deberán publicarse íntegramente en el "Boletín Oficial" de la Provincia y fijarse en el tablón de anuncios de la Corporación los acuerdos plenarios referentes a retribuciones de los cargos con dedicación exclusiva y parcial y régimen de dedicación de estos últimos, indemnizaciones y asistencias, así como los acuerdos del Presidente de la Corporación determinando los miembros de la misma que realizarán sus funciones en régimen de dedicación exclusiva o parcial.

6. A efectos de lo dispuesto en el artículo 37.3.d) del Estatuto de los Trabajadores y en el artículo 30.2 de la Ley 30/1984, se entiende por tiempo indispensable para el desempeño del cargo electivo de una Corporación local, el necesario para la asistencia a las sesiones del pleno de la Corporación o de las Comisiones y atención a las Delegaciones de que forme parte o que desempeñe el interesado.

7. Los representantes locales, así como los miembros no electos de la Junta de Gobierno Local, formularán declaración sobre causas de posible incompatibilidad y sobre cualquier actividad que les proporcione o pueda proporcionar ingresos económicos.

Formularán asimismo declaración de sus bienes patrimoniales y de la participación en sociedades de todo tipo, con información de las sociedades por ellas participadas y de las autoliquidaciones de los impuestos sobre la Renta, Patrimonio y, en su caso, Sociedades.

Tales declaraciones, efectuadas en los modelos aprobados por los plenos respectivos, se llevarán a cabo antes de la toma de posesión, con ocasión del cese y al final del mandato, así como cuando se modifiquen las circunstancias de hecho.

Las declaraciones anuales de bienes y actividades serán publicadas con carácter anual, y en todo caso en el momento de la finalización del mandato, en los términos que fije el Estatuto municipal.

Tales declaraciones se inscribirán en los siguientes Registros de intereses, que tendrán carácter público:

a) La declaración sobre causas de posible incompatibilidad y actividades que proporcionen o puedan proporcionar ingresos económicos, se inscribirá, en el Registro de Actividades constituido en cada Entidad local.

b) La declaración sobre bienes y derechos patrimoniales se inscribirá en el Registro de Bienes Patrimoniales de cada Entidad local, en los términos que establezca su respectivo estatuto.

Los representantes locales y miembros no electos de la Junta de Gobierno Local respecto a los que, en virtud de su cargo, resulte amenazada su seguridad personal o la de sus bienes o negocios, la de sus familiares, socios, empleados o personas con quienes tuvieran relación económica o profesional podrán realizar la declaración de sus bienes y derechos patrimoniales ante el Secretario o la Secretaria de la Diputación Provincial o, en su caso, ante el órgano competente de la Comunidad Autónoma correspondiente. Tales declaraciones se inscribirán en el Registro Especial de Bienes Patrimoniales, creado a estos efectos en aquellas instituciones.

En este supuesto, aportarán al Secretario o Secretaria de su respectiva entidad mera certificación simple y sucinta, acreditativa de haber cumplimentado sus declaraciones, y que éstas están inscritas en el Registro Especial de Intereses a que se refiere el párrafo anterior, que sea expedida por el funcionario encargado del mismo.

8. Durante los dos años siguientes a la finalización de su mandato, a los representantes locales a que se refiere el apartado primero de este artículo que hayan ostentado responsabilidades ejecutivas en las diferentes áreas en que se organice el gobierno local, les serán de aplicación en el ámbito territorial de su competencia las limitaciones al ejercicio de actividades privadas establecidas en el artículo 15 de la Ley 3/2015, de 30 de marzo, reguladora del ejercicio del alto cargo de la Administración General del Estado.

A estos efectos, los Ayuntamientos podrán contemplar una compensación económica durante ese periodo para aquéllos que, como consecuencia del régimen de incompatibilidades, no puedan desempeñar su actividad profesional, ni perciban retribuciones económicas por otras actividades.

Apdos. 7 y 8 modificados por Real Decreto Legislativo 7/2015, de 30 de octubre, por el que se aprueba el texto refundido de la Ley de Suelo y Rehabilitación Urbana. (BOE de 31-10-2015).

ART. 75 bis. Régimen retributivo de los miembros de las Corporaciones Locales y del personal al servicio de las Entidades Locales.

1. Los miembros de las Corporaciones Locales serán retribuidos por el ejercicio de su cargo en los términos establecidos en el artículo anterior. Los Presupuestos Generales del Estado determinarán, anualmente, el límite máximo total que pueden percibir los miembros de las Corporaciones Locales por todos los conceptos retributivos y asistencias, excluidos los trienios a los que en su caso tengan derecho aquellos funcionarios de carrera que se encuentren en situación de servicios especiales, atendiendo entre otros criterios a la naturaleza de la Corporación local y a su población según la siguiente tabla:

Habitantes	Referencia
Más de 500.000	Secretario de Estado.
300.001 a 500.000	Secretario de Estado -10%.
150.001 a 300.000	Secretario de Estado -20%.
75.001 a 150.000	Secretario de Estado -25%.
50.001 a 75.000	Secretario de Estado -35%.
20.001 a 50.000	Secretario de Estado -45%.
10.001 a 20.000	Secretario de Estado -50%.
5.001 a 10.000	Secretario de Estado -55%.
1.000 a 5.000	Secretario de Estado -60%.

Los miembros de Corporaciones locales de población inferior a 1.000 habitantes no tendrán dedicación exclusiva. Excepcionalmente, podrán desempeñar sus cargos con dedicación parcial, percibiendo sus retribuciones dentro de los límites máximos señalados al efecto en la Ley de Presupuestos Generales del Estado.

2. Sin perjuicio de la regla general establecida en el apartado anterior, en el caso de las retribuciones de los Presidentes de las Diputaciones provinciales o entidades equivalentes, tendrán un límite máximo por todos los conceptos retributivos y asistencias que será igual a la retribución del tramo correspondiente al Alcalde o Presidente de la Corporación municipal más poblada de su provincia.

En el caso de los Cabildos y Consejos Insulares, sus Presidentes tendrán un límite máximo por todos los conceptos retributivos y asistencias referenciado a la retribución del tramo correspondiente al Alcalde o Presidente de la Corporación municipal más poblada de su provincia, según la siguiente tabla:

Habitantes	Referencia
Más de 150.000	Alcalde o Presidente de la Corporación municipal más poblada de su provincia.
25.000 a 150.000	70% del Alcalde o Presidente de la Corporación municipal más poblada de su provincia.
0 a 25.000	50% del Alcalde o Presidente de la Corporación municipal más poblada de su provincia.

Los concejales que sean proclamados diputados provinciales o equivalentes deberán optar por mantener el régimen de dedicación exclusiva en una u otra Entidad Local, sin que en ningún caso puedan acumularse ambos regímenes de dedicación.

3. Solo los miembros de la Corporación que no tengan dedicación exclusiva ni dedicación parcial percibirán asistencias por la concurrencia efectiva a las sesiones de los órganos colegiados de la Corporación de que formen parte, en la cuantía señalada por el Pleno de la misma.

4. En el marco de lo establecido en la Ley Orgánica 2/2012, de 27 de abril, de Estabilidad Presupuestaria y Sostenibilidad Financiera, y en el artículo 93.2 de esta Ley, las Leyes anuales de Presupuestos Generales del Estado podrán establecer un límite máximo y mínimo total que por todos los conceptos retributivos pueda percibir el personal al servicio de las Entidades Locales y entidades de ellas dependientes en función del grupo profesional de los funcionarios públicos o equivalente del personal laboral, así como de otros factores que se puedan determinar en las Leyes de Presupuestos Generales del Estado de cada año.

Añadido por Ley 27/2013, de 27 de diciembre, de racionalización y sostenibilidad de la Administración Local. (BOE de 30-12-2013).

Ver la D.T. 10ª de la Ley 27/2013, de 27 de diciembre en cuanto a la aplicación de las limitaciones referidas al número de cargos públicos con dedicación exclusiva.

ART. 75 ter. Limitación en el número de los cargos públicos de las Entidades Locales con dedicación exclusiva.

1. De conformidad con lo establecido en el artículo 75 de esta Ley, la prestación de servicios en los Ayuntamientos en régimen de dedicación exclusiva por parte de sus miembros deberá ajustarse en todo caso a los siguientes límites:

a) En los Ayuntamientos de Municipios con población inferior a 1.000 habitantes, ningún miembro podrá prestar sus servicios en régimen de dedicación exclusiva.

b) En los Ayuntamientos de Municipios con población comprendida entre 1.001 y 2.000 habitantes, solo un miembro podrá prestar sus servicios en régimen de dedicación exclusiva.

c) En los Ayuntamientos de Municipios con población comprendida entre 2.001 y 3.000 habitantes, los miembros que podrán prestar sus servicios en régimen de dedicación exclusiva no excederá de dos.

d) En los Ayuntamientos de Municipios con población comprendida entre 3.001 y 10.000 habitantes, los miembros que podrán prestar sus servicios en régimen de dedicación exclusiva no excederá de tres.

e) En los Ayuntamientos de Municipios con población comprendida entre 10.001 y 15.000 habitantes, los miembros que podrán prestar sus servicios en régimen de dedicación exclusiva no excederá de cinco.

f) En Ayuntamientos de Municipios con población comprendida entre 15.001 y 20.000 habitantes, los miembros que podrán prestar sus servicios en régimen de dedicación exclusiva no excederá de siete.

g) En los Ayuntamientos de Municipios con población comprendida entre 20.001 y 35.000 habitantes, los miembros que podrán prestar sus servicios en régimen de dedicación exclusiva no excederá de diez.

h) En los Ayuntamientos de Municipios con población comprendida entre 35.001 y 50.000 habitantes, los miembros que podrán prestar sus servicios en régimen de dedicación exclusiva no excederá de once.

i) En los Ayuntamientos de Municipios con población comprendida entre 50.001 y 100.000 habitantes, los miembros que podrán prestar sus servicios en régimen de dedicación exclusiva no excederá de quince.

j) En los Ayuntamientos de Municipios con población comprendida entre 100.001 y 300.000 habitantes, los miembros que podrán prestar sus servicios en régimen de dedicación exclusiva no excederá de dieciocho.

k) En los Ayuntamientos de Municipios con población comprendida entre 300.001 y 500.000 habitantes, los miembros que podrán prestar sus servicios en régimen de dedicación exclusiva no excederá de veinte.

l) En los Ayuntamientos de Municipios con población comprendida entre 500.001 y 700.000 habitantes, los miembros que podrán prestar sus servicios en régimen de dedicación exclusiva no excederá de veintidós.

m) En los Ayuntamientos de Municipios con población comprendida entre 700.001 y 1.000.000 habitantes, los miembros que podrán prestar sus servicios en régimen de dedicación exclusiva no excederá de veinticinco.

n) En los Ayuntamientos de Municipios de Madrid y Barcelona, los miembros que podrán prestar sus servicios en régimen de dedicación exclusiva no excederán, respectivamente, de cuarenta y cinco y de treinta y dos.

2. El número máximo de miembros que podrán prestar sus servicios en régimen de dedicación exclusiva en las Diputaciones provinciales será el mismo que el del tramo correspondiente a la Corporación del municipio más poblado de su provincia.

3. En los Cabildos y Consejos Insulares el número máximo de miembros que podrán prestar sus servicios en régimen de dedicación exclusiva se determinará en función del siguiente criterio: en las islas con más de 800.000 habitantes se reduce en 2 respecto al número actual de miembros de cabildo, y en las de menos de 800.000 habitantes el 60% de los cargos electos en cada Cabildo Insular.

Añadido por Ley 27/2013, de 27 de diciembre, de racionalización y sostenibilidad de la Administración Local. (BOE de 30-12-2013).

Ver la D.T. 10ª de la Ley 27/2013, de 27 de diciembre en cuanto a la aplicación de las limitaciones referidas al número de cargos públicos con dedicación exclusiva.

ART. 76.

Sin perjuicio de las causas de incompatibilidad establecidas por la Ley, los miembros de las Corporaciones locales deberán abstenerse de participar en la deliberación, votación, decisión y ejecución de todo asunto cuando concurra alguna de las causas a que se refiere la legislación de procedimiento administrativo y contratos de las Administraciones Públicas. La actuación de los miembros en que concurran tales motivos implicará, cuando haya sido determinante, la invalidez de los actos en que hayan intervenido.

ART. 77.

Todos los miembros de las Corporaciones locales tienen derecho a obtener del Alcalde o Presidente o de la Comisión de Gobierno cuantos antecedentes, datos o informaciones obren en poder de los servicios de la Corporación y resulten precisos para el desarrollo de su función.

La solicitud de ejercicio del derecho recogido en el párrafo anterior habrá de ser resuelta motivadamente en los cinco días naturales siguientes a aquél en que se hubiese presentado.

Segundo párrafo añadido por Ley 11/1999, de 21 de abril, de modificación de la Ley 7/1985, de 2 de abril, Reguladora de las Bases del Régimen Local, y otras medidas para el desarrollo del Gobierno Local, en materia de tráfico, circulación de vehículos a motor y seguridad vial y en materia de aguas. (BOE de 22-04-1999).

ART. 78.

1. Los miembros de las Corporaciones locales están sujetos a responsabilidad civil y penal por los actos y omisiones realizados en el ejercicio de su cargo. Las responsabilidades se exigirán ante los Tribunales de Justicia competentes y se tramitarán por el procedimiento ordinario aplicable.

2. Son responsables de los acuerdos de las Corporaciones locales los miembros de las mismas que los hubiesen votado favorablemente.

3. Las Corporaciones locales podrán exigir la responsabilidad de sus miembros cuando por dolo o culpa grave, hayan causado daños y perjuicios a la Corporación o a terceros, si éstos hubiesen sido indemnizados por aquélla.

4. Los Presidentes de las Corporaciones locales podrán sancionar con multa a los miembros de las mismas, por falta no justificada de asistencia a las sesiones o incumplimiento reiterado de sus obligaciones, en los términos que determine la Ley de la Comunidad Autónoma y, supletoriamente, la del Estado.

TÍTULO VI
Bienes, actividades y servicios, y contratación

CAPÍTULO I
Bienes

ART. 79.

1. El patrimonio de las Entidades locales está constituido por el conjunto de bienes, derechos y acciones que les pertenezcan.

2. Los bienes de las Entidades locales son de dominio público o patrimoniales.

3. Son bienes de dominio público los destinados a un uso o servicio público. Tienen la consideración de comunales aquellos cuyo aprovechamiento corresponda al común de los vecinos.

ART. 80.

1. Los bienes comunales y demás bienes de dominio público son inalienables, inembargables e imprescriptibles y no están sujetos a tributo alguno.

2. Los bienes patrimoniales se rigen por su legislación específica y, en su defecto, por las normas de Derecho privado.

ART. 81.

1. La alteración de la calificación jurídica de los bienes de las Entidades locales requiere expediente en el que se acrediten su oportunidad y legalidad.

2. No obstante, la alteración se produce automáticamente en los siguientes supuestos:

a) Aprobación definitiva de los planes de ordenación urbana y de los proyectos de obras y servicios.

b) Adscripción de bienes patrimoniales por más de veinticinco años a un uso o servicio públicos.

ART. 82.

Las Entidades locales gozan, respecto de sus bienes, de las siguientes prerrogativas:

a) La de recuperar por sí mismas su posesión en cualquier momento cuando se trate de los de dominio público, y en el plazo de un año, los patrimoniales.

b) La de deslinde, que se ajustará a lo dispuesto en la legislación del Patrimonio del Estado y, en su caso, en la legislación de los montes.

ART. 83.

Los montes vecinales en mano común se regulan por su legislación específica.

CAPÍTULO II
Actividades y servicios

ART. 84.

1. Las Entidades locales podrán intervenir la actividad de los ciudadanos a través de los siguientes medios:

a) Ordenanzas y bandos.

b) Sometimiento a previa licencia y otros actos de control preventivo. No obstante, cuando se trate del acceso y ejercicio de actividades de servicios incluidas en el ámbito de aplicación de la Ley 17/2009, de 23 de noviembre, sobre el libre acceso a las actividades de servicios y su ejercicio, se estará a lo dispuesto en la misma.

c) Sometimiento a comunicación previa o a declaración responsable, de conformidad con lo establecido en el artículo 71 bis de la Ley 30/1992, de 26 de noviembre, de Régimen Jurídico de las Administraciones Públicas y del Procedimiento Administrativo Común.

d) Sometimiento a control posterior al inicio de la actividad, a efectos de verificar el cumplimiento de la normativa reguladora de la misma.

e) Órdenes individuales constitutivas de mandato para la ejecución de un acto o la prohibición del mismo.

2. La actividad de intervención de las Entidades locales se ajustará, en todo caso, a los principios de igualdad de trato, necesidad y proporcionalidad con el objetivo que se persigue.

3. Las licencias o autorizaciones otorgadas por otras Administraciones Públicas no eximen a sus titulares de obtener las correspondientes licencias de las Entidades locales, respetándose en todo caso lo dispuesto en las correspondientes leyes sectoriales.

Modificado por Ley 25/2009, de 22 de diciembre, de modificación de diversas leyes para su adaptación a la Ley sobre el libre acceso a las actividades de servicios y su ejercicio. (BOE de 23-12-2009).

Apdo. 1: El art. 71 bis de la Ley 30/1992, de 26 de noviembre equivale al actual art. 69 de la Ley 39/2015, de 1 de octubre.

ART. 84 bis.

1. Sin perjuicio de lo dispuesto en el artículo anterior, con carácter general, el ejercicio de actividades no se someterá a la obtención de licencia u otro medio de control preventivo.

No obstante, podrá exigirse una licencia u otro medio de control preventivo respecto a aquellas actividades económicas:

a) Cuando esté justificado por razones de orden público, seguridad pública, salud pública o protección del medio ambiente en el lugar concreto donde se realiza la actividad, y estas razones no puedan salvaguardarse mediante la presentación de una declaración responsable o de una comunicación.

b) Cuando por la escasez de recursos naturales, la utilización de dominio público, la existencia de inequívocos impedimentos técnicos o en función de la existencia de servicios públicos sometidos a tarifas reguladas, el número de operadores económicos del mercado sea limitado.

2. Las instalaciones o infraestructuras físicas para el ejercicio de actividades económicas solo se someterán a un régimen de autorización cuando lo establezca una Ley que defina sus requisitos esenciales y las mismas sean susceptibles de generar daños sobre el medioambiente y el entorno urbano, la seguridad o la salud públicas y el patrimonio histórico y resulte proporcionado. La evaluación de este riesgo se determinará en función de las características de las instalaciones, entre las que estarán las siguientes:

a) La potencia eléctrica o energética de la instalación.

b) La capacidad o aforo de la instalación.

c) La contaminación acústica.

d) La composición de las aguas residuales que emita la instalación y su capacidad de depuración.

e) La existencia de materiales inflamables o contaminantes.

f) Las instalaciones que afecten a bienes declarados integrantes del patrimonio histórico.

3. En caso de existencia de licencias o autorizaciones concurrentes entre una Entidad Local y otra Administración, la Entidad Local deberá motivar expresamente en la justificación de la necesidad de la autorización o licencia el interés general concreto que se pretende proteger y que éste no se encuentra ya cubierto mediante otra autorización ya existente.

Modificado por Ley 27/2013, de 27 de diciembre, de racionalización y sostenibilidad de la Administración Local. (BOE de 30-12-2013).

ART. 84 ter.

Cuando el ejercicio de actividades no precise autorización habilitante y previa, las Entidades locales deberán establecer y planificar los procedimientos de comunicación necesarios, así como los de verificación posterior del cumplimiento de los requisitos precisos para el ejercicio de la misma por los interesados previstos en la legislación sectorial.

Añadido por Ley 2/2011, de 4 de marzo, de Economía Sostenible. (BOE de 05-03-2011).

ART. 85.

1. Son servicios públicos locales los que prestan las entidades locales en el ámbito de sus competencias.

2. Los servicios públicos de competencia local habrán de gestionarse de la forma más sostenible y eficiente de entre las enumeradas a continuación:

A) Gestión directa:

a) Gestión por la propia Entidad Local.

b) Organismo autónomo local.

c) Entidad pública empresarial local.

d) Sociedad mercantil local, cuyo capital social sea de titularidad pública.

Solo podrá hacerse uso de las formas previstas en las letras c) y d) cuando quede acreditado mediante memoria justificativa elaborada al efecto que resultan más sostenibles y eficientes que las formas dispuestas en las letras a) y b), para lo que se deberán tener en cuenta los criterios de rentabilidad económica y recuperación de la inversión. Además, deberá constar en el expediente la memoria justificativa del asesoramiento recibido que se elevará al Pleno para su aprobación en donde se incluirán los informes sobre el coste del servicio, así como, el apoyo técnico recibido, que deberán ser publicitados. A estos efectos, se recabará informe del interventor local quien valorará la sostenibilidad financiera de las propuestas planteadas, de conformidad con lo previsto en el artículo 4 de la Ley Orgánica 2/2012, de 27 de abril, de Estabilidad Presupuestaria y Sostenibilidad Financiera.

B) Gestión indirecta, mediante las distintas formas previstas para el contrato de gestión de servicios públicos en el texto refundido de la Ley de Contratos del Sector Público, aprobado por Real Decreto Legislativo 3/2011, de 14 de noviembre.

La forma de gestión por la que se opte deberá tener en cuenta lo dispuesto en el artículo 9 del Estatuto Básico del Empleado Público, aprobado por Ley 7/2007, de 12 de abril, en lo que respecta al ejercicio de funciones que corresponden en exclusiva a funcionarios públicos.

Apdo. 2 modificado y apdo. 3 suprimido por Ley 27/2013, de 27 de diciembre, de racionalización y sostenibilidad de la Administración Local. (BOE de 30-12-2013).

ART. 85 bis.

1. La gestión directa de los servicios de la competencia local mediante las formas de organismos autónomos locales y de entidades públicas empresariales locales se regirán, respectivamente, por lo dispuesto en los artículos 45 a 52 y 53 a 60 de la Ley 6/1997, de 14 de abril, de Organización y Funcionamiento de la Administración General del Estado, en cuanto les resultase de aplicación, con las siguientes especialidades:

a) Su creación, modificación, refundición y supresión corresponderá al Pleno de la entidad local, quien aprobará sus estatutos. Deberán quedar adscritas a una Concejalía, Área u órgano equivalente de la entidad local, si bien, en el caso de las entidades públicas empresariales, también podrán estarlo a un organismo autónomo local. Excepcionalmente, podrán existir entidades públicas empresariales cuyos estatutos les asignen la función de dirigir o coordinar a otros entes de la misma o distinta naturaleza.

b) El titular del máximo órgano de dirección de los mismos deberá ser un funcionario de carrera o laboral de las Administraciones públicas o un profesional del sector privado, titulados superiores en ambos casos, y con más de cinco años de ejercicio profesional en el segundo. En los municipios señalados en el título X, tendrá la consideración de órgano directivo.

c) En los organismos autónomos locales deberá existir un consejo rector, cuya composición se determinará en sus estatutos.

d) En las entidades públicas empresariales locales deberá existir un consejo de administración, cuya composición se determinará en sus Estatutos. El secretario del Consejo de Administración, que debe ser un funcionario público al que se exija para su ingreso titulación superior, ejercerá las funciones de fe pública y asesoramiento legal de los órganos unipersonales y colegiados de estas entidades.

e) La determinación y modificación de las condiciones retributivas, tanto del personal directivo como del resto del personal, deberán ajustarse en todo caso a las normas que al respecto apruebe el Pleno o la Junta de Gobierno, según corresponda.

f) Estarán sometidos a controles específicos sobre la evolución de los gastos de personal y de la gestión de sus recursos humanos por las correspondientes concejalías, áreas u órganos equivalentes de la entidad local.

g) Su inventario de bienes y derechos se remitirá anualmente a la concejalía, área u órgano equivalente de la entidad local.

h) Será necesaria la autorización de la concejalía, área u órgano equivalente de la entidad local a la que se encuentren adscritos, para celebrar contratos de cuantía superior a las cantidades previamente fijadas por aquélla.

i) Estarán sometidos a un control de eficacia por la concejalía, área u órgano equivalente de la entidad local a la que estén adscritos.

j) Cualquier otra referencia a órganos estatales efectuada en la Ley 6/1997, de 14 de abril, y demás normativa estatal aplicable, se entenderá realizada a los órganos competentes de la entidad local.

Las referencias efectuadas en el presente artículo a la Junta de Gobierno, se entenderán efectuadas al Pleno en los municipios en que no exista aquélla.

2. Los estatutos de los organismos autónomos locales y de las entidades públicas empresariales locales comprenderán los siguientes extremos:

a) La determinación de los máximos órganos de dirección del organismo, ya sean unipersonales o colegiados, así como su forma de designación, con respeto en todo caso a lo dispuesto en el apartado anterior, con indicación de aquellos actos y resoluciones que agoten la vía administrativa.

b) Las funciones y competencias del organismo, con indicación de las potestades administrativas generales que éste puede ejercitar.

c) En el caso de las entidades públicas empresariales, los estatutos también determinarán los órganos a los que se confiera el ejercicio de las potestades administrativas.

d) El patrimonio que se les asigne para el cumplimiento de sus fines y los recursos económicos que hayan de financiar el organismo.

e) El régimen relativo a recursos humanos, patrimonio y contratación.

f) El régimen presupuestario, económico-financiero, de contabilidad, de intervención, control financiero y control de eficacia, que serán, en todo caso, conformes con la legislación sobre las Haciendas Locales y con lo dispuesto en el capítulo III del título X de esta ley.

3. Los estatutos deberán ser aprobados y publicados con carácter previo a la entrada en funcionamiento del organismo público correspondiente.

Añadido por Ley 57/2003, de 16 de diciembre, de medidas para la modernización del gobierno local. (BOE de 17-12-2003).

Ver art. 130.2 LRBRL.

ART. 85 ter.

1. Las sociedades mercantiles locales se regirán íntegramente, cualquiera que sea su forma jurídica, por el ordenamiento jurídico privado, salvo las materias en que les sea de aplicación la normativa presupuestaria, contable, de control financiero, de control de eficacia y contratación, y sin perjuicio de lo señalado en el apartado siguiente de este artículo.

2. La sociedad deberá adoptar una de las formas previstas en el texto refundido de la Ley de Sociedades de Capital aprobado por el Real Decreto Legislativo 1/2010, de 2 de julio, y en la escritura de constitución constará el capital que deberá ser aportado por las Administraciones Públicas o por las entidades del sector público dependientes de las mismas a las que corresponda su titularidad.

3. Los estatutos determinarán la forma de designación y el funcionamiento de la Junta General y del Consejo de Administración, así como los máximos órganos de dirección de las mismas.

Apdo. 2 modificado por Ley 27/2013, de 27 de diciembre, de racionalización y sostenibilidad de la Administración Local. (BOE de 30-12-2013).

ART. 86.

1. Las Entidades Locales podrán ejercer la iniciativa pública para el desarrollo de actividades económicas, siempre que esté garantizado el cumplimiento del objetivo de estabilidad presupuestaria y de la sostenibilidad financiera del ejercicio de sus competencias. En el expediente acreditativo de la conveniencia y oportunidad de la medida habrá de justificarse que la iniciativa no genera riesgo para la sostenibilidad financiera del conjunto de la Hacienda municipal debiendo contener un análisis del mercado, relativo a la oferta y a la

demanda existente, a la rentabilidad y a los posibles efectos de la actividad local sobre la concurrencia empresarial.

Corresponde al pleno de la respectiva Corporación local la aprobación del expediente, que determinará la forma concreta de gestión del servicio.

2. Se declara la reserva en favor de las Entidades Locales de las siguientes actividades o servicios esenciales: abastecimiento domiciliario y depuración de aguas; recogida, tratamiento y aprovechamiento de residuos, y transporte público de viajeros, de conformidad con lo previsto en la legislación sectorial aplicable. El Estado y las Comunidades Autónomas, en el ámbito de sus respectivas competencias, podrán establecer, mediante Ley, idéntica reserva para otras actividades y servicios.

La efectiva ejecución de estas actividades en régimen de monopolio requiere, además del acuerdo de aprobación del pleno de la correspondiente Corporación local, la aprobación por el órgano competente de la Comunidad Autónoma.

3. En todo caso, la Administración del Estado podrá impugnar los actos y acuerdos previstos en este artículo, con arreglo a lo dispuesto en el Capítulo III del Título V de esta Ley, cuando incumplan la legislación de estabilidad presupuestaria y sostenibilidad financiera.

Modificado por Ley 27/2013, de 27 de diciembre, de racionalización y sostenibilidad de la Administración Local. (BOE de 30-12-2013).

ART. 87.

(DEROGADO)

Derogado, con efectos de 2 de octubre de 2016, por Ley 40/2015, de 1 de octubre, de Régimen Jurídico del Sector Publico. (BOE de 02-10-2015).

CAPÍTULO III
Contratación

ART. 88.

(DEROGADO)

Derogado por Ley 30/2007, de 30 de octubre, de Contratos del Sector Publico. (BOE de 31-10-2007).

TÍTULO VII
Personal al servicio de las Entidades locales

CAPÍTULO I
Disposiciones generales

ART. 89.

El personal al servicio de las Entidades locales estará integrado por funcionarios de carrera, contratados en régimen de derecho laboral y personal eventual que desempeña puestos de confianza o asesoramiento especial.

ART. 90.

1. Corresponde a cada Corporación local aprobar anualmente, a través del Presupuesto, la plantilla, que deberá comprender todos los puestos de trabajo reservados a funcionarios, personal laboral y eventual.

Las plantillas deberán responder a los principios de racionalidad, economía y eficiencia y establecerse de acuerdo con la ordenación general de la economía, sin que los gastos de personal puedan rebasar los límites que se fijen con carácter general.

2. Las Corporaciones locales formarán la relación de todos los puestos de trabajo existentes en su organización, en los términos previstos en la legislación básica sobre función pública.

Corresponde al Estado establecer las normas con arreglo a las cuales hayan de confeccionarse las relaciones de puestos de trabajo, la descripción de puestos de trabajo tipo y las condiciones requeridas para su creación, así como las normas básicas de la carrera administrativa, especialmente por lo que se refiere a la promoción de los funcionarios a niveles y grupos superiores.

3. Las Corporaciones locales constituirán Registros de personal, coordinados con los de las demás Administraciones públicas, según las normas aprobadas por el Gobierno. Los datos inscritos en tal Registro determinarán las nóminas, a efectos de la debida justificación de todas las retribuciones.

ART. 91.

1. Las Corporaciones locales formarán públicamente su oferta de empleo, ajustándose a los criterios fijados en la normativa básica estatal.

2. La selección de todo el personal, sea funcionario o laboral, debe realizarse de acuerdo con la oferta de empleo público, mediante convocatoria pública y a través del sistema de concurso, oposición o concurso-oposición libre en los que se garanticen, en todo caso, los principios constitucionales de igualdad, mérito y capacidad, así como el de publicidad.

Ver art. 103 LRBRL.

CAPÍTULO II
Disposiciones comunes a los funcionarios de carrera

ART. 92. Funcionarios al servicio de la Administración local.

1. Los funcionarios al servicio de la Administración local se rigen, en lo no dispuesto en esta Ley, por la Ley 7/2007, de 12 de abril, del Estatuto Básico del Empleado Público, por la restante legislación del Estado en materia de función pública, así como por la legislación de las Comunidades Autónomas, en los términos del artículo 149.1.18.ª de la Constitución.

2. Con carácter general, los puestos de trabajo en la Administración local y sus Organismos Autónomos serán desempeñados por personal funcionario.

3. Corresponde exclusivamente a los funcionarios de carrera al servicio de la Administración local el ejercicio de las funciones que impliquen la participación directa o indirecta en el ejercicio de las potestades públicas o en la salvaguardia de los intereses generales. Igualmente son funciones públicas, cuyo cumplimiento queda reservado a funcionarios de carrera, las que impliquen ejercicio de autoridad, y en general, aquellas que en desarrollo de la presente Ley, se reservan a los funcionarios para la mejor garantía de la objetividad, imparcialidad e independencia en el ejercicio de la función.

Apdo. 2 modificado por Ley 27/2013, de 27 de diciembre, de racionalización y sostenibilidad de la Administración Local. (BOE de 30-12-2013).

ART. 92 bis. Funcionarios de administración local con habilitación de carácter nacional.

1. Son funciones públicas necesarias en todas las Corporaciones locales, cuya responsabilidad administrativa está reservada a funcionarios de administración local con habilitación de carácter nacional:

a) La de Secretaría, comprensiva de la fe pública y el asesoramiento legal preceptivo.

b) El control y la fiscalización interna de la gestión económico-financiera y presupuestaria, y la contabilidad, tesorería y recaudación.

No obstante, en los municipios de gran población se tendrá en cuenta lo dispuesto en el Título X de la presente Ley y en los municipios de Madrid y de Barcelona la regulación contenida en las Leyes 22/2006, de 4 de julio, de Capitalidad y de Régimen Especial de Madrid y 1/2006, de 13 de marzo, por la que se regula el Régimen Especial del municipio de Barcelona respectivamente.

2. La escala de funcionarios de administración local con habilitación de carácter nacional se subdivide en las siguientes subescalas:

a) Secretaría, a la que corresponden las funciones contenidas en el apartado 1.a) anterior.

b) Intervención-tesorería, a la que corresponden las funciones contenidas en el apartado 1.b).

c) Secretaría-intervención a la que corresponden las funciones contenidas en los apartados 1.a) y 1.b).

3. Los funcionarios de las subescalas de Secretaría e Intervención-tesorería estarán integrados en una de estas dos categorías: entrada o superior.

4. El Gobierno, mediante real decreto, regulará las especialidades de la creación, clasificación y supresión de puestos reservados a funcionarios de administración local con habilitación de carácter nacional así como las que puedan corresponder a su régimen disciplinario y de situaciones administrativas.

5. La aprobación de la oferta de empleo público, selección, formación y habilitación de los funcionarios de administración local con habilitación de carácter nacional corresponde al Estado, a través del Ministerio de Hacienda y Administraciones Públicas, conforme a las bases y programas aprobados reglamentariamente.

6. El Gobierno, mediante real decreto, regulará las especialidades correspondientes de la forma de provisión de puestos reservados a funcionarios de administración local con habilitación de carácter nacional. En todo caso, el concurso será el sistema normal de provisión de puestos de trabajo. El ámbito territorial de los concursos será de carácter estatal. Los méritos generales, de preceptiva valoración, se determinarán por la Administración del Estado, y su puntuación alcanzará un mínimo del 80% del total posible conforme al baremo correspondiente. Los méritos correspondientes a las especialidades de la Comunidad Autónoma se fijarán por cada una de ellas y su puntuación podrá alcanzar hasta un 15% del total posible. Los méritos correspondientes a las especialidades de la Corporación local se fijarán por ésta, y su puntuación alcanzará hasta un 5% del total posible.

Existirán dos concursos anuales: el concurso ordinario y el concurso unitario. El concurso unitario será convocado por la Administración del Estado. Las Corporaciones locales con puestos vacantes aprobarán las bases del concurso ordinario, de acuerdo con el modelo de convocatoria y bases comunes que se aprueben en el real decreto previsto en el apartado anterior, y efectuarán las convocatorias, remitiéndolas a la correspondiente Comunidad Autónoma para su publicación simultánea en los diarios oficiales.

Excepcionalmente, los puestos de trabajo reservados a funcionarios de administración local con habilitación de carácter nacional podrán cubrirse por el sistema de libre designación, en los municipios incluidos en el ámbito subjetivo definido en los artículos 111 y 135 del texto refundido de la Ley Reguladora de Haciendas Locales, aprobado por el Real Decreto Legislativo 2/2004, de 5 de marzo, así como las Diputaciones Provinciales, Áreas Metropolitanas, Cabildos y Consejos Insulares y las ciudades con estatuto de autonomía de Ceuta y Melilla, entre funcionarios de la subescala y categoría correspondiente. Cuando se trate de puestos de trabajo que tengan asignadas las funciones contenidas en el apartado 1.b) de este artículo, será precisa la autorización expresa del órgano competente de la Administración General del Estado en materia de Haciendas locales.

Igualmente, será necesario informe preceptivo previo del órgano competente de la Administración General del Estado en materia de Haciendas locales para el cese de aquellos funcionarios que tengan asignadas las funciones contenidas en el apartado 1.b) de este artículo y que hubieran sido nombrados por libre designación.

En caso de cese de un puesto de libre designación, la Corporación local deberá asignar al funcionario cesado un puesto de trabajo de su mismo grupo de titulación.

7. Las Comunidades Autónomas efectuarán, de acuerdo con la normativa establecida por la Administración del Estado, los nombramientos provisionales de funcionarios con habilitación de carácter nacional, así como las comisiones de servicios, acumulaciones, nombramientos de personal interino y de personal accidental.

8. Los funcionarios deberán permanecer en cada puesto de trabajo, obtenido por concurso, un mínimo de dos años para poder participar en los concursos de provisión de puestos de trabajo o ser nombrados con carácter provisional en otro puesto de trabajo, salvo en el ámbito de una misma Entidad Local.

Excepcionalmente, antes del transcurso de dicho plazo, se podrán efectuar nombramientos con carácter provisional por el Ministerio de Hacienda y Administraciones Públicas, siempre que existan razones y circunstancias que requieran la cobertura del puesto con carácter urgente por estos funcionarios, y la imposibilidad de efectuar un nombramiento provisional conforme a lo establecido en el párrafo anterior.

Reglamentariamente se establecerán las circunstancias excepcionales que justifiquen la solicitud de un nombramiento provisional, debiendo tenerse en cuenta, en todo caso, el posible perjuicio o menoscabo que se generaría en la Entidad Local en la que se ocupe el puesto en el momento de la solicitud.

9. En el Ministerio de Hacienda y Administraciones Públicas existirá un Registro de funcionarios de administración local con habilitación de carácter nacional integrado con

las Comunidades Autónomas, donde se inscribirán y anotarán todos los actos que afecten a la vida administrativa de estos funcionarios.

10. Son órganos competentes para la incoación de expedientes disciplinarios a los funcionarios de administración local con habilitación de carácter nacional los siguientes:

a) El órgano correspondiente de la Corporación donde el funcionario hubiera cometido los hechos que se le imputan, cuando pudieran ser constitutivos de falta leve.

b) La Comunidad Autónoma respecto a funcionarios de corporaciones locales en su ámbito territorial, salvo cuando los hechos denunciados pudieran ser constitutivos de faltas muy graves tipificadas en la normativa básica estatal.

c) El Ministerio de Hacienda y Administraciones Públicas cuando los hechos denunciados pudieran ser constitutivos de faltas muy graves, tipificadas en la normativa básica estatal.

El órgano competente para acordar la incoación del expediente lo será también para nombrar instructor del mismo y decretar o alzar la suspensión provisional del expedientado, así como para instruir diligencias previas antes de decidir sobre tal incoación.

La instrucción del expediente se efectuará por un funcionario de carrera de cualquiera de los Cuerpos o Escalas del Subgrupo A1 de titulación, incluida la Escala de Funcionarios con Habilitación de carácter nacional, que cuente con conocimientos en la materia a la que se refiera la infracción.

11. Son órganos competentes para la imposición de sanciones disciplinarias a los funcionarios de administración local con habilitación de carácter nacional los siguientes:

a) El Ministro de Hacienda y Administraciones Públicas, cuando la sanción que recaiga sea por falta muy grave, tipificada en la normativa básica estatal.

b) La Comunidad Autónoma, cuando se trate de imponer sanciones de suspensión de funciones y destitución, no comprendidas en el párrafo anterior.

c) El órgano local competente, cuando se trate de imponer sanciones por faltas leves.

La sanción impuesta se ejecutará en sus propios términos, aún cuando en el momento de la ejecución, el funcionario se encontrara ocupando un puesto distinto a aquel en el que se produjeron los hechos que dieron lugar a la sanción.

La sanción de destitución implicará la pérdida del puesto de trabajo, con la prohibición de obtener destino en la misma Corporación en la que tuvo lugar la sanción, en el plazo que se fije, con el máximo de seis años, para las faltas muy graves, y de tres años para las faltas graves.

La sanción de suspensión de funciones tendrá una duración máxima de seis años, para las faltas muy graves, y de tres años para las faltas graves.

> *Modificado por Real Decreto-ley 10/2015, de 11 de septiembre, por el que se conceden créditos extraordinarios y suplementos de crédito en el presupuesto del Estado y se adoptan otras medidas en materia de empleo público y de estímulo a la economía. (BOE de 12-09-2015).*
>
> *Ver Real Decreto 128/2018, de 16 de marzo, por el que se regula el régimen jurídico de los funcionarios de Administración Local con habilitación de carácter nacional y D.A. 2ª.10 LRBRL.*
>
> *Apdo. 6: ver D.A. 2ª.7, 8, 9 y 10 LRBRL.*

ART. 93.

1. Las retribuciones básicas de los funcionarios locales tendrán la misma estructura e idéntica cuantía que las establecidas con carácter general para toda la función pública.

2. Las retribuciones complementarias se atenderán, asimismo, a la estructura y criterios de valoración objetiva de las del resto de los funcionarios públicos. Su cuantía global será fijada por el Pleno de la Corporación dentro de los límites máximos y mínimos que se señalen por el Estado.

3. Las Corporaciones locales reflejarán anualmente en sus presupuestos la cuantía de las retribuciones de sus funcionarios en los términos previstos en la legislación básica sobre función pública.

> *Apdo. 2: ver art. 75 bis.4 LRBRL.*

ART. 94.

La jornada de trabajo de los funcionarios de la Administración local será en cómputo anual la misma que se fije para los funcionarios de la Administración Civil del Estado.

Se les aplicarán las mismas normas sobre equivalencia y reducción de jornada.

ART. 95.

La participación de los funcionarios, a través de sus organizaciones sindicales, en la determinación de sus condiciones de empleo, será la establecida con carácter general para todas las Administraciones Públicas en el Estatuto básico de la función pública.

ART. 96.

El Instituto de Estudios de Administración Local desarrollará cursos de perfeccionamiento, especialización y promoción para los funcionarios al servicio de las Entidades locales, y colaborará en dichas funciones con los Institutos o Escuelas de funcionarios de las Comunidades Autónomas, así como con las instituciones de este tipo que acuerden constituir las propias Corporaciones.

ART. 97.

Los anuncios de convocatorias de pruebas de acceso a la función pública local y de concursos para la provisión de puestos de trabajo deberán publicarse en el «Boletín Oficial del Estado».

Las bases se publicarán en el «Boletín Oficial de la Provincia», salvo las relativas a las convocatorias de pruebas selectivas para la obtención de la habilitación de carácter nacional, que se publicarán en el «Boletín Oficial del Estado».

CAPÍTULO III
Selección y formación de los funcionarios con habilitación de carácter nacional y sistema de provisión de plazas

Este capítulo se deroga con el alcance establecido en la D.F. 4ª.2 de la Ley del Estatuto Básico del Empleado Público (RDLeg. 5/2015, de 30 de octubre), y ya había sido derogado de la misma forma por la Ley 7/2007, de 12 de abril. Por tanto se mantendrá vigente en lo que no se oponga a lo establecido en el RDLeg. 5/2015, de 30 de octubre hasta que se dicten las Leyes de Función Pública y las normas reglamentarias de desarrollo.

ART. 98.

1. La selección, formación y habilitación de los funcionarios a que se refiere el número 3 del artículo 92 corresponde al Instituto de Estudios de Administración Local, conforme a las bases y programas aprobados reglamentariamente.

Podrá descentralizarse territorialmente la realización de las pruebas de selección para el acceso a los cursos de formación en relación con las Corporaciones de determinado nivel de población, en los términos que establezca la Administración del Estado.

El Instituto de Estudios de Administración Local, deberá encomendar, mediante convenio, a los Institutos o Escuelas de funcionarios de las Comunidades Autónomas que así lo soliciten, la formación, por delegación, de los funcionarios que deben obtener una habilitación de carácter nacional.

2. Quienes hayan obtenido la habilitación a que se refiere el número anterior ingresarán en la Función Pública Local y estarán legitimados para participar en los concursos de méritos convocados para la provisión de las plazas o puestos de trabajo reservados a estos funcionarios en las plantillas de cada Entidad local.

Este artículo se deroga con el alcance establecido en la D.F. 4ª.2 de la Ley del Estatuto Básico del Empleado Público (RDLeg. 5/2015, de 30 de octubre), y ya había sido derogado de la misma forma por la Ley 7/2007, de 12 de abril. (Ver nota al capítulo).

ART. 99.

1. El concurso será el sistema normal de provisión de puestos de trabajo y en él se tendrán en cuenta los méritos generales, entre los que figuran la posesión de un determinado grado personal, la valoración del trabajo desarrollado, los cursos de formación y perfeccionamiento superados y la antigüedad; los méritos correspondientes al conocimiento de las especialidades de la organización territorial de cada Comunidad Autónoma y de la normativa autonómica, y los méritos específicos directamente relacionados con las características del puesto.

Los méritos generales serán de preceptiva valoración en todo caso, se determinarán por la Administración del Estado, y su puntuación alcanzará el 65 por 100 del total posible conforme al baremo correspondiente. No regirá esta limitación cuando no se establezcan otros méritos.

Los méritos correspondientes al conocimiento de las especialidades de la organización territorial de la Comunidad Autónoma y de su normativa específica se fijará por cada Comunidad Autónoma, y su puntuación podrá alcanzar hasta un 10 por 100 del total posible.

Los méritos específicos se podrán determinar por cada Corporación local, y su puntuación alcanzará hasta un 25 por 100 del total posible.

Las Corporaciones locales aprobarán las bases del concurso, con inclusión de los méritos específicos que puedan establecer los determinados por su Comunidad Autónoma, así como el conocimiento de la lengua oficial propia de la misma en los términos previstos en la legislación autonómica respectiva.

Los Presidentes de las Corporaciones locales efectuarán las convocatorias de los concursos y las remitirán a las correspondientes Comunidades Autónomas para su publicación simultánea en los diarios oficiales, dentro de los plazos fijados reglamentariamente. Asimismo, el Ministerio para las Administraciones Públicas publicará en el "Boletín Oficial del Estado" extracto de las mismas, que servirá de base para el cómputo de plazos.

Las resoluciones de los concursos se efectuarán por las Corporaciones locales y se remitirán al Ministerio para las Administraciones Públicas, quien previa coordinación de las mismas para evitar la pluralidad simultánea de adjudicaciones a favor de un mismo concursante, procederá a formalizar los nombramientos, que serán objeto de publicación en los diarios oficiales de las Comunidades Autónomas y en el "Boletín Oficial del Estado".

El Ministerio de Administraciones Públicas efectuará, supletoriamente, en función de los méritos generales y los de valoración autonómica y de acuerdo con las Comunidades Autónomas respecto del requisito de la lengua, la convocatoria anual de los puestos de trabajo vacantes reservados a funcionarios de Administración Local con habilitación de carácter nacional que deban proveerse mediante concurso y que se encuentren en alguna de las siguientes situaciones:

a) Aquellos puestos que, encontrándose vacantes, no hubiesen sido convocados por las Corporaciones Locales en el concurso ordinario.

b) Aquellos puestos que, habiendo sido convocados en el concurso ordinario, se hubiesen quedado desiertos.

c) Aquellos puestos que, habiendo sido incluidos en el concurso ordinario, no se hubieran adjudicado por la Corporación Local por otras causas.

d) Aquellos puestos cuyas Corporaciones Locales soliciten expresamente su inclusión, a pesar de haber resultado vacantes con posterioridad a la convocatoria del concurso ordinario. La solicitud de la inclusión de nuevos puestos en el concurso unitario se efectuará por el Presidente de la Corporación que la enviará a la Dirección General para la Administración Local del Ministerio de Administraciones Públicas.

2. Excepcionalmente, podrán cubrirse por el sistema de libre designación, entre habilitados de carácter nacional de la subescala y categoría correspondientes, los puestos a ellos reservados que se determinen en las relaciones de puestos de trabajo. Dicho sistema sólo podrá adoptarse, en atención al carácter directivo de sus funciones o a la especial responsabilidad que asuman, respecto de los puestos en Diputaciones Provinciales, Cabildos y Consejos Insulares, Ayuntamientos, capitales de Comunidad Autónoma o de provincia y de municipios con población superior a cien mil habitantes, siempre que tengan asignado nivel 30 de complemento de destino.

Cuando se trate de puestos de intervención o tesorería, además de los requisitos anteriores, la cuantía mínima del presupuesto ordinario de la Corporación habrá de ser superior a tres mil millones de pesetas. A los funcionarios cesados en los mismos se les garantizará un puesto de trabajo de su subescala y categoría en la Corporación, que deberá figurar en su relación de puestos de trabajo.

Las bases de la convocatoria para cubrir estos puestos serán aprobadas por el Presidente de la Corporación y contendrán la denominación y requisitos indispensables para desempeñarlos.

La convocatoria, que se realizará con los requisitos de publicidad de los concursos, y la resolución, previa constatación de la concurrencia de los requisitos exigidos en la convocatoria, corresponden al Presidente de la Corporación, quien dará cuenta de esta última al Pleno de la misma.

3. La toma de posesión determina la adquisición de los derechos y deberes funcionariales inherentes a la situación en activo, pasando a depender el funcionario de la correspondiente Corporación, sin perjuicio de la facultad disciplinaria de destitución del cargo y de separación definitiva del servicio que queda reservada en todo caso a la Administración del Estado.

4. En todo caso, en esta última Administración se llevará un Registro relativo a los funcionarios locales con habilitación nacional, en el que deberán inscribirse, para su efectividad, todas las incidencias y situaciones de dichos funcionarios.

Este artículo se deroga con el alcance establecido en la D.F. 4ª.2 de la Ley del Estatuto Básico del Empleado Público (RDLeg. 5/2015, de 30 de octubre), y ya había sido derogado de la misma forma por la Ley 7/2007, de 12 de abril. (Ver nota al capítulo).

Ver art. 21.1.h), 34.1.h), D.A. 8ª.b) LRBRL.

CAPÍTULO IV
Selección de los restantes funcionarios y reglas
sobre provisión de puestos de trabajo

ART. 100.

1. Es competencia de cada Corporación local la selección de los funcionarios con la excepción de los funcionarios con habilitación de carácter nacional.

2. Corresponde, no obstante, a la Administración del Estado, establecer reglamentariamente:

a) Las reglas básicas y los programas mínimos a que debe ajustarse el procedimiento de selección y formación de tales funcionarios.

b) Los títulos académicos requeridos para tomar parte en las pruebas selectivas, así como los Diplomas expedidos por el Instituto de Estudios de Administración Local o por los Institutos o Escuelas de funcionarios establecidos por las Comunidades Autónomas, complementarios de los títulos académicos, que puedan exigirse para participar en las mismas.

Apdo. 1 modificado por Ley 27/2013, de 27 de diciembre, de racionalización y sostenibilidad de la Administración Local. (BOE de 30-12-2013).

ART. 101.

Los puestos de trabajo vacantes que deban ser cubiertos por los funcionarios a que se refiere el artículo anterior se proveerán en convocatoria pública por los procedimientos de concurso de méritos o de libre designación, de acuerdo con las normas que regulen estos procedimientos en todas las Administraciones públicas.

En dichas convocatorias de provisión de puestos de trabajo, además de la participación de los funcionarios propios de la entidad convocante, podrán participar los funcionarios que pertenezcan a cualquiera de las Administraciones públicas, quedando en este caso supeditada la participación a lo que al respecto establezcan las relaciones de puestos de trabajo.

Modificado por Ley 55/1999, de 29 de diciembre, de Medidas fiscales, administrativas y del orden social. (BOE de 30-12-1999).

ART. 102.

1. Las pruebas de selección y los concursos para la provisión de puestos de trabajo, a que se refiere el presente Capítulo, se regirán por las bases que apruebe el Presidente de la Corporación, a quien corresponderá su convocatoria.

2. En las pruebas selectivas, el tribunal u órgano similar elevará la correspondiente relación de aprobados al Presidente de la Corporación para hacer el nombramiento, a quien también corresponderá la resolución motivada de los concursos para la provisión de puestos de trabajo, previa propuesta de aquellos órganos de selección.

Modificado por Ley 14/2000, de 29 de diciembre, de Medidas fiscales, administrativas y del orden social. (BOE de 30-12-2000).

CAPÍTULO V
Del personal laboral y eventual

ART. 103.

El personal laboral será seleccionado por la propia Corporación ateniéndose, en todo caso, a lo dispuesto en el artículo 91 y con el máximo respeto al principio de igualdad de oportunidades de cuantos reúnan los requisitos exigidos.

ART. 103 bis. Masa salarial del personal laboral del sector público local.

1. Las Corporaciones locales aprobarán anualmente la masa salarial del personal laboral del sector público local respetando los límites y las condiciones que se establezcan con carácter básico en la correspondiente Ley de Presupuestos Generales del Estado.

2. La aprobación indicada en el apartado anterior comprenderá la referente a la propia Entidad Local, organismos, entidades públicas empresariales y demás entes públicos y sociedades mercantiles locales de ella dependientes, así como las de los consorcios adscritos a la misma en virtud de lo previsto en la legislación básica de régimen jurídico de las Administraciones Públicas y de las fundaciones en las que concurra alguna de las siguientes circunstancias:

a) Que se constituyan con una aportación mayoritaria, directa o indirecta, de las entidades citadas en este apartado.

b) Que su patrimonio fundacional, con un carácter de permanencia, esté formado en más de un 50 por 100 por bienes o derechos aportados o cedidos por las referidas entidades.

3. La masa salarial aprobada será publicada en la sede electrónica de la Corporación y en el Boletín Oficial de la Provincia o, en su caso, de la Comunidad Autónoma uniprovincial en el plazo de 20 días.

Añadido por Ley 27/2013, de 27 de diciembre, de racionalización y sostenibilidad de la Administración Local. (BOE de 30-12-2013).

ART. 104.

1. El número, características y retribuciones del personal eventual será determinado por el Pleno de cada Corporación, al comienzo de su mandato. Estas determinaciones sólo podrán modificarse con motivo de la aprobación de los presupuestos anuales.

2. El nombramiento y cese de estos funcionarios es libre y corresponde al Alcalde o al Presidente de la Entidad local correspondiente. Cesan automáticamente en todo caso cuando se produzca el cese o expire el mandato de la autoridad a la que presten su función de confianza o asesoramiento.

3. Los nombramientos de funcionarios de empleo, el régimen de sus retribuciones y su dedicación se publicarán en el «Boletín Oficial» de la Provincia y, en su caso, en el propio de la Corporación.

ART. 104 bis. Personal eventual de las Entidades Locales.

1. Las dotaciones de puestos de trabajo cuya cobertura corresponda a personal eventual en los Ayuntamientos deberán ajustarse a los siguientes límites y normas:

a) Los Municipios de población entre 2.000 a 5.000 habitantes podrán excepcionalmente contar con un puesto de trabajo cuya cobertura corresponda a personal eventual cuando no haya miembros de la corporación local con dedicación exclusiva.

b) Los Ayuntamientos de Municipios con población superior a 5.000 y no superior a 10.000 habitantes podrán incluir en sus plantillas puestos de trabajo de personal eventual por un número que no podrá exceder de uno.

c) Los Ayuntamientos de Municipios con población superior a 10.000 y no superior a 20.000 habitantes podrán incluir en sus plantillas puestos de trabajo de personal eventual por un número que no podrá exceder de dos.

d) Los Ayuntamientos de Municipios con población superior a 20.000 y no superior a 50.000 habitantes podrán incluir en sus plantillas puestos de trabajo de personal eventual por un número que no podrá exceder de siete.

e) Los Ayuntamientos de Municipios con población superior a 50.000 y no superior a 75.000 habitantes podrán incluir en sus plantillas puestos de trabajo de personal eventual por un número que no podrá exceder de la mitad de concejales de la Corporación local.

f) Los Ayuntamientos de Municipios con población superior a 75.000 y no superior a 500.000 habitantes podrán incluir en sus plantillas puestos de trabajo de personal eventual por un número que no podrá exceder del número de concejales de la Corporación local.

g) Los Ayuntamientos de Municipios con población superior a 500.000 habitantes podrán incluir en sus plantillas puestos de trabajo de personal eventual por un número que no podrá exceder al 0,7 por ciento del número total de puestos de trabajo de la plantilla de las respectivas Entidades Locales, considerando, a estos efectos, los entes que tengan la consideración de Administración pública en el marco del Sistema Europeo de Cuentas.

Estos Ayuntamientos, si lo fueran del Municipio de mayor población dentro de un Área Metropolitana, podrán incluir en sus plantillas un número adicional de puestos de trabajo de personal eventual, que no podrá exceder del siguiente número:

- Seis, si el Municipio tiene una población entre 500.000 y 1.000.000 de habitantes.
- Doce, si el Municipio tiene una población entre 1.000.001 y 1.500.000 habitantes.
- Dieciocho, si el Municipio tiene una población de más de 1.500.000 habitantes.

2. El número de puestos de trabajo cuya cobertura corresponda a personal eventual en las Diputaciones provinciales será el mismo que el del tramo correspondiente a la Corporación del Municipio más poblado de su Provincia. En el caso de los Consejos y Cabildos insulares, no podrá exceder de lo que resulte de aplicar el siguiente criterio: en las islas con más de 800.000 habitantes, se reduce en 2 respecto al número actual de miembros de cabildo, y, en las de menos de 800.000 habitantes, el 60% de los cargos electos en cada Cabildo o Consejo Insular.

3. (Anulado)

4. (Anulado)

5. Las Corporaciones locales publicarán semestralmente en su sede electrónica y en el Boletín Oficial de la Provincia o, en su caso, de la Comunidad Autónoma uniprovincial el número de los puestos de trabajo reservados a personal eventual.

6. El Presidente de la Entidad Local informará al Pleno con carácter trimestral del cumplimiento de lo previsto en este artículo.

Apdos. 3 y 4 declarados nulos por Sentencia del Tribunal Constitucional 54/2017, de 11 de mayo de 2017. Recurso de inconstitucionalidad 1996-2014. Interpuesto por el Parlamento de Cataluña en relación con diversos preceptos de la Ley 27/2013, de 27 de diciembre, de racionalización y sostenibilidad de la Administración local. Competencias sobre régimen local, autonomía financiera y local, reserva de ley orgánica: perdida sobrevenida parcial de objeto del recurso, nulidad de los preceptos legales relativos a la cobertura de puestos de trabajo por personal eventual, interpretación conforme de otros preceptos legales (SSTC 41/2016 y 111/2016). Voto particular. (BOE de 15-06-2017).

Segundo párrafo del apdo. 1.g) añadido por Ley 48/2015, de 29 de octubre, de Presupuestos Generales del Estado para el año 2016. (BOE de 30-10-2015).

TÍTULO VIII
Haciendas locales

ART. 105.

1. De conformidad con la legislación prevista en el artículo 5, se dotará a las Haciendas locales de recursos suficientes para el cumplimiento de los fines de las Entidades locales.

2. Las Haciendas locales se nutren, además de tributos propios y de las participaciones reconocidas en los del Estado y en los de las Comunidades Autónomas, de aquellos otros recursos que prevea la Ley.

ART. 106.

1. Las Entidades locales tendrán autonomía para establecer y exigir tributos de acuerdo con lo previsto en la legislación del Estado reguladora de las Haciendas locales y en las Leyes que dicten las Comunidades Autónomas en los supuestos expresamente previstos en aquélla.

2. La potestad reglamentaria de las Entidades locales en materia tributaria se ejercerá a través de Ordenanzas fiscales reguladoras de sus tributos propios y de Ordenanzas generales de gestión, recaudación e inspección. Las Corporaciones locales podrán emanar disposiciones interpretativas y aclaratorias de las mismas.

3. Es competencia de las Entidades locales la gestión, recaudación e inspección de sus tributos propios, sin perjuicio de las delegaciones que puedan otorgar a favor de las Entidades locales de ámbito superior o de las respectivas Comunidades Autónomas, y de las fórmulas de colaboración con otras Entidades locales, con las Comunidades Autónomas o con el Estado, de acuerdo con lo que establezca la legislación del Estado.

Ver arts. 6 a 8 TRLRHL.

ART. 107.

1. Las Ordenanzas fiscales reguladoras de los tributos locales comenzarán a aplicarse en el momento de su publicación definitiva en el "Boletín Oficial" de la provincia o, en su caso, de la Comunidad Autónoma uniprovincial, salvo que en las mismas se señale otra fecha.

2. Las Ordenanzas fiscales obligan en el territorio de la respectiva Entidad local y se aplican conforme a los principios de residencia efectiva y de territorialidad, según los casos.

Apdo. 1 modificado por Ley 38/1988, de 28 de diciembre, de Demarcación y de Planta Judicial. (BOE de 30-12-1988).

ART. 108.

Contra los actos sobre aplicación y efectividad de los tributos locales, y de los restantes ingresos de Derecho Público de las entidades locales, tales como prestaciones patrimoniales de carácter público no tributarias, precios públicos, y multas y sanciones pecuniarias, se formulará el recurso de reposición específicamente previsto a tal efecto en la Ley reguladora de las Haciendas Locales. Dicho recurso tendrá carácter potestativo en los municipios a que se refiere el título X de esta ley.

Modificado por Ley 57/2003, de 16 de diciembre, de medidas para la modernización del gobierno local. (BOE de 17-12-2003).

Ver art. 113.3 LRBRL.

ART. 109.

1. La extinción total o parcial de las deudas que el Estado, las Comunidades Autónomas, la Seguridad Social y cualesquiera entidades de Derecho público dependientes de las anteriores tengan respectivamente con las Entidades Locales, o viceversa, podrá acordarse por vía de compensación, cuando se trate de deudas vencidas, líquidas y exigibles.

Lo previsto en este apartado se aplicará de conformidad con lo dispuesto en la normativa específica de la Seguridad Social y de la Hacienda Pública en materia de compensación de deudas.

2. La extinción total o parcial de las deudas de derecho público que las Comunidades Autónomas y cualesquiera otras entidades de Derecho público dependientes de ellas tengan con las entidades de Derecho público o sociedades vinculadas, dependientes o íntegramente participadas por las Entidades Locales, o viceversa, podrá acordarse por vía de compensación, cuando se trate de deudas vencidas, líquidas y exigibles.

Modificado por Ley 27/2013, de 27 de diciembre, de racionalización y sostenibilidad de la Administración Local. (BOE de 30-12-2013).

ART. 110.

1. Corresponderá al Pleno de la Corporación la declaración de nulidad de pleno derecho y la revisión de los actos dictados en vía de gestión tributaria, en los casos y de acuerdo con el procedimiento establecido en los artículos 153 y 154 de la Ley General Tributaria.

2. En los demás casos, las Entidades locales no podrán anular sus propios actos declarativos de derechos, y su revisión requerirá la previa declaración de lesividad para el interés público y su impugnación en vía contencioso-administrativa, con arreglo a la Ley de dicha Jurisdicción.

Ver art. 53 LRBRL; art. 14.1 TRLRHL.

ART. 111.

Los acuerdos de establecimiento, supresión y ordenación de tributos locales, así como las modificaciones de las correspondientes Ordenanzas fiscales, serán aprobados, publicados y entrarán en vigor, de acuerdo con lo dispuesto en las normas especiales reguladoras de la Imposición y Ordenación de tributos locales, sin que les sea de aplicación lo previsto en el artículo 70.2 en relación con el 65.2, ambos de la presente Ley.

Modificado por Ley 38/1988, de 28 de diciembre, de Demarcación y de Planta Judicial. (BOE de 30-12-1988).

ART. 112.

1. Las Entidades locales aprueban anualmente un presupuesto único que constituye la expresión cifrada, conjunta y sistemática de las obligaciones que, como máximo, pueden reconocer, y de los derechos con vencimiento o que se prevean realizar durante el correspondiente ejercicio económico. El Presupuesto coincide con el año natural y está integrado por el de la propia entidad y los de todos los organismos y empresas locales con personalidad jurídica propia dependientes de aquélla.

2. La Administración del Estado determinará con carácter general la estructura de los Presupuestos de las Entidades locales.

3. Aprobado inicialmente el presupuesto, se expondrá al público durante el plazo que señale la legislación del Estado reguladora de las Haciendas locales, con objeto de que los interesados puedan interponer reclamaciones frente al mismo. Una vez resueltas las que se hayan presentado, en los términos que prevea la Ley, el presupuesto definitivamente aprobado será insertado en el «Boletín Oficial» de la Corporación, si lo tuviera, y resumido, en el de la Provincia.

4. La aprobación definitiva del presupuesto por el Pleno de la Corporación habrá de realizarse antes del 31 de diciembre del año anterior al del ejercicio en que deba aplicarse.

5. Si el presupuesto no fuera aprobado antes del primer día del ejercicio económico correspondiente, quedará automáticamente prorrogada la vigencia del anterior.

Apdo. 3: ver art. 113.3 LRBRL.

ART. 113.

1. Contra los actos que pongan fin a las reclamaciones formuladas en relación con los acuerdos de las Corporaciones en materia de presupuestos, imposición, aplicación y efectividad de tributos o aprobación y modificación de Ordenanzas fiscales, los interesados podrán interponer directamente el recurso contencioso-administrativo.

2. El Tribunal de Cuentas deberá en todo caso emitir informe cuando la impugnación afecte o se refiera a la nivelación presupuestaria.

3. La interposición del recurso previsto en el párrafo primero y de las reclamaciones establecidas en los artículos 49, 108 y 112, número 3, no suspenderá por sí sola la efectividad del acto o acuerdo impugnado.

ART. 114.

Las Entidades locales quedan sometidas al régimen de contabilidad pública. La Administración del Estado establecerá, con carácter general, el plan de cuentas de las Entidades locales.

ART. 115.

La fiscalización externa de las cuentas y de la gestión económica de las Entidades locales corresponde al Tribunal de Cuentas, con el alcance y condiciones que establece la Ley Orgánica que lo regula, y sin perjuicio de los supuestos de delegación previstos en la misma.

Ver D.A. 2ª.6 LRBRL.

ART. 116.

Las cuentas anuales se someterán antes del 1 de junio a informe de la Comisión Especial de Cuentas de la Entidad local, la cual estará constituida por miembros de los distintos grupos políticos integrantes de la Corporación, y serán asimismo objeto de información pública antes de someterse a la aprobación del Pleno, a fin de que puedan formularse contra las mismas reclamaciones, reparos u observaciones. Todo ello sin perjuicio de que pueda denunciarse ante el Tribunal de Cuentas la existencia de irregularidades en la gestión económica y en las cuentas aprobadas.

Ver art. 20.1.e) LRBRL.

ART. 116 bis. Contenido y seguimiento del plan económico-financiero.

1. Cuando por incumplimiento del objetivo de estabilidad presupuestaria, del objetivo de deuda pública o de la regla de gasto, las corporaciones locales incumplidoras formulen su plan económico-financiero lo harán de conformidad con los requisitos formales que determine el Ministerio de Hacienda y Administraciones Públicas.

2. Adicionalmente a lo previsto en el artículo 21 de la Ley Orgánica 2/2012, de 27 de abril, de Estabilidad Presupuestaria y Sostenibilidad Financiera, el mencionado plan incluirá al menos las siguientes medidas:

a) Supresión de las competencias que ejerza la Entidad Local que sean distintas de las propias y de las ejercidas por delegación.

b) Gestión integrada o coordinada de los servicios obligatorios que presta la Entidad Local para reducir sus costes.

c) Incremento de ingresos para financiar los servicios obligatorios que presta la Entidad Local.

d) Racionalización organizativa.

e) Supresión de entidades de ámbito territorial inferior al municipio que, en el ejercicio presupuestario inmediato anterior, incumplan con el objetivo de estabilidad presupuestaria o con el objetivo de deuda pública o que el período medio de pago a proveedores supere en más de treinta días el plazo máximo previsto en la normativa de morosidad.

f) Una propuesta de fusión con un municipio colindante de la misma provincia.

3. La Diputación provincial o entidad equivalente asistirá al resto de corporaciones locales y colaborará con la Administración que ejerza la tutela financiera, según corresponda, en la elaboración y el seguimiento de la aplicación de las medidas contenidas en los planes económicos-financiero. La Diputación o entidad equivalente propondrá y coordinará las medidas recogidas en el apartado anterior cuando tengan carácter supramunicipal, que serán valoradas antes de aprobarse el plan económico-financiero, así como otras medidas supramunicipales distintas que se hubieran previsto, incluido el seguimiento de la fusión de Entidades Locales que se hubiera acordado.

Añadido por Ley 27/2013, de 27 de diciembre, de racionalización y sostenibilidad de la Administración Local. (BOE de 30-12-2013).

Ver art. 20.1.e), 36.1.e) y D.A. 2ª.6 LRBRL.

ART. 116 ter. Coste efectivo de los servicios.

1. Todas las Entidades Locales calcularán antes del día 1 de noviembre de cada año el coste efectivo de los servicios que prestan, partiendo de los datos contenidos en la liquidación del presupuesto general y, en su caso, de las cuentas anuales aprobadas de las entidades vinculadas o dependientes, correspondiente al ejercicio inmediato anterior.

2. El cálculo del coste efectivo de los servicios tendrá en cuenta los costes reales directos e indirectos de los servicios conforme a los datos de ejecución de gastos mencionados en el apartado anterior: Por Orden del Ministro de Hacienda y Administraciones Públicas se desarrollarán estos criterios de cálculo.

3. Todas las Entidades Locales comunicarán los costes efectivos de cada uno de los servicios al Ministerio de Hacienda y Administraciones Públicas para su publicación.

Añadido por Ley 27/2013, de 27 de diciembre, de racionalización y sostenibilidad de la Administración Local. (BOE de 30-12-2013).

Ver D.A. 2ª.6 LRBRL.

TÍTULO IX
Organizaciones para la cooperación entre las Administraciones Públicas en materia de Administración Local

ART. 117.

1. La Comisión Nacional de Administración Local es el órgano permanente para la colaboración entre la Administración General del Estado y la Administración local.

2. La Comisión estará formada, bajo la presidencia del Ministro de Administraciones Públicas, por un número igual de representantes de las entidades locales y de la Administración General del Estado. La designación de los representantes de las entidades locales corresponde en todo caso a la asociación de ámbito estatal con mayor implantación.

Su composición, funcionamiento y régimen de adopción de acuerdos se determinará reglamentariamente, mediante real decreto aprobado por el Consejo de Ministros, a propuesta del Ministro de Administraciones Públicas.

3. La Comisión se reúne previa convocatoria de su Presidente, a iniciativa propia o a solicitud de la representación local. A sus reuniones podrán asistir, cuando sean convocados por su Presidente, representantes de las comunidades autónomas.

4. El Pleno de la Comisión Nacional de Administración Local podrá delegar funciones en sus Subcomisiones, con excepción del informe de los anteproyectos de ley que versen sobre las siguientes materias:

a) Normativa básica de régimen local.

b) Haciendas Locales.

c) Leyes Orgánicas que afecten a la Administración Local.

Modificado por Ley 57/2003, de 16 de diciembre, de medidas para la modernización del gobierno local. (BOE de 17-12-2003).

ART. 118.

1. Corresponde a la Comisión:

A) Emitir informe en los siguientes supuestos:

a) Anteproyectos de Ley y proyectos de disposiciones administrativas de competencia del Estado en las materias que afecten a la Administración local, tales como las referentes a su régimen organizativo y de funcionamiento; régimen sustantivo de sus funciones y servicios -incluidas la atribución o supresión de competencias-; régimen estatutario de sus funcionarios; procedimiento administrativo, contratos, concesiones y demás formas de prestación de los servicios públicos; expropiación y responsabilidad patrimonial; régimen de sus bienes y haciendas locales.

b) Criterios para las autorizaciones de operaciones de endeudamiento de las Corporaciones locales.

c) Previamente y en los supuestos en que el Consejo de Ministros acuerde la aplicación de lo dispuesto en el artículo 61 de la presente Ley.

B) Efectuar propuestas y sugerencias al Gobierno en materia de Administración local y, en especial, sobre:

a) Atribución y delegación de competencias en favor de las Entidades locales.

b) Distribución de las subvenciones, créditos y transferencias del Estado a la Administración local.

c) Participación de las Haciendas locales en los tributos del Estado.

d) Previsiones de los Presupuestos Generales del Estado que afecten a las Entidades locales.

2. La Comisión, para el cumplimiento de sus funciones, puede requerir del Instituto de Estudios de Administración Local la realización de estudios y la emisión de informes.

Apdo. 1.A.a) modificado por Ley 11/1999, de 21 de abril, de modificación de la Ley 7/1985, de 2 de abril, Reguladora de las Bases del Régimen Local, y otras medidas para el desarrollo del Gobierno Local, en materia de tráfico, circulación de vehículos a motor y seguridad vial y en materia de aguas. (BOE de 22-04-1999).

ART. 119.

La Comisión podrá solicitar de los órganos constitucionalmente legitimados para ello la impugnación ante el Tribunal Constitucional de las leyes del Estado o de las Comunidades Autónomas que estime lesivas para la autonomía local garantizada constitucionalmente.

Esta misma solicitud podrá realizarla la representación de las Entidades locales en la Comisión.

Ver art. 63.3 LRBRL.

ART. 120.

1. El Instituto de Estudios de Administración Local, adscrito al Ministerio de Administración Territorial, es una entidad de Derecho público, dotada de personalidad y capacidad jurídicas y patrimonio propios, que actúa con plena autonomía funcional para el cumplimiento de sus fines.

Son fines esenciales del Instituto la investigación, el estudio, la información y la difusión sobre todas las materias que afecten a la Administración local, así como la selección, formación y perfeccionamiento de funcionarios de las Entidades locales.

2. Son órganos de gobierno del Instituto el Director y el Consejo Rector. El Director asume las funciones representativas, ejecutivas, de programación y coordinación, así como de dirección de los servicios. El Consejo Rector, al que corresponde la aprobación del presupuesto, programa de actividades y Memoria anuales, está integrado por el Director, que lo preside, y por ocho representantes de las Entidades locales designados por la asociación de éstas de ámbito estatal de mayor implantación, tres representantes de las Comunidades Autónomas designados por un período anual y por el orden cronológico de aprobación de los Estatutos de Autonomía y cinco representantes de la Administración del Estado designados por el Ministerio de Administración Territorial.

3. El Instituto, comprendido entre las Entidades a que se refiere el artículo 5 de la Ley de Entidades Estatales Autónomas de 26 de diciembre de 1958, tendrá la consideración de organismo autónomo de carácter administrativo a los efectos de lo establecido en el artículo 4 de la Ley General Presupuestaria de 4 de enero de 1977.

El Reglamento de régimen interior regula su organización y funcionamiento, y será aprobado por el Ministerio de Administración Territorial, a propuesta del Consejo Rector.

ART. 120 bis.

El Estado impulsará la colaboración con las comunidades autónomas con el fin de crear órganos de cooperación conjuntos en materia de régimen local, tanto bajo la forma jurídica de Conferencia Sectorial como de otra naturaleza, de acuerdo con lo dispuesto en el artículo 5 de la ley 30/1992, de 26 de noviembre, de Régimen Jurídico de las Administraciones Públicas y del procedimiento Administrativo Común.

Añadido por Ley 57/2003, de 16 de diciembre, de medidas para la modernización del gobierno local. (BOE de 17-12-2003).

El art. 5 de la Ley 30/1992, de 26 de noviembre equivale al actual art. 147 de la Ley 40/2015, de 1 de octubre, del régimen jurídico del sector público.

TÍTULO X
Régimen de organización de los municipios de gran población

Añadido por Ley 57/2003, de 16 de diciembre, de medidas para la modernización del gobierno local. (BOE de 17-12-2003).

Ver D.A. 8ª y D.A. 11ª LRBRL; D.A. 2ª RDLeg. 2/2004, de 5 de marzo, por el que se aprueba el texto refundido de la Ley Reguladora de las Haciendas Locales.

CAPÍTULO I
Ámbito de aplicación

Añadido por Ley 57/2003, de 16 de diciembre, de medidas para la modernización del gobierno local. (BOE de 17-12-2003).

ART. 121. Ámbito de aplicación.

1. Las normas previstas en este título serán de aplicación:

a) A los municipios cuya población supere los 250.000 habitantes.

b) A los municipios capitales de provincia cuya población sea superior a los 175.000 habitantes.

c) A los municipios que sean capitales de provincia, capitales autonómicas o sedes de las instituciones autonómicas.

d) Asimismo, a los municipios cuya población supere los 75.000 habitantes, que presenten circunstancias económicas, sociales, históricas o culturales especiales.

En los supuestos previstos en los párrafos c) y d), se exigirá que así lo decidan las Asambleas Legislativas correspondientes a iniciativa de los respectivos ayuntamientos.

2. Cuando un municipio, de acuerdo con las cifras oficiales de población resultantes de la revisión del padrón municipal aprobadas por el Gobierno con referencia al 1 de enero del

año anterior al del inicio de cada mandato de su ayuntamiento, alcance la población requerida para la aplicación del régimen previsto en este título, la nueva corporación dispondrá de un plazo máximo de seis meses desde su constitución para adaptar su organización al contenido de las disposiciones de este Título.

A estos efectos, se tendrá en cuenta exclusivamente la población resultante de la indicada revisión del padrón, y no las correspondientes a otros años de cada mandato.

3. Los municipios a los que resulte de aplicación el régimen previsto en este título, continuarán rigiéndose por el mismo aun cuando su cifra oficial de población se reduzca posteriormente por debajo del límite establecido en esta ley.

Añadido por Ley 57/2003, de 16 de diciembre, de medidas para la modernización del gobierno local. (BOE de 17-12-2003).

Ver arts. 24.2, 47.3, 70 bis.2, 123.1.o) LRBRL.

Apdo. 1: ver art. 123.1.o) LRBRL

CAPÍTULO II
Organización y funcionamiento de los órganos municipales necesarios

Añadido por Ley 57/2003, de 16 de diciembre, de medidas para la modernización del gobierno local. (BOE de 17-12-2003).

ART. 122. Organización del Pleno.

1. El Pleno, formado por el Alcalde y los Concejales, es el órgano de máxima representación política de los ciudadanos en el gobierno municipal.

2. El Pleno será convocado y presidido por el Alcalde, salvo en los supuestos previstos en esta ley y en la legislación electoral general, al que corresponde decidir los empates con voto de calidad. El Alcalde podrá delegar exclusivamente la convocatoria y la presidencia del Pleno, cuando lo estime oportuno, en uno de los concejales.

3. El Pleno se dotará de su propio reglamento, que tendrá la naturaleza de orgánico. No obstante, la regulación de su organización y funcionamiento podrá contenerse también en el reglamento orgánico municipal.

En todo caso, el Pleno contará con un secretario general y dispondrá de Comisiones, que estarán formadas por los miembros que designen los grupos políticos en proporción al número de concejales que tengan en el Pleno.

4. Corresponderán a las comisiones las siguientes funciones:

a) El estudio, informe o consulta de los asuntos que hayan de ser sometidos a la decisión del Pleno.

b) El seguimiento de la gestión del Alcalde y de su equipo de gobierno, sin perjuicio del superior control y fiscalización que, con carácter general, le corresponde al Pleno.

c) Aquéllas que el Pleno les delegue, de acuerdo con lo dispuesto en esta ley.

En todo caso, serán de aplicación a estas Comisiones las previsiones contenidas para el Pleno en el artículo 46.2, párrafos b), c) y d).

5. Corresponderá al secretario general del Pleno, que lo será también de las comisiones, las siguientes funciones:

a) La redacción y custodia de las actas, así como la supervisión y autorización de las mismas, con el visto bueno del Presidente del Pleno.

b) La expedición, con el visto bueno del Presidente del Pleno, de las certificaciones de los actos y acuerdos que se adopten.

c) La asistencia al Presidente del Pleno para asegurar la convocatoria de las sesiones, el orden en los debates y la correcta celebración de las votaciones, así como la colaboración en el normal desarrollo de los trabajos del Pleno y de las comisiones.

d) La comunicación, publicación y ejecución de los acuerdos plenarios.

e) El asesoramiento legal al Pleno y a las comisiones, que será preceptivo en los siguientes supuestos:

1.º Cuando así lo ordene el Presidente o cuando lo solicite un tercio de sus miembros con antelación suficiente a la celebración de la sesión en que el asunto hubiere de tratarse.

2.º Siempre que se trate de asuntos sobre materias para las que se exija una mayoría especial.

3.º Cuando una ley así lo exija en las materias de la competencia plenaria.

4.º Cuando, en el ejercicio de la función de control y fiscalización de los órganos de gobierno, lo solicite el Presidente o la cuarta parte, al menos, de los Concejales.

Dichas funciones quedan reservadas a funcionarios de Administración local con habilitación de carácter nacional. Su nombramiento corresponderá al Presidente en los términos previstos en la disposición adicional octava, teniendo la misma equiparación que los órganos directivos previstos en el artículo 130 de esta ley, sin perjuicio de lo que determinen a este respecto las normas orgánicas que regulen el Pleno.

Añadido por Ley 57/2003, de 16 de diciembre, de medidas para la modernización del gobierno local. (BOE de 17-12-2003).

Apdo. 5: ver art. 129.1 LRBRL.

ART. 123. Atribuciones del Pleno.

1. Corresponden al Pleno las siguientes atribuciones:

a) El control y la fiscalización de los órganos de gobierno.

b) La votación de la moción de censura al Alcalde y de la cuestión de confianza planteada por éste, que será pública y se realizará mediante llamamiento nominal en todo caso y se regirá en todos sus aspectos por lo dispuesto en la legislación electoral general.

c) La aprobación y modificación de los reglamentos de naturaleza orgánica. Tendrán en todo caso naturaleza orgánica:

La regulación del Pleno.

La regulación del Consejo Social de la ciudad.

La regulación de la Comisión Especial de Sugerencias y Reclamaciones.

La regulación de los órganos complementarios y de los procedimientos de participación ciudadana.

La división del municipio en distritos, y la determinación y regulación de los órganos de los distritos y de las competencias de sus órganos representativos y participativos, sin perjuicio de las atribuciones del Alcalde para determinar la organización y las competencias de su administración ejecutiva.

La determinación de los niveles esenciales de la organización municipal, entendiendo por tales las grandes áreas de gobierno, los coordinadores generales, dependientes directamente de los miembros de la Junta de Gobierno Local, con funciones de coordinación de las distintas Direcciones Generales u órganos similares integradas en la misma área de gobierno, y de la gestión de los servicios comunes de éstas u otras funciones análogas y las Direcciones Generales u órganos similares que culminen la organización administrativa, sin perjuicio de las atribuciones del Alcalde para determinar el número de cada uno de tales órganos y establecer niveles complementarios inferiores.

La regulación del órgano para la resolución de las reclamaciones económico-administrativas.

d) La aprobación y modificación de las ordenanzas y reglamentos municipales.

e) Los acuerdos relativos a la delimitación y alteración del término municipal; la creación o supresión de las entidades a que se refiere el artículo 45 de esta ley; la alteración de la capitalidad del municipio y el cambio de denominación de éste o de aquellas Entidades, y la adopción o modificación de su bandera, enseña o escudo.

f) Los acuerdos relativos a la participación en organizaciones supramunicipales.

g) La determinación de los recursos propios de carácter tributario.

h) La aprobación de los presupuestos, de la plantilla de personal, así como la autorización de gastos en las materias de su competencia. Asimismo, aprobará la cuenta general del ejercicio correspondiente.

i) La aprobación inicial del planeamiento general y la aprobación que ponga fin a la tramitación municipal de los planes y demás instrumentos de ordenación previstos en la legislación urbanística.

j) La transferencia de funciones o actividades a otras Administraciones públicas, así como la aceptación de las delegaciones o encomiendas de gestión realizadas por otras Administraciones, salvo que por ley se impongan obligatoriamente.

k) La determinación de las formas de gestión de los servicios, así como el acuerdo de creación de organismos autónomos, de entidades públicas empresariales y de sociedades mercantiles para la gestión de los servicios de competencia municipal, y la aprobación de los expedientes de municipalización.

l) Las facultades de revisión de oficio de sus propios actos y disposiciones de carácter general.

m) El ejercicio de acciones judiciales y administrativas y la defensa jurídica del Pleno en las materias de su competencia.

n) Establecer el régimen retributivo de los miembros del Pleno, de su secretario general, del Alcalde, de los miembros de la Junta de Gobierno Local y de los órganos directivos municipales.

ñ) El planteamiento de conflictos de competencia a otras entidades locales y otras Administraciones públicas.

o) Acordar la iniciativa prevista en el último inciso del artículo 121.1, para que el municipio pueda ser incluido en el ámbito de aplicación del título X de esta ley.

p) Las demás que expresamente le confieran las leyes.

2. Se requerirá el voto favorable de la mayoría absoluta del número legal de miembros del Pleno, para la adopción de los acuerdos referidos en los párrafos c), e), f), j) y o) y para los acuerdos que corresponda adoptar al Pleno en la tramitación de los instrumentos de planeamiento general previstos en la legislación urbanística.

Los demás acuerdos se adoptarán por mayoría simple de votos.

3. Únicamente pueden delegarse las competencias del Pleno referidas en los párrafos d), k), m) y ñ) a favor de las comisiones referidas en el apartado 4 del artículo anterior.

Añadido por Ley 57/2003, de 16 de diciembre, de medidas para la modernización del gobierno local. (BOE de 17-12-2003).

Ver art. 128.2 LRBRL.

ART. 124. El Alcalde.

1. El Alcalde ostenta la máxima representación del municipio.

2. El Alcalde es responsable de su gestión política ante el Pleno.

3. El Alcalde tendrá el tratamiento de Excelencia.

4. En particular, corresponde al Alcalde el ejercicio de las siguientes funciones:

a) Representar al ayuntamiento.

b) Dirigir la política, el gobierno y la administración municipal, sin perjuicio de la acción colegiada de colaboración en la dirección política que, mediante el ejercicio de las funciones ejecutivas y administrativas que le son atribuidas por esta ley, realice la Junta de Gobierno Local.

c) Establecer directrices generales de la acción de gobierno municipal y asegurar su continuidad.

d) Convocar y presidir las sesiones del Pleno y las de la Junta de Gobierno Local y decidir los empates con voto de calidad.

e) Nombrar y cesar a los Tenientes de Alcalde y a los Presidentes de los Distritos.

f) Ordenar la publicación, ejecución y cumplimiento de los acuerdos de los órganos ejecutivos del ayuntamiento.

g) Dictar bandos, decretos e instrucciones.

h) Adoptar las medidas necesarias y adecuadas en casos de extraordinaria y urgente necesidad, dando cuenta inmediata al Pleno.

i) Ejercer la superior dirección del personal al servicio de la Administración municipal.

j) La Jefatura de la Policía Municipal.

k) Establecer la organización y estructura de la Administración municipal ejecutiva, sin perjuicio de las competencias atribuidas al Pleno en materia de organización municipal, de acuerdo con lo dispuesto en el párrafo c) del apartado 1 del artículo 123.

l) El ejercicio de las acciones judiciales y administrativas en materia de su competencia y, en caso de urgencia, en materias de la competencia del Pleno, en este supuesto dando cuenta al mismo en la primera sesión que celebre para su ratificación.

m) Las facultades de revisión de oficio de sus propios actos.

n) La autorización y disposición de gastos en las materias de su competencia.

ñ) Las demás que le atribuyan expresamente las leyes y aquéllas que la legislación del Estado o de las comunidades autónomas asignen al municipio y no se atribuyan a otros órganos municipales.

5. El Alcalde podrá delegar mediante decreto las competencias anteriores en la Junta de Gobierno Local, en sus miembros, en los demás concejales y, en su caso, en los coordinadores generales, directores generales u órganos similares, con excepción de las señaladas

en los párrafos b), e), h) y j), así como la de convocar y presidir la Junta de Gobierno Local, decidir los empates con voto de calidad y la de dictar bandos. Las atribuciones previstas en los párrafos c) y k) sólo serán delegables en la Junta de Gobierno Local.

Añadido por Ley 57/2003, de 16 de diciembre, de medidas para la modernización del gobierno local. (BOE de 17-12-2003).

ART. 125. Los Tenientes de Alcalde.

1. El Alcalde podrá nombrar entre los concejales que formen parte de la Junta de Gobierno Local a los Tenientes de Alcalde, que le sustituirán, por el orden de su nombramiento, en los casos de vacante, ausencia o enfermedad.

2. Los Tenientes de Alcalde tendrán el tratamiento de Ilustrísima.

Añadido por Ley 57/2003, de 16 de diciembre, de medidas para la modernización del gobierno local. (BOE de 17-12-2003).

ART. 126. Organización de la Junta de Gobierno Local.

1. La Junta de Gobierno Local es el órgano que, bajo la presidencia del Alcalde, colabora de forma colegiada en la función de dirección política que a éste corresponde y ejerce las funciones ejecutivas y administrativas que se señalan en el artículo 127 de esta ley.

2. Corresponde al Alcalde nombrar y separar libremente a los miembros de la Junta de Gobierno Local, cuyo número no podrá exceder de un tercio del número legal de miembros del Pleno, además del Alcalde.

El Alcalde podrá nombrar como miembros de la Junta de Gobierno Local a personas que no ostenten la condición de concejales, siempre que su número no supere un tercio de sus miembros, excluido el Alcalde. Sus derechos económicos y prestaciones sociales serán los de los miembros electivos.

En todo caso, para la válida constitución de la Junta de Gobierno Local se requiere que el número de miembros de la Junta de Gobierno Local que ostentan la condición de concejales presentes sea superior al número de aquellos miembros presentes que no ostentan dicha condición.

Los miembros de la Junta de Gobierno Local podrán asistir a las sesiones del Pleno e intervenir en los debates, sin perjuicio de las facultades que corresponden a su Presidente.

3. La Junta de Gobierno Local responde políticamente ante el Pleno de su gestión de forma solidaria, sin perjuicio de la responsabilidad directa de cada uno de sus miembros por su gestión.

4. La Secretaría de la Junta de Gobierno Local corresponderá a uno de sus miembros que reúna la condición de concejal, designado por el Alcalde, quien redactará las actas de las sesiones y certificará sobre sus acuerdos. Existirá un órgano de apoyo a la Junta de Gobierno Local y al concejal-secretario de la misma, cuyo titular será nombrado entre funcionarios de Administración local con habilitación de carácter nacional. Sus funciones serán las siguientes:

a) La asistencia al concejal-secretario de la Junta de Gobierno Local.

b) La remisión de las convocatorias a los miembros de la Junta de Gobierno Local.

c) El archivo y custodia de las convocatorias, órdenes del día y actas de las reuniones.

d) Velar por la correcta y fiel comunicación de sus acuerdos.

5. Las deliberaciones de la Junta de Gobierno Local son secretas. A sus sesiones podrán asistir los concejales no pertenecientes a la Junta y los titulares de los órganos directivos, en ambos supuestos cuando sean convocados expresamente por el Alcalde.

Inciso en cursiva declarado inconstitucional por Sentencia del Tribunal Constitucional 03/2013, de 25 de abril de 2013. Recurso de inconstitucionalidad 1523-2004. Interpuesto por el Parlamento de Cataluña en relación con diversos preceptos de la Ley 57/2003, de 16 de diciembre, de medidas para la modernización del Gobierno Local. Competencias sobre régimen local; autonomía local: inconstitucionalidad del precepto legal que permite nombrar como miembros de la junta de gobierno local a personas distintas de los concejales, interpretación conforme del precepto que enumera los órganos municipales superiores y directivos. Voto particular. (BOE de 23-05-2013).

ART. 127. Atribuciones de la Junta de Gobierno Local.

1. Corresponde a la Junta de Gobierno Local:

a) La aprobación de los proyectos de ordenanzas y de los reglamentos, incluidos los orgánicos, con excepción de las normas reguladoras del Pleno y sus comisiones.

b) La aprobación del proyecto de presupuesto.

c) La aprobación de los proyectos de instrumentos de ordenación urbanística cuya aproba-ción definitiva o provisional corresponda al Pleno.

d) Las aprobaciones de los instrumentos de planeamiento de desarrollo del planeamiento general no atribuidas expresamente al Pleno, así como de los instrumentos de gestión urba-nística y de los proyectos de urbanización.

e) La concesión de cualquier tipo de licencia, salvo que la legislación sectorial la atribuya expresamente a otro órgano.

f) (Derogada).

g) El desarrollo de la gestión económica, autorizar y disponer gastos en materia de su competencia, disponer gastos previamente autorizados por el Pleno, y la gestión del personal.

h) Aprobar la relación de puestos de trabajo, las retribuciones del personal de acuerdo con el presupuesto aprobado por el Pleno, la oferta de empleo público, las bases de las convocatorias de selección y provisión de puestos de trabajo, el número y régimen del personal eventual, la separación del servicio de los funcionarios del Ayuntamiento, sin perjuicio de lo dispuesto en el artículo 99 de esta ley, el despido del personal laboral, el régimen disciplinario y las demás decisiones en materia de personal que no estén expresamente atribuidas a otro órgano.

La composición de los tribunales de oposiciones será predominantemente técnica, debiendo poseer todos sus miembros un nivel de titulación igual o superior al exigido para el ingreso en las plazas convocadas. Su presidente podrá ser nombrado entre los miembros de la Corporación o entre el personal al servicio de las Administraciones públicas.

i) El nombramiento y el cese de los titulares de los órganos directivos de la Administración municipal, sin perjuicio de lo dispuesto en la disposición adicional octava para los funciona-rios de Administración local con habilitación de carácter nacional.

j) El ejercicio de las acciones judiciales y administrativas en materia de su competencia.

k) Las facultades de revisión de oficio de sus propios actos.

l) Ejercer la potestad sancionadora salvo que por ley esté atribuida a otro órgano.

m) Designar a los representantes municipales en los órganos colegiados de gobierno o administración de los entes, fundaciones o sociedades, sea cual sea su naturaleza, en los que el Ayuntamiento sea partícipe.

n) Las demás que le correspondan, de acuerdo con las disposiciones legales vigentes.

2. La Junta de Gobierno Local podrá delegar en los Tenientes de Alcalde, en los demás miembros de la Junta de Gobierno Local, en su caso, en los demás concejales, en los coordi-nadores generales, directores generales u órganos similares, las funciones enumeradas en los párrafos e), f), g), h) con excepción de la aprobación de la relación de puestos de trabajo, de las retribuciones del personal, de la oferta de empleo público, de la determinación del número y del régimen del personal eventual y de la separación del servicio de los funcionarios, y l) del apartado anterior.

Apdo. 1, letra m) modificada y n) añadida por Ley 27/2013, de 27 de diciembre, de racionalización y sosteni-bilidad de la Administración Local. (BOE de 30-12-2013).

Ver art. 126.1 LRBRL

ART. 128. Los distritos.

1. Los ayuntamientos deberán crear distritos, como divisiones territoriales propias, dotadas de órganos de gestión desconcentrada, para impulsar y desarrollar la participación ciudadana en la gestión de los asuntos municipales y su mejora, sin perjuicio de la unidad de gobierno y gestión del municipio.

2. Corresponde al Pleno de la Corporación la creación de los distritos y su regulación, en los términos y con el alcance previsto en el artículo 123, así como determinar, en una norma de carácter orgánico, el porcentaje mínimo de los recursos presupuestarios de la corporación que deberán gestionarse por los distritos, en su conjunto.

3. La presidencia del distrito corresponderá en todo caso a un concejal.

Añadido por Ley 57/2003, de 16 de diciembre, de medidas para la modernización del gobierno local. (BOE de 17-12-2003).

ART. 129. La asesoría jurídica.

1. Sin perjuicio de las funciones reservadas al secretario del Pleno por el párrafo e) del apartado 5 del artículo 122 de esta ley, existirá un órgano administrativo responsable de

la asistencia jurídica al Alcalde, a la Junta de Gobierno Local y a los órganos directivos, comprensiva del asesoramiento jurídico y de la representación y defensa en juicio del ayuntamiento, sin perjuicio de lo dispuesto en el apartado segundo del artículo 447 de la Ley 6/1985, de 1 de julio, del Poder Judicial.

2. Su titular será nombrado y separado por la Junta de Gobierno Local, entre personas que reúnan los siguientes requisitos:

a) Estar en posesión del título de licenciado en derecho.

b) Ostentar la condición de funcionario de administración local con habilitación de carácter nacional, o bien funcionario de carrera del Estado, de las comunidades autónomas o de las entidades locales, a los que se exija para su ingreso el título de doctor, licenciado, ingeniero, arquitecto o equivalente.

Añadido por Ley 57/2003, de 16 de diciembre, de medidas para la modernización del gobierno local. (BOE de 17-12-2003).

ART. 130. Órganos superiores y directivos.

1. Son órganos superiores y directivos municipales los siguientes:

A) Órganos superiores:

a) El Alcalde.

b) Los miembros de la Junta de Gobierno Local.

B) Órganos directivos:

a) Los coordinadores generales de cada área o concejalía.

b) Los directores generales u órganos similares que culminen la organización administrativa dentro de cada una de las grandes áreas o concejalías.

c) El titular del órgano de apoyo a la Junta de Gobierno Local y al concejal-secretario de la misma.

d) El titular de la asesoría jurídica.

e) El Secretario general del Pleno.

f) El interventor general municipal.

g) En su caso, el titular del órgano de gestión tributaria.

2. Tendrán también la consideración de órganos directivos, los titulares de los máximos órganos de dirección de los organismos autónomos y de las entidades públicas empresariales locales, de conformidad con lo establecido en el artículo 85 bis, párrafo b).

3. El nombramiento de los coordinadores generales y de los directores generales, atendiendo a criterios de competencia profesional y experiencia deberá efectuarse entre funcionarios de carrera del Estado, de las Comunidades Autónomas, de las Entidades Locales o con habilitación de carácter nacional que pertenezcan a cuerpos o escalas clasificados en el subgrupo A1, salvo que el Reglamento Orgánico Municipal permita que, en atención a las características específicas de las funciones de tales órganos directivos, su titular no reúna dicha condición de funcionario.

4. Los órganos superiores y directivos quedan sometidos al régimen de incompatibilidades establecido en la Ley 53/1984, de 26 de diciembre, de Incompatibilidades del personal al servicio de las Administraciones públicas, y en otras normas estatales o autonómicas que resulten de aplicación.

Apdo. 3 modificado por Ley 27/2013, de 27 de diciembre, de racionalización y sostenibilidad de la Administración Local. (BOE de 30-12-2013).

Ver art. 122.5 LRBRL

ART. 131. El Consejo Social de la Ciudad.

1. En los municipios señalados en este título, existirá un Consejo Social de la Ciudad, integrado por representantes de las organizaciones económicas, sociales, profesionales y de vecinos más representativas.

2. Corresponderá a este Consejo, además de las funciones que determine el Pleno mediante normas orgánicas, la emisión de informes, estudios y propuestas en materia de desarrollo económico local, planificación estratégica de la ciudad y grandes proyectos urbanos.

Añadido por Ley 57/2003, de 16 de diciembre, de medidas para la modernización del gobierno local. (BOE de 17-12-2003).

ART. 132. Defensa de los derechos de los vecinos.

1. Para la defensa de los derechos de los vecinos ante la Administración municipal, el Pleno creará una Comisión especial de Sugerencias y Reclamaciones, cuyo funcionamiento se regulará en normas de carácter orgánico.

2. La Comisión especial de Sugerencias y Reclamaciones estará formada por representantes de todos los grupos que integren el Pleno, de forma proporcional al número de miembros que tengan en el mismo.

3. La citada Comisión podrá supervisar la actividad de la Administración municipal, y deberá dar cuenta al Pleno, mediante un informe anual, de las quejas presentadas y de las deficiencias observadas en el funcionamiento de los servicios municipales, con especificación de las sugerencias o recomendaciones no admitidas por la Administración municipal. No obstante, también podrá realizar informes extraordinarios cuando la gravedad o la urgencia de los hechos lo aconsejen.

4. Para el desarrollo de sus funciones, todos los órganos de Gobierno y de la Administración municipal están obligados a colaborar con la Comisión de Sugerencias y Reclamaciones.

Añadido por Ley 57/2003, de 16 de diciembre, de medidas para la modernización del gobierno local. (BOE de 17-12-2003).

CAPÍTULO III
Gestión económico-financiera

Añadido por Ley 57/2003, de 16 de diciembre, de medidas para la modernización del gobierno local. (BOE de 17-12-2003).

ART. 133. Criterios de la gestión económico-financiera.

La gestión económico-financiera se ajustará a los siguientes criterios:

a) Cumplimiento del objetivo de estabilidad presupuestaria, de acuerdo con lo dispuesto en la legislación que lo regule.

b) Separación de las funciones de contabilidad y de fiscalización de la gestión económico-financiera.

c) La contabilidad se ajustará en todo caso a las previsiones que en esta materia contiene la Ley 39/1988, de 28 de diciembre, reguladora de las Haciendas Locales.

d) El ámbito en el que se realizará la fiscalización y el control de legalidad presupuestaria será el presupuesto o el estado de previsión de ingresos y gastos, según proceda.

e) Introducción de la exigencia del seguimiento de los costes de los servicios.

f) La asignación de recursos, con arreglo a los principios de eficacia y eficiencia, se hará en función de la definición y el cumplimiento de objetivos.

g) La administración y rentabilización de los excedentes líquidos y la concertación de operaciones de tesorería se realizarán de acuerdo con las bases de ejecución del presupuesto y el plan financiero aprobado.

h) Todos los actos, documentos y expedientes de la Administración municipal y de todas las entidades dependientes de ella, sea cual fuere su naturaleza jurídica, de los que se deriven derechos y obligaciones de contenido económico estarán sujetos al control y fiscalización interna por el órgano que se determina en esta Ley, en los términos establecidos en los artículos 194 a 203 de la Ley 39/1988, de 28 de diciembre, Reguladora de las Haciendas Locales.

Añadido por Ley 57/2003, de 16 de diciembre, de medidas para la modernización del gobierno local. (BOE de 17-12-2003).

ART. 134. Órgano u órganos de gestión económico-financiera y presupuestaria.

1. Las funciones de presupuestación, contabilidad, tesorería y recaudación serán ejercidas por el órgano u órganos que se determinen en el Reglamento orgánico municipal.

2. El titular o titulares de dicho órgano u órganos deberá ser un funcionario de Administración local con habilitación de carácter nacional, salvo el del órgano que desarrolle las funciones de presupuestación.

Añadido por Ley 57/2003, de 16 de diciembre, de medidas para la modernización del gobierno local. (BOE de 17-12-2003).

Apdo.1: ver art. 135.3 LRBRL.

ART. 135. Órgano de Gestión Tributaria.

1. Para la consecución de una gestión integral del sistema tributario municipal, regido por los principios de eficiencia, suficiencia, agilidad y unidad en la gestión, se habilita al Pleno de los ayuntamientos de los municipios de gran población para crear un órgano de gestión tributaria, responsable de ejercer como propias las competencias que a la Administración Tributaria local le atribuye la legislación tributaria.

2. Corresponderán a este órgano de gestión tributaria, al menos, las siguientes competencias:

a) La gestión, liquidación, inspección, recaudación y revisión de los actos tributarios municipales.

b) La recaudación en período ejecutivo de los demás ingresos de derecho público del ayuntamiento.

c) La tramitación y resolución de los expedientes sancionadores tributarios relativos a los tributos cuya competencia gestora tenga atribuida.

d) El análisis y diseño de la política global de ingresos públicos en lo relativo al sistema tributario municipal.

e) La propuesta, elaboración e interpretación de las normas tributarias propias del ayuntamiento.

f) El seguimiento y la ordenación de la ejecución del presupuesto de ingresos en lo relativo a ingresos tributarios.

3. En el caso de que el Pleno haga uso de la habilitación prevista en el apartado 1, la función de recaudación y su titular quedarán adscritos a este órgano, quedando sin efecto lo dispuesto en el artículo 134.1 en lo que respecta a la función de recaudación.

Añadido por Ley 57/2003, de 16 de diciembre, de medidas para la modernización del gobierno local. (BOE de 17-12-2003).

ART. 136. Órgano responsable del control y de la fiscalización interna.

1. La función pública de control y fiscalización interna de la gestión económico-financiera y presupuestaria, en su triple acepción de función interventora, función de control financiero y función de control de eficacia, corresponderá a un órgano administrativo, con la denominación de Intervención general municipal.

2. La Intervención general municipal ejercerá sus funciones con plena autonomía respecto de los órganos y entidades municipales y cargos directivos cuya gestión fiscalice, teniendo completo acceso a la contabilidad y a cuantos documentos sean necesarios para el ejercicio de sus funciones.

3. Su titular será nombrado entre funcionarios de Administración local con habilitación de carácter nacional.

Añadido por Ley 57/2003, de 16 de diciembre, de medidas para la modernización del gobierno local. (BOE de 17-12-2003).

ART. 137. Órgano para la resolución de las reclamaciones económico-administrativas.

1. Existirá un órgano especializado en las siguientes funciones:

a) El conocimiento y resolución de las reclamaciones sobre actos de gestión, liquidación, recaudación e inspección de tributos e ingresos de derecho público, que sean de competencia municipal.

b) El dictamen sobre los proyectos de ordenanzas fiscales.

c) En el caso de ser requerido por los órganos municipales competentes en materia tributaria, la elaboración de estudios y propuestas en esta materia.

2. La resolución que se dicte pone fin a la vía administrativa y contra ella sólo cabrá la interposición del recurso contencioso-administrativo.

3. No obstante, los interesados podrán, con carácter potestativo, presentar previamente contra los actos previstos en el apartado 1 a) el recurso de reposición regulado en el artículo 14 de la Ley 39/1988, de 28 de diciembre, reguladora de las Haciendas Locales. Contra la resolución, en su caso, del citado recurso de reposición, podrá interponerse reclamación económico-administrativa ante el órgano previsto en el presente artículo.

4. Estará constituido por un número impar de miembros, con un mínimo de tres, designados por el Pleno, con el voto favorable de la mayoría absoluta de los miembros que legalmente lo integren, de entre personas de reconocida competencia técnica, y cesarán por alguna de las siguientes causas:

a) A petición propia.

b) Cuando lo acuerde el Pleno con la misma mayoría que para su nombramiento.

c) Cuando sean condenados mediante sentencia firme por delito doloso.

d) Cuando sean sancionados mediante resolución firme por la comisión de una falta disciplinaria muy grave o grave.

Solamente el Pleno podrá acordar la incoación y la resolución del correspondiente expediente disciplinario, que se regirá, en todos sus aspectos, por la normativa aplicable en materia de régimen disciplinario a los funcionarios del ayuntamiento.

5. Su funcionamiento se basará en criterios de independencia técnica, celeridad y gratuidad. Su composición, competencias, organización y funcionamiento, así como el procedimiento de las reclamaciones se regulará por reglamento aprobado por el Pleno, de acuerdo en todo caso con lo establecido en la Ley General Tributaria y en la normativa estatal reguladora de las reclamaciones económico-administrativas, sin perjuicio de las adaptaciones necesarias en consideración al ámbito de actuación y funcionamiento del órgano.

6. La reclamación regulada en el presente artículo se entiende sin perjuicio de los supuestos en los que la ley prevé la reclamación económico-administrativa ante los Tribunales Económico-Administrativos del Estado.

Añadido por Ley 57/2003, de 16 de diciembre, de medidas para la modernización del gobierno local. (BOE de 17-12-2003).

CAPÍTULO IV
Conferencia de Ciudades

Añadido por Ley 57/2003, de 16 de diciembre, de medidas para la modernización del gobierno local. (BOE de 17-12-2003).

ART. 138.

En el seno de la Conferencia sectorial para asuntos locales, existirá una Conferencia de ciudades de la que formarán parte la Administración General del Estado, las comunidades autónomas y los alcaldes de los municipios comprendidos en el ámbito de aplicación del título X de esta ley.

Añadido por Ley 57/2003, de 16 de diciembre, de medidas para la modernización del gobierno local. (BOE de 17-12-2003).

TÍTULO XI
Tipificación de las infracciones y sanciones por las Entidades Locales en determinadas materias

Añadido por Ley 57/2003, de 16 de diciembre, de medidas para la modernización del gobierno local. (BOE de 17-12-2003).

ART. 139. Tipificación de infracciones y sanciones en determinadas materias.

Para la adecuada ordenación de las relaciones de convivencia de interés local y del uso de sus servicios, equipamientos, infraestructuras, instalaciones y espacios públicos, los entes locales podrán, en defecto de normativa sectorial específica, establecer los tipos de las infracciones e imponer sanciones por el incumplimiento de deberes, prohibiciones o limitaciones contenidos en las correspondientes ordenanzas, de acuerdo con los criterios establecidos en los artículos siguientes.

Añadido por Ley 57/2003, de 16 de diciembre, de medidas para la modernización del gobierno local. (BOE de 17-12-2003).

ART. 140. Clasificación de las infracciones.

1. Las infracciones a las ordenanzas locales a que se refiere el artículo anterior se clasificarán en muy graves, graves y leves.

Serán muy graves las infracciones que supongan:

a) Una perturbación relevante de la convivencia que afecte de manera grave, inmediata y directa a la tranquilidad o al ejercicio de derechos legítimos de otras personas, al normal desarrollo de actividades de toda clase conformes con la normativa aplicable o a la salubridad u ornato públicos, siempre que se trate de conductas no subsumibles en los tipos previstos en el capítulo IV de la Ley 1/1992, de 21 de febrero, de Protección de la Seguridad Ciudadana.

b) El impedimento del uso de un servicio público por otra u otras personas con derecho a su utilización.

c) El impedimento o la grave y relevante obstrucción al normal funcionamiento de un servicio público.

d) Los actos de deterioro grave y relevante de equipamientos, infraestructuras, instalaciones o elementos de un servicio público.

e) El impedimento del uso de un espacio público por otra u otras personas con derecho a su utilización.

f) Los actos de deterioro grave y relevante de espacios públicos o de cualquiera de sus instalaciones y elementos, sean muebles o inmuebles, no derivados de alteraciones de la seguridad ciudadana.

2. Las demás infracciones se clasificarán en graves y leves, de acuerdo con los siguientes criterios:

a) La intensidad de la perturbación ocasionada en la tranquilidad o en el pacífico ejercicio de los derechos de otras personas o actividades.

b) La intensidad de la perturbación causada a la salubridad u ornato públicos.

c) La intensidad de la perturbación ocasionada en el uso de un servicio o de un espacio público por parte de las personas con derecho a utilizarlos.

d) La intensidad de la perturbación ocasionada en el normal funcionamiento de un servicio público.

e) La intensidad de los daños ocasionados a los equipamientos, infraestructuras, instalaciones o elementos de un servicio o de un espacio público.

Añadido por Ley 57/2003, de 16 de diciembre, de medidas para la modernización del gobierno local. (BOE de 17-12-2003).

ART. 141. Límites de las sanciones económicas.

Salvo previsión legal distinta, las multas por infracción de Ordenanzas locales deberán respetar las siguientes cuantías:

Infracciones muy graves: hasta 3.000 euros.

Infracciones graves: hasta 1.500 euros.

Infracciones leves: hasta 750 euros.

Añadido por Ley 57/2003, de 16 de diciembre, de medidas para la modernización del gobierno local. (BOE de 17-12-2003).

DISPOSICIONES ADICIONALES

D.A. 1.ª

1. Las competencias legislativas o de desarrollo de la legislación del Estado sobre régimen local asumidas, según lo dispuesto en sus respectivos Estatutos, por las Comunidades Autónomas del Principado de Asturias, Cantabria, La Rioja, Murcia, Aragón, Castilla-La Mancha, Castilla y León, Islas Baleares, Extremadura y Madrid, se ejercerán, según los casos, en el marco de lo establecido en el artículo 13 y en el Título IV de esta Ley, así como, si procediere, en los términos y con el alcance previstos en los artículos 20.2, 32.2, 29 y 30 de la misma.

2. Las funciones administrativas que la presente Ley atribuye a las Comunidades Autónomas se entienden transferidas a las mencionadas en el número anterior, que ostentarán, asimismo, todas aquellas otras funciones de la misma índole que les transfiera la legislación estatal que ha de dictarse conforme a lo establecido en la disposición final primera de la misma.

D.A. 2.ª Régimen foral vasco.

Las disposiciones de la presente Ley, de acuerdo con la Constitución y el Estatuto de Autonomía para el País Vasco, se aplicarán en los Territorios Históricos de Araba/Álava, Gipuzkoa y Bizkaia, sin perjuicio de las siguientes peculiaridades:

1. De acuerdo con la disposición adicional primera de la Constitución y con lo dispuesto en los artículos 3, 24.2 y 37 del Estatuto Vasco, los Territorios Históricos de Araba/Álava, Gipuzkoa y Bizkaia organizarán libremente sus propias instituciones y dictarán las normas necesarias para su funcionamiento, amparando y garantizando, asimismo, las peculiaridades históricas de las Entidades Locales de sus territorios, sin que les sean de aplicación las contenidas en la presente Ley en materia de organización provincial.

2. Los Territorios Históricos de Araba/Álava, Gipuzkoa y Bizkaia ejercerán las competencias que les atribuyen el Estatuto Vasco y la legislación interna de la Comunidad Autónoma que se dicte en su desarrollo y aplicación, así como las que la presente Ley asigna con carácter general a las Diputaciones provinciales.

3. En el ejercicio de las competencias que el Estatuto y la legislación de la Comunidad Autónoma que se dicte en su desarrollo y aplicación les asignen, corresponde a las Instituciones Forales de los Territorios Históricos el desarrollo normativo y ejecución de la legislación básica del Estado en las materias correspondientes, cuando así se les atribuyan.

4. Cuando las Instituciones Forales de los Territorios Históricos realicen actividades en campos cuya titularidad competencial corresponde a la Administración del Estado o a la Comunidad Autónoma, les serán de aplicación las normas de esta Ley que disciplinen las relaciones de las Diputaciones provinciales con la Administración del Estado y la Administración Autónoma, en su caso, siempre y cuando dichas actividades las ejerciten en calidad de Diputaciones provinciales ordinarias, y no como Instituciones Forales de acuerdo con su régimen especial privativo, en cuyo caso solo serán de aplicación tales normas cuando desarrollen o apliquen la legislación básica del Estado o invadan las competencias de éste.

5. En materia de Hacienda las relaciones de los Territorios Históricos con la Administración del Estado se ajustarán a lo dispuesto en la Ley 12/2002, de 23 de mayo, por la que se aprueba el concierto económico con la Comunidad Autónoma del País Vasco. Las funciones que los artículos 7.4 y 26.2 atribuyen a la Administración que ejerza la tutela financiera, serán ejercidas en el País Vasco por sus Instituciones competentes de conformidad con el artículo 48.5 de la mencionada Ley 12/2002, de 23 de mayo.

6. Los Territorios Históricos del País Vasco continuarán conservando su régimen especial en materia municipal en lo que afecta al régimen económico-financiero en los términos de la Ley del Concierto Económico, sin que ello pueda significar un nivel de autonomía de las Corporaciones Locales vascas inferior al que tengan las demás Corporaciones Locales, sin

perjuicio de la aplicación de lo dispuesto en el artículo 115 de la presente Ley y de las competencias que a este respecto puedan corresponder a la Comunidad Autónoma.

A dichos efectos, las Diputaciones Forales desarrollarán los criterios de cálculo de conformidad con lo establecido en el artículo 116 ter de esta Ley recibiendo la comunicación del coste efectivo de los servicios que prestan las Entidades Locales de sus respectivos territorios.

Asimismo, en relación con el artículo 116 bis de esta Ley, en ejercicio de las facultades de tutela financiera, corresponderá a las Diputaciones Forales la aprobación, concretando las reglas necesarias para su formulación, de los planes económico-financieros de sus respectivas corporaciones, de conformidad con la normativa dictada al efecto por el Estado.

Igualmente, de acuerdo con lo previsto en la disposición transitoria cuarta de la Ley 27/2013 de racionalización y sostenibilidad de la Administración Local, las entidades de ámbito territorial inferior al municipio comunicarán a las Instituciones Forales sus cuentas y serán estas Instituciones Forales quienes acuerden su disolución si así procede en aplicación de la mencionada disposición.

7. En el ámbito de la Comunidad Autónoma del País Vasco, la normativa reguladora de los funcionarios de Administración local con habilitación de carácter nacional **prevista en el artículo 92.bis y concordantes de esta Ley,** se aplicará de conformidad con la disposición adicional primera de la Constitución, con el artículo 149.1.18.ª de la misma y con la Ley Orgánica 3/1979, de 18 de diciembre, por la que se aprueba el Estatuto de Autonomía para el País Vasco, teniendo en cuenta que todas las facultades previstas **en el citado artículo 92.bis** respecto a dicho personal serán asumidas en los términos que establezca la normativa autonómica, incluyendo entre las mismas la facultad de selección, la aprobación de la oferta pública de empleo para cubrir las vacantes existentes de las plazas correspondientes a las mismas en su ámbito territorial, convocar exclusivamente para su territorio los procesos de provisión para las plazas vacantes en el mismo, la facultad de nombramiento del personal funcionario en dichos procesos de provisión, la asignación del primer destino y las situaciones administrativas.8. El porcentaje de baremo reservado al Estado en el artículo 92 bis.6 se establece en el 65 por 100, atribuyéndose un 30 por 100 del total posible a las instituciones competentes de la Comunidad Autónoma del País Vasco para que fije los méritos que correspondan al conocimiento de las especialidades jurídicas y económico-administrativas que se derivan de sus derechos históricos y especialmente del Concierto Económico.

Dentro del 5 por 100 restante, la Corporación Local interesada podrá establecer libremente los méritos específicos que estime convenientes en razón a las características locales.

9. En el convenio que se establecerá entre Instituciones que tengan encomendada la formación de este personal en el ámbito nacional y el Instituto Vasco de Administración Pública (IVAP) para la formación por este último de los funcionarios a que se refiere el artículo 92 bis de esta Ley, la Comunidad Autónoma del País Vasco podrá incluir materias o disciplinas propias de sus específicas peculiaridades, con la única condición del cumplimiento de los requisitos mínimos de orden académico que con carácter general estén establecidos para las cuestiones de exigencia común en todo el Estado, nunca superiores a los que rijan para el propio Instituto Nacional de Administración Pública.

10. El control y la fiscalización interna de la gestión económico-financiera y presupuestaria y la contabilidad, tesorería y recaudación de las Diputaciones Forales se organizará libremente por éstas en el marco del Concierto Económico sin que sea de aplicación lo dispuesto en el artículo 92 bis de la presente Ley.

11. En el marco de los objetivos de estabilidad presupuestaria y en virtud de las competencias y facultades que en materia de régimen local y financiación local les confiere la disposición adicional primera de la Constitución Española, el Estatuto de Autonomía, la Ley del Concierto Económico y la disposición adicional segunda de la Ley de Bases de Régimen Local, los órganos forales de los Territorios Históricos vascos determinarán los límites máximos totales del conjunto de las retribuciones y asistencias de los miembros de las Corporaciones Locales, del personal eventual y del resto de personal al servicio de las Corporaciones Locales y su sector público y de los funcionarios con habilitación de carácter nacional. La determinación de tales retribuciones atenderá a los principios y estructura establecidos, en su caso, por la legislación estatal.

Apdo. 7 modificado por Ley Orgánica 1/2025, de 2 de enero, de medidas en materia de eficiencia del Servicio Público de Justicia. (BOE 03-01-2025). Esta modificación entró en vigor el 03-04-2025. Téngase en cuenta que según lo establecido en la D.T. 14.ª de la precitada Ley Orgánica 1/2025, esta modificación también se aplicará a aquellos procedimientos o actuaciones iniciados o en tramitación con anterioridad a la entrada en vigor de la misma.

Apdo. 7 anteriormente modificado por Real Decreto-ley 6/2023, de 19 de diciembre, por el que se aprueban medidas urgentes para la ejecución del Plan de Recuperación, Transformación y Resiliencia en materia de servicio público de justicia, función pública, régimen local y mecenazgo. (BOE de 20-12-2023). Según dispone esta norma (D.T. 10.ª) la modificación se aplicará también a aquellos procedimientos o actuaciones iniciados o en tramitación con anterioridad a la entrada en vigor del mismo.

Téngase en cuenta que la sentencia del TC 67/2024, de 23 de abril, declaró anteriormente la inconstitucionalidad del apdo. 7 por la modificación dada por la ley 22/2021, de 28 de diciembre, en los términos establecidos en su fundamento jurídico 4.º (BOE 30-05-2024).

Apdo. 7 anteriormente modificado por Ley 22/2021, de 28 de diciembre, de Presupuestos Generales del Estado para el año 2022. (BOE de 29-12-2021). Contra esta modificación se han interpuesto los recursos de inconstitucionalidad 2259-2022 y 2192-2022.

D.A. 3.ª

La presente Ley regirá en Navarra en lo que no se oponga al régimen que para su Administración local establece el artículo 46 de la Ley Orgánica 13/1982, de 10 de agosto, de Reintegración y Amejoramiento del Régimen Foral de Navarra. A estos efectos, la normativa estatal que, de acuerdo con las Leyes citadas en el mencionado precepto, rige en Navarra, se entenderá modificada por las disposiciones contenidas en la presente Ley.

De acuerdo con lo dispuesto en el número 1 del citado artículo 46, será de aplicación a la Comunidad Foral de Navarra lo establecido en el número 2 de la disposición adicional primera de esta Ley.

D.A. 4.ª

En el supuesto de que, en aplicación de lo previsto en el número 2 del artículo 42 de esta Ley, se impidiera de forma parcial y minoritaria la organización comarcal del conjunto del territorio de la Comunidad Autónoma, la Generalidad de Cataluña, por haber tenido aprobada en el pasado una organización comarcal para la totalidad de su territorio y prever su Estatuto, asimismo, una organización comarcal de carácter general, podrá, mediante Ley aprobada por mayoría absoluta de su Asamblea Legislativa, acordar la constitución de la comarca o las comarcas que resten para extender dicha organización a todo su ámbito territorial.

D.A. 5.ª

1. Las entidades locales pueden constituir asociaciones, de ámbito estatal o autonómico, para la protección y promoción de sus intereses comunes, a las que se les aplicará su normativa específica y, en lo no previsto en él, la legislación del Estado en materia de asociaciones.

2. Las asociaciones de entidades locales se regirán por sus estatutos, aprobados por los representantes de las entidades asociadas, los cuales deberán garantizar la participación de sus miembros en las tareas asociativas y la representatividad de sus órganos de gobierno. Asimismo, se señalará en los estatutos la periodicidad con la que hayan de celebrarse las Asambleas Generales Ordinarias, en caso de que dicha periodicidad sea superior a la prevista, con carácter general, en el artículo 11.3 de la Ley Orgánica 1/2002, de 22 de marzo, reguladora del Derecho de Asociación.

3. Dichas asociaciones, en el ámbito propio de sus funciones, podrán celebrar convenios con las distintas Administraciones Públicas. Asimismo, de conformidad con lo establecido en el artículo 12.2 de la Ley 38/2003, de 17 de noviembre, General de Subvenciones, podrán actuar como entidades colaboradoras de la Administración en la gestión de las subvenciones de la que puedan ser beneficiarias las Entidades Locales y sus organismos dependientes.

Las asociaciones de Entidades Locales podrán adherirse al sistema de contratación centralizada estatal regulado en el artículo 206 del Texto Refundido de la Ley de Contratos del Sector Público, aprobado por Real Decreto Legislativo 3/2011, de 14 de noviembre, en los mismos términos que las Entidades Locales.

Conforme a lo previsto en el artículo 203 del Texto Refundido de la Ley de Contratos del Sector Público, estas asociaciones podrán crear centrales de contratación. Las Entidades Locales a ellas asociadas, podrán adherirse a dichas centrales para aquéllos servicios, suministros y obras cuya contratación se haya efectuado por aquéllas, de acuerdo con las normas previstas en ese Texto Refundido, para la preparación y adjudicación de los contratos de las Administraciones Públicas.

4. Las asociaciones de Entidades Locales de ámbito estatal con mayor implantación en todo el territorio ostentarán la representación institucional de la Administración local en sus relaciones con la Administración General del Estado.

Apdo. 3 modificado y apdo. 4 añadido por Ley 27/2013, de 27 de diciembre, de racionalización y sostenibilidad de la Administración Local. (BOE de 30-12-2013).

D.A. 6.ª

1. El régimen especial del Municipio de Madrid, contenido en el Texto articulado aprobado por Decreto 1674/1963, de 11 de julio, modificado por Decreto 2482/1970, de 22 de agosto, continuará vigente, hasta tanto se dicte la Ley prevista en el artículo 6.º de la Ley Orgánica 3/1983, de 25 de febrero, del Estatuto de Autonomía de la Comunidad de Madrid, salvo en lo que se oponga, contradiga o resulte incompatible con lo establecido en la presente Ley. En particular, quedan expresamente derogados los artículos 2.º, apartado c); 4.º, párrafo 2, inciso final; 11, 12, 13 y 39, párrafo 2, de la mencionada Ley especial, así como todos aquellos que configuren un sistema de relaciones interadministrativas distinto al previsto en esta Ley.

2. El régimen especial del Municipio de Barcelona, contenido en el texto articulado aprobado por Decreto 1166/1960, de 23 de mayo; el Decreto-ley 5/1974, de 24 de agosto, y el Decreto 3276/1974, de 28 de noviembre, de constitución y desarrollo de la Entidad Metropolitana de Barcelona y sus disposiciones concordantes continuarán vigentes salvo en lo que se oponga, contradiga o resulte incompatible con lo establecido en la presente Ley.

3. Sin perjuicio de lo establecido en los apartados anteriores, mediante ley de las Comunidades Autónomas respectivas, se podrán actualizar dichos regímenes especiales, a cuyo efecto, respetando el principio de autonomía local y a instancia de los correspondientes Ayuntamientos, podrán establecerse las siguientes especialidades al régimen general de organización municipal previsto en la presente Ley:

1.ª Se podrá modificar la denominación de los órganos necesarios contemplados en el artículo 20.1 de esta Ley.

2.ª El Pleno u órgano equivalente podrá funcionar también mediante Comisiones. Corresponde, en este caso, a las Comisiones, además de las funciones previstas en el artículo 20.1.c) de esta Ley para los órganos complementarios que tengan como función el estudio, informe o consulta de los asuntos que hayan de ser sometidos a la decisión del Pleno, aquéllas que les atribuya o delegue dicho Pleno, salvo las contenidas en los apartados 2 y 3 del artículo 47 y las atribuciones contenidas en el apartado 3 del artículo 22 de esta Ley.

3.ª Se podrán atribuir a la Comisión de Gobierno prevista en el artículo 23 de esta Ley, como propias, competencias en las siguientes materias:

a) Aquéllas que la presente Ley no reserve en exclusiva al Pleno, por ser delegables o por no requerir una mayoría específica para la adopción de acuerdos.

b) Las que esta Ley atribuye al Alcalde en relación con el urbanismo, contratación, personal y adquisición y enajenación de bienes.

c) La aprobación de proyectos de reglamentos y ordenanzas y el proyecto de Presupuesto.

4.ª Se podrán atribuir al Alcalde, como propias, aquellas competencias que la presente Ley no reserve en exclusiva al Pleno, por ser delegables o por no requerir una mayoría específica para la adopción de acuerdos.

Apdo. 3 añadido por Ley 11/1999, de 21 de abril, de modificación de la Ley 7/1985, de 2 de abril, Reguladora de las Bases del Régimen Local, y otras medidas para el desarrollo del Gobierno Local, en materia de tráfico, circulación de vehículos a motor y seguridad vial y en materia de aguas. (BOE de 22-04-1999).

D.A. 7.ª Acceso a los datos del padrón.

Para la exclusiva finalidad del ejercicio de las competencias establecidas en la Ley orgánica de derechos y libertades de los extranjeros en España y su integración social, sobre control y permanencia de extranjeros en España, la Dirección General de la Policía accederá a los datos de inscripción padronal de los extranjeros existentes en los Padrones Municipales, preferentemente por vía telemática.

A fin de asegurar el estricto cumplimiento de la legislación de protección de datos de carácter personal, los accesos se realizarán con las máximas medidas de seguridad. A estos efectos, quedará constancia en la Dirección General de la Policía de cada acceso, la identificación de usuario, fecha y hora en que se realizó, así como de los datos consultados.

Con el fin de mantener actualizados los datos de inscripción padronal de extranjeros en los padrones municipales, la Dirección General de la Policía, comunicará, al menos mensualmente, al Instituto Nacional de Estadística, para el ejercicio de sus competencias, los datos de los extranjeros anotados en el Registro Central de Extranjeros.

Se habilita a los Ministros de Economía y del Interior para dictar las disposiciones que regulen las comunicaciones de los datos de los extranjeros anotados en el Registro Central de Extranjeros por medios electrónicos, informáticos o telemáticos al Instituto Nacional de Estadística.

Párrafo tercero modificado por Real Decreto-ley 6/2023, de 19 de diciembre, por el que se aprueban medidas urgentes para la ejecución del Plan de Recuperación, Transformación y Resiliencia en materia de servicio público de justicia, función pública, régimen local y mecenazgo. (BOE de 20-12-2023).

Añadida por Ley Orgánica 14/2003, de 20 de noviembre, de Reforma de la Ley orgánica 4/2000, de 11 de enero, sobre derechos y libertades de los extranjeros en España y su integración social, modificada por la Ley Orgánica 8/2000, de 22 de diciembre; de la Ley 7/1985, de 2 de abril, Reguladora de las Bases del Régimen Local; de la Ley 30/1992, de 26 de noviembre, de Régimen Jurídico de las Administraciones Publicas y del Procedimiento Administrativo Común, y de la Ley 3/1991, de 10 de enero, de Competencia Desleal. (BOE de 21-11-2003).

D.A. 8.ª Especialidades de las funciones correspondientes a los funcionarios de Administración Local con habilitación de carácter nacional en los municipios incluidos en el ámbito de aplicación del título X y en los Cabildos Insulares Canarios regulados en la disposición adicional decimocuarta.

En los municipios incluidos en el ámbito de aplicación del título X de esta ley y en los Cabildos Insulares Canarios regulados en la disposición adicional decimocuarta, se aplicarán las siguientes normas:

a) Las funciones reservadas en dicho título a los funcionarios de Administración local con habilitación de carácter nacional serán desempeñadas por funcionarios de las subescalas que correspondan, de acuerdo con lo dispuesto en su normativa reglamentaria.

b) La provisión de los puestos reservados a estos funcionarios se efectuará por los sistemas previstos en el artículo 99 de esta ley y en las disposiciones reglamentarias de desarrollo y requerirá en todo caso una previa convocatoria pública.

c) Las funciones que la legislación electoral general asigna a los secretarios de los ayuntamientos, así como la llevanza y custodia del registro de intereses de miembros de la Corporación, serán ejercidas por el secretario del Pleno.

d) Las funciones de fe pública de los actos y acuerdos de los órganos unipersonales y las demás funciones de fe pública, salvo aquellas que estén atribuidas al secretario general del Pleno, al concejal secretario de la Junta de Gobierno Local y al secretario del consejo de administración de las entidades públicas empresariales, serán ejercidas por el titular del órgano de apoyo al secretario de la Junta de Gobierno Local, sin perjuicio de que pueda delegar su ejercicio en otros funcionarios del ayuntamiento.

e) Las funciones que la legislación sobre contratos de las Administraciones públicas asigna a los secretarios de los ayuntamientos, corresponderán al titular de asesoría jurídica, salvo las de formalización de los contratos en documento administrativo.

f) El secretario general del Pleno y el titular del órgano de apoyo al secretario de la Junta de Gobierno Local, dentro de sus respectivos ámbitos de actuación, deberán remitir a la Administración del Estado y a la de la comunidad autónoma copia o, en su caso, extracto, de los actos y acuerdos de los órganos decisorios del ayuntamiento.

Añadida por Ley 57/2003, de 16 de diciembre, de medidas para la modernización del gobierno local. (BOE de 17-12-2003).

D.A. 9.ª Redimensionamiento del sector público local.

1. Las Entidades Locales del artículo 3.1 de esta Ley y los organismos autónomos de ellas dependientes no podrán adquirir, constituir o participar en la constitución, directa o indirectamente, de nuevos organismos, entidades, sociedades, consorcios, fundaciones, unidades y demás entes durante el tiempo de vigencia de su plan económico-financiero o de su plan de ajuste.

Las entidades mencionadas en el párrafo anterior durante el tiempo de vigencia de su plan económico-financiero o de su plan de ajuste no podrán realizar aportaciones patrimoniales ni suscribir ampliaciones de capital de entidades públicas empresariales o de sociedades mercantiles locales que tengan necesidades de financiación. Excepcionalmente las Entidades Locales podrán realizar las citadas aportaciones patrimoniales si, en el ejercicio presupuestario inmediato anterior, hubieren cumplido con los objetivos de estabilidad presupuestaria y deuda pública y su período medio de pago a proveedores no supere en más de treinta días el plazo máximo previsto en la normativa de morosidad.

2. Aquellas entidades que a la entrada en vigor de la presente Ley desarrollen actividades económicas, estén adscritas a efectos del Sistema Europeo de Cuentas a cualesquiera de las Entidades Locales del artículo 3.1 de esta Ley o de sus organismos autónomos, y se encuentren en desequilibrio financiero, dispondrán del plazo de dos meses desde la entrada en vigor de esta Ley para aprobar, previo informe del órgano interventor de la Entidad Local, un plan de corrección de dicho desequilibrio. A estos efectos, y como parte del mencionado plan de corrección, la Entidad Local de la que dependa podrá realizar aportaciones patrimoniales o suscribir ampliaciones de capital de sus entidades solo si, en el ejercicio presupuestario inmediato anterior, esa Entidad Local hubiere cumplido con los objetivos de estabilidad presupuestaria y deuda pública y su período medio de pago a proveedores no supere en más de treinta días el plazo máximo previsto en la normativa de morosidad.

Si esta corrección no se cumpliera a 31 diciembre de 2014, la Entidad Local en el plazo máximo de los seis meses siguientes a contar desde la aprobación de las cuentas anuales o de la liquidación del presupuesto del ejercicio 2014 de la entidad, según proceda, disolverá cada una de las entidades que continúe en situación de desequilibrio. De no hacerlo, dichas entidades quedarán automáticamente disueltas el 1 de diciembre de 2015.

Los plazos citados en el párrafo anterior de este apartado 2 se ampliarán hasta el 31 de diciembre de 2015 y el 1 de diciembre de 2016, respectivamente, cuando las entidades en desequilibrio estén prestando alguno de los siguientes servicios esenciales: abastecimiento domiciliario y depuración de aguas, recogida, tratamiento y aprovechamiento de residuos, y transporte público de viajeros.

Esta situación de desequilibrio financiero se referirá, para los entes que tengan la consideración de Administración pública a efectos del Sistema Europeo de Cuentas, a su necesidad de financiación en términos del Sistema Europeo de Cuentas, mientras que para los demás entes se entenderá como la situación de desequilibrio financiero manifestada en la existencia de resultados negativos de explotación en dos ejercicios contables consecutivos.

3. Los organismos, entidades, sociedades, consorcios, fundaciones, unidades y demás entes que estén adscritos, vinculados o sean dependientes, a efectos del Sistema Europeo de Cuentas, a cualquiera de las Entidades Locales del artículo 3.1 de esta Ley o de sus organismos autónomos, no podrán constituir, participar en la constitución ni adquirir nuevos entes de cualquier tipología, independientemente de su clasificación sectorial en términos de contabilidad nacional.

4. Aquellos organismos, entidades, sociedades, consorcios, fundaciones, unidades y demás entes que a la entrada en vigor de esta Ley no estén en situación de superávit, equilibrio o resultados positivos de explotación, estuvieran controlados exclusivamente por unidades adscritas, vinculadas o dependientes, a efectos del Sistema Europeo de Cuentas, de cualquiera de las Entidades Locales del artículo 3.1 de esta Ley, o de sus organismos autónomos deberán estar adscritos, vinculados o dependientes directamente a las Entidades Locales del artículo 3.1 de esta Ley, o bien ser disueltos, en ambos casos, en el plazo de tres meses desde la entrada en vigor de esta Ley e iniciar, si se disuelve, el proceso de liquidación en el plazo de tres meses a contar desde la fecha de disolución. De no hacerlo, dichas entidades quedarán automáticamente disueltas transcurridos seis meses desde la entrada en vigor de esta Ley.

En el caso de que aquel control no se ejerza con carácter exclusivo las citadas unidades dependientes deberán proceder a la transmisión de su participación en el plazo de tres meses desde la entrada en vigor de esta Ley.

Los plazos para el cambio de adscripción, vinculación o dependencia, la disolución y para proceder a la transmisión de la correspondiente participación citados en los dos párrafos anteriores de este apartado 4 se ampliarán en un año más, cuando las entidades en desequilibrio estén prestando alguno de los siguientes servicios esenciales: abastecimiento domiciliario y depuración de aguas, recogida, tratamiento y aprovechamiento de residuos, y transporte público de viajeros.

Modificado por Ley 27/2013, de 27 de diciembre, de racionalización y sostenibilidad de la Administración Local. (BOE de 30-12-2013).

D.A. 10.ª Policías locales.

En el marco de lo dispuesto en las Leyes Orgánicas 6/1985, de 1 de julio, del Poder Judicial; 2/1986, de 13 de marzo, de Fuerzas y Cuerpos de Seguridad; 1/1992, de 21 de febrero, sobre Protección de la Seguridad Ciudadana, y en las disposiciones legales reguladoras del régimen local, se potenciará la participación de los Cuerpos de policía local en el mantenimiento de la seguridad ciudadana, como policía de proximidad, así como en el ejercicio de las funciones de policía judicial, a cuyos efectos, por el Gobierno de la Nación, se promoverán las actuaciones necesarias para la elaboración de una norma que defina y concrete el ámbito material de dicha participación.

Añadida por Ley 57/2003, de 16 de diciembre, de medidas para la modernización del gobierno local. (BOE de 17-12-2003).

D.A. 11.ª Régimen especial de los municipios de gran población.

Las disposiciones contenidas en el título X para los municipios de gran población prevalecerán respecto de las demás normas de igual o inferior rango en lo que se opongan, contradigan o resulten incompatibles.

Añadida por Ley 57/2003, de 16 de diciembre, de medidas para la modernización del gobierno local. (BOE de 17-12-2003).

D.A. 12.ª Retribuciones en los contratos mercantiles y de alta dirección del sector público local y número máximo de miembros de los órganos de gobierno.

1. Las retribuciones a fijar en los contratos mercantiles o de alta dirección suscritos por los entes, consorcios, sociedades, organismos y fundaciones que conforman el sector público local se clasifican, exclusivamente, en básicas y complementarias.

Las retribuciones básicas lo serán en función de las características de la entidad e incluyen la retribución mínima obligatoria asignada a cada máximo responsable, directivo o personal contratado.

Las retribuciones complementarias, comprenden un complemento de puesto y un complemento variable. El complemento de puesto retribuiría las características específicas de las funciones o puestos directivos y el complemento variable retribuiría la consecución de unos objetivos previamente establecidos.

2. Corresponde al Pleno de la Corporación local la clasificación de las entidades vinculadas o dependientes de la misma que integren el sector público local, en tres grupos, atendiendo a las siguientes características: volumen o cifra de negocio, número de trabajadores, necesidad o no de financiación pública, volumen de inversión y características del sector en que desarrolla su actividad.

Esta clasificación determinará el nivel en que la entidad se sitúa a efectos de:

a) Número máximo de miembros del consejo de administración y de los órganos superiores de gobierno o administración de las entidades, en su caso.

b) Estructura organizativa, con fijación del número mínimo y máximo de directivos, así como la cuantía máxima de la retribución total, con determinación del porcentaje máximo del complemento de puesto y variable.

3. Las retribuciones en especie que, en su caso, se perciban computarán a efectos de cumplir los límites de la cuantía máxima de la retribución total. La cuantía máxima de la retribución total no podrá superar los límites fijados anualmente en la Ley de presupuestos generales del Estado.

4. El número máximo de miembros del consejo de administración y órganos superiores de gobierno o administración de las citadas entidades no podrá exceder de:

a) 15 miembros en las entidades del grupo 1.

b) 12 miembros en las entidades del grupo 2.

c) 9 miembros en las entidades del grupo 3.

5. Sin perjuicio de la publicidad legal a que estén obligadas, las entidades incluidas en el sector público local difundirán a través de su página web la composición de sus órganos de administración, gestión, dirección y control, incluyendo los datos y experiencia profesional de sus miembros.

Las retribuciones que perciban los miembros de los citados órganos se recogerán anualmente en la memoria de actividades de la entidad.

6. El contenido de los contratos mercantiles o de alta dirección celebrados, con anterioridad a la entrada en vigor de esta Ley, deberá ser adaptados a la misma en el plazo de dos meses desde la entrada en vigor.

La adaptación no podrá producir ningún incremento, en relación a su situación anterior.

Las entidades adoptarán las medidas necesarias para adaptar sus estatutos o normas de funcionamiento interno a lo previsto en esta Ley en el plazo máximo de tres meses contados desde la comunicación de la clasificación.

7. La extinción de los contratos mercantiles o de alta dirección no generará derecho alguno a integrarse en la estructura de la Administración Local de la que dependa la entidad del sector público en la que se prestaban tales servicios, fuera de los sistemas ordinarios de acceso.

Modificado por Ley 27/2013, de 27 de diciembre, de racionalización y sostenibilidad de la Administración Local. (BOE de 30-12-2013).

D.A. 13.ª

El Gobierno adoptará las medidas necesarias para hacer efectiva la participación de las entidades locales, a través de la asociación de ámbito estatal más representativa, en la formación de la voluntad nacional en la fase ascendente del proceso de elaboración de todas aquellas políticas comunitarias que afectan de manera directa a las competencias locales.

Añadida por Ley 57/2003, de 16 de diciembre, de medidas para la modernización del gobierno local. (BOE de 17-12-2003).

D.A. 14.ª Régimen especial de organización de los Cabildos Insulares Canarios.

1. Las normas contenidas en los capítulos II y III del título X de esta ley, salvo los artículos 128, 132 y 137, serán de aplicación:

a) A los Cabildos Insulares Canarios de islas cuya población sea superior a 175.000 habitantes.

b) A los restantes Cabildos Insulares de islas cuya población sea superior a 75.000 habitantes, siempre que así lo decida mediante Ley el Parlamento Canario a iniciativa de los Plenos de los respectivos Cabildos.

2. Serán órganos insulares necesarios de los Cabildos el Pleno, el Presidente y el Consejo de Gobierno Insular.

3. Las referencias contenidas en los artículos 122, 123, 124, 125 y 126 al Alcalde, se entenderán hechas al Presidente del Cabildo; las contenidas en los artículos 124, 125 y 127 a los Tenientes de Alcalde, a los Vicepresidentes; las contenidas en los artículos 123, 126, 127, 129 y 130 a la Junta de Gobierno local, al Consejo de Gobierno Insular y las contenidas en los artículos 122, 124 y 126 a los Concejales, a los Consejeros.

4. Las competencias atribuidas a los órganos mencionados en el apartado anterior serán asumidas por el respectivo órgano insular del Cabildo, siempre que las mismas no sean materias estrictamente municipales.

5. La Asesoría Jurídica, los Órganos Superiores y Directivos y el Consejo Social Insular, tendrán las competencias asignadas a los mismos en los artículos 129, 130 y 131. El nombramiento de los titulares de la Asesoría Jurídica y de los Órganos Directivos se efectuará teniendo en cuenta los requisitos exigidos en los artículos 129 y 130.

Añadida por Ley 57/2003, de 16 de diciembre, de medidas para la modernización del gobierno local. (BOE de 17-12-2003).

Apdo. 3: ver D.A. 8ª LRBRL.

D.A. 15.ª Régimen de incompatibilidades y declaraciones de actividades y bienes de los Directivos locales y otro personal al servicio de las Entidades locales.

1. Los titulares de los órganos directivos quedan sometidos al régimen de incompatibilidades establecido en la Ley 53/1984, de 26 de diciembre, de Incompatibilidades del Personal al Servicio de las Administraciones Públicas, y en otras normas estatales o autonómicas que resulten de aplicación.

No obstante, les serán de aplicación las limitaciones al ejercicio de actividades privadas establecidas en el artículo 15 de la Ley 3/2015, de 30 de marzo, reguladora del ejercicio del alto cargo de la Administración General del Estado, en los términos en que establece el artículo 75.8 de esta Ley.

A estos efectos, tendrán la consideración de personal directivo los titulares de órganos que ejerzan funciones de gestión o ejecución de carácter superior, ajustándose a las directrices generales fijadas por el órgano de gobierno de la Corporación, adoptando al efecto las decisiones oportunas y disponiendo para ello de un margen de autonomía, dentro de esas directrices generales.

2. El régimen previsto en el artículo 75.7 de esta Ley será de aplicación al personal directivo local y a los funcionarios de las Corporaciones Locales con habilitación de carácter estatal que, conforme a lo previsto en el artículo 5.2 de la disposición adicional segunda de la Ley 7/2007, de 12 de abril, del Estatuto Básico del Empleado Público, desempeñen en las Entidades locales puestos que hayan sido provistos mediante libre designación en atención al carácter directivo de sus funciones o a la especial responsabilidad que asuman.

Añadida por Real Decreto Legislativo 7/2015, de 30 de octubre, por el que se aprueba el texto refundido de la Ley de Suelo y Rehabilitación Urbana. (BOE de 31-10-2015).

D.A. 16.ª Mayoría requerida para la adopción de acuerdos en las Corporaciones Locales.
(INCONSTITUCIONAL Y NULA)

Declarada inconstitucional y nula por Sentencia del Tribunal Constitucional 111/2016, de 9 de junio de 2016. Recurso de inconstitucionalidad 1959-2014. Interpuesto por el Consejo de Gobierno de la Junta de Andalucía en relación con diversos preceptos de la Ley 27/2013, de 27 de diciembre, de racionalización y sostenibilidad de la Administración Local. Principios de autonomía local, democrático y de lealtad institucional, autonomía financiera: nulidad parcial de los preceptos relativos a las funciones atribuidas a la Administración del Estado respecto de la coordinación de los servicios municipales por las diputaciones provinciales, condiciones para la ejecución en régimen de monopolio de las actividades reservadas y mayoría requerida para la adopción de acuerdos en las corporaciones locales; interpretación conforme de los preceptos relativos a la competencia provincial sobre prestación de los servicios de administración electrónica y contratación centralizada en determinados municipios y al plan provincial de cooperación a las obras y servicios de competencia municipal. Voto particular. (BOE de 15-07-2016).

D.A. 17.ª Derechos históricos de Cataluña.

Las previsiones de esta Ley se aplicarán respetando en todo caso la posición singular en materia de sistema institucional recogida en el artículo 5 del Estatuto de Autonomía de Cataluña, así como las competencias exclusivas y compartidas en materia de régimen local y organización territorial previstas en dicho Estatuto, de acuerdo con el marco competencial establecido en la Constitución y en especial en el Estatuto de Autonomía de Cataluña.

Añadida por Real Decreto-ley 6/2023, de 19 de diciembre, por el que se aprueban medidas urgentes para la ejecución del Plan de Recuperación, Transformación y Resiliencia en materia de servicio público de justicia, función pública, régimen local y mecenazgo. (BOE de 20-12-2023).

D.A. 18.ª Régimen aplicable al personal funcionario de administración local con habilitación de carácter nacional en la Comunidad Autónoma de Catalunya.

En el ámbito de Catalunya, la normativa reguladora de los funcionarios de la administración local con habilitación de carácter nacional prevista en el artículo 92.bis y concordantes de esta ley, se aplicará de conformidad con el artículo 149.1.18 de la Constitución y con la Ley Orgánica 6/2006 de 19 de julio, de Reforma del Estatuto de Autonomía de Catalunya, teniendo en cuenta que todas las facultades previstas en el citado artículo 92.bis, respecto a dicho personal, serán asumidas en los términos que establezca la normativa autonómica, incluyendo entre las mismas la creación, la clasificación y la supresión de puestos de trabajo reservados a personal funcionario de administración local con habilitación de carácter nacional, la aprobación de la oferta pública de empleo para cubrir las plazas vacantes existentes de las plazas correspondientes a las mismas en su ámbito territorial, la facultad de su selección, formación y habilitación, convocar de forma coordinada con el Estado los procesos de provisión para las plazas vacantes y resolverlos, la asignación del primer destino y las situaciones administrativas.

Añadida por Real Decreto-ley 15/2025, de 2 de diciembre, por el que se adoptan medidas urgentes para favorecer la actividad inversora de las entidades locales y de las comunidades autónomas, y por el que se modifica el Real Decreto 1007/2023, de 5 de diciembre, por el que se aprueba el Reglamento que establece los requisitos que deben adoptar los sistemas y programas informáticos o electrónicos que soporten los procesos de facturación de empresarios y profesionales, y la estandarización de formatos de los registros de facturación (BOE de 03-12-2025).

DISPOSICIONES DEROGATORIAS

D.DT. UNICA.

Quedan derogadas, en cuanto se opongan, contradigan o resulten incompatibles con las disposiciones de esta Ley:

a) La Ley de Régimen Local, texto articulado y refundido, aprobado por Decreto de 24 de junio de 1955.

b) El texto articulado parcial de la Ley 41/1975, de Bases del Estatuto de Régimen Local, aprobado por Real Decreto 3046/1977, de 6 de octubre.

c) La Ley 40/1981, de 28 de octubre, sobre Régimen Jurídico de las Corporaciones Locales, sin perjuicio de la vigencia transitoria del régimen de reclamaciones económico-administrativas en los términos previstos en la disposición transitoria décima.

d) La Ley 11/1960, de 12 de mayo, por la que se crea y regula la Mutualidad Nacional de Previsión de la Administración Local.

e) Cuantas otras normas, de igual o inferior rango, incurran en la oposición, contradicción o incompatibilidad a que se refiere el párrafo inicial de esta disposición.

DISPOSICIONES TRANSITORIAS

D.T. 1.ª

Las disposiciones que ha de refundir el Gobierno en uso de la autorización que le confiere la disposición final primera de esta Ley constituyen la legislación del Estado transitoriamente aplicable en los términos de los diferentes apartados de su artículo 5, teniendo, en consecuencia, según los diversos supuestos en él contemplados, el carácter de normativa estatal básica o, en su caso, supletoria de la que puedan ir aprobando las Comunidades Autónomas.

D.T. 2.ª

Hasta tanto la legislación del Estado y la de las Comunidades Autónomas que se dicte de conformidad con lo establecido en los artículos 5, apartado B), letra a); 25, apartado 2; y 36 de esta Ley, no disponga otra cosa, los Municipios, las Provincias y las Islas conservarán las competencias que les atribuye la legislación sectorial vigente en la fecha de entrada en vigor de esta Ley.

Los Municipios ostentarán, además, en las materias a que se refiere el artículo 28 de esta Ley, cuantas competencias de ejecución no se encuentren conferidas por dicha legislación sectorial a otras Administraciones Públicas.

D.T. 3.ª

Las Comisiones Permanentes municipales y las Comisiones de Gobierno de las Diputaciones provinciales constituidas con arreglo a la Ley 39/1978, de 17 de julio, de elecciones locales, cesarán en sus funciones en el momento en que queden designadas por el Presidente de la Corporación las respectivas Comisiones de Gobierno, lo que habrá de hacerse en el plazo máximo de tres meses desde la entrada en vigor de esta Ley en todos los Ayuntamientos y Diputaciones en que, de acuerdo con ella, la existencia de tal órgano resulta preceptiva.

D.T. 4.ª

Los Municipios que vean afectada su organización actual por lo establecido en la letra a) del número 1 del artículo 29 de la presente Ley, la mantendrán hasta la celebración de las próximas elecciones locales.

D.T. 5.ª

En el plazo de seis meses desde la entrada en vigor de la presente Ley, la Administración del Estado organizará el Registro previsto en el artículo 14, inscribiendo, en un primer momento, todas las Entidades locales a que se refiere esta Ley, bajo su actual denominación.

D.T. 6.ª

1. Dentro de los cinco meses siguientes a la entrada en vigor de esta Ley, el Gobierno aprobará el Reglamento de Organización y Funcionamiento de la Comisión Nacional de Administración Local.

2. Dentro del mismo plazo indicado en el número anterior, por el Ministro de Administración Territorial se aprobará el Reglamento del Instituto de Estudios de Administración Local.

3. Dentro de los tres meses siguientes a la entrada en vigor de los Reglamentos a que se alude en los números anteriores deberán quedar constituidos la Comisión Nacional de Administración Local y el Consejo Rector del Instituto de Estudios de Administración Local de acuerdo con sus previsiones y con lo dispuesto en esta Ley.

D.T. 7.ª

1. En tanto no se desarrolle lo dispuesto en esta Ley para los funcionarios públicos que precisen habilitación nacional, será de aplicación a quienes integran los actuales Cuerpos Nacionales de Administración Local el régimen estatutario vigente en todo aquello que sea compatible y no quede derogado por la presente Ley y por la legislación general del Estado en materia de Función Pública. Los actuales miembros de los Cuerpos Nacionales de Secretarios, Interventores y Depositarios tendrán a todos los efectos la habilitación de carácter nacional regulada en esta Ley.

2. Se autoriza al Gobierno para que, a iniciativa del Ministro de Administración Territorial y a propuesta del Ministro de la Presidencia, declare a extinguir determinados Cuerpos cuando lo exija el proceso general de racionalización o el debido cumplimiento de la presente Ley, estableciendo los criterios, requisitos y condiciones para que los funcionarios de estos Cuerpos se integren en otros.

3. Los funcionarios del actual Cuerpo Nacional de Directores de Bandas de Música Civiles, que queda suprimido en virtud de lo dispuesto en esta Ley, pasarán a formar parte de la plantilla de la respectiva Corporación como funcionarios propios de la misma, con respeto íntegro de sus derechos y situación jurídica surgidos al amparo de la legislación anterior, incluido el de traslado a otras Corporaciones locales, para lo cual gozarán de preferencia absoluta en los concursos que éstas convoquen para cubrir plazas de esa naturaleza.

D.T. 8.ª

1. No podrán celebrarse por las Administraciones locales contratos de colaboración temporal en régimen de Derecho administrativo, ni renovarse los existentes.

2. En el plazo de seis meses, a partir de la fecha de entrada en vigor de la presente Ley, las Administraciones locales procederán a realizar la clasificación de las funciones desempeñadas hasta ese momento por el personal contratado administrativo.

Esta clasificación determinará los puestos a desempeñar, según los casos, por funcionarios públicos o por personal laboral fijo o temporal.

De la citada clasificación podrán derivarse las modificaciones precisas en la plantilla.

3. Todo el personal que haya prestado servicios como contratado administrativo de colaboración temporal o como funcionario de empleo interino podrá participar en las pruebas de acceso para cubrir las correspondientes plazas.

En todo caso, estas convocatorias de acceso deberán respetar los criterios de mérito y capacidad, mediante las pruebas selectivas que reglamentariamente se determinen, en las que se valorarán los servicios efectivos prestados por este personal.

4. Mientras existan en vigor contratos administrativos y nombramientos de funcionarios de empleo en cualquier Administración Pública, éstos quedarán en suspenso durante el tiempo en que quienes los ocupan desempeñan en una Corporación local un cargo electivo retribuido y de dedicación exclusiva. Durante los treinta días siguientes al cese en estas condiciones, éstos tendrán derecho a reintegrarse en el puesto de trabajo que ocupaban hasta la suspensión, siempre que continuaran dándose las condiciones legales para el restablecimiento pleno de las correspondientes relaciones.

Asimismo, conservarán los derechos adquiridos hasta el momento de la suspensión y se les reconocerán, a título personal, los que pudieran haber adquirido durante la misma por aplicación de disposiciones de carácter general.

D.T. 9.ª

En el plazo máximo de un año desde la entrada en vigor de la presente Ley el Gobierno dispondrá, mediante Real Decreto, la disolución de la Mancomunidad de Diputaciones de Régimen Común, estableciendo lo necesario para la liquidación del patrimonio, obligaciones y personal de la misma.

D.T. 10.ª

1. A los acuerdos de aprobación de presupuestos y de Ordenanzas fiscales de imposición y ordenación de tributos locales, así como a los actos de aplicación y efectividad de dichas Ordenanzas, aprobados o dictados por las Corporaciones locales dentro del plazo de un año desde la entrada en vigor de esta Ley, les será de aplicación el régimen de reclamaciones económico-administrativas actualmente vigente.

2. Asimismo continuarán en todo caso tramitándose en vía económico-administrativa las reclamaciones interpuestas ante los Tribunales Económico-Administrativos Provinciales y los recursos de alzada presentados ante el Tribunal Económico-Administrativo Central, con anterioridad a la fecha señalada en el número anterior y que para entonces se hallen pendientes de resolución.

DISPOSICIONES FINALES

D.F. 1.ª

Se autoriza al Gobierno de la Nación para refundir en el plazo de un año, y en un solo texto, las disposiciones legales vigentes de acuerdo con lo dispuesto en la disposición derogatoria. La refundición comprenderá también la regularización, aclaración y armonización de dichas disposiciones.

El Gobierno, en idéntico plazo, procederá a actualizar y acomodar a lo dispuesto en la misma, todas las normas reglamentarias que continúen vigentes y, en particular, los siguientes Reglamentos:

a) El Reglamento de Población y Demarcación Territorial de las Entidades Locales, aprobado por Decreto de 17 de mayo de 1952, con las modificaciones de que haya sido objeto por disposiciones posteriores.

b) El Reglamento de Organización, Funcionamiento y Régimen Jurídico de las Corporaciones Locales, aprobado por Decreto de 17 de mayo de 1952, con las modificaciones de que haya sido objeto por disposiciones posteriores.

c) El Reglamento de Funcionarios de Administración Local, aprobado por Decreto de 30 de mayo de 1952, con las modificaciones de que haya sido objeto por disposiciones posteriores.

d) El Reglamento de Contratación de las Corporaciones Locales, aprobado por Decreto de 9 de enero de 1953, con las modificaciones de que haya sido objeto por disposiciones posteriores.

e) El Reglamento de Bienes de las Entidades locales, aprobado por Decreto de 27 de mayo de 1955, con las modificaciones de que haya sido objeto por disposiciones posteriores.

f) El Reglamento de Servicios de las Corporaciones Locales, aprobado por Decreto de 17 de junio de 1955, con las modificaciones de que haya sido objeto por disposiciones posteriores.

D.F. 2.ª

1. Los funcionarios públicos de la Administración local tendrán la misma protección social, en extensión e intensidad, que la que se dispense a los funcionarios públicos de la Administración del Estado y estará integrada en el Sistema de Seguridad Social.

2. La aportación de los funcionarios de la Administración local para la financiación de su Seguridad Social será la misma que se establezca para los funcionarios públicos de la Administración del Estado, cuando sea idéntica la acción protectora.

3. La gestión de la Seguridad Social de los funcionarios de la Administración Local correrá a cargo de la MUNPAL, persona jurídica de Derecho público dotada de plena capacidad jurídica y patrimonio propio para el cumplimiento de sus fines, adscrita orgánicamente al Ministerio de Administración Territorial, al que corresponde su superior dirección y tutela.

La MUNPAL gozará de los mismos beneficios de pobreza, franquicia postal y telegráfica y exenciones tributarias, reconocidos a las entidades gestoras de la Seguridad Social, de acuerdo con lo establecido en la Ley General de Seguridad Social, siendo en lo demás de aplicación la Ley 11/1960, en lo que no se oponga a la presente Ley, y sus normas de desarrollo.

D.F. 3.ª

El personal de las Policías Municipales y de los Cuerpos de Bomberos gozará de un Estatuto específico, aprobado reglamentariamente, teniendo en cuenta respecto de los primeros la Ley de Fuerzas y Cuerpos de Seguridad del Estado.

D.F. 4.ª

1. Quedan expresamente derogados los artículos 344 a 360, ambos inclusive, de la Ley de Régimen Local, de 24 de junio de 1955, sobre el Servicio Nacional de Inspección y Asesoramiento de las Corporaciones Locales.

2. El Gobierno regulará en el plazo de tres meses, a contar desde la entrada en vigor de la presente Ley, las peculiaridades del régimen orgánico y funcional del personal anteriormente adscrito a dicho Servicio, que se regirá por la legislación de funcionarios civiles del Estado.

3. Para el debido cumplimiento de las funciones que le competen a la Administración del Estado, en relación con las Entidades locales, el Gobierno podrá adscribir a sus servicios funcionarios de las Corporaciones Locales.

D.F. 5.ª

A partir de la entrada en vigor de esta Ley, los Municipios cabeza de partido judicial en que no exista establecimiento penitenciario alguno asumirán, en régimen de competencia delegada, la ejecución del servicio de depósito de detenidos a disposición judicial, correspondiendo la custodia de dichos detenidos a la Policía Municipal en funciones de Policía Judicial.

La Administración competente en materia penitenciaria pondrá a disposición de los Municipios a que se refiere el párrafo anterior los medios económicos suficientes para el mantenimiento del referido servicio en los términos previstos por la legislación sectorial correspondiente.

Por tanto,

Mando a todos los españoles, particulares y autoridades que guarden y hagan guardar esta Ley.

Palma de Mallorca a 2 de abril de 1985.
JUAN CARLOS R.

El Presidente del Gobierno,
FELIPE GONZALEZ MARQUEZ

INDICE ANALÍTICO

A

ACTIVIDADES
Actividades de las Entidades locales, 84 y sigs.

ÁLAVA
Ver ÓRGANOS FORALES

ALCALDE
Alcalde, 19 y sigs.

ALDEA
Ver ENTES DE ÁMBITO TERRITORIAL INFERIOR AL MUNICIPIO

ANULACIÓN
Ver REQUERIMIENTO DE ANULACIÓN

ÁREAS METROPOLITANAS
Condición de Entidad Local, 3, 4
Creación, modificación y supresión, 43
Funcionarios, 92.2 bis

ASOCIACIONES
Asociaciones de Entidades Locales, 44, D.A. 5ª
Ver MANCOMUNIDADES

AUTONOMÍA
Autonomía municipal, 1, 2
Autonomía provincial, 1, 2

AUTOORGANIZACIÓN
Ver POTESTAD DE AUTOORGANIZACIÓN

B

BANDOS MUNICIPALES
Bandos municipales, 84
Competencia alcaldes, 21

BARRIO
Ver ENTES DE ÁMBITO TERRITORIAL INFERIOR AL MUNICIPIO

BIENES
Bienes comunales, 79 y sigs.
Bienes de dominio público, 79 y sigs.
Bienes patrimoniales, 79 y sigs.
Montes vecinales en mano común, 83
Prerrogativas, 82

BIZKAIA
Ver ÓRGANOS FORALES

C

D

E

F

G

H

I

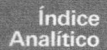

O

P

SERVICIOS PÚBLICOS
Servicios públicos locales. 85 y sigs.
Ver SERVICIOS MUNICIPALES

T

TENIENTES DE ALCALDE
Nombramiento, 21.2
Tenientes de alcalde, 20

TERRITORIO
Ver ELEMENTOS DEL MUNICIPIO

TERRITORIOS HISTÓRICOS DEL PAÍS VASCO
Territorios Históricos del País Vasco, D.A. 2ª
Ver ÓRGANOS FORALES

TRIBUTOS
Tributos Locales, 105-111

V

VACANTES
Ver PUESTOS VACANTES

VECINDAD
Derechos y deberes de los vecinos, 18
Vecindad administrativa, 18

REAL DECRETO LEGISLATIVO 2/2004, DE 5 DE MARZO, POR EL QUE SE APRUEBA EL TEXTO REFUNDIDO DE LA LEY REGULADORA DE LAS HACIENDAS LOCALES

II. REAL DECRETO LEGISLATIVO 2/2004, DE 5 DE MARZO, POR EL QUE SE APRUEBA EL TEXTO REFUNDIDO DE LA LEY REGULADORA DE LAS HACIENDAS LOCALES

–BOE núm. 59, de 9 de marzo de 2004–

I

La disposición adicional quinta de la Ley 19/2003, de 4 de julio, sobre régimen jurídico de los movimientos de capitales y de las transacciones económicas con el exterior y sobre determinadas medidas de prevención del blanqueo de capitales, añade una disposición adicional decimotercera a la Ley 51/2002, de 27 de diciembre, de reforma de la Ley 39/1988, de 28 de diciembre, reguladora de las Haciendas Locales, estableciendo que el Gobierno elaborará y aprobará en el plazo de un año a partir de la entrada en vigor de esta ley el texto refundido de la Ley Reguladora de las Haciendas Locales.

El plazo de esta habilitación fue ampliado a 15 meses por la disposición final decimosexta de la Ley 62/2003, de 30 de diciembre, de medidas fiscales, administrativas y del orden social, que modifica la disposición adicional decimotercera de la Ley 51/2002, de 27 de diciembre, de reforma de la Ley 39/1988, de 28 de diciembre, reguladora de las Haciendas Locales.

Esta habilitación tiene por finalidad dotar de mayor claridad al sistema tributario y financiero aplicable a las entidades locales mediante la integración en un único cuerpo normativo de la Ley 39/1988, de 28 de diciembre, y de la Ley 51/2002, de 27 de diciembre, en particular determinadas disposiciones adicionales y transitorias de esta última, contribuyendo con ello a aumentar la seguridad jurídica de la Administración tributaria y, especialmente, de los contribuyentes.

No obstante, esta delegación legislativa tiene el alcance más limitado de los previstos en el apartado 5 del artículo 82 de la Constitución, ya que se circunscribe a la mera formulación de un texto único y no incluye autorización para regularizar, aclarar y armonizar los textos legales a refundir.

II

La Ley 39/1988, de 28 de diciembre, publicada en el "Boletín Oficial del Estado" de 30 de diciembre de 1988, aprobó una nueva normativa reguladora de las haciendas locales, en su vertiente tributaria y financiera. No obstante, desde su entrada en vigor, dicha ley ha experimentado diversas modificaciones, entre las que pueden destacarse, por su carácter reciente y su trascendencia, las llevadas a cabo por la Ley 50/1998, de 30 de diciembre, de medidas fiscales, administrativas y del orden social, y por la ya comentada Ley 51/2002, de 27 de diciembre, la cual ha supuesto la modificación de múltiples preceptos de la Ley 39/1988, de 28 de diciembre, y una reforma de gran trascendencia en todo el régimen tributario y financiero propio de las haciendas locales.

El texto refundido aprobado por este real decreto legislativo integra la Ley 39/1988, de 28 de diciembre, tanto su articulado como las disposiciones adicionales y transitorias cuya incorporación resulta pertinente, y determinadas disposiciones adicionales y transitorias de la Ley 51/2002, de 27 de diciembre, en particular aquellas cuya incorporación al texto refundido resulta procedente para dotarle de una mayor claridad en la conjunción entre la Ley 39/1988, de 28 de diciembre, y la Ley 51/2002, de 27 de diciembre.

También se han incorporado las modificaciones que los artículos 15 y 64 de la Ley 62/2003, de 30 de diciembre, de medidas fiscales, administrativas y del orden social, realizan a la Ley 39/1988 de 28 de diciembre, reguladora de las Haciendas Locales.

En concreto, se incorporan al texto refundido las disposiciones adicionales primera, segunda, séptima y octava y las disposiciones transitorias primera, segunda, tercera, cuarta, quinta, sexta, séptima, octava, décima, undécima y duodécima, todas ellas de la Ley 51/2002, de 27 de diciembre, en algunos casos con las adaptaciones de redacción precisas para darles el sentido que tuvieron en su incorporación a la ley citada.

Asimismo, en el texto refundido se recogen ya expresamente en euros las cuotas del Impuesto sobre Vehículos de Tracción Mecánica, así como la cuantía de los gastos menores no sometidos a intervención previa, con aplicación de las reglas de la Ley 46/1998, de 17 de diciembre, sobre la introducción del euro.

III

Este real decreto legislativo contiene un artículo por el que se aprueba el texto refundido de la Ley Reguladora de las Haciendas Locales, dos disposiciones adicionales: la primera regula las remisiones normativas a los textos derogados, y la segunda hace referencia a la aplicación del régimen especial previsto en el título X de la Ley 7/1985, de 2 de abril, Reguladora de las Bases del Régimen Local; tres disposiciones transitorias que regulan, la participación de las entidades locales en los tributos del Estado para ejercicios anteriores al 1 de enero de 2004 y la aplicación de las referencias a las nuevas Leyes General Tributaria y General Presupuestaria hasta su entrada en vigor; una disposición derogatoria que prevé la derogación de la Ley 39/1988, de 28 de diciembre, y de la Ley 51/2002, de 27 de diciembre, y una disposición final de entrada en vigor.

El texto refundido se estructura en un título preliminar, seis títulos, 223 artículos, 12 disposiciones adicionales, 17 disposiciones transitorias y una disposición final. Asimismo, se incluye un índice de su articulado, cuyo objeto es facilitar la utilización de la norma por sus destinatarios mediante una rápida localización y ubicación sistemática de sus preceptos.

En su virtud, a propuesta del Ministro de Hacienda, de acuerdo con el Consejo de Estado y previa deliberación del Consejo de Ministros en su reunión del día 5 de marzo de 2004, DISPONGO

ART. ÚNICO. Aprobación del texto refundido de la Ley Reguladora de las Haciendas Locales.

Se aprueba el texto refundido de la Ley Reguladora de las Haciendas Locales, que se incluye a continuación.

DISPOSICIONES ADICIONALES

D.A. 1.ª Remisiones normativas.

Las referencias normativas efectuadas en ordenanzas y en otras disposiciones a la Ley 39/1988, de 28 de diciembre, reguladora de las Haciendas Locales, y a la Ley 51/2002, de 27 de diciembre, de reforma de la anterior, se entenderán efectuadas a los preceptos correspondientes de este texto refundido.

Incluida la corrección de errores del Real Decreto Legislativo 2/2004, de 5 de marzo, por el que se aprueba el texto refundido de la Ley Reguladora de las Haciendas Locales. (BOE de 13-03-2004).

D.A. 2.ª Régimen especial de los municipios de gran población.

Las disposiciones de esta ley se aplicarán sin perjuicio del régimen especial previsto para los municipios de gran población en el título X de la Ley 7/1985, de 2 de abril, Reguladora de las Bases del Régimen Local.

DISPOSICIONES TRANSITORIAS

D.T. 1.ª Regulación anterior a 1 de enero de 2004.

La participación de las entidades locales en los tributos del Estado, correspondiente a los ejercicios iniciados con anterioridad al 1 de enero de 2004, se regirá por la legislación derogada por este real decreto legislativo.

D.T. 2.ª Ley 58/2003, de 17 de diciembre, General Tributaria.

Hasta el 1 de julio de 2004, fecha de entrada en vigor de la Ley 58/2003, de 17 de diciembre, General Tributaria, las referencias efectuadas en el texto refundido que aprueba este real decreto legislativo a la Ley 58/2003, de 17 de diciembre, se entenderán realizadas a los correspondientes de la Ley 230/1963, de 28 de diciembre, General Tributaria, y de la Ley 1/1998, de 26 de febrero, de Derechos y Garantías de los Contribuyentes, en los términos que disponía la Ley 39/1988, de 28 de diciembre, reguladora de las Haciendas Locales.

Incluida la corrección de errores del Real Decreto Legislativo 2/2004, de 5 de marzo, por el que se aprueba el texto refundido de la Ley Reguladora de las Haciendas Locales. (BOE de 13-03-2004).

D.T. 3.ª Ley 47/2003, de 26 de noviembre, General Presupuestaria.

Hasta el 1 de enero de 2005, fecha de entrada en vigor de la Ley 47/2003, de 26 de noviembre, General Presupuestaria, las referencias efectuadas en el texto refundido que aprueba este real decreto legislativo a la Ley 47/2003, de 26 de noviembre, se entenderán realizadas a los correspondientes del texto refundido de la Ley General Presupuestaria, aprobado por el Real Decreto Legislativo 1091/1988, de 23 de septiembre, en los términos que disponía la Ley 39/1988, de 28 de diciembre, reguladora de las Haciendas Locales.

DISPOSICIONES DEROGATORIAS

D.DT ÚNICA. Derogación normativa.

1. Quedan derogadas todas las disposiciones de igual o de inferior rango que se opongan a esta ley y, en particular, las siguientes:

a) La Ley 39/1988, de 28 de diciembre, reguladora de las Haciendas Locales, excepto las disposiciones adicionales primera, octava y decimonovena.

b) La Ley 51/2002, de 27 de diciembre, de reforma de la Ley 39/1988, de 28 de diciembre, reguladora de las Haciendas Locales, con excepción de las disposiciones adicionales tercera, cuarta, quinta, sexta, décima, undécima y duodécima, así como de la disposición transitoria novena.

2. Lo previsto en esta disposición derogatoria no perjudicará los derechos de la Hacienda pública respecto a las obligaciones devengadas durante su vigencia.

DISPOSICIONES FINALES

D.F. ÚNICA. Entrada en vigor.

1. El presente real decreto legislativo y el texto refundido que aprueba entrarán en vigor el día siguiente al de su publicación en el "Boletín Oficial del Estado".

2. No obstante lo anterior, el modelo de financiación de las entidades locales descrito en los capítulos III y IV del título II y en los capítulos III y IV del título III del texto refundido adjunto entrará en vigor el 1 de enero de 2004 y será objeto de desarrollo anual por las Leyes de Presupuestos Generales del Estado, de conformidad con las directrices recogidas en el citado texto refundido.

Dado en Madrid, a 5 de marzo de 2004.

JUAN CARLOS R.

El Ministro de Hacienda,
CRISTÓBAL MONTORO ROMERO

TEXTO REFUNDIDO DE LA LEY REGULADORA DE LAS HACIENDAS LOCALES

TÍTULO PRELIMINAR
Ámbito de aplicación

ART. 1. Ámbito de aplicación.

1. Tienen la consideración de bases del régimen jurídico financiero de la Administración local, dictadas al amparo del artículo 149.1.18.ª de la Constitución, los preceptos contenidos en esta ley, con excepción de los apartados 2 y 3 del artículo 186, salvo los que regulan el sistema tributario local, dictados en virtud de lo dispuesto en el artículo 133 de la Constitución y los que desarrollan las participaciones en los tributos del Estado a que se refiere el artículo 142 de la Constitución; todo ello sin perjuicio de las competencias exclusivas que corresponden al Estado en virtud de lo dispuesto en el artículo 149.1.14.ª de la Constitución.

2. Esta ley se aplicará en todo el territorio nacional, sin perjuicio de los regímenes financieros forales de los Territorios Históricos del País Vasco y Navarra.

3. Igualmente, esta ley se aplicará sin perjuicio de los tratados y convenios internacionales.

TÍTULO I
Recursos de las haciendas locales

CAPÍTULO I
Enumeración

ART. 2. Enumeración de los recursos de las entidades locales.

1. La hacienda de las entidades locales estará constituida por los siguientes recursos:

a) Los ingresos procedentes de su patrimonio y demás de derecho privado.

b) Los tributos propios clasificados en tasas, contribuciones especiales e impuestos y los recargos exigibles sobre los impuestos de las comunidades autónomas o de otras entidades locales.

c) Las participaciones en los tributos del Estado y de las comunidades autónomas.

d) Las subvenciones.

e) Los percibidos en concepto de precios públicos.

f) El producto de las operaciones de crédito.

g) El producto de las multas y sanciones en el ámbito de sus competencias.

h) Las demás prestaciones de derecho público.

2. Para la cobranza de los tributos y de las cantidades que como ingresos de derecho público, tales como prestaciones patrimoniales de carácter público no tributarias, precios públicos, y multas y sanciones pecuniarias, debe percibir la hacienda de las entidades locales de conformidad con lo previsto en el apartado anterior, dicha Hacienda ostentará las prerrogativas establecidas legalmente para la hacienda del Estado, y actuará, en su caso, conforme a los procedimientos administrativos correspondientes.

Ver art. 131 TRLRHL.

CAPÍTULO II
Ingresos de derecho privado

ART. 3. Definición.

1. Constituyen ingresos de derecho privado de las entidades locales los rendimientos o productos de cualquier naturaleza derivados de su patrimonio, así como las adquisiciones a título de herencia, legado o donación.

2. A estos efectos, se considerará patrimonio de las entidades locales el constituido por los bienes de su propiedad, así como por los derechos reales o personales, de que sean titulares, susceptibles de valoración económica, siempre que unos y otros no se hallen afectos al uso o servicio público.

3. En ningún caso tendrán la consideración de ingresos de derecho privado los que procedan, por cualquier concepto, de los bienes de dominio público local.

4. Tendrán también la consideración de ingresos de derecho privado el importe obtenido en la enajenación de bienes integrantes del patrimonio de las entidades locales como consecuencia de su desafectación como bienes de dominio público y posterior venta, aunque hasta entonces estuvieran sujetos a concesión administrativa. En tales casos, salvo que la legislación de desarrollo de las comunidades autónomas prevea otra cosa, quien fuera el último concesionario antes de la desafectación tendrá derecho preferente de adquisición directa de los bienes sin necesidad de subasta pública.

ART. 4. Régimen jurídico.

La efectividad de los derechos de la hacienda local comprendidos en este capítulo se llevará a cabo con sujeción a las normas y procedimientos del derecho privado.

ART. 5. Limitación de destino.

Los ingresos procedentes de la enajenación o gravamen de bienes y derechos que tengan la consideración de patrimoniales no podrán destinarse a la financiación de gastos corrientes, salvo que se trate de parcelas sobrantes de vías públicas no edificables o de efectos no utilizables en servicios municipales o provinciales.

CAPÍTULO III
Tributos

Sección 1.ª Normas generales

ART. 6. Principios de tributación local.

Los tributos que establezcan las entidades locales al amparo de lo dispuesto en el artículo 106.1 de la Ley 7/1985, de 2 de abril, Reguladora de las Bases del Régimen Local, respetarán, en todo caso, los siguientes principios:

a) No someter a gravamen bienes situados, actividades desarrolladas, rendimientos originados ni gastos realizados fuera del territorio de la respectiva entidad.

b) No gravar, como tales, negocios, actos o hechos celebrados o realizados fuera del territorio de la Entidad impositora, ni el ejercicio o la transmisión de bienes, derechos u obligaciones que no hayan nacido ni hubieran de cumplirse en dicho territorio.

c) No implicar obstáculo alguno para la libre circulación de personas, mercancías o servicios y capitales, ni afectar de manera efectiva a la fijación de la residencia de las personas o la ubicación de empresas y capitales dentro del territorio español, sin que ello obste para que las entidades locales puedan instrumentar la ordenación urbanística de su territorio.

ART. 7. Delegación.

1. De conformidad con lo dispuesto en el artículo 106.3 de la Ley 7/1985, de 2 de abril, Reguladora de las Bases del Régimen Local, las entidades locales podrán delegar en la comunidad autónoma o en otras entidades locales en cuyo territorio estén integradas, las facultades de gestión, liquidación, inspección y recaudación tributarias que esta ley les atribuye.

Asimismo, las entidades locales podrán delegar en la comunidad autónoma o en otras entidades locales en cuyo territorio estén integradas, las facultades de gestión, liquidación, inspección y recaudación de los restantes ingresos de Derecho público que les correspondan.

2. El acuerdo que adopte el Pleno de la corporación habrá de fijar el alcance y contenido de la referida delegación y se publicará, una vez aceptada por el órgano correspondiente de gobierno, referido siempre al Pleno, en el supuesto de Entidades Locales en cuyo territorio estén integradas en los "Boletines Oficiales de la Provincia y de la Comunidad Autónoma", para general conocimiento.

3. El ejercicio de las facultades delegadas habrá de ajustarse a los procedimientos, trámites y medidas en general, jurídicas o técnicas, relativas a la gestión tributaria que establece esta ley y, supletoriamente, a las que prevé la Ley General Tributaria. Los actos de gestión que se realicen en el ejercicio de dicha delegación serán impugnables con arreglo al procedimiento que corresponda al ente gestor, y, en último término, ante la Jurisdicción Contencioso-Administrativa.

Las facultades delegadas serán ejercidas por el órgano de la entidad delegada que proceda conforme a las normas internas de distribución de competencias propias de dicha entidad.

4. Las entidades que al amparo de lo previsto en este artículo hayan asumido por delegación de una entidad local todas o algunas de las facultades de gestión, liquidación, inspección y recaudación de todos o algunos de los tributos o recursos de derecho público de dicha entidad local, podrán ejercer tales facultades delegadas en todo su ámbito territorial e incluso en el de otras entidades locales que no le hayan delegado tales facultades.

ART. 8. Colaboración.

1. De conformidad con lo dispuesto en el artículo 106.3 de la Ley 7/1985, de 2 de abril, Reguladora de las Bases del Régimen Local, las Administraciones tributarias del Estado, de las comunidades autónomas y de las entidades locales colaborarán en todos los órdenes de gestión, liquidación, inspección y recaudación de los tributos locales.

De igual modo, las Administraciones a que se refiere el párrafo anterior colaborarán en todos los órdenes de gestión, liquidación, inspección y recaudación de los restantes ingresos de derecho público de las entidades locales.

2. En particular, dichas Administraciones:

a) Se facilitarán toda la información que mutuamente se soliciten y, en su caso, se establecerá, a tal efecto la intercomunicación técnica precisa a través de los respectivos centros de informática.

b) Se prestarán recíprocamente, en la forma que reglamentariamente se determine, la asistencia que interese a los efectos de sus respectivos cometidos y los datos y antecedentes que se reclamen.

c) Se comunicarán inmediatamente, en la forma que reglamentariamente se establezca, los hechos con trascendencia para los tributos y demás recursos de derecho público de cualquiera de ellas, que se pongan de manifiesto como consecuencia de actuaciones comprobadoras e investigadoras de los respectivos servicios de inspección.

d) Podrán elaborar y preparar planes de inspección conjunta o coordinada sobre objetivos, sectores y procedimientos selectivos.

Lo previsto en este apartado se entiende sin perjuicio del régimen legal al que están sometidos el uso y la cesión de la información tributaria.

3. Las actuaciones en materia de inspección o recaudación ejecutiva que hayan de efectuarse fuera del territorio de la respectiva entidad local en relación con los ingresos de derecho público propios de ésta, serán practicadas por los órganos competentes de la correspondiente comunidad autónoma cuando deban realizarse en el ámbito territorial de ésta, y por los órganos competentes del Estado en otro caso, previa solicitud del presidente de la corporación.

4. Las entidades que, al amparo de lo previsto en este artículo, hayan establecido fórmulas de colaboración con entidades locales para la gestión, liquidación, inspección y recaudación de los tributos y demás ingresos de derecho público propios de dichas entidades locales, podrán desarrollar tal actividad colaboradora en todo su ámbito territorial e incluso en el de otras entidades locales con las que no hayan establecido fórmula de colaboración alguna.

ART. 9. Beneficios fiscales, régimen y compensación.

1. No podrán reconocerse otros beneficios fiscales en los tributos locales que los expresamente previstos en las normas con rango de ley o los derivados de la aplicación de los tratados internacionales.

No obstante, también podrán reconocerse los beneficios fiscales que las entidades locales establezcan en sus ordenanzas fiscales en los supuestos expresamente previstos por la ley. En particular, y en las condiciones que puedan prever dichas ordenanzas, éstas podrán establecer una bonificación de hasta el cinco por ciento de la cuota a favor de los sujetos pasivos que domicilien sus deudas de vencimiento periódico en una entidad financiera, anticipen pagos o realicen actuaciones que impliquen colaboración en la recaudación de ingresos.

2. Las leyes por las que se establezcan beneficios fiscales en materia de tributos locales determinarán las fórmulas de compensación que procedan; dichas fórmulas tendrán en cuenta las posibilidades de crecimiento futuro de los recursos de las Entidades Locales procedentes de los tributos respecto de los cuales se establezcan los mencionados beneficios fiscales.

Lo anterior no será de aplicación en ningún caso cuando se trate de los beneficios fiscales a que se refiere el párrafo segundo del apartado 1 de este artículo.

3. Cuando el Estado otorgue moratorias o aplazamientos en el pago de tributos locales a alguna persona o entidad, quedará obligado a arbitrar las fórmulas de compensación o anticipo que procedan en favor de la entidad local respectiva.

> *Ver art. 67.3 TRLRHL.*
>
> *Apdo. 2: ver art. 105.1.c) y D.A. 3ª TRLRHL.*

ART. 10. Recargos e intereses de demora.

En la exacción de los tributos locales y de los restantes ingresos de derecho público de las entidades locales, los recargos e intereses de demora se exigirán y determinarán en los mismos casos, forma y cuantía que en la exacción de los tributos del Estado.

Cuando las ordenanzas fiscales así lo prevean, no se exigirá interés de demora en los acuerdos de aplazamiento o fraccionamiento de pago que hubieran sido solicitados en período voluntario, en las condiciones y términos que prevea la ordenanza, siempre que se refieran a deudas de vencimiento periódico y notificación colectiva y que el pago total de estas se produzca en el mismo ejercicio que el de su devengo.

ART. 11. Infracciones y sanciones tributarias.

En materia de tributos locales, se aplicará el régimen de infracciones y sanciones regulado en la Ley General Tributaria y en las disposiciones que la complementen y desarrollen, con las especificaciones que resulten de esta ley y las que, en su caso, se establezcan en las Ordenanzas fiscales al amparo de la ley.

ART. 12. Gestión.

1. La gestión, liquidación, inspección y recaudación de los tributos locales se realizará de acuerdo con lo prevenido en la Ley General Tributaria y en las demás leyes del Estado reguladoras de la materia, así como en las disposiciones dictadas para su desarrollo.

2. A través de sus ordenanzas fiscales las entidades locales podrán adaptar la normativa a que se refiere el apartado anterior al régimen de organización y funcionamiento interno propio de cada una de ellas, sin que tal adaptación pueda contravenir el contenido material de dicha normativa.

> *Apdo. 2: ver art. 15.3 TRLRHL.*

ART. 13. Consultas.

En relación con la gestión, liquidación, inspección y recaudación de los tributos locales, la competencia para evacuar las consultas a que se refiere el artículo 88 de la Ley 58/2003, de 17 de diciembre, General Tributaria corresponde a la entidad que ejerza dichas funciones.

ART. 14. Revisión de actos en vía administrativa.

1. Respecto de los procedimientos especiales de revisión de los actos dictados en materia de gestión tributaria, se estará a lo dispuesto en el artículo 110 de la Ley 7/1985, de 2 de abril, Reguladora de las Bases del Régimen Local y en los párrafos siguientes:

a) La devolución de ingresos indebidos y la rectificación de errores materiales en el ámbito de los tributos locales se ajustarán a lo dispuesto en los artículos 32 y 220 de la Ley 58/2003, de 17 de diciembre, General Tributaria.

b) No serán en ningún caso revisables los actos administrativos confirmados por senten-cia judicial firme.

Los actos dictados en materia de gestión de los restantes ingresos de derecho público de las entidades locales, también estarán sometidos a los procedimientos especiales de revisión conforme a lo previsto en este apartado.

2. Contra los actos de aplicación y efectividad de los tributos y restantes ingresos de derecho público de las entidades locales, sólo podrá interponerse el recurso de reposición que a continuación se regula.

a) Objeto y naturaleza.-Son impugnables, mediante el presente recurso de reposición, todos los actos dictados por las entidades locales en vía de gestión de sus tributos propios y de sus restantes ingresos de derecho público. Lo anterior se entiende sin perjuicio de los supuestos en los que la ley prevé la posibilidad de formular reclamaciones económico-ad-ministrativas contra actos dictados en vía de gestión de los tributos locales; en tales casos, cuando los actos hayan sido dictados por una entidad local, el presente recurso de reposi-ción será previo a la reclamación económico-administrativa.

b) Competencia para resolver.-Será competente para conocer y resolver el recurso de reposición el órgano de la entidad local que haya dictado el acto administrativo impugnado.

c) Plazo de interposición.-El recurso de reposición se interpondrá dentro del plazo de un mes contado desde el día siguiente al de la notificación expresa del acto cuya revisión se solicita o al de finalización del período de exposición pública de los correspondientes padro-nes o matrículas de contribuyentes u obligados al pago.

d) Legitimación.-Podrán interponer el recurso de reposición:

1.º Los sujetos pasivos y, en su caso, los responsables de los tributos, así como los obli-gados a efectuar el ingreso de derecho público de que se trate.

2.º Cualquiera otra persona cuyos intereses legítimos y directos resulten afectados por el acto administrativo de gestión.

e) Representación y dirección técnica.-Los recurrentes podrán comparecer por sí mismos o por medio de representante, sin que sea preceptiva la intervención de abogado ni procurador.

f) Iniciación.-El recurso de reposición se interpondrá por medio de escrito en el que se harán constar los siguientes extremos:

1.º Las circunstancias personales del recurrente y, en su caso, de su representante, con indicación del número del documento nacional de identidad o del código identificador.

2.º El órgano ante quien se formula el recurso.

3.º El acto administrativo que se recurre, la fecha en que se dictó, número del expediente y demás datos relativos a aquel que se consideren convenientes.

4.º El domicilio que señale el recurrente a efectos de notificaciones.

5.º El lugar y la fecha de interposición del recurso.

En el escrito de interposición se formularán las alegaciones tanto sobre cuestiones de hecho como de derecho. Con dicho escrito se presentarán los documentos que sirvan de base a la pretensión que se ejercita.

Si se solicita la suspensión del acto impugnado, al escrito de iniciación del recurso se acompañarán los justificantes de las garantías constituidas de acuerdo con el párrafo i) siguiente.

g) Puesta de manifiesto del expediente.-Si el interesado precisare del expediente de ges-tión o de las actuaciones administrativas para formular sus alegaciones, deberá comparecer a tal objeto ante la oficina gestora a partir del día siguiente a la notificación del acto adminis-trativo que se impugna y antes de que finalice el plazo de interposición del recurso.

La oficina o dependencia de gestión, bajo la responsabilidad de su jefe, tendrá la obliga-ción de poner de manifiesto al interesado el expediente o las actuaciones administrativas que se requieran.

h) Presentación del recurso.-El escrito de interposición del recurso se presentará en la sede del órgano de la entidad local que dictó el acto administrativo que se impugna o en su defecto en las dependencias u oficinas a que se refiere el artículo 38.4 de la Ley 30/1992, de 26 de noviembre, de Régimen Jurídico de las Administraciones Públicas y del Procedi-miento Administrativo Común.

i) Suspensión del acto impugnado.-La interposición del recurso de reposición no sus-penderá la ejecución del acto impugnado, con las consecuencias legales consiguientes, incluso la recaudación de cuotas o derechos liquidados, intereses y recargos. Los actos de imposición de sanciones tributarias quedarán automáticamente suspendidos conforme a lo previsto en la Ley General Tributaria.

No obstante, y en los mismos términos que en el Estado, podrá suspenderse la ejecución del acto impugnado mientras dure la sustanciación del recurso aplicando lo establecido en el Real Decreto 2244/1979, de 7 de septiembre, por el que se reglamenta el recurso de reposición previo al económico-administrativo, y en el Real Decreto 391/1996, de 1 de marzo, por el que se aprueba el Reglamento de procedimiento en las reclamaciones económico-administrativas, con las siguientes especialidades:

1.º En todo caso será competente para tramitar y resolver la solicitud el órgano de la entidad local que dictó el acto.

2.º Las resoluciones desestimatorias de la suspensión sólo serán susceptibles de impugnación en vía contencioso-administrativa.

3.º Cuando se interponga recurso contencioso-administrativo contra la resolución del recurso de reposición, la suspensión acordada en vía administrativa se mantendrá, siempre que exista garantía suficiente, hasta que el órgano judicial competente adopte la decisión que corresponda en relación con dicha suspensión.

j) Otros interesados.-Si del escrito inicial o de las actuaciones posteriores resultaren otros interesados distintos del recurrente, se les comunicará la interposición del recurso para que en el plazo de cinco días aleguen lo que a su derecho convenga.

k) Extensión de la revisión.-La revisión somete a conocimiento del órgano competente, para su resolución, todas las cuestiones que ofrezca el expediente, hayan sido o no planteadas en el recurso.

Si el órgano estima pertinente examinar y resolver cuestiones no planteadas por los interesados, las expondrá a los que estuvieren personados en el procedimiento y les concederá un plazo de cinco días para formular alegaciones.

l) Resolución del recurso.-El recurso será resuelto en el plazo de un mes a contar desde el día siguiente al de su presentación, con excepción de los supuestos regulados en los párrafos j) y k) anteriores, en los que el plazo se computará desde el día siguiente al que se formulen las alegaciones o se dejen transcurrir los plazos señalados.

El recurso se entenderá desestimado cuando no haya recaído resolución en plazo.

La denegación presunta no exime de la obligación de resolver el recurso.

m) Forma y contenido de la resolución.-La resolución expresa del recurso se producirá siempre de forma escrita.

Dicha resolución, que será siempre motivada, contendrá una sucinta referencia a los hechos y a las alegaciones del recurrente, y expresará de forma clara las razones por las que se confirma o revoca total o parcialmente el acto impugnado.

n) Notificación y comunicación de la resolución.-La resolución expresa deberá ser notificada al recurrente y a los demás interesados, si los hubiera, en el plazo máximo de 10 días desde que aquélla se produzca.

ñ) Impugnación de la resolución.-Contra la resolución del recurso de reposición no puede interponerse de nuevo este recurso, pudiendo los interesados interponer directamente recurso contencioso-administrativo, todo ello sin perjuicio de los supuestos en los que la ley prevé la interposición de reclamaciones económico-administrativas contra actos dictados en vía de gestión de los tributos locales.

Sección 2.ª Imposición y ordenación de tributos locales

ART. 15. Ordenanzas fiscales.

1. Salvo en los supuestos previstos en el artículo 59.1 de esta ley, las entidades locales deberán acordar la imposición y supresión de sus tributos propios, y aprobar las correspondientes ordenanzas fiscales reguladoras de estos.

2. Respecto de los impuestos previstos en el artículo 59.1, los ayuntamientos que decidan hacer uso de las facultades que les confiere esta ley en orden a la fijación de los elementos necesarios para la determinación de las respectivas cuotas tributarias, deberán acordar el ejercicio de tales facultades, y aprobar las oportunas ordenanzas fiscales.

3. Asimismo, las entidades locales ejercerán la potestad reglamentaria a que se refiere el apartado 2 del artículo 12 de esta ley, bien en las ordenanzas fiscales reguladoras de los distintos tributos locales, bien mediante la aprobación de ordenanzas fiscales específicamente reguladoras de la gestión, liquidación, inspección y recaudación de los tributos locales.

Ver art. 16.1.c) y 2 TRLRHL.

ART. 16. Contenido de las ordenanzas fiscales.

1. Las ordenanzas fiscales a que se refiere el apartado 1 del artículo anterior contendrán, al menos:

a) La determinación del hecho imponible, sujeto pasivo, responsables, exenciones, reducciones y bonificaciones, base imponible y liquidable, tipo de gravamen o cuota tributaria, período impositivo y devengo.

b) Los regímenes de declaración y de ingreso.

c) Las fechas de su aprobación y del comienzo de su aplicación.

Asimismo, estas ordenanzas fiscales podrán contener, en su caso, las normas a que se refiere el apartado 3 del artículo 15.

Los acuerdos de aprobación de estas ordenanzas fiscales deberán adoptarse simultáneamente a los de imposición de los respectivos tributos.

Los acuerdos de modificación de dichas ordenanzas deberán contener la nueva redacción de las normas afectadas y las fechas de su aprobación y del comienzo de su aplicación.

2. Las ordenanzas fiscales a que se refiere el apartado 2 del artículo anterior contendrán, además de los elementos necesarios para la determinación de las cuotas tributarias de los respectivos impuestos, las fechas de su aprobación y el comienzo de su aplicación.

Asimismo, estas ordenanzas fiscales podrán contener, en su caso, las normas a que se refiere el apartado 3 del artículo 15.

Los acuerdos de aprobación de ordenanzas fiscales deberán adoptarse simultáneamente a los de fijación de los elementos regulados en aquéllas.

Los acuerdos de modificación de dichas ordenanzas se ajustarán a lo dispuesto en el último párrafo del apartado anterior.

ART. 17. Elaboración, publicación y publicidad de las ordenanzas fiscales.

1. Los acuerdos provisionales adoptados por las corporaciones locales para el establecimiento, supresión y ordenación de tributos y para la fijación de los elementos necesarios en orden a la determinación de las respectivas cuotas tributarias, así como las aprobaciones y modificaciones de las correspondientes ordenanzas fiscales, se expondrán en el tablón de anuncios de la Entidad durante treinta días, como mínimo, dentro de los cuales los interesados podrán examinar el expediente y presentar las reclamaciones que estimen oportunas.

2. Las entidades locales publicarán, en todo caso, los anuncios de exposición en el boletín oficial de la provincia, o, en su caso, en el de la comunidad autónoma uniprovincial. Las diputaciones provinciales, los órganos de gobierno de las entidades supramunicipales y los ayuntamientos de población superior a 10.000 habitantes deberán publicarlos, además, en un diario de los de mayor difusión de la provincia, o de la comunidad autónoma uniprovincial.

3. Finalizado el período de exposición pública, las corporaciones locales adoptarán los acuerdos definitivos que procedan, resolviendo las reclamaciones que se hubieran presentado y aprobando la redacción definitiva de la ordenanza, su derogación o las modificaciones a que se refiera el acuerdo provisional. En el caso de que no se hubieran presentado reclamaciones, se entenderá definitivamente adoptado el acuerdo, hasta entonces provisional, sin necesidad de acuerdo plenario.

4. En todo caso, los acuerdos definitivos a que se refiere el apartado anterior, incluyendo los provisionales elevados automáticamente a tal categoría, y el texto íntegro de las ordenanzas o de sus modificaciones, habrán de ser publicados en el boletín oficial de la provincia o, en su caso, de la comunidad autónoma uniprovincial, sin que entren en vigor hasta que se haya llevado a cabo dicha publicación.

5. Las diputaciones provinciales, consejos, cabildos insulares y, en todo caso, las demás entidades locales cuando su población sea superior a 20.000 habitantes, editarán el texto íntegro de las ordenanzas fiscales reguladoras de sus tributos dentro del primer cuatrimestre del ejercicio económico correspondiente.

En todo caso, las entidades locales habrán de expedir copias de las ordenanzas fiscales publicadas a quienes las demanden.

Apdo. 3: ver art. 19.1 TRLRHL.

Ver D.T. 11ª.1 TRLRHL.

ART. 18. Interesados a los efectos de reclamar contra acuerdos provisionales.

A los efectos de lo dispuesto en el apartado 1 del artículo anterior, tendrán la consideración de interesados:

a) Los que tuvieran un interés directo o resulten afectados por tales acuerdos.

b) Los colegios oficiales, cámaras oficiales, asociaciones y demás entidades legalmente constituidas para velar por los intereses profesionales, económicos o vecinales, cuando actúen en defensa de los que les son propios.

ART. 19. Recurso contencioso administrativo.

1. Las ordenanzas fiscales de las entidades locales a que se refiere el artículo 17.3 de esta ley regirán durante el plazo, determinado o indefinido, previsto en ellas, sin que quepa contra ellas otro recurso que el contencioso-administrativo que se podrá interponer, a partir de su publicación en el boletín oficial de la provincia, o, en su caso, de la comunidad autónoma uniprovincial, en la forma y plazos que establecen las normas reguladoras de dicha jurisdicción.

2. Si por resolución judicial firme resultaren anulados o modificados los acuerdos locales o el texto de las ordenanzas fiscales, la entidad local vendrá obligada a adecuar a los términos de la sentencia todas las actuaciones que lleve a cabo con posterioridad a la fecha en que aquélla le sea notificada. Salvo que expresamente lo prohibiera la sentencia, se mantendrán los actos firmes o consentidos dictados al amparo de la ordenanza que posteriormente resulte anulada o modificada.

Sección 3.ª Tasas

Ver art. 57 TRLRHL.

Subsección 1.ª Hecho imponible

ART. 20. Hecho imponible.

1. Las entidades locales, en los términos previstos en esta ley, podrán establecer tasas por la utilización privativa o el aprovechamiento especial del dominio público local, así como por la prestación de servicios públicos o la realización de actividades administrativas de competencia local que se refieran, afecten o beneficien de modo particular a los sujetos pasivos.

En todo caso, tendrán la consideración de tasas las prestaciones patrimoniales que establezcan las entidades locales por:

A) La utilización privativa o el aprovechamiento especial del dominio público local.

B) La prestación de un servicio público o la realización de una actividad administrativa en régimen de derecho público de competencia local que se refiera, afecte o beneficie de modo particular al sujeto pasivo, cuando se produzca cualquiera de las circunstancias siguientes:

a) Que no sean de solicitud o recepción voluntaria para los administrados. A estos efectos no se considerará voluntaria la solicitud o la recepción por parte de los administrados:

Cuando venga impuesta por disposiciones legales o reglamentarias.

Cuando los bienes, servicios o actividades requeridos sean imprescindibles para la vida privada o social del solicitante.

b) Que no se presten o realicen por el sector privado, esté o no establecida su reserva a favor del sector público conforme a la normativa vigente.

2. Se entenderá que la actividad administrativa o servicio afecta o se refiere al sujeto pasivo cuando haya sido motivado directa o indirectamente por este en razón de que sus actuaciones u omisiones obliguen a las entidades locales a realizar de oficio actividades o a prestar servicios por razones de seguridad, salubridad, de abastecimiento de la población o de orden urbanístico, o cualesquiera otras.

3. Conforme a lo previsto en el apartado 1 anterior, las entidades locales podrán establecer tasas por cualquier supuesto de utilización privativa o aprovechamiento especial del dominio público local, y en particular por los siguientes:

a) Sacas de arena y de otros materiales de construcción en terrenos de dominio público local.

b) Construcción en terrenos de uso público local de pozos de nieve o de cisternas o aljibes donde se recojan las aguas pluviales.

c) Balnearios y otros disfrutes de aguas que no consistan en el uso común de las públicas.

d) Vertido y desagüe de canalones y otras instalaciones análogas en terrenos de uso público local.

e) Ocupación del subsuelo de terrenos de uso público local.

f) Apertura de zanjas, calicatas y calas en terrenos de uso público local, inclusive carreteras, caminos y demás vías públicas locales, para la instalación y reparación de cañerías, conducciones y otras instalaciones, así como cualquier remoción de pavimento o aceras en la vía pública.

g) Ocupación de terrenos de uso público local con mercancías, materiales de construcción, escombros, vallas, puntales, asnillas, andamios y otras instalaciones análogas.

h) Entradas de vehículos a través de las aceras y reservas de vía pública para aparcamiento exclusivo, parada de vehículos, carga y descarga de mercancías de cualquier clase.

i) Instalación de rejas de pisos, lucernarios, respiraderos, puertas de entrada, bocas de carga o elementos análogos que ocupen el suelo o subsuelo de toda clase de vías públicas locales, para dar luces, ventilación, acceso de personas o entrada de artículos a sótanos o semisótanos.

j) Ocupación del vuelo de toda clase de vías públicas locales con elementos constructivos cerrados, terrazas, miradores, balcones, marquesinas, toldos, paravientos y otras instalaciones semejantes, voladizas sobre la vía pública o que sobresalgan de la línea de fachada.

k) Tendidos, tuberías y galerías para las conducciones de energía eléctrica, agua, gas o cualquier otro fluido incluidos los postes para líneas, cables, palomillas, cajas de amarre, de distribución o de registro, transformadores, rieles, básculas, aparatos para venta automática y otros análogos que se establezcan sobre vías públicas u otros terrenos de dominio público local o vuelen sobre ellos.

l) Ocupación de terrenos de uso público local con mesas, sillas, tribunas, tablados y otros elementos análogos, con finalidad lucrativa.

m) Instalación de quioscos en la vía pública.

n) Instalación de puestos, barracas, casetas de venta, espectáculos, atracciones o recreo, situados en terrenos de uso público local así como industrias callejeras y ambulantes y rodaje cinematográfico.

ñ) Portadas, escaparates y vitrinas.

o) Rodaje y arrastre de vehículos que no se encuentren gravados por el Impuesto sobre Vehículos de Tracción Mecánica.

p) Tránsito de ganados sobre vías públicas o terrenos de dominio público local.

q) Muros de contención o sostenimiento de tierras, edificaciones o cercas, ya sean definitivas o provisionales, en vías públicas locales.

r) Depósitos y aparatos distribuidores de combustible y, en general, de cualquier artículo o mercancía, en terrenos de uso público local.

s) Instalación de anuncios ocupando terrenos de dominio público local.

t) Construcción en carreteras, caminos y demás vías públicas locales de atarjeas y pasos sobre cunetas y en terraplenes para vehículos de cualquier clase, así como para el paso del ganado.

u) Estacionamiento de vehículos de tracción mecánica en las vías de los municipios dentro de las zonas que a tal efecto se determinen y con las limitaciones que pudieran establecerse.

v) En las zonas de bajas emisiones, la circulación de vehículos que superen los límites o categorías máximas que se hayan establecido para circular por las mismas.

4. Conforme a lo previsto en el apartado 1 anterior, las entidades locales podrán establecer tasas por cualquier supuesto de prestación de servicios o de realización de actividades administrativas de competencia local, y en particular por los siguientes:

a) Documentos que expidan o de que entiendan las Administraciones o autoridades locales, a instancia de parte.

b) Autorización para utilizar en placas, patentes y otros distintivos análogos el escudo de la entidad local.

c) Otorgamiento de licencias o autorizaciones administrativas de autotaxis y demás vehículos de alquiler.

d) Guardería rural.

e) Voz pública.

f) Vigilancia especial de los establecimientos que lo soliciten.

g) Servicios de competencia local que especialmente sean motivados por la celebración de espectáculos públicos, grandes transportes, pasos de caravana y cualesquiera otras actividades que exijan la prestación de dichos servicios especiales.

h) Otorgamiento de las licencias urbanísticas exigidas por la legislación del suelo y ordenación urbana o realización de las actividades administrativas de control en los supuestos en los que la exigencia de licencia fuera sustituida por la presentación de declaración responsable o comunicación previa.

i) Otorgamiento de las licencias de apertura de establecimientos o realización de las actividades administrativas de control en los supuestos en los que la exigencia de licencia fuera sustituida por la presentación de declaración responsable o comunicación previa.

j) Inspección de vehículos, calderas de vapor, motores, transformadores, ascensores, montacargas y otros aparatos e instalaciones análogas de establecimientos industriales y comerciales.

k) Servicios de prevención y extinción de incendios, de prevención de ruinas, construcciones y derribos, salvamentos y, en general, de protección de personas y bienes, comprendiéndose también el mantenimiento del servicio y la cesión del uso de maquinaria y equipo adscritos a estos servicios, tales como escalas, cubas, motobombas, barcas, etcétera.

l) Servicios de inspección sanitaria así como los de análisis químicos, bacteriológicos y cualesquiera otros de naturaleza análoga y, en general, servicios de laboratorios o de cualquier otro establecimiento de sanidad e higiene de las entidades locales.

m) Servicios de sanidad preventiva, desinfectación, desinsectación, desratización y destrucción de cualquier clase de materias y productos contaminantes o propagadores de gérmenes nocivos para la salud pública prestados a domicilio o por encargo.

n) Asistencias y estancias en hospitales, clínicas o sanatorios médicos quirúrgicos, psiquiátricos y especiales, dispensarios, centros de recuperación y rehabilitación, ambulancias sanitarias y otros servicios análogos, y demás establecimientos benéfico-asistenciales de las entidades locales, incluso cuando los gastos deban sufragarse por otras entidades de cualquier naturaleza.

ñ) Asistencias y estancias en hogares y residencias de ancianos, guarderías infantiles, albergues y otros establecimientos de naturaleza análoga.

o) Casas de baños, duchas, piscinas, instalaciones deportivas y otros servicios análogos.

p) Cementerios locales, conducción de cadáveres y otros servicios fúnebres de carácter local.

q) Colocación de tuberías, hilos conductores y cables en postes o en galerías de servicio de la titularidad de entidades locales.

r) Servicios de alcantarillado, así como de tratamiento y depuración de aguas residuales, incluida la vigilancia especial de alcantarillas particulares.

s) Recogida de residuos sólidos urbanos, tratamiento y eliminación de estos, monda de pozos negros y limpieza en calles particulares.

t) Distribución de agua, gas, electricidad y otros abastecimientos públicos incluidos los derechos de enganche de líneas y colocación y utilización de contadores e instalaciones análogas, cuando tales servicios o suministros sean prestados por entidades locales.

u) Servicio de matadero, lonjas y mercados, así como el acarreo de carnes si hubiera de utilizarse de un modo obligatorio; y servicios de inspección en materia de abastos, incluida la utilización de medios de pesar y medir.

v) Enseñanzas especiales en establecimientos docentes de las entidades locales.

w) Visitas a museos, exposiciones, bibliotecas, monumentos históricos o artísticos, parques zoológicos u otros centros o lugares análogos.

x) Utilización de columnas, carteles y otras instalaciones locales análogas para la exhibición de anuncios.

y) Enarenado de vías públicas a solicitud de los particulares.

z) Realización de actividades singulares de regulación y control del tráfico urbano, tendentes a facilitar la circulación de vehículos y distintas a las habituales de señalización y ordenación del tráfico por la Policía Municipal.

5. Los Ayuntamientos podrán establecer una tasa para la celebración de los matrimonios en forma civil.

6. Las contraprestaciones económicas establecidas coactivamente que se perciban por la prestación de los servicios públicos a que se refiere el apartado 4 de este artículo, realizada de forma directa mediante personificación privada o mediante gestión indirecta, tendrán la condición de prestaciones patrimoniales de carácter público no tributario conforme a lo previsto en el artículo 31.3 de la Constitución.

En concreto, tendrán tal consideración aquellas exigidas por la explotación de obras o la prestación de servicios, en régimen de concesión, sociedades de economía mixta, entidades públicas empresariales, sociedades de capital íntegramente público y demás fórmulas de Derecho privado.

Sin perjuicio de lo establecido en el artículo 103 de la Ley de Contratos del Sector Público, las contraprestaciones económicas a que se refiere este apartado se regularán mediante ordenanza. Durante el procedimiento de aprobación de dicha ordenanza las entidades locales solicitarán informe preceptivo de aquellas Administraciones Públicas a las que el ordenamiento jurídico les atribuyera alguna facultad de intervención sobre las mismas.

Letra. v) del apdo. 3 añadida por Ley 9/2025, de 3 de diciembre, de Movilidad Sostenible (BOE de 04-12-2025).

Apdo. 6 se añade por Ley 9/2017, de 8 de noviembre, de Contratos del Sector Público, por la que se transponen al ordenamiento jurídico español las Directivas del Parlamento Europeo y del Consejo 2014/23/UE y 2014/24/UE, de 26 de febrero de 2014. (BOE de 09-11-2017).

Apdo. 1.B): ver art. 41 TRLRHL.

Apdos. 3 y 4: ver art. 23.1 TRLRHL.

ART. 21. Supuestos de no sujeción y de exención.

1. Las entidades locales no podrán exigir tasas por los servicios siguientes:
a) Abastecimiento de aguas en fuentes públicas.
b) Alumbrado de vías públicas.
c) Vigilancia pública en general.
d) Protección civil.
e) Limpieza de la vía pública.
f) Enseñanza en los niveles de educación obligatoria.
2. El Estado, las comunidades autónomas y las entidades locales no estarán obligados al pago de las tasas por utilización privativa o aprovechamiento especial del dominio público por los aprovechamientos inherentes a los servicios públicos de comunicaciones que exploten directamente y por todos los que inmediatamente interesen a la seguridad ciudadana o a la defensa nacional.

Ver art. 42 TRLRHL.

ART. 22. Compatibilidad con las contribuciones especiales.

Las tasas por la prestación de servicios no excluyen la exacción de contribuciones especiales por el establecimiento o ampliación de aquéllos.

Subsección 2.ª Sujetos pasivos

ART. 23. Sujetos pasivos.

1. Son sujetos pasivos de las tasas, en concepto de contribuyentes, las personas físicas y jurídicas así como las entidades a que se refiere el artículo 35.4 de la Ley 58/2003, de 17 de diciembre, General Tributaria:
a) Que disfruten, utilicen o aprovechen especialmente el dominio público local en beneficio particular, conforme a alguno de los supuestos previstos en el artículo 20.3 de esta ley.
b) Que soliciten o resulten beneficiadas o afectadas por los servicios o actividades locales que presten o realicen las entidades locales, conforme a alguno de los supuestos previstos en el artículo 20.4 de esta ley.
2. Tendrán la condición de sustitutos del contribuyente:
a) En las tasas establecidas por razón de servicios o actividades que beneficien o afecten a los ocupantes de viviendas o locales, los propietarios de dichos inmuebles, quienes podrán repercutir, en su caso, las cuotas sobre los respectivos beneficiarios.
b) En las tasas establecidas por el otorgamiento de las licencias urbanísticas previstas en la normativa sobre suelo y ordenación urbana, los constructores y contratistas de obras.
c) En las tasas establecidas por la prestación de servicios de prevención y extinción de incendios, de prevención de ruinas, construcciones y derribos, salvamentos y, en general, de protección de personas y bienes, comprendiéndose también el mantenimiento del servicio, las entidades o sociedades aseguradoras del riesgo.
d) En las tasas establecidas por la utilización privativa o el aprovechamiento especial por entradas de vehículos o carruajes a través de las aceras y por su construcción, mantenimiento, modificación o supresión, los propietarios de las fincas y locales a que den acceso dichas entradas de vehículos, quienes podrán repercutir, en su caso, las cuotas sobre los respectivos beneficiarios.

Subsección 3.ª Cuantía y devengo

ART. 24. Cuota tributaria.

1. El importe de las tasas previstas por la utilización privativa o el aprovechamiento especial del dominio público local se fijará de acuerdo con las siguientes reglas:

a) Con carácter general, tomando como referencia el valor que tendría en el mercado la utilidad derivada de dicha utilización o aprovechamiento, si los bienes afectados no fuesen de dominio público. A tal fin, las ordenanzas fiscales podrán señalar en cada caso, atendiendo a la naturaleza específica de la utilización privativa o del aprovechamiento especial de que se trate, los criterios y parámetros que permitan definir el valor de mercado de la utilidad derivada. **En los supuestos de aprovechamiento especial del dominio público local mediante la circulación en zonas de bajas emisiones de vehículos que superen los límites o categorías máximas de libre circulación, se podrá utilizar como valor de referencia de mercado el coste que hubiera tenido que abonar ese vehículo si hubiera estacionado en un aparcamiento público en lugar de circular por la zona calificada de bajas emisiones.**

b) Cuando se utilicen procedimientos de licitación pública, el importe de la tasa vendrá determinado por el valor económico de la proposición sobre la que recaiga la concesión, autorización o adjudicación.

c) Cuando se trate de tasas por utilización privativa o aprovechamientos especiales constituidos en el suelo, subsuelo o vuelo de las vías públicas municipales, a favor de empresas explotadoras de servicios de suministros que resulten de interés general o afecten a la generalidad o a una parte importante del vecindario, el importe de aquéllas consistirá, en todo caso y sin excepción alguna, en el 1,5 por ciento de los ingresos brutos procedentes de la facturación que obtengan anualmente en cada término municipal las referidas empresas.

A estos efectos, se incluirán entre las empresas explotadoras de dichos servicios las empresas distribuidoras y comercializadoras de estos.

No se incluirán en este régimen especial de cuantificación de la tasa los servicios de telefonía móvil.

Este régimen especial de cuantificación se aplicará a las empresas a que se refiere este párrafo c), tanto si son titulares de las correspondientes redes a través de las cuales se efectúan los suministros como si, no siendo titulares de dichas redes, lo son de derechos de uso, acceso o interconexión a estas.

A efectos de lo dispuesto en este párrafo, se entenderá por ingresos brutos procedentes de la facturación aquellos que, siendo imputables a cada entidad, hayan sido obtenidos por esta como contraprestación por los servicios prestados en cada término municipal.

No se incluirán entre los ingresos brutos, a estos efectos, los impuestos indirectos que graven los servicios prestados ni las partidas o cantidades cobradas por cuenta de terceros que no constituyan un ingreso propio de la entidad a la que se aplique este régimen especial de cuantificación de la tasa. Asimismo, no se incluirán entre los ingresos brutos procedentes de la facturación las cantidades percibidas por aquellos servicios de suministro que vayan a ser utilizados en aquellas instalaciones que se hallen inscritas en la sección 1.ª o 2.ª del Registro administrativo de instalaciones de producción de energía eléctrica dependiente de la Dirección General de Política Energética y Minas, como materia prima necesaria para la generación de energía susceptible de tributación por este régimen especial.

Las empresas que empleen redes ajenas para efectuar los suministros deducirán de sus ingresos brutos de facturación las cantidades satisfechas a otras empresas en concepto de acceso o interconexión a sus redes. Las empresas titulares de tales redes deberán computar las cantidades percibidas por tal concepto entre sus ingresos brutos de facturación.

El importe derivado de la aplicación de este régimen especial no podrá ser repercutido a las personas usuarias de los servicios de suministro a que se refiere este párrafo c).

Las tasas reguladas en este párrafo c) son compatibles con otras tasas que puedan establecerse por la prestación de servicios o la realización de actividades de competencia local, de las que las empresas a que se refiere este párrafo c) deban ser sujetos pasivos conforme a lo establecido en el artículo 23.1.b) de esta ley, quedando excluida, por el pago de esta tasa, la exacción de otras tasas derivadas de la utilización privativa o el aprovechamiento especial constituido en el suelo, subsuelo o vuelo de las vías públicas municipales.

2. En general, y con arreglo a lo previsto en el párrafo siguiente, el importe de las tasas por la prestación de un servicio o por la realización de una actividad no podrá exceder, en su conjunto, del coste real o previsible del servicio o actividad de que se trate o, en su defecto, del valor de la prestación recibida.

Para la determinación de dicho importe se tomarán en consideración los costes directos e indirectos, inclusive los de carácter financiero, amortización del inmovilizado y, en su caso, los necesarios para garantizar el mantenimiento y un desarrollo razonable del servicio o actividad por cuya prestación o realización se exige la tasa, todo ello con independencia del presupuesto u organismo que lo satisfaga. El mantenimiento y desarrollo razonable del servicio o actividad de que se trate se calculará con arreglo al presupuesto y proyecto aprobados por el órgano competente.

3. La cuota tributaria consistirá, según disponga la correspondiente ordenanza fiscal, en:

a) La cantidad resultante de aplicar una tarifa,

b) Una cantidad fija señalada al efecto, o

c) La cantidad resultante de la aplicación conjunta de ambos procedimientos.

4. Para la determinación de la cuantía de las tasas podrán tenerse en cuenta criterios genéricos de capacidad económica de los sujetos obligados a satisfacerlas.

5. Cuando la utilización privativa o el aprovechamiento especial lleve aparejada la destrucción o deterioro del dominio público local, el beneficiario, sin perjuicio del pago de la tasa a que hubiera lugar, estará obligado al reintegro del coste total de los respectivos gastos de reconstrucción o reparación y al depósito previo de su importe.

Si los daños fueran irreparables, la entidad será indemnizada en cuantía igual al valor de los bienes destruidos o el importe del deterioro de los dañados.

Las entidades locales no podrán condonar total ni parcialmente las indemnizaciones y reintegros a que se refiere el presente apartado.

6. Las entidades locales podrán establecer mediante ordenanza una bonificación de hasta un 95 por ciento de la cuota íntegra de las tasas o en su caso, de las prestaciones patrimoniales de carácter público no tributario, que se exijan por la prestación del servicio de recogida de residuos sólidos urbanos para aquellas empresas de distribución alimentaria y de restauración que tengan establecidos, con carácter prioritario, en colaboración con entidades de economía social carentes de ánimo de lucro, sistemas de gestión que reduzcan de forma significativa y verificable los residuos alimentarios, siempre que el funcionamiento de dichos sistemas haya sido previamente verificado por la entidad local.

Las ordenanzas especificarán los aspectos sustantivos y formales de la bonificación regulada en este apartado.

Apdo. 1 modificado por Ley 9/2025, de 3 de diciembre, de Movilidad Sostenible (BOE de 04-12-2025).

Apdo. 6 se añade por Ley 7/2022, de 8 de abril, de residuos y suelos contaminados para una economía circular. (BOE de 09-04-2022).

Apdo. 1: ver art. 132 TRLRHL.

ART. 25. Acuerdos de establecimiento de tasas: informe técnico-económico.

Los acuerdos de establecimiento de tasas por la utilización privativa o el aprovechamiento especial del dominio público, o para financiar total o parcialmente los nuevos servicios, deberán adoptarse a la vista de informes técnico-económicos en los que se ponga de manifiesto el valor de mercado o la previsible cobertura del coste de aquellos, respectivamente. Dicho informe se incorporará al expediente para la adopción del correspondiente acuerdo.

Modificado por Ley 2/2015, de 30 de marzo, de desindexación de la economía española. (BOE de 31-03-2015).

ART. 26. Devengo.

1. Las tasas podrán devengarse, según la naturaleza de su hecho imponible y conforme determine la respectiva ordenanza fiscal:

a) Cuando se inicie el uso privativo o el aprovechamiento especial, o cuando se inicie la prestación del servicio o la realización de la actividad, aunque en ambos casos podrá exigirse el depósito previo de su importe total o parcial.

b) Cuando se presente la solicitud que inicie la actuación o el expediente, que no se realizará o tramitará sin que se haya efectuado el pago correspondiente.

2. Cuando la naturaleza material de la tasa exija el devengo periódico de ésta, y así se determine en la correspondiente ordenanza fiscal, el devengo tendrá lugar el 1 de enero de cada año y el período impositivo comprenderá el año natural, salvo en los supuestos de inicio o cese en la utilización privativa, el aprovechamiento especial o el uso del servicio o actividad, en cuyo caso el período impositivo se ajustará a esa circunstancia con el consiguiente prorrateo de la cuota, en los términos que se establezcan en la correspondiente ordenanza fiscal.

3. Cuando por causas no imputables al sujeto pasivo, el servicio público, la actividad administrativa o el derecho a la utilización o aprovechamiento del dominio público no se preste o desarrolle, procederá la devolución del importe correspondiente.

ART. 27. Gestión.

1. Las entidades locales podrán exigir las tasas en régimen de autoliquidación.

2. Las entidades locales podrán establecer convenios de colaboración con entidades, instituciones y organizaciones representativas de los sujetos pasivos de las tasas, con el fin de simplificar el cumplimiento de las obligaciones formales y materiales derivadas de aquéllas, o los procedimientos de liquidación o recaudación.

Sección 4.ª Contribuciones especiales

Ver art. 58 TRLRHL.

Subsección 1.ª Hecho imponible

ART. 28. Hecho imponible.

Constituye el hecho imponible de las contribuciones especiales la obtención por el sujeto pasivo de un beneficio o de un aumento de valor de sus bienes como consecuencia de la realización de obras públicas o del establecimiento o ampliación de servicios públicos, de carácter local, por las entidades respectivas.

ART. 29. Obras y servicios públicos locales.

1. Tendrán la consideración de obras y servicios locales:

a) Los que realicen las entidades locales dentro del ámbito de sus competencias para cumplir los fines que les estén atribuidos, excepción hecha de los que aquéllas ejecuten a título de dueños de sus bienes patrimoniales.

b) Los que realicen dichas entidades por haberles sido atribuidos o delegados por otras entidades públicas y aquellos cuya titularidad hayan asumido de acuerdo con la ley.

c) Los que realicen otras entidades públicas, o los concesionarios de estos, con aportaciones económicas de la entidad local.

2. No perderán la consideración de obras o servicios locales los comprendidos en el párrafo a) del apartado anterior, aunque sean realizados por organismos autónomos o sociedades mercantiles cuyo capital social pertenezca íntegramente a una entidad local, por concesionarios con aportaciones de dicha entidad o por asociaciones de contribuyentes.

3. Las cantidades recaudadas por contribuciones especiales sólo podrán destinarse a sufragar los gastos de la obra o del servicio por cuya razón se hubiesen exigido.

Apdo. 1.c): ver art. 31.4 TRLRHL.

Subsección 2.ª Sujeto pasivo

ART. 30. Sujeto pasivo.

1. Son sujetos pasivos de las contribuciones especiales las personas físicas y jurídicas y las entidades a que se refiere el artículo 35.4 de la Ley 58/2003, de 17 de diciembre, General Tributaria, especialmente beneficiadas por la realización de las obras o por el establecimiento o ampliación de los servicios locales que originen la obligación de contribuir.

2. Se considerarán personas especialmente beneficiadas:

a) En las contribuciones especiales por realización de obras o establecimiento o ampliación de servicios que afecten a bienes inmuebles, sus propietarios.

b) En las contribuciones especiales por realización de obras o establecimiento o ampliación de servicios a consecuencia de explotaciones empresariales, las personas o entidades titulares de éstas.

c) En las contribuciones especiales por el establecimiento o ampliación de los servicios de extinción de incendios, además de los propietarios de los bienes afectados, las compañías de seguros que desarrollen su actividad en el ramo, en el término municipal correspondiente.

d) En las contribuciones especiales por construcción de galerías subterráneas, las empresas suministradoras que deban utilizarlas.

Apdo. 2.d): ver art 32.1.c) TRLRHL.

Subsección 3.ª Base imponible

ART. 31. Base imponible.

1. La base imponible de las contribuciones especiales está constituida, como máximo, por el 90 por ciento del coste que la entidad local soporte por la realización de las obras o por el establecimiento o ampliación de los servicios.

2. El referido coste estará integrado por los siguientes conceptos:

a) El coste real de los trabajos periciales, de redacción de proyectos y de dirección de obras, planes y programas técnicos.

b) El importe de las obras a realizar o de los trabajos de establecimiento o ampliación de los servicios.

c) El valor de los terrenos que hubieren de ocupar permanentemente las obras o servicios, salvo que se trate de bienes de uso público, de terrenos cedidos gratuita y obligatoriamente a la entidad local, o el de inmuebles cedidos en los términos establecidos en el artículo 145 de la Ley 33/2003, de 3 de noviembre, del Patrimonio de las Administraciones Públicas.

d) Las indemnizaciones procedentes por el derribo de construcciones, destrucción de plantaciones, obras o instalaciones, así como las que procedan a los arrendatarios de los bienes que hayan de ser derruidos u ocupados.

e) El interés del capital invertido en las obras o servicios cuando las entidades locales hubieran de apelar al crédito para financiar la porción no cubierta por contribuciones especiales o la cubierta por éstas en caso de fraccionamiento general de aquéllas.

3. El coste total presupuestado de las obras o servicios tendrá carácter de mera previsión. Si el coste real fuese mayor o menor que el previsto, se tomará aquél a efectos del cálculo de las cuotas correspondientes.

4. Cuando se trate de obras o servicios a que se refiere el artículo 29.1.c), o de las realizadas por concesionarios con aportaciones de la entidad local a que se refiere el apartado 2 del mismo artículo, la base imponible de las contribuciones especiales se determinará en función del importe de estas aportaciones, sin perjuicio de las que puedan imponer otras Administraciones públicas por razón de la misma obra o servicio. En todo caso, se respetará el límite del 90 por ciento a que se refiere el apartado 1 de este artículo.

5. A los efectos de determinar la base imponible, se entenderá por coste soportado por la entidad la cuantía resultante de restar a la cifra del coste total el importe de las subvenciones o auxilios que la entidad local obtenga del Estado o de cualquier otra persona, o entidad pública o privada.

6. Si la subvención o el auxilio citados se otorgasen por un sujeto pasivo de la contribución especial, su importe se destinará primeramente a compensar la cuota de la respectiva persona o entidad. Si el valor de la subvención o auxilio excediera de dicha cuota, el exceso reducirá, a prorrata, las cuotas de los demás sujetos pasivos.

Subsección 4.ª Cuota y devengo

ART. 32. Cuota tributaria.

1. La base imponible de las contribuciones especiales se repartirá entre los sujetos pasivos, teniendo en cuenta la clase y naturaleza de las obras y servicios, con sujeción a las siguientes reglas:

a) Con carácter general se aplicarán conjunta o separadamente, como módulos de reparto, los metros lineales de fachada de los inmuebles, su superficie, su volumen edificable y el valor catastral a efectos del Impuesto sobre Bienes Inmuebles.

b) Si se trata del establecimiento y mejora del servicio de extinción de incendios, podrán ser distribuidas entre las entidades o sociedades que cubran el riesgo por bienes sitos en el municipio de la imposición, proporcionalmente al importe de las primas recaudadas en el año inmediatamente anterior. Si la cuota exigible a cada sujeto pasivo fuera superior al cinco por ciento del importe de las primas recaudadas por este, el exceso se trasladará a los ejercicios sucesivos hasta su total amortización.

c) En el caso de las obras a que se refiere el apartado 2.d) del artículo 30 de esta ley, el importe total de la contribución especial será distribuido entre las compañías o empresas que hayan de utilizarlas en razón al espacio reservado a cada una o en proporción a la total sección de aquellas, aun cuando no las usen inmediatamente.

2. En el supuesto de que las leyes o tratados internacionales concedan beneficios fiscales, las cuotas que puedan corresponder a los beneficiarios no serán distribuidas entre los demás contribuyentes.

3. Una vez determinada la cuota a satisfacer, la corporación podrá conceder, a solicitud del sujeto pasivo, el fraccionamiento o aplazamiento de aquélla por un plazo máximo de cinco años.

ART. 33. Devengo.

1. Las contribuciones especiales se devengan en el momento en que las obras se hayan ejecutado o el servicio haya comenzado a prestarse. Si las obras fueran fraccionables, el devengo se producirá para cada uno de los sujetos pasivos desde que se hayan ejecutado las correspondientes a cada tramo o fracción de la obra.

2. Sin perjuicio de lo dispuesto en el apartado anterior, una vez aprobado el acuerdo concreto de imposición y ordenación, la entidad local podrá exigir por anticipado el pago de las contribuciones especiales en función del importe del coste previsto para el año siguiente. No podrá exigirse el anticipo de una nueva anualidad sin que hayan sido ejecutadas las obras para las cuales se exigió el correspondiente anticipo.

3. El momento del devengo de las contribuciones especiales se tendrá en cuenta a los efectos de determinar la persona obligada al pago de conformidad con lo dispuesto en el artículo 30, aun cuando en el acuerdo concreto de ordenación figure como sujeto pasivo quien lo sea con referencia a la fecha de su aprobación y de que este hubiera anticipado el pago de cuotas, de conformidad con lo dispuesto en el apartado 2 del presente artículo. Cuando la persona que figure como sujeto pasivo en el acuerdo concreto de ordenación y haya sido notificada de ello, transmita los derechos sobre los bienes o explotaciones que motivan la imposición en el período comprendido entre la aprobación de dicho acuerdo y el del nacimiento del devengo, estará obligada a dar cuenta a la Administración de la transmisión efectuada, dentro del plazo de un mes desde la fecha de ésta, y, si no lo hiciera, dicha Administración podrá dirigir la acción para el cobro, contra quien figuraba como sujeto pasivo en dicho expediente.

4. Una vez finalizada la realización total o parcial de las obras, o iniciada la prestación del servicio, se procederá a señalar los sujetos pasivos, la base y las cuotas individualizadas definitivas, girando las liquidaciones que procedan y compensando como entrega a cuenta los pagos anticipados que se hubieran efectuado.

Tal señalamiento definitivo se realizará por los órganos competentes de la entidad impositora ajustándose a las normas del acuerdo concreto de ordenación del tributo para la obra o servicio de que se trate.

5. Si los pagos anticipados hubieran sido efectuados por personas que no tienen la condición de sujetos pasivos en la fecha del devengo del tributo o bien excedieran de la cuota individual definitiva que les corresponda, el ayuntamiento practicará de oficio la pertinente devolución.

Subsección 5.ª Imposición y ordenación

ART. 34. Acuerdos de imposición y de ordenación.

1. La exacción de las contribuciones especiales precisará la previa adopción del acuerdo de imposición en cada caso concreto.

2. El acuerdo relativo a la realización de una obra o al establecimiento o ampliación de un servicio que deba costearse mediante contribuciones especiales no podrá ejecutarse hasta que se haya aprobado la ordenación concreta de éstas.

3. El acuerdo de ordenación será de inexcusable adopción y contendrá la determinación del coste previsto de las obras y servicios, de la cantidad a repartir entre los beneficiarios y de los criterios de reparto. En su caso, el acuerdo de ordenación concreto podrá remitirse a la ordenanza general de contribuciones especiales, si la hubiera.

4. Una vez adoptado el acuerdo concreto de ordenación de contribuciones especiales, y determinadas las cuotas a satisfacer, estas serán notificadas individualmente a cada sujeto pasivo si éste o su domicilio fuesen conocidos, y, en su defecto, por edictos. Los interesados podrán formular recurso de reposición ante el ayuntamiento, que podrá versar sobre la procedencia de las contribuciones especiales, el porcentaje del coste que deban satisfacer las personas especialmente beneficiadas o las cuotas asignadas.

ART. 35. Gestión y recaudación.

1. Cuando las obras y servicios de la competencia local sean realizadas o prestados por una entidad local con la colaboración económica de otra, y siempre que se impongan contribuciones especiales con arreglo a lo dispuesto en la ley, su gestión y recaudación se hará por la entidad que tome a su cargo la realización de las obras o el establecimiento o ampliación de los servicios, sin perjuicio de que cada entidad conserve su competencia respectiva en orden a los acuerdos de imposición y de ordenación.

2. En el supuesto de que el acuerdo concreto de ordenación no fuera aprobado por una de dichas entidades, quedará sin efecto la unidad de actuación, adoptando separadamente cada una de ellas las decisiones que procedan.

Subsección 6.ª Colaboración ciudadana

ART. 36. Colaboración ciudadana.

1. Los propietarios o titulares afectados por las obras podrán constituirse en asociación administrativa de contribuyentes y promover la realización de obras o el establecimiento o ampliación de servicios por la entidad local, comprometiéndose a sufragar la parte que corresponda aportar a ésta cuando su situación financiera no lo permitiera, además de la que les corresponda según la naturaleza de la obra o servicio.

2. Asimismo, los propietarios o titulares afectados por la realización de las obras o el establecimiento o ampliación de servicios promovidos por la entidad local podrán constituirse en asociaciones administrativas de contribuyentes en el período de exposición al público del acuerdo de ordenación de las contribuciones especiales.

Ver art. 147.1 TRLRHL.

ART. 37. Asociación administrativa de contribuyentes.

Para la constitución de las asociaciones administrativas de contribuyentes a que se refiere el artículo anterior, el acuerdo deberá ser tomado por la mayoría absoluta de los afectados, siempre que representen, al menos, los dos tercios de las cuotas que deban satisfacerse.

Sección 5.ª Impuestos y recargos

ART. 38. Impuestos y recargos.

1. Las entidades locales exigirán los impuestos previstos en esta ley sin necesidad de acuerdo de imposición, salvo los casos en los que dicho acuerdo se requiera por esta.

2. Fuera de los supuestos expresamente previstos en esta ley las entidades locales podrán establecer recargos sobre los impuestos propios de la respectiva comunidad autónoma y de otras entidades locales en los casos expresamente previstos en las leyes de la comunidad autónoma.

CAPÍTULO IV
Participaciones en los tributos del Estado y de las comunidades autónomas

ART. 39. Participaciones en los tributos del Estado y de las comunidades autónomas.

1. Las entidades locales participarán en los tributos del Estado en la cuantía y según los criterios que se establecen en esta ley.

2. Asimismo, las entidades locales participarán en los tributos propios de las comunidades autónomas en la forma y cuantía que se determine por las leyes de sus respectivos Parlamentos.

CAPÍTULO V
Subvenciones

ART. 40. Subvenciones.

1. Las subvenciones de toda índole que obtengan las entidades locales, con destino a sus obras y servicios no podrán ser aplicadas a atenciones distintas de aquellas para las que fueron otorgadas, salvo, en su caso, los sobrantes no reintegrables cuya utilización no estuviese prevista en la concesión.

2. Para garantizar el cumplimiento de lo dispuesto en el apartado anterior, las entidades públicas otorgantes de las subvenciones podrán verificar el destino dado a estas. Si tras las actuaciones de verificación resultase que las subvenciones no fueron destinadas a los fines para los que se hubieran concedido, la entidad pública otorgante exigirá el reintegro de su importe o podrá compensarlo con otras subvenciones o transferencias a que tuviere derecho la entidad afectada, con independencia de las responsabilidades a que haya lugar.

Ver art. 147.1 TRLRHL.

CAPÍTULO VI
Precios públicos

Sección 1.ª Concepto

ART. 41. Concepto.

La entidades locales podrán establecer precios públicos por la prestación de servicios o la realización de actividades de la competencia de la entidad local, siempre que no concurra ninguna de las circunstancias especificadas en el artículo 20.1.B) de esta ley.

ART. 42. Servicios y actividades excluidas.

No podrán exigirse precios públicos por los servicios y actividades enumerados en el artículo 21 de esta ley.

Sección 2.ª Obligados al pago

ART. 43. Obligados al pago.

Estarán obligados al pago de los precios públicos quienes se beneficien de los servicios o actividades por los que deban satisfacerse aquéllos.

Sección 3.ª Cuantía y obligación de pago

ART. 44. Cuantía.

1. El importe de los precios públicos deberá cubrir como mínimo el coste del servicio prestado o de la actividad realizada.

2. Cuando existan razones sociales, benéficas, culturales o de interés público que así lo aconsejen, la entidad podrá fijar precios públicos por debajo del límite previsto en el apartado anterior. En estos casos deberán consignarse en los presupuestos de la entidad las dotaciones oportunas para la cobertura de la diferencia resultante si la hubiera.

ART. 45. Gestión.

Las entidades locales podrán exigir los precios públicos en régimen de autoliquidación.

Sección 4.ª Cobro

ART. 46. Cobro.

1. La obligación de pagar el precio público nace desde que se inicie la prestación del servicio o la realización de la actividad, si bien las entidades podrán exigir el depósito previo de su importe total o parcial.

2. Cuando por causas no imputables al obligado al pago del precio, el servicio o la actividad no se preste o desarrolle, procederá la devolución del importe correspondiente.

3. Las deudas por precios públicos podrán exigirse por el procedimiento administrativo de apremio.

Sección 5.ª Fijación

ART. 47. Fijación.

1. El establecimiento o modificación de los precios públicos corresponderá al Pleno de la corporación, sin perjuicio de sus facultades de delegación en la Comisión de Gobierno,

conforme al artículo 23.2.b) de la Ley 7/1985, de 2 de abril, Reguladora de las Bases de Régimen Local.

2. Las entidades locales podrán atribuir a sus organismos autónomos la fijación de los precios públicos, por ella establecidos, correspondientes a los servicios a cargo de dichos organismos, salvo cuando los precios no cubran su coste. Tal atribución podrá hacerse, asimismo y en iguales términos, respecto de los consorcios, a menos que otra cosa se diga en sus estatutos.

En ambos supuestos, los organismos autónomos y los consorcios enviarán al ente local de que dependan copia de la propuesta y del estado económico del que se desprenda que los precios públicos cubren el coste del servicio.

CAPÍTULO VII
Operaciones de crédito

ART. 48. Ámbitos subjetivo y objetivo.

En los términos previstos en esta ley, las entidades locales, sus organismos autónomos y los entes y sociedades mercantiles dependientes podrán concertar operaciones de crédito en todas sus modalidades, tanto a corto como a largo plazo, así como operaciones financieras de cobertura y gestión del riesgo del tipo de interés y del tipo de cambio.

ART. 48 bis. Principio de prudencia financiera.

1. Todas las operaciones financieras que suscriban las Corporaciones Locales están sujetas al principio de prudencia financiera.

Se entiende por prudencia financiera el conjunto de condiciones que deben cumplir las operaciones financieras para minimizar su riesgo y coste.

2. Se consideran financieras todas aquellas operaciones que tengan por objeto los instrumentos siguientes:

a) Activos financieros. Están incluidos en este concepto los instrumentos de capital o de patrimonio neto de otras entidades, los derechos a recibir efectivo u otro activo financiero de un tercero o de intercambiar con un tercero activos o pasivos financieros en condiciones potencialmente favorables.

b) Pasivos financieros. Están incluidos en este concepto deudas representadas en valores, operaciones de crédito, operaciones de derivados y cualquier otra obligación exigible e incondicional de entregar efectivo u otro activo financiero a un tercero o de intercambiar con un tercero activos o pasivos financieros en condiciones desfavorables.

c) La concesión de avales, reavales u otra clase de garantías públicas o medidas de apoyo extrapresupuestario.

3. Las condiciones que deben cumplir las operaciones financieras previstas en la letra b) del apartado anterior se establecerán por Resolución de la Secretaría General del Tesoro y Política Financiera, y las de las letras a) y c) anteriores por Resolución de la Secretaría General de Coordinación Autonómica y Local.

4. Las Corporaciones Locales velarán por la aplicación del principio de prudencia financiera en el conjunto de su sector público.

5. Precisará de autorización del órgano competente de la Administración Pública que tenga atribuida la tutela financiera de las Entidades Locales la formalización de las operaciones a las que se refiere la letra c) del apartado 2 de este artículo, cuando no se ajusten a las condiciones del principio de prudencia financiera.

Añadido por Real Decreto-ley 17/2014, de 26 de diciembre, de medidas de sostenibilidad financiera de las comunidades autónomas y entidades locales y otras de carácter económico. (BOE de 30-12-2014).

ART. 49. Finalidad, instrumentos y garantías reales y financieras.

1. Para la financiación de sus inversiones, así como para la sustitución total o parcial de operaciones preexistentes, las entidades locales, sus organismos autónomos y los entes y sociedades mercantiles dependientes, que presten servicios o produzcan bienes que no se financien mayoritariamente con ingresos de mercado, podrán acudir al crédito público y privado, a largo plazo, en cualquiera de sus formas.

2. El crédito podrá instrumentarse mediante:

a) Emisión pública de deuda.

b) Contratación de préstamos o créditos.

c) Cualquier otra apelación al crédito público o privado.

d) Conversión y sustitución total o parcial de operaciones preexistentes.

3. La deuda pública de las entidades locales y los títulos-valores de carácter equivalente emitidos por éstas gozarán de los mismos beneficios y condiciones que la deuda pública emitida del Estado.

4. Para los casos excepcionales previstos en los artículos 177.5 y 193.2 de esta ley, el crédito sólo podrá instrumentarse mediante préstamos o créditos concertados con entidades financieras.

5. El pago de las obligaciones derivadas de las operaciones de crédito podrá ser garantizado en la siguiente forma:

A) Tratándose de operaciones de crédito a corto plazo:

a) En el supuesto previsto en el artículo 51.a) mediante la afectación de los recursos tributarios objeto del anticipo, devengados en el ejercicio económico, hasta el límite máximo de anticipo o anticipos concedidos.

b) En las operaciones de préstamo o crédito concertadas por organismos autónomos y sociedades mercantiles dependientes, con avales concedidos por la corporación correspondiente. Cuando la participación social sea detentada por diversas entidades locales, el aval deberá quedar limitado, para cada partícipe, a su porcentaje de participación en el capital social.

c) Con la afectación de ingresos procedentes de contribuciones especiales, tasas y precios públicos.

B) Tratándose de operaciones de crédito a largo plazo:

a) Con la constitución de garantía real sobre bienes patrimoniales.

b) Con el instrumento previsto en el apartado A).b) anterior.

c) Con la afectación de ingresos procedentes de contribuciones especiales, tasas y precios públicos, siempre que exista una relación directa entre dichos recursos y el gasto a financiar con la operación de crédito.

d) Cuando se trate de inversiones cofinanciadas con fondos procedentes de la Unión Europea o con aportaciones de cualquier Administración pública, con la propia subvención de capital, siempre que haya una relación directa de ésta con el gasto financiado con la operación de crédito.

6. Las corporaciones locales podrán, cuando lo estimen conveniente a sus intereses y a efectos de facilitar la realización de obras y prestación de servicios de su competencia, conceder su aval a las operaciones de crédito, cualquiera que sea su naturaleza y siempre de forma individualizada para cada operación, que concierten personas o entidades con las que aquéllas contraten obras o servicios, o que exploten concesiones que hayan de revertir a la entidad respectiva.

7. Las corporaciones locales también podrán conceder avales a sociedades mercantiles participadas por personas o entidades privadas, en las que tengan una cuota de participación en el capital social no inferior al 30 por ciento.

El aval no podrá garantizar un porcentaje del crédito superior al de su participación en la sociedad.

8. Las operaciones a que se refieren los dos apartados anteriores estarán sometidas a fiscalización previa y el importe del préstamo garantizado no podrá ser superior al que hubiere supuesto la financiación directa mediante crédito de la obra o del servicio por la propia entidad.

ART. 50. Inclusión de las operaciones de crédito en el presupuesto aprobado.

La concertación de cualquiera de las modalidades de crédito previstas en esta ley, excepto la regulada en el artículo 149, requerirá que la corporación o entidad correspondiente disponga del presupuesto aprobado para el ejercicio en curso, extremo que deberá ser justificado en el momento de suscribir el correspondiente contrato, póliza o documento mercantil en el que se soporte la operación, ante la entidad financiera correspondiente y ante el fedatario público que intervenga o formalice el documento.

Excepcionalmente, cuando se produzca la situación de prórroga del presupuesto, se podrán concertar las siguientes modalidades de operaciones de crédito:

a) Operaciones de tesorería, dentro de los límites fijados por la ley, siempre que las concertadas sean reembolsadas y se justifique dicho extremo en la forma señalada en el párrafo primero de este artículo.

b) Operaciones de crédito a largo plazo para la financiación de inversiones vinculadas directamente a modificaciones de crédito tramitadas en la forma prevista en los apartados 1, 2, 3 y 6 del artículo 177.

ART. 51. Operaciones de crédito a corto plazo.

Para atender necesidades transitorias de tesorería, las entidades locales podrán concertar operaciones de crédito a corto plazo, que no exceda de un año, siempre que en su conjunto no superen el 30 por ciento de sus ingresos liquidados por operaciones corrientes en el ejercicio anterior, salvo que la operación haya de realizarse en el primer semestre del año sin que se haya producido la liquidación del presupuesto de tal ejercicio, en cuyo caso se tomará en consideración la liquidación del ejercicio anterior a este último. A estos efectos tendrán la consideración de operaciones de crédito a corto plazo, entre otras las siguientes:

a) Los anticipos que se perciban de entidades financieras, con o sin intermediación de los órganos de gestión recaudatoria, a cuenta de los productos recaudatorios de los impuestos devengados en cada ejercicio económico y liquidados a través de un padrón o matrícula.

b) Los préstamos y créditos concedidos por entidades financieras para cubrir desfases transitorios de tesorería.

c) Las emisiones de deuda por plazo no superior a un año.

Letra a): ver art. 49.5.A).a) TRLRHL.

Ver art. 149.2 y 199.1 TRLRHL.

ART. 52. Concertación de operaciones de crédito: régimen jurídico y competencias.

1. En la concertación o modificación de toda clase de operaciones de crédito con entidades financieras de cualquier naturaleza, cuya actividad esté sometida a normas de derecho privado, vinculadas a la gestión del presupuesto en la forma prevista en la sección 1.ª del capítulo I del título VI de esta ley, será de aplicación lo previsto en el artículo 3.1.k) del Real Decreto Legislativo 2/2000, de 16 de junio, por el que se aprueba el texto refundido de la Ley de Contratos de las Administraciones Públicas.

En caso de que no existan previsiones presupuestarias al efecto, será de aplicación, en todo caso, el artículo 9.1 y 3 del mencionado texto refundido de la Ley de Contratos de las Administraciones Públicas, salvo que se realice la oportuna adaptación del presupuesto o de sus bases de ejecución, como condición previa a la viabilidad de los compromisos adquiridos para suscribir la correspondiente operación de crédito. Dicha modificación deberá realizarse por acuerdo del Pleno de la corporación, en cualquier caso.

2. La concertación o modificación de cualesquiera operaciones deberá acordarse previo informe de la Intervención en el que se analizará, especialmente, la capacidad de la entidad local para hacer frente, en el tiempo, a las obligaciones que de aquéllas se deriven para ésta.

Los presidentes de las corporaciones locales podrán concertar las operaciones de crédito a largo plazo previstas en el presupuesto, cuyo importe acumulado, dentro de cada ejercicio económico, no supere el 10 por ciento de los recursos de carácter ordinario previstos en dicho presupuesto. La concertación de las operaciones de crédito a corto plazo le corresponderán cuando el importe acumulado de las operaciones vivas de esta naturaleza, incluida la nueva operación, no supere el 15 por ciento de los recursos corrientes liquidados en el ejercicio anterior.

Una vez superados dichos límites, la aprobación corresponderá al Pleno de la corporación local.

Ver art. 149.2 TRLRHL.

ART. 53. Operaciones de crédito a largo plazo: régimen de autorización.

1. No se podrán concertar nuevas operaciones de crédito a largo plazo, incluyendo las operaciones que modifiquen las condiciones contractuales o añadan garantías adicionales con o sin intermediación de terceros, ni conceder avales, ni sustituir operaciones de crédito concertadas con anterioridad por parte de las entidades locales, sus organismos autónomos y los entes y sociedades mercantiles dependientes, que presten servicios o produzcan bienes que no se financien mayoritariamente con ingresos de mercado sin previa autorización de los órganos competentes del Ministerio de Hacienda o, en el caso de operaciones

denominadas en euros que se realicen dentro del espacio territorial de los países pertenecientes a la Unión Europea y con entidades financieras residentes en alguno de dichos países, de la comunidad autónoma a que la entidad local pertenezca que tenga atribuida en su Estatuto competencia en la materia, cuando de los estados financieros que reflejen la liquidación de los presupuestos, los resultados corrientes y los resultados de la actividad ordinaria del último ejercicio, se deduzca un ahorro neto negativo.

A estos efectos se entenderá por ahorro neto de las entidades locales y sus organismos autónomos de carácter administrativo la diferencia entre los derechos liquidados por los capítulos uno a cinco, ambos inclusive, del estado de ingresos, y de las obligaciones reconocidas por los capítulos uno, dos y cuatro del estado de gastos, minorada en el importe de una anualidad teórica de amortización de la operación proyectada y de cada uno de los préstamos y empréstitos propios y avalados a terceros pendientes de reembolso.

El importe de la anualidad teórica de amortización, de cada uno de los préstamos a largo plazo concertados y de los avalados por la corporación pendientes de reembolso, así como la de la operación proyectada, se determinará en todo caso, en términos constantes, incluyendo los intereses y la cuota anual de amortización, cualquiera que sea la modalidad y condiciones de cada operación.

Se considera ahorro neto en los organismos autónomos de carácter comercial, industrial, financiero o análogo los resultados corrientes del ejercicio y, en las sociedades mercantiles locales, los resultados de la actividad ordinaria, excluidos los intereses de préstamos o empréstitos, en ambos casos, y minorados en una anualidad teórica de amortización, tal y como se define en el párrafo anterior, igualmente en ambos casos.

En el ahorro neto no se incluirán las obligaciones reconocidas, derivadas de modificaciones de créditos, que hayan sido financiadas con remanente líquido de tesorería.

No se incluirán en el cálculo de las anualidades teóricas, las operaciones de crédito garantizadas con hipotecas sobre bienes inmuebles, en proporción a la parte del préstamo afectado por dicha garantía.

Si el objeto de la actividad del organismo autónomo o sociedad mercantil local, es la construcción de viviendas, el cálculo del ahorro neto se obtendrá tomando la media de los dos últimos ejercicios.

Cuando el ahorro neto sea de signo negativo, el Pleno de la respectiva corporación deberá aprobar un plan de saneamiento financiero a realizar en un plazo no superior a tres años, en el que se adopten medidas de gestión, tributarias, financieras y presupuestarias que permitan como mínimo ajustar a cero el ahorro neto negativo de la entidad, organismo autónomo o sociedad mercantil.

Dicho plan deberá ser presentado conjuntamente con la solicitud de la autorización correspondiente.

2. Precisarán de autorización de los órganos citados en el apartado 1 anterior, las operaciones de crédito a largo plazo de cualquier naturaleza, incluido el riesgo deducido de los avales, cuando el volumen total del capital vivo de las operaciones de crédito vigentes a corto y largo plazo, incluyendo el importe de la operación proyectada, exceda del *110 por ciento** de los ingresos corrientes liquidados o devengados en el ejercicio inmediatamente anterior o, en su defecto, en el precedente a este último cuando el cómputo haya de realizarse en el primer semestre del año y no se haya liquidado el presupuesto correspondiente a aquél, según las cifras deducidas de los estados contables consolidados de las entidades citadas en el apartado 1 de este artículo.

El cálculo del porcentaje regulado en el párrafo anterior se realizará considerando las operaciones de crédito vigentes, tanto a corto como a largo plazo, valoradas con los mismos criterios utilizados para su inclusión en el balance. El riesgo derivado de los avales se computará aplicando el mismo criterio anterior a la operación avalada.

3. No será precisa la presentación del plan de saneamiento financiero a que se refiere el apartado 1 anterior en el caso de autorización de operaciones de crédito que tengan por finalidad la sustitución de operaciones de crédito a largo plazo concertadas con anterioridad, en la forma prevista por la ley, con el fin de disminuir la carga financiera o el riesgo de dichas operaciones, respecto a las obligaciones derivadas de aquéllas pendientes de vencimiento.

4. No obstante lo previsto en los apartados 1 y 2 anteriores, las entidades locales de más de 200.000 habitantes podrán optar por sustituir las autorizaciones en ellos preceptuadas por la presentación de un escenario de consolidación presupuestaria, para su aprobación por el órgano competente.

El escenario de consolidación presupuestaria contendrá el compromiso por parte de la entidad local, aprobado por su Pleno, del límite máximo del déficit no financiero, e importe máximo del endeudamiento para cada uno de los tres ejercicios siguientes.

El órgano competente para aprobar el escenario de consolidación presupuestaria, será aquél a quien corresponde la autorización de las operaciones de endeudamiento, previo informe del Ministerio de Hacienda en el caso de que la competencia sea de la comunidad autónoma. En el caso de que el escenario de consolidación presupuestaria contenga alguna operación de las enumeradas en el apartado 5 de este artículo, la autorización corresponderá al Ministerio de Hacienda, previo informe, en su caso, de la comunidad autónoma con competencia en la materia.

5. En todo caso precisarán de la autorización del Ministerio de Hacienda las operaciones de crédito a corto y largo plazo, la concesión de avales, y las demás operaciones que modifiquen las condiciones contractuales o añadan garantías adicionales, con o sin intermediación de terceros, en los siguientes casos:

a) Las que se formalicen en el exterior o con entidades financieras no residentes en España, cualquiera que sea la divisa que sirva de determinación del capital de la operación proyectada, incluidas las cesiones a entidades financieras no residentes de las participaciones, que ostenten entidades residentes, en créditos otorgados a las entidades locales, sus organismos autónomos y los entes y sociedades mercantiles dependientes, que presten servicios o produzcan bienes que no se financien mayoritariamente con ingresos de mercado.

b) Las que se instrumenten mediante emisiones de deuda o cualquier otra forma de apelación al crédito público, sin perjuicio de lo previsto en la Ley 24/1988, de 28 de julio, del Mercado de Valores.

En relación con lo que se prevé en el párrafo a) anterior, no se considerarán financiación exterior las operaciones denominadas en euros que se realicen dentro del espacio territorial de los países pertenecientes a la Unión Europea y con entidades financieras residentes en alguno de dichos países. Estas operaciones habrán de ser, en todo caso, comunicadas previamente al Ministerio de Hacienda.

6. En los casos en que, de acuerdo con las reglas establecidas en este artículo, se precise autorización para concertar la operación de endeudamiento, no podrán adquirir firmeza los compromisos de gasto vinculados a tal operación, hasta tanto no se disponga de la correspondiente autorización.

7. Para el otorgamiento de la autorización de las operaciones a que se refieren los apartados anteriores el órgano autorizante tendrá en cuenta, con carácter preferente, el cumplimiento del principio de estabilidad presupuestaria establecido en la Ley General de Estabilidad Presupuestaria.

Asimismo, se atenderá a la situación económica de la entidad, organismo autónomo o sociedad mercantil local peticionarios, deducida al menos de los análisis y de la información contable a la que se hace referencia en el apartado 1 de este artículo, incluido el cálculo del remanente de tesorería, del estado de previsión de movimientos y situación de la deuda y, además, el plazo de amortización de la operación, a la futura rentabilidad económica de la inversión a realizar y a las demás condiciones de todo tipo que conlleve el crédito a concertar o a modificar.

8. Los órganos competentes del Ministerio de Hacienda habrán de tener conocimiento de las operaciones de crédito autorizadas por las comunidades autónomas, así como de las que no requieran autorización, en la forma en que reglamentariamente se establezca.

9. Las Leyes de Presupuestos Generales del Estado podrán, anualmente, fijar límites de acceso al crédito de las entidades locales cuando se den circunstancias que coyunturalmente puedan aconsejar tal medida por razones de política económica general.

Modificado por Ley 26/2009, de 23 de diciembre, de Presupuestos Generales del Estado para el año 2010. (BOE de 24-12-2009).

*NOTA: Se actualiza del 110 al 125 por ciento este porcentaje exclusivamente para el año 2010.

Ver arts. 149.2 y 173.6 TRLRHL.

ART. 54. Operaciones de crédito a largo plazo de organismos autónomos y sociedades mercantiles.

Los organismos autónomos y los entes y sociedades mercantiles dependientes, precisarán la previa autorización del Pleno de la corporación e informe de la Intervención para la concertación de operaciones de crédito a largo plazo.

ART. 55. Central de información de riesgos.

1. El Ministerio de Hacienda mantendrá una central de riesgos que provea de información sobre las distintas operaciones de crédito concertadas por las entidades locales y las cargas financieras que supongan. Los bancos, cajas de ahorros y demás entidades financieras, así como las distintas Administraciones públicas remitirán los datos necesarios a tal fin, que tendrán carácter público en la forma que por aquel se señale.

2. El Banco de España colaborará con los órganos competentes del Ministerio de Hacienda con el fin de suministrar la información que se reciba a través de su Servicio Central de Información de Riesgos, establecido en virtud del artículo 16 del Decreto Ley 18/1962, de 7 de junio, de Nacionalización y Reorganización del Banco de España, sobre endeudamiento de las corporaciones locales en la forma y con el alcance y periodicidad que se establezca.

3. Con independencia de lo anterior, los órganos competentes del Ministerio de Hacienda podrán requerir al Banco de España la obtención de otros datos concretos relativos al endeudamiento de las corporaciones locales con entidades financieras declarantes al Servicio Central de Información de Riesgos en los términos que se fijen reglamentariamente.

4. Igualmente, las corporaciones locales informarán a los órganos competentes del Ministerio de Hacienda sobre el resto de su endeudamiento y cargas financieras, en la forma y con el alcance, contenido y periodicidad, que reglamentariamente se establezca.

TÍTULO II
Recursos de los municipios

CAPÍTULO I
Enumeración

ART. 56. Recursos de los municipios.

La hacienda de los municipios estará constituida por los recursos enumerados en el artículo 2 de esta ley en los términos y con las especialidades que se recogen en este título.

CAPÍTULO II
Tributos propios

Sección 1.ª Tasas

ART. 57. Tasas.

Los ayuntamientos podrán establecer y exigir tasas por la prestación de servicios o la realización de actividades de su competencia y por la utilización privativa o el aprovechamiento especial de los bienes del dominio público municipal, según las normas contenidas en la sección 3.ª del capítulo III del título I de esta ley.

Sección 2.ª Contribuciones especiales

ART. 58. Contribuciones especiales.

Los ayuntamientos podrán establecer y exigir contribuciones especiales por la realización de obras o por el establecimiento o ampliación de servicios municipales, según las normas contenidas en la sección 4.ª del capítulo III del título I de esta ley.

Sección 3.ª Impuestos

Subsección 1.ª Disposición general

ART. 59. Enumeración de impuestos.

1. Los ayuntamientos exigirán, de acuerdo con esta ley y las disposiciones que la desarrollan, los siguientes impuestos:
a) Impuesto sobre Bienes Inmuebles.
b) Impuesto sobre Actividades Económicas.
c) Impuesto sobre Vehículos de Tracción Mecánica.

2. Asimismo, los ayuntamientos podrán establecer y exigir el Impuesto sobre Construcciones, Instalaciones y Obras y el Impuesto sobre el Incremento de Valor de los Terrenos de Naturaleza Urbana, de acuerdo con esta ley, las disposiciones que la desarrollen y las respectivas ordenanzas fiscales.

Apdo. 1: ver art. 15.1 y 2 TRLRHL.

Subsección 2.ª Impuesto sobre Bienes Inmuebles

ART. 60. Naturaleza.

El Impuesto sobre Bienes Inmuebles es un tributo directo de carácter real que grava el valor de los bienes inmuebles en los términos establecidos en esta ley.

ART. 61. Hecho imponible y supuestos de no sujeción.

1. Constituye el hecho imponible del impuesto la titularidad de los siguientes derechos sobre los bienes inmuebles rústicos y urbanos y sobre los inmuebles de características especiales:

a) De una concesión administrativa sobre los propios inmuebles o sobre los servicios públicos a que se hallen afectos.

b) De un derecho real de superficie.

c) De un derecho real de usufructo.

d) Del derecho de propiedad.

2. La realización del hecho imponible que corresponda de entre los definidos en el apartado anterior por el orden en él establecido determinará la no sujeción del inmueble urbano o rústico a las restantes modalidades en el mismo previstas. En los inmuebles de características especiales se aplicará esta misma prelación, salvo cuando los derechos de concesión que puedan recaer sobre el inmueble no agoten su extensión superficial, supuesto en el que también se realizará el hecho imponible por el derecho de propiedad sobre la parte del inmueble no afectada por una concesión.

3. A los efectos de este impuesto, tendrán la consideración de bienes inmuebles rústicos, de bienes inmuebles urbanos y de bienes inmuebles de características especiales los definidos como tales en las normas reguladoras del Catastro Inmobiliario.

4. En caso de que un mismo inmueble se encuentre localizado en distintos términos municipales se entenderá, a efectos de este impuesto, que pertenece a cada uno de ellos por la superficie que ocupe en el respectivo término municipal.

5. No están sujetos a este impuesto:

a) Las carreteras, los caminos, las demás vías terrestres y los bienes del dominio público marítimo-terrestre e hidráulico, siempre que sean de aprovechamiento público y gratuito para los usuarios.

b) Los siguientes bienes inmuebles propiedad de los municipios en que estén enclavados: Los de dominio público afectos a uso público.

Los de dominio público afectos a un servicio público gestionado directamente por el ayuntamiento, excepto cuando se trate de inmuebles cedidos a terceros mediante contraprestación.

Los bienes patrimoniales, exceptuados igualmente los cedidos a terceros mediante contraprestación.

Apdo. 5.a) modificado por Ley 16/2012, de 27 de diciembre, por la que se adoptan diversas medidas tributarias dirigidas a la consolidación de las finanzas públicas y al impulso de la actividad económica. (BOE de 28-12-2012).

ART. 62. Exenciones.

1. Estarán exentos los siguientes inmuebles:

a) Los que sean propiedad del Estado, de las comunidades autónomas o de las entidades locales que estén directamente afectos a la seguridad ciudadana y a los servicios educativos y penitenciarios, así como los del Estado afectos a la defensa nacional.

b) Los bienes comunales y los montes vecinales en mano común.

c) Los de la Iglesia Católica, en los términos previstos en el Acuerdo entre el Estado Español y la Santa Sede sobre Asuntos Económicos, de 3 de enero de 1979, y los de las asociaciones confesionales no católicas legalmente reconocidas, en los términos establecidos en los respectivos acuerdos de cooperación suscritos en virtud de lo dispuesto en el artículo 16 de la Constitución.

d) Los de la Cruz Roja Española.

e) Los inmuebles a los que sea de aplicación la exención en virtud de convenios internacionales en vigor y, a condición de reciprocidad, los de los Gobiernos extranjeros destinados a su representación diplomática, consular, o a sus organismos oficiales.

f) La superficie de los montes poblados con especies de crecimiento lento reglamentariamente determinadas, cuyo principal aprovechamiento sea la madera o el corcho, siempre que la densidad del arbolado sea la propia o normal de la especie de que se trate.

g) Los terrenos ocupados por las líneas de ferrocarriles y los edificios enclavados en los mismos terrenos, que estén dedicados a estaciones, almacenes o a cualquier otro servicio indispensable para la explotación de dichas líneas. No están exentos, por consiguiente, los establecimientos de hostelería, espectáculos, comerciales y de esparcimiento, las casas destinadas a viviendas de los empleados, las oficinas de la dirección ni las instalaciones fabriles.

2. Asimismo, previa solicitud, estarán exentos:

a) Los bienes inmuebles que se destinen a la enseñanza por centros docentes acogidos, total o parcialmente, al régimen de concierto educativo, en cuanto a la superficie afectada a la enseñanza concertada.

Esta exención deberá ser compensada por la Administración competente.

b) Los declarados expresa e individualizadamente monumento o jardín histórico de interés cultural, mediante real decreto en la forma establecida por el artículo 9 de la Ley 16/1985, de 25 de junio, del Patrimonio Histórico Español, e inscritos en el registro general a que se refiere su artículo 12 como integrantes del Patrimonio Histórico Español, así como los comprendidos en las disposiciones adicionales primera, segunda y quinta de dicha Ley.

Esta exención no alcanzará a cualesquiera clases de bienes urbanos ubicados dentro del perímetro delimitativo de las zonas arqueológicas y sitios y conjuntos históricos, globalmente integrados en ellos, sino, exclusivamente, a los que reúnan las siguientes condiciones:

En zonas arqueológicas, los incluidos como objeto de especial protección en el instrumento de planeamiento urbanístico a que se refiere el artículo 20 de la Ley 16/1985, de 25 de junio, del Patrimonio Histórico Español.

En sitios o conjuntos históricos, los que cuenten con una antigüedad igual o superior a cincuenta años y estén incluidos en el catálogo previsto en el Real Decreto 2159/1978, de 23 de junio, por el que se aprueba el Reglamento de planeamiento para el desarrollo y aplicación de la Ley sobre Régimen del Suelo y Ordenación Urbana, como objeto de protección integral en los términos previstos en el artículo 21 de la Ley 16/1985, de 25 de junio.

No estarán exentos los bienes inmuebles a que se refiere esta letra b) cuando estén afectos a explotaciones económicas, salvo que les resulte de aplicación alguno de los supuestos de exención previstos en la Ley 49/2002, de 23 de diciembre, de régimen fiscal de las entidades sin fines lucrativos y de los incentivos fiscales al mecenazgo, o que la sujeción al impuesto a título de contribuyente recaiga sobre el Estado, las Comunidades Autónomas o las entidades locales, o sobre organismos autónomos del Estado o entidades de derecho público de análogo carácter de las Comunidades Autónomas y de las entidades locales.

c) La superficie de los montes en que se realicen repoblaciones forestales o regeneración de masas arboladas sujetas a proyectos de ordenación o planes técnicos aprobados por la Administración forestal. Esta exención tendrá una duración de 15 años, contados a partir del período impositivo siguiente a aquel en que se realice su solicitud.

3. Las ordenanzas fiscales podrán regular una exención a favor de los bienes de que sean titulares los centros sanitarios de titularidad pública, siempre que estén directamente afectados al cumplimiento de los fines específicos de los referidos centros. La regulación de los restantes aspectos sustantivos y formales de esta exención se establecerá en la ordenanza fiscal.

4. Los ayuntamientos podrán establecer, en razón de criterios de eficiencia y economía en la gestión recaudatoria del tributo, la exención de los inmuebles rústicos y urbanos cuya cuota líquida no supere la cuantía que se determine mediante ordenanza fiscal, a cuyo efecto podrá tomarse en consideración, para los primeros, la cuota agrupada que resulte de lo previsto en el apartado 2 del artículo 77 de esta ley.

Apdo. 2.b) modificado por Ley 16/2012, de 27 de diciembre, por la que se adoptan diversas medidas tributarias dirigidas a la consolidación de las finanzas públicas y al impulso de la actividad económica. (BOE de 28-12-2012).

ART. 63. Sujeto pasivo.

1. Son sujetos pasivos, a título de contribuyentes, las personas naturales y jurídicas y las entidades a que se refiere el artículo 35.4 de la Ley 58/2003, de 17 de diciembre, General Tributaria, que ostenten la titularidad del derecho que, en cada caso, sea constitutivo del hecho imponible de este impuesto.

En el caso de bienes inmuebles de características especiales, cuando la condición de contribuyente recaiga en uno o en varios concesionarios, cada uno de ellos lo será por su cuota, que se determinará en razón a la parte del valor catastral que corresponda a la superficie concedida y a la construcción directamente vinculada a cada concesión. Sin perjuicio del deber de los concesionarios de formalizar las declaraciones a que se refiere el artículo 76 de esta Ley, el ente u organismo público al que se halle afectado o adscrito el inmueble o aquel a cuyo cargo se encuentre su administración y gestión, estará obligado a suministrar anualmente al Ministerio de Economía y Hacienda la información relativa a dichas concesiones en los términos y demás condiciones que se determinen por orden.

Para esa misma clase de inmuebles, cuando el propietario tenga la condición de contribuyente en razón de la superficie no afectada por las concesiones, actuará como sustituto del mismo el ente u organismo público al que se refiere el párrafo anterior, el cual no podrá repercutir en el contribuyente el importe de la deuda tributaria satisfecha.

2. Lo dispuesto en el apartado anterior será de aplicación sin perjuicio de la facultad del sujeto pasivo de repercutir la carga tributaria soportada conforme a las normas de derecho común.

Las Administraciones Públicas y los entes u organismos a que se refiere el apartado anterior repercutirán la parte de la cuota líquida del impuesto que corresponda en quienes, no reuniendo la condición de sujetos pasivos, hagan uso mediante contraprestación de sus bienes demaniales o patrimoniales, los cuales estarán obligados a soportar la repercusión. A tal efecto la cuota repercutible se determinará en razón a la parte del valor catastral que corresponda a la superficie utilizada y a la construcción directamente vinculada a cada arrendatario o cesionario del derecho de uso. Lo dispuesto en este párrafo no será de aplicación en el supuesto de alquiler de inmueble de uso residencial con renta limitada por una norma jurídica.

Apdo. 2 modificado por Real Decreto-ley 7/2019, de 1 de marzo, de medidas urgentes en materia de vivienda y alquiler. (BOE de 05-03-2019).

ART. 64. Afección real en la transmisión y responsabilidad solidaria en la cotitularidad.

1. En los supuestos de cambio, por cualquier causa, en la titularidad de los derechos que constituyen el hecho imponible de este impuesto, los bienes inmuebles objeto de dichos derechos quedarán afectos al pago de la totalidad de la cuota tributaria, en régimen de responsabilidad subsidiaria, en los términos previstos en la Ley General Tributaria. A estos efectos, los notarios solicitarán información y advertirán expresamente a los comparecientes en los documentos que autoricen sobre las deudas pendientes por el Impuesto sobre Bienes Inmuebles asociadas al inmueble que se transmite, sobre el plazo dentro del cual están obligados los interesados a presentar declaración por el impuesto, cuando tal obligación subsista por no haberse aportado la referencia catastral del inmueble, conforme al apartado 2 del artículo 43 del texto refundido de la Ley del Catastro Inmobiliario y otras normas tributarias, sobre la afección de los bienes al pago de la cuota tributaria y, asimismo, sobre las responsabilidades en que incurran por la falta de presentación de declaraciones, el no efectuarlas en plazo o la presentación de declaraciones falsas, incompletas o inexactas, conforme a lo previsto en el artículo 70 del texto refundido de la Ley del Catastro Inmobiliario y otras normas tributarias.

2. Responden solidariamente de la cuota de este impuesto, y en proporción a sus respectivas participaciones, los copartícipes o cotitulares de las entidades a que se refiere el artículo 35.4. de la Ley 58/2003, de 17 de diciembre, General Tributaria, si figuran inscritos como tales en el Catastro Inmobiliario. De no figurar inscritos, la responsabilidad se exigirá por partes iguales en todo caso.

ART. 65. Base imponible.

La base imponible de este impuesto estará constituida por el valor catastral de los bienes inmuebles, que se determinará, notificará y será susceptible de impugnación conforme a lo dispuesto en las normas reguladoras del Catastro Inmobiliario.

Ver art. 120.2 TRLRHL.

ART. 66. Base liquidable.

1. La base liquidable de este impuesto será el resultado de practicar en la base imponible la reducción a que se refieren los artículos siguientes.

2. La base liquidable se notificará conjuntamente con la base imponible en los procedimientos de valoración colectiva. Dicha notificación incluirá la motivación de la reducción aplicada mediante la indicación del valor base que corresponda al inmueble así como de los importes de dicha reducción y de la base liquidable del primer año de vigencia del nuevo valor catastral en este impuesto.

Sin perjuicio de lo anterior, que será aplicable en los procedimientos de valoración colectiva de carácter general, en los de carácter parcial y simplificado, la motivación consistirá en la expresión de los datos indicados en el párrafo anterior, referidos al ejercicio en que se practique la notificación.

3. Cuando se produzcan alteraciones de términos municipales y mientras no se apruebe una nueva ponencia de valores, los bienes inmuebles que pasen a formar parte de otro municipio mantendrán el mismo régimen de asignación de bases imponibles y liquidables que tuvieran en el de origen.

4. En los procedimientos de valoración colectiva la determinación de la base liquidable será competencia de la Dirección General del Catastro y recurrible ante los Tribunales Económico-Administrativos del Estado.

ART. 67. Reducción en base imponible.

1. La reducción en la base imponible será aplicable a aquellos bienes inmuebles urbanos y rústicos que se encuentren en algunas de estas dos situaciones:

a) Inmuebles cuyo valor catastral se incremente, como consecuencia de procedimientos de valoración colectiva de carácter general en virtud de:

1.º La aplicación de la primera ponencia total de valores aprobada con posterioridad al 1 de enero de 1997.

2.º La aplicación de sucesivas ponencias totales de valores que se aprueben una vez transcurrido el período de reducción establecido en el artículo 68.1 de esta ley.

b) Inmuebles situados en municipios para los que se hubiera aprobado una ponencia de valores que haya dado lugar a la aplicación de la reducción prevista en el párrafo a) anterior y cuyo valor catastral se altere, antes de finalizar el plazo de reducción, por alguna de las siguientes causas:

1.º Procedimientos de valoración colectiva de carácter general.

2.º Procedimientos de valoración colectiva de carácter parcial.

3.º Procedimientos simplificados de valoración colectiva.

4.º Procedimientos de inscripción mediante declaraciones, comunicaciones, solicitudes, subsanación de discrepancias e inspección catastral.

2. Tratándose de bienes inmuebles de características especiales, la reducción en la base imponible únicamente procederá cuando el valor catastral resultante de la aplicación de una nueva Ponencia de valores especial supere el doble del que, como inmueble de esa clase, tuviera previamente asignado. En defecto de este valor, se tomará como tal el 40 por ciento del que resulte de la nueva Ponencia.

3. Esta reducción se aplicará de oficio sin necesidad de previa solicitud por los sujetos pasivos del impuesto y no dará lugar a la compensación establecida en el artículo 9 de esta ley.

4. La reducción establecida en este artículo no se aplicará respecto del incremento de la base imponible de los inmuebles que resulte de la actualización de sus valores catastrales por aplicación de los coeficientes establecidos en las Leyes de Presupuestos Generales del Estado.

Apdo. 4 se deroga. se renumeran los apartados 2 y 3 como 3 y 4 y se añade un apdo. 2 por Ley 16/2007, de 4 de julio, de reforma y adaptación de la legislación mercantil en materia contable para su armonización internacional con base en la normativa de la Unión Europea. (BOE de 05-07-2007).

Ver arts. 68.4, 69.a) y b) y 70 TRLRHL.

ART. 68. Duración y cuantía de la reducción.

1. La reducción se aplicará durante un período de nueve años a contar desde la entrada en vigor de los nuevos valores catastrales, sin perjuicio de lo dispuesto en el artículo 70 de esta ley.

2. La cuantía de la reducción será el resultado de aplicar un coeficiente reductor, único para todos los inmuebles afectados del municipio, a un componente individual de la reducción, calculado para cada inmueble.

3. El coeficiente reductor tendrá el valor de 0,9 el primer año de su aplicación e irá disminuyendo en 0,1 anualmente hasta su desaparición.

4. El componente individual de la reducción será, en cada año, la diferencia positiva entre el nuevo valor catastral que corresponda al inmueble en el primer ejercicio de su vigencia y su valor base. Dicha diferencia se dividirá por el último coeficiente reductor aplicado cuando concurran los supuestos del artículo 67, apartado 1.b).2.°, y b).3.° de esta ley.

En caso de que la actualización de valores catastrales por aplicación de los coeficientes establecidos en las leyes de Presupuestos Generales del Estado determine un decremento de la base imponible de los inmuebles, el componente individual de la reducción será, en cada año, la diferencia positiva entre el valor catastral resultante de dicha actualización y su valor base. Dicha diferencia se dividirá por el último coeficiente reductor aplicado.

No obstante, tratándose de bienes inmuebles de características especiales el componente individual de la reducción será, en cada año, la diferencia positiva entre el nuevo valor catastral que corresponda al inmueble en el primer ejercicio de su vigencia y el doble del valor a que se refiere el artículo 67.2 que, a estos efectos, se tomará como valor base.

Apdo. 4 modificado por Ley 16/2013, de 29 de octubre, por la que se establecen determinadas medidas en materia de fiscalidad medioambiental y se adoptan otras medidas tributarias y financieras. (BOE de 30-10-2013).

Apdo. 1: ver art. 67.1.a) TRLRHL.

ART. 69. Valor base de la reducción.

El valor base será la base liquidable del ejercicio inmediato anterior a la entrada en vigor del nuevo valor catastral, salvo cuando concurran las siguientes circunstancias:

a) Para aquellos inmuebles en los que, habiéndose producido alteraciones susceptibles de inscripción catastral previamente a la modificación del planeamiento o al 1 de enero del año anterior a la entrada en vigor de los valores catastrales resultantes de las ponencias de valores a las que se refiere el artículo 67, aún no se haya modificado su valor catastral en el momento de la aprobación de estas, el valor base será el importe de la base liquidable que de acuerdo a dichas alteraciones corresponda al ejercicio inmediato anterior a la entrada en vigor de los nuevos valores catastrales por la aplicación a los mencionados bienes de la ponencia de valores anterior a la última aprobada.

b) Para los inmuebles a los que se refiere el artículo 67, en su apartado 1.b).4.°, el valor base será el resultado de multiplicar el nuevo valor catastral por un cociente, determinado por la Dirección General del Catastro que, calculado con sus dos primeros decimales, se obtiene de dividir el valor catastral medio de todos los inmuebles de la misma clase del municipio incluidos en el último padrón entre la media de los valores catastrales resultantes de la aplicación de la nueva ponencia de valores.

En los procedimientos de valoración colectiva de carácter general, una vez aprobada la correspondiente ponencia de valores, la Dirección General del Catastro hará públicos el valor catastral medio de todos los inmuebles de la clase de que se trate incluidos en el último padrón del municipio y el valor catastral medio resultante de la aplicación de la nueva ponencia, antes del inicio de las notificaciones de los valores catastrales. Los anuncios de exposición pública de estos valores medios se publicarán por edictos en el boletín oficial de la provincia, indicándose el lugar y plazo, que no será inferior a 15 días.

Asimismo, este valor base se utilizará para aquellos inmuebles que deban ser nuevamente valorados como bienes de clase diferente de la que tenían.

c) Cuando la actualización de valores catastrales por aplicación de los coeficientes establecidos en las leyes de presupuestos generales del Estado determine un decremento de la base imponible de los inmuebles, el valor base será la base liquidable del ejercicio inmediatamente anterior a dicha actualización.

Modificado por Ley 16/2013, de 29 de octubre, por la que se establecen determinadas medidas en materia de fiscalidad medioambiental y se adoptan otras medidas tributarias y financieras. (BOE de 30-10-2013).

ART. 70. Cómputo del período de reducción en supuestos especiales.

1. En los casos contemplados en el artículo 67, apartado 1.b).1.° se iniciará el cómputo de un nuevo período de reducción y se extinguirá el derecho a la aplicación del resto de la reducción que se viniera aplicando.

2. En los casos contemplados en el artículo 67, apartados 1.b).2.o, 3.° y 4.° no se iniciará el cómputo de un nuevo período de reducción y el coeficiente reductor aplicado a los inmuebles afectados tomará el valor correspondiente al resto de los inmuebles del municipio.

Ver art. 68.1 TRLPHL.

ART. 71. Cuota íntegra y cuota líquida.

1. La cuota íntegra de este impuesto será el resultado de aplicar a la base liquidable el tipo de gravamen a que se refiere el artículo siguiente.

2. La cuota líquida se obtendrá minorando la cuota íntegra en el importe de las bonificaciones previstas legalmente.

ART. 72. Tipo de gravamen. Recargo por inmuebles urbanos de uso residencial desocupados con carácter permanente.

1. El tipo de gravamen mínimo y supletorio será el 0,4 por ciento cuando se trate de bienes inmuebles urbanos y el 0,3 por ciento cuando se trate de bienes inmuebles rústicos, y el máximo será el 1,10 por ciento para los urbanos y 0,90 por ciento para los rústicos.

2. El tipo de gravamen aplicable a los bienes inmuebles de características especiales, que tendrá carácter supletorio, será del 0,6 por ciento. Los ayuntamientos podrán establecer para cada grupo de ellos existentes en el municipio un tipo diferenciado que, en ningún caso, será inferior al 0,4 por ciento ni superior al 1,3 por ciento.

3. Los ayuntamientos respectivos podrán incrementar los tipos fijados en el apartado 1 con los puntos porcentuales que para cada caso se indican, cuando concurra alguna de las circunstancias siguientes. En el supuesto de que sean varias, se podrá optar por hacer uso del incremento previsto para una sola, algunas o todas ellas:

Puntos porcentuales	Bienes urbanos	Bienes rústicos
A) Municipios que sean capital de provincia o comunidad autónoma	0,07	0,06
B) Municipios en los que se preste servicio de transporte público colectivo de superficie	0,07	0,05
C) Municipios cuyos ayuntamientos presten más servicios de aquellos a los que están obligados según lo dispuesto en el artículo 26 de la Ley 7/1985, de 2 de abril	0,06	0,06
D) Municipios en los que los terrenos de naturaleza rústica representan más del 80 por ciento de la superficie total del término	0,00	0,15

4. Dentro de los límites resultantes de lo dispuesto en los apartados anteriores, los ayuntamientos podrán establecer, para los bienes inmuebles urbanos, excluidos los de uso residencial, tipos diferenciados atendiendo a los usos establecidos en la normativa catastral para la valoración de las construcciones. Cuando los inmuebles tengan atribuidos varios usos se aplicará el tipo correspondiente al uso de la edificación o dependencia principal.

Dichos tipos solo podrán aplicarse, como máximo, al 10 por ciento de los bienes inmuebles urbanos del término municipal que, para cada uso, tenga mayor valor catastral, a cuyo efecto la ordenanza fiscal del impuesto señalará el correspondiente umbral de valor para todos o cada uno de los usos, a partir del cual serán de aplicación los tipos incrementados.

Tratándose de inmuebles de uso residencial que se encuentren desocupados con carácter permanente, los ayuntamientos podrán exigir un recargo de hasta el 50 por ciento de la cuota líquida del impuesto.

A estos efectos tendrá la consideración de inmueble desocupado con carácter permanente aquel que permanezca desocupado, de forma continuada y sin causa justificada, por un plazo superior a dos años, conforme a los requisitos, medios de prueba y procedimiento que establezca la ordenanza fiscal, y pertenezcan a titulares de cuatro o más inmuebles de uso residencial.

El recargo podrá ser de hasta el 100 por ciento de la cuota líquida del impuesto cuando el periodo de desocupación sea superior a tres años, pudiendo modularse en función del periodo de tiempo de desocupación.

Además, los ayuntamientos podrán aumentar el porcentaje de recargo que corresponda con arreglo a lo señalado anteriormente en hasta 50 puntos porcentuales adicionales en caso de inmuebles pertenecientes a titulares de dos o más inmuebles de uso residencial que se encuentren desocupados en el mismo término municipal.

En todo caso se considerarán justificadas las siguientes causas: el traslado temporal por razones laborales o de formación, el cambio de domicilio por situación de dependencia o razones de salud o emergencia social, inmuebles destinados a usos de vivienda de segunda residencia con un máximo de cuatro años de desocupación continuada, inmuebles sujetos a actuaciones de obra o rehabilitación, u otras circunstancias que imposibiliten su ocupación efectiva, que la vivienda esté siendo objeto de un litigio o causa pendiente de resolución judicial o administrativa que impida el uso y disposición de la misma o que se trate de inmuebles cuyos titulares, en condiciones de mercado, ofrezcan en venta, con un máximo de un año en esta situación, o en alquiler, con un máximo de seis meses en esta situación. En el caso de inmuebles de titularidad de alguna Administración Pública, se considerará también como causa justificada ser objeto el inmueble de un procedimiento de venta o de puesta en explotación mediante arrendamiento.

El recargo, que se exigirá a los sujetos pasivos de este tributo, se devengará el 31 de diciembre y se liquidará anualmente por los ayuntamientos, una vez constatada la desocupación del inmueble en tal fecha, juntamente con el acto administrativo por el que esta se declare.

La declaración municipal como inmueble desocupado con carácter permanente exigirá la previa audiencia del sujeto pasivo y la acreditación por el Ayuntamiento de los indicios de desocupación, a regular en dicha ordenanza, dentro de los cuales podrán figurar los relativos a los datos del padrón municipal, así como los consumos de servicios de suministro.

5. Por excepción, en los municipios en los que entren en vigor nuevos valores catastrales de inmuebles rústicos y urbanos, resultantes de procedimientos de valoración colectiva de carácter general, los ayuntamientos podrán establecer, durante un período máximo de seis años, tipos de gravamen reducidos, que no podrán ser inferiores al 0,1 por ciento para los bienes inmuebles urbanos ni al 0,075 por ciento, tratándose de inmuebles rústicos.

6. Los ayuntamientos que acuerden nuevos tipos de gravamen, por estar incurso el municipio respectivo en procedimientos de valoración colectiva de carácter general, deberán aprobar dichos tipos provisionalmente con anterioridad al inicio de las notificaciones individualizadas de los nuevos valores y, en todo caso, antes del 1 de julio* del año inmediatamente anterior a aquel en que deban surtir efecto. De este acuerdo se dará traslado a la Dirección General del Catastro dentro de dicho plazo.

7. En los supuestos a los que se refiere el apartado 3 del artículo 66 de esta ley, los ayuntamientos aplicarán a los bienes inmuebles rústicos y urbanos que pasen a formar parte de su término municipal el tipo de gravamen vigente en el municipio de origen, salvo que acuerden establecer otro distinto.

Apdo. 4 modificado por Ley 12/2023, de 24 de mayo, por el derecho a la vivienda. (BOE de 25-03-2023).

*NOTA: Con vigencia exclusiva para el ejercicio 2023, el plazo previsto en el artículo 72.6 del texto refundido de la Ley Reguladora de las Haciendas Locales, aprobado por Real Decreto Legislativo 2/2004, de 5 de marzo, para aprobar los nuevos tipos de gravamen del Impuesto sobre Bienes Inmuebles por los Ayuntamientos afectados por procedimientos de valoración colectiva de carácter general que deban surtir efectos el 1 de enero de 2024, se amplía hasta el 31 de julio de 2023. De los correspondientes acuerdos se dará traslado a la Dirección General del Catastro dentro de dicho plazo. Así se establece en la D.T. 3.ª de la Ley 31/2022, de 23 de diciembre, de Presupuestos Generales del Estado para el año 2023. (BOE de 24-12-2022)

Apdo. 4 anteriormente modificado por Real Decreto-ley 7/2019, de 1 de marzo, de medidas urgentes en materia de vivienda y alquiler. (BOE de 05-03-2019).

Ver art. 8.1 de la Ley 16/2013, de 29 de octubre, con efectos para los periodos impositivos que se inicien en los años 2014 y 2015, sobre tipos de gravamen del IBI.

ART. 73. Bonificaciones obligatorias.

1. Tendrán derecho a una bonificación de entre el 50 y el 90 por ciento en la cuota íntegra del impuesto, siempre que así se solicite por los interesados antes del inicio de las obras, los inmuebles que constituyan el objeto de la actividad de las empresas de urbanización, construcción y promoción inmobiliaria tanto de obra nueva como de rehabilitación equiparable a ésta, y no figuren entre los bienes de su inmovilizado. En defecto de acuerdo municipal, se aplicará a los referidos inmuebles la bonificación máxima prevista en este artículo.

El plazo de aplicación de esta bonificación comprenderá desde el período impositivo siguiente a aquel en que se inicien las obras hasta el posterior a su terminación, siempre que durante ese tiempo se realicen obras de urbanización o construcción efectiva, y sin que, en ningún caso, pueda exceder de tres períodos impositivos.

2. Tendrán derecho a una bonificación del 50 por ciento en la cuota íntegra del Impuesto, durante los tres períodos impositivos siguientes al del otorgamiento de la calificación definitiva, las viviendas de protección oficial y las que resulten equiparables a éstas conforme a la normativa de la respectiva comunidad autónoma.

Dicha bonificación se concederá a petición del interesado, la cual podrá efectuarse en cualquier momento anterior a la terminación de los tres períodos impositivos de duración de aquella y surtirá efectos, en su caso, desde el período impositivo siguiente a aquel en que se solicite.

Los ayuntamientos podrán establecer una bonificación de hasta el 50 por ciento en la cuota íntegra del impuesto, aplicable a los citados inmuebles una vez transcurrido el plazo previsto en el párrafo anterior. La ordenanza fiscal determinará la duración y la cuantía anual de esta bonificación.

3. Tendrán derecho a una bonificación del 95 por ciento de la cuota íntegra y, en su caso, del recargo del impuesto a que se refiere el artículo 153 de esta ley, los bienes rústicos de las cooperativas agrarias y de explotación comunitaria de la tierra, en los términos establecidos en la Ley 20/1990, de 19 de diciembre, sobre Régimen Fiscal de las Cooperativas.

4. Las ordenanzas fiscales especificarán los aspectos sustantivos y formales de las bonificaciones indicadas en los apartados anteriores, así como las condiciones de compatibilidad con otros beneficios fiscales.

ART. 74. Bonificaciones potestativas.

1. Las ordenanzas fiscales podrán regular una bonificación de hasta el 90 por ciento de la cuota íntegra del Impuesto a favor de los bienes inmuebles urbanos ubicados en áreas o zonas del municipio que, conforme a la legislación y planeamiento urbanísticos, correspondan a asentamientos de población singularizados por su vinculación o preeminencia de actividades primarias de carácter agrícola, ganadero, forestal, pesquero o análogas y que dispongan de un nivel de servicios de competencia municipal, infraestructuras o equipamientos colectivos inferior al existente en las áreas o zonas consolidadas del municipio, siempre que sus características económicas aconsejen una especial protección.

Las características peculiares y ámbito de los núcleos de población, áreas o zonas, así como las tipologías de las construcciones y usos del suelo necesarios para la aplicación de esta bonificación y su duración, cuantía anual y demás aspectos sustantivos y formales se especificarán en la ordenanza fiscal.

2. Los ayuntamientos podrán acordar, para cada ejercicio, la aplicación a los bienes inmuebles de una bonificación en la cuota íntegra del impuesto equivalente a la diferencia positiva entre la cuota íntegra del ejercicio y la cuota líquida del ejercicio anterior multiplicada esta última por el coeficiente de incremento máximo anual de la cuota líquida que establezca la ordenanza fiscal para cada uno de los tramos de valor catastral y, en su caso, para cada una de las diversas clases de cultivos o aprovechamientos o de modalidades de uso de las construcciones que en aquella se fijen y en que se sitúen los diferentes bienes inmuebles del municipio.

Dicha bonificación, cuya duración máxima no podrá exceder de tres períodos impositivos, tendrá efectividad a partir de la entrada en vigor de nuevos valores catastrales de bienes inmuebles de una misma clase, resultantes de un procedimiento de valoración colectiva de carácter general de ámbito municipal. Asimismo, la ordenanza fijará las condiciones de compatibilidad de esta bonificación con las demás que beneficien a los mismos inmuebles.

Sin perjuicio de lo dispuesto en el párrafo anterior, en el supuesto de que la aplicación de otra bonificación concluya en el período inmediatamente anterior a aquel en que haya de aplicarse sobre ese mismo inmueble la bonificación a que se refiere este apartado, la cuota sobre la que se aplicará, en su caso, el coeficiente de incremento máximo anual será la cuota íntegra del ejercicio anterior.

Cuando en alguno de los períodos impositivos en los que se aplique esta bonificación tenga efectividad un cambio en el valor catastral de los inmuebles, resultante de alteraciones susceptibles de inscripción catastral, del cambio de clase del inmueble o de un cambio de aprovechamiento determinado por la modificación del planeamiento urbanístico, para el cálculo de la bonificación se considerará como cuota líquida del ejercicio anterior la resultante de aplicar el tipo de gravamen de dicho año al valor base determinado conforme a lo dispuesto en el artículo 69 de esta ley.

Las liquidaciones tributarias resultantes de la aplicación de esta bonificación se regirán por lo previsto en el artículo 102.3 de la Ley 58/2003, de 17 de diciembre, General Tributaria, sin que sea necesaria su notificación individual en los casos de establecimiento, modificación o supresión de aquella como consecuencia de la aprobación o modificación de la ordenanza fiscal.

2 bis. Los ayuntamientos mediante ordenanza podrán regular una bonificación de hasta el 95 por ciento de la cuota íntegra del impuesto a favor de inmuebles de organismos públicos de investigación y los de enseñanza universitaria.

2 ter. Los ayuntamientos mediante ordenanza podrán regular una bonificación de hasta el 95 por ciento de la cuota íntegra del impuesto a favor de los bienes inmuebles excluidos de la exención a que se refiere el último párrafo de la letra b) del apartado 2 del artículo 62 de esta Ley.

2 quáter. Los ayuntamientos mediante ordenanza podrán regular una bonificación de hasta el 95 por ciento de la cuota íntegra del impuesto a favor de inmuebles en los que se desarrollen actividades económicas que sean declaradas de especial interés o utilidad municipal por concurrir circunstancias sociales, culturales, histórico artísticas o de fomento del empleo que justifiquen tal declaración. Corresponderá dicha declaración al Pleno de la Corporación y se acordará, previa solicitud del sujeto pasivo, por voto favorable de la mayoría simple de sus miembros.

3. Los ayuntamientos mediante ordenanza podrán regular una bonificación de hasta el 90 por ciento de la cuota íntegra del impuesto a favor de cada grupo de bienes inmuebles de características especiales. La ordenanza deberá especificar la duración, cuantía anual y demás aspectos sustantivos y formales relativos a esta bonificación.

4. Las ordenanzas fiscales podrán regular una bonificación de hasta el 90 por ciento de la cuota íntegra del impuesto a favor de aquellos sujetos pasivos que ostenten la condición de titulares de familia numerosa.

La ordenanza deberá especificar la clase y características de los bienes inmuebles a que afecte, duración, cuantía anual y demás aspectos sustantivos y formales de esta bonificación, así como las condiciones de compatibilidad con otros beneficios fiscales.

5. Las ordenanzas fiscales podrán regular una bonificación de hasta el 50 por ciento de la cuota íntegra del impuesto para los bienes inmuebles en los que se hayan instalado sistemas para el aprovechamiento térmico o eléctrico de la energía proveniente del sol. La aplicación de esta bonificación estará condicionada a que las instalaciones para producción de calor incluyan colectores que dispongan de la correspondiente homologación por la Administración competente. Los demás aspectos sustantivos y formales de esta bonificación se especificarán en la ordenanza fiscal.

6. Los ayuntamientos mediante ordenanza fiscal podrán establecer una bonificación de hasta el 95 por ciento en la cuota íntegra del impuesto para los bienes inmuebles de uso residencial destinados a alquiler de vivienda con renta limitada por una norma jurídica.

7. Las ordenanzas fiscales podrán regular una bonificación de hasta el 50 por ciento de la cuota íntegra del impuesto a favor de los bienes inmuebles en los que se hayan instalado puntos de recarga para vehículos eléctricos. La aplicación de esta bonificación estará condicionada a que las instalaciones dispongan de la correspondiente homologación por la Administración competente. Los demás aspectos sustantivos y formales de esta bonificación se especificarán en la ordenanza fiscal.

La modificación del apdo. 5 por el Real Decreto-ley 7/2025, de 24 de junio se dejó sin efecto por Resolución de 22 de julio de 2025, del Congreso de los Diputados, por la que se ordena la publicación del Acuerdo de derogación del Real Decreto-ley 7/2025, de 24 de junio, por el que se aprueban medidas urgentes para el refuerzo del sistema eléctrico. Por lo tanto, se vuelve a la regulación previa a la precitada modificación, que es la que se recoge en la presente redacción.

Apdo. 5 modificado por Real Decreto-ley 7/2025, de 24 de junio, por el que se aprueban medidas urgentes para el refuerzo del sistema eléctrico (BOE 25-06-2025).

Apdo. 7 añadido Real Decreto-ley 29/2021, de 21 de diciembre, por el que se adoptan medidas urgentes en el ámbito energético para el fomento de la movilidad eléctrica, el autoconsumo y el despliegue de energías renovables. (BOE de 22-12-2021).

ART. 75. Devengo y período impositivo.

1. El impuesto se devengará el primer día del período impositivo.

2. El período impositivo coincide con el año natural.

3. Los hechos, actos y negocios que deben ser objeto de declaración o comunicación ante el Catastro Inmobiliario tendrán efectividad en el devengo de este impuesto inmediatamente posterior al momento en que produzcan efectos catastrales. La efectividad de las inscripciones catastrales resultantes de los procedimientos de valoración colectiva y de determinación del valor catastral de los bienes inmuebles de características especiales coincidirá con la prevista en las normas reguladoras del Catastro Inmobiliario.

ART. 76. Declaraciones y comunicaciones ante el Catastro Inmobiliario.

1. Las alteraciones concernientes a los bienes inmuebles susceptibles de inscripción catastral que tengan trascendencia a efectos de este impuesto determinarán la obligación de los sujetos pasivos de formalizar las declaraciones conducentes a su inscripción en el Catastro Inmobiliario, conforme a lo establecido en sus normas reguladoras.

2. Sin perjuicio de la facultad de la Dirección General del Catastro de requerir al interesado la documentación que en cada caso resulte pertinente, en los municipios acogidos mediante ordenanza fiscal al procedimiento de comunicación previsto en las normas reguladoras del Catastro Inmobiliario, las declaraciones a las que alude este artículo se entenderán realizadas cuando las circunstancias o alteraciones a que se refieren consten en la correspondiente licencia o autorización municipal, supuesto en el que el sujeto pasivo quedará exento de la obligación de declarar antes mencionada.

3. Los ayuntamientos podrán exigir la acreditación de la presentación de la declaración catastral de nueva construcción para la tramitación del procedimiento de concesión de la licencia que autorice la primera ocupación de los inmuebles. En el caso de que el ayuntamiento se hubiera acogido al procedimiento de comunicación a que se refiere el apartado anterior, en lugar de la acreditación de la declaración podrá exigirse la información complementaria que resulte necesaria para la remisión de la comunicación.

Apdo. 3 añadido por Ley 36/2006, de 29 de noviembre, de medidas para la prevención del fraude fiscal. (BOE de 30-11-2006).

Ver art. 63.1 TRLPHL.

ART. 77. Gestión tributaria del impuesto.

1. La liquidación y recaudación, así como la revisión de los actos dictados en vía de gestión tributaria de este impuesto, serán competencia exclusiva de los ayuntamientos y comprenderán las funciones de reconocimiento y denegación de exenciones y bonificaciones, realización de las liquidaciones conducentes a la determinación de las deudas tributarias, emisión de los documentos de cobro, resolución de los expedientes de devolución de ingresos indebidos, resolución de los recursos que se interpongan contra dichos actos y actuaciones para la asistencia e información al contribuyente referidas a las materias comprendidas en este apartado.

2. Los ayuntamientos podrán agrupar en un único documento de cobro todas las cuotas de este impuesto relativas a un mismo sujeto pasivo cuando se trate de bienes rústicos sitos en un mismo municipio.

3. Los ayuntamientos determinarán la base liquidable cuando la base imponible resulte de la tramitación de los procedimientos de declaración, comunicación, solicitud, subsanación de discrepancias e inspección catastral previstos en las normas reguladoras del Catastro Inmobiliario.

4. No será necesaria la notificación individual de las liquidaciones tributarias en los supuestos en que, de conformidad con los artículos 65 y siguientes de esta ley, se hayan practicado previamente las notificaciones del valor catastral y base liquidable previstas en los procedimientos de valoración colectiva.

Una vez transcurrido el plazo de impugnación previsto en las citadas notificaciones sin que se hayan utilizado los recursos pertinentes, se entenderán consentidas y firmes las bases imponible y liquidable notificadas, sin que puedan ser objeto de nueva impugnación al procederse a la exacción anual del impuesto.

5. El impuesto se gestiona a partir de la información contenida en el padrón catastral y en los demás documentos expresivos de sus variaciones elaborados al efecto por la Direc-

ción General del Catastro, sin perjuicio de la competencia municipal para la calificación de inmuebles de uso residencial desocupados. Dicho padrón, que se formará anualmente para cada término municipal, contendrá la información relativa a los bienes inmuebles, separadamente para los de cada clase y será remitido a las entidades gestoras del impuesto antes del 1 de marzo de cada año.

6. Los datos contenidos en el padrón catastral y en los demás documentos citados en el apartado anterior deberán figurar en las listas cobratorias, documentos de ingreso y justificantes de pago del Impuesto sobre Bienes Inmuebles.

7. En los supuestos en los que resulte acreditada, con posterioridad a la emisión de los documentos a que se refiere el apartado anterior, la no coincidencia del sujeto pasivo con el titular catastral, las rectificaciones que respecto a aquél pueda acordar el órgano gestor a efectos de liquidación del impuesto devengado por el correspondiente ejercicio, deberán ser inmediatamente comunicadas a la Dirección General del Catastro en la forma en que por ésta se determine. Esta liquidación tendrá carácter provisional cuando no exista convenio de delegación de funciones entre el Catastro y el ayuntamiento o entidad local correspondiente.

En este caso, a la vista de la información remitida, la Dirección General del Catastro confirmará o modificará el titular catastral mediante acuerdo que comunicará al ayuntamiento o entidad local para que se practique, en su caso, liquidación definitiva.

8. Las competencias que con relación al Impuesto sobre Bienes Inmuebles se atribuyen a los ayuntamientos en este artículo se ejercerán directamente por aquellos o a través de los convenios u otras fórmulas de colaboración que se celebren con cualquiera de las Administraciones públicas en los términos previstos en la Ley 7/1985, de 2 de abril, Reguladora de las Bases del Régimen Local, con aplicación de forma supletoria de lo dispuesto en el título I de la Ley 30/1992, de 26 de noviembre, de Régimen Jurídico de las Administraciones Públicas y del Procedimiento Administrativo Común.

Sin perjuicio de lo anterior, las entidades locales reconocidas por las leyes y las comunidades autónomas uniprovinciales en las que se integren los respectivos ayuntamientos asumirán el ejercicio de las referidas competencias cuando así lo solicite el ayuntamiento interesado, en la forma y plazos que reglamentariamente se establezcan.

Apdo. 2: ver art. 62.4 TRLRHL.
Apdo. 3: ver art. D.T. 12ª TRLRHL.

Subsección 3.ª Impuesto sobre Actividades Económicas

ART. 78. Naturaleza y hecho imponible.

1. El Impuesto sobre Actividades Económicas es un tributo directo de carácter real, cuyo hecho imponible está constituido por el mero ejercicio, en territorio nacional, de actividades empresariales, profesionales o artísticas, se ejerzan o no en local determinado y se hallen o no especificadas en las tarifas del impuesto.

2. Se consideran, a los efectos de este impuesto, actividades empresariales las ganaderas, cuando tengan carácter independiente, las mineras, industriales, comerciales y de servicios. No tienen, por consiguiente, tal consideración las actividades agrícolas, las ganaderas dependientes, las forestales y las pesqueras, no constituyendo hecho imponible por el impuesto ninguna de ellas.

A efectos de lo previsto en el párrafo anterior, tendrá la consideración de ganadería independiente el conjunto de cabezas de ganado que se encuentre comprendido en alguno de los casos siguientes:

a) Que paste o se alimente fundamentalmente en tierras que no sean explotadas agrícola o forestalmente por el dueño del ganado.

b) El estabulado fuera de las fincas rústicas.

c) El trashumante o trasterminante.

d) Aquel que se alimente fundamentalmente con piensos no producidos en la finca en que se críe.

ART. 79. Actividad económica gravada.

1. Se considera que una actividad se ejerce con carácter empresarial, profesional o artístico, cuando suponga la ordenación por cuenta propia de medios de producción y de recur-

sos humanos o de uno de ambos, con la finalidad de intervenir en la producción o distribución de bienes o servicios.

2. El contenido de las actividades gravadas se definirá en las tarifas del impuesto.

ART. 80. Prueba del ejercicio de actividad económica gravada.

El ejercicio de las actividades gravadas se probará por cualquier medio admisible en derecho y, en particular, por los contemplados en el artículo 3 del Código de Comercio.

ART. 81. Supuestos de no sujeción.

No constituye hecho imponible en este impuesto el ejercicio de las siguientes actividades:

1. La enajenación de bienes integrados en el activo fijo de las empresas que hubieran figurado debidamente inventariados como tal inmovilizado con más de dos años de antelación a la fecha de transmitirse, y la venta de bienes de uso particular y privado del vendedor siempre que los hubiese utilizado durante igual período de tiempo.

2. La venta de los productos que se reciben en pago de trabajos personales o servicios profesionales.

3. La exposición de artículos con el fin exclusivo de decoración o adorno del establecimiento. Por el contrario, estará sujeta al impuesto la exposición de artículos para regalo a los clientes.

4. Cuando se trate de venta al por menor la realización de un solo acto u operación aislada.

ART. 82. Exenciones.

1. Están exentos del impuesto:

a) El Estado, las comunidades autónomas y las entidades locales, así como los organismos autónomos del Estado y las entidades de derecho público de análogo carácter de las comunidades autónomas y de las entidades locales.

b) Los sujetos pasivos que inicien el ejercicio de su actividad en territorio español, durante los dos primeros períodos impositivos de este impuesto en que se desarrolle aquella.

A estos efectos, no se considerará que se ha producido el inicio del ejercicio de una actividad cuando esta se haya desarrollado anteriormente bajo otra titularidad, circunstancia que se entenderá que concurre, entre otros supuestos, en los casos de fusión, escisión o aportación de ramas de actividad.

c) Los siguientes sujetos pasivos:

Las personas físicas, sean o no residentes en territorio español.

Los sujetos pasivos del Impuesto sobre Sociedades, las sociedades civiles y las entidades del artículo 35.4 de la Ley 58/2003, de 17 de diciembre, General Tributaria, que tengan un importe neto de la cifra de negocios inferior a 1.000.000 de euros.

En cuanto a los contribuyentes por el Impuesto sobre la Renta de no Residentes, la exención solo alcanzará a los que operen en España mediante establecimiento permanente, siempre que tengan un importe neto de la cifra de negocios inferior a 1.000.000 de euros.

A efectos de la aplicación de la exención prevista en esta letra, se tendrán en cuenta las siguientes reglas:

1.ª El importe neto de la cifra de negocios se determinará de acuerdo con lo previsto en el apartado 2 del artículo 35 del Código de Comercio.

2.ª El importe neto de la cifra de negocios será, en el caso de los sujetos pasivos del Impuesto sobre Sociedades o de los contribuyentes por el Impuesto sobre la Renta de no Residentes, el del período impositivo cuyo plazo de presentación de declaraciones por dichos tributos hubiese finalizado el año anterior al del devengo de este impuesto. En el caso de las sociedades civiles y las entidades a que se refiere el artículo 35.4 de la Ley 58/2003, de 17 de diciembre, General Tributaria, el importe neto de la cifra de negocios será el que corresponda al penúltimo año anterior al de devengo de este impuesto. Si dicho período impositivo hubiera tenido una duración inferior al año natural, el importe neto de la cifra de negocios se elevará al año.

3.ª Para el cálculo del importe neto de la cifra de negocios del sujeto pasivo, se tendrá en cuenta el conjunto de las actividades económicas ejercidas por él.

No obstante, cuando la entidad forme parte de un grupo de sociedades por concurrir alguna de las circunstancias consideradas en el apartado 1 del artículo 42 del Código de Comercio como determinantes de la existencia de control, con independencia de la obligación de consolidación contable, el importe neto de la cifra de negocios se referirá al conjunto de entidades pertenecientes a dicho grupo.

A efectos de lo dispuesto en el párrafo anterior, se entenderá que los casos del artículo 42 del Código de Comercio son los recogidos en la sección 1.ª del Capítulo I de las normas para la formulación de las cuentas anuales consolidadas, aprobadas por Real Decreto 1159/2010, de 17 de septiembre.

4.ª En el supuesto de contribuyentes por el Impuesto sobre la Renta de no Residentes, se atenderá al importe neto de la cifra de negocios imputable al conjunto de los establecimientos permanentes situados en territorio español.

d) Las entidades gestoras de la Seguridad Social y las mutualidades de previsión social reguladas en la Ley 30/1995, de 8 de noviembre, de ordenación y supervisión de los seguros privados.

e) Los organismos públicos de investigación, los establecimientos de enseñanza en todos sus grados costeados íntegramente con fondos del Estado, de las comunidades autónomas o de las entidades locales, o por fundaciones declaradas benéficas o de utilidad pública, y los establecimientos de enseñanza en todos sus grados que, careciendo de ánimo de lucro, estuvieren en régimen de concierto educativo, incluso si facilitasen a sus alumnos libros o artículos de escritorio o les prestasen los servicios de media pensión o internado y aunque por excepción vendan en el mismo establecimiento los productos de los talleres dedicados a dicha enseñanza, siempre que el importe de dicha venta, sin utilidad para ningún particular o tercera persona, se destine, exclusivamente, a la adquisición de materias primas o al sostenimiento del establecimiento.

f) Las asociaciones y fundaciones de disminuidos físicos, psíquicos y sensoriales, sin ánimo de lucro, por las actividades de carácter pedagógico, científico, asistenciales y de empleo que para la enseñanza, educación, rehabilitación y tutela de minusválidos realicen, aunque vendan los productos de los talleres dedicados a dichos fines, siempre que el importe de dicha venta, sin utilidad para ningún particular o tercera persona, se destine exclusivamente a la adquisición de materias primas o al sostenimiento del establecimiento.

g) La Cruz Roja Española.

h) Los sujetos pasivos a los que les sea de aplicación la exención en virtud de tratados o convenios internacionales.

2. Los sujetos pasivos a que se refieren los párrafos a), d), g) y h) del apartado anterior no estarán obligados a presentar declaración de alta en la matrícula del impuesto.

3. El Ministro de Hacienda establecerá en qué supuestos la aplicación de la exención prevista en el párrafo c) del apartado 1 anterior exigirá la presentación de una comunicación dirigida a la Agencia Estatal de Administración Tributaria en la que se haga constar que se cumplen los requisitos establecidos en dicho párrafo para la aplicación de la exención. Dicha obligación no se exigirá, en ningún caso, cuando se trate de contribuyentes por el Impuesto sobre la Renta de las Personas Físicas.

Los sujetos pasivos que hayan aplicado la exención prevista en el párrafo b) del apartado 1 anterior presentarán la comunicación, en su caso, el año siguiente al posterior al de inicio de su actividad.

A estos efectos, el Ministro de Hacienda establecerá el contenido, el plazo y la forma de presentación de dicha comunicación, así como los supuestos en que habrá de presentarse por vía telemática.

En cuanto a las variaciones que puedan afectar a la exención prevista en el párrafo c) del apartado 1 anterior, se estará a lo previsto en el párrafo tercero del apartado 2 del artículo 90 de esta ley.

4. Las exenciones previstas en los párrafos e) y f) del apartado 1 de este artículo tendrán carácter rogado y se concederán, cuando proceda, a instancia de parte.

Apdo. 1.c) se modifica por la Ley 11/2021, de 9 de julio, de medidas de prevención y lucha contra el fraude fiscal, de transposición de la Directiva (UE) 2016/1164, del Consejo, de 12 de julio de 2016, por la que se establecen normas contra las prácticas de elusión fiscal que inciden directamente en el funcionamiento del mercado interior, de modificación de diversas normas tributarias y en materia de regulación del juego. (BOE de 10-07-2021).

Apdo. 1.b): ver art. 88.1.b) y 2.a) y D.A. 12ª.2 TRLRHL.

Apdo. 1.c): ver arts. 86 y 90.2 TRLRHL.

ART. 83. Sujetos pasivos.

Son sujetos pasivos de este impuesto las personas físicas o jurídicas y las entidades a que se refiere el artículo 35.4 de la Ley 58/2003, de 17 de diciembre, General Tributaria siempre que realicen en territorio nacional cualquiera de las actividades que originan el hecho imponible.

ART. 84. Cuota tributaria.

La cuota tributaria será la resultante de aplicar las tarifas del impuesto, de acuerdo con los preceptos contenidos en esta ley y en las disposiciones que la complementen y desarrollen, y los coeficientes y las bonificaciones previstos por la ley y, en su caso, acordados por cada ayuntamiento y regulados en las ordenanzas fiscales respectivas.

ART. 85. Tarifas del impuesto.

1. Las tarifas del impuesto, en las que se fijarán las cuotas mínimas, así como la Instrucción para su aplicación, se aprobarán por real decreto legislativo del Gobierno, que será dictado en virtud de la presente delegación legislativa al amparo de lo dispuesto en el artículo 82 de la Constitución. La fijación de las cuotas mínimas se ajustará a las bases siguientes:

Primera.-Delimitación del contenido de las actividades gravadas de acuerdo con las características de los sectores económicos, tipificándolas, con carácter general, mediante elementos fijos que deberán concurrir en el momento del devengo del impuesto.

Segunda.-Los epígrafes y rúbricas que clasifiquen las actividades sujetas se ordenarán, en lo posible, con arreglo a la Clasificación Nacional de Actividades Económicas.

Tercera.-Determinación de aquellas actividades o modalidades de estas a las que por su escaso rendimiento económico se les señale cuota cero.

Cuarta.-Las cuotas resultantes de la aplicación de las tarifas no podrán exceder del 15 por ciento del beneficio medio presunto de la actividad gravada, y en su fijación se tendrá en cuenta, además de lo previsto en la base primera anterior, la superficie de los locales en los que se realicen las actividades gravadas.

Quinta.-Asimismo, las tarifas del impuesto podrán fijar cuotas provinciales o nacionales, señalando las condiciones en que las actividades podrán tributar por dichas cuotas y fijando su importe, teniendo en cuenta su respectivo ámbito espacial.

2. El plazo para el ejercicio de la delegación legislativa concedida al Gobierno en el apartado 1 de este artículo será de un año a contar desde la fecha de entrada en vigor de esta ley.

3. No obstante lo dispuesto en el artículo 91.2 de esta ley, la gestión tributaria de las cuotas provinciales y nacionales que fijen las tarifas del impuesto corresponderá a la Administración tributaria del Estado, sin perjuicio de las fórmulas de colaboración que, en relación a tal gestión, puedan establecerse con otras entidades.

Sobre las referidas cuotas provinciales y nacionales no podrá establecerse ni el coeficiente ni el recargo provincial regulados, respectivamente, en los artículos 87 y 134 de esta ley.

4. Las cuotas del impuesto se exaccionarán y distribuirán con arreglo a las normas siguientes:

A) La exacción de las cuotas mínimas municipales se llevará a cabo por el ayuntamiento en cuyo término municipal tenga lugar la realización de las respectivas actividades.

Cuando los locales, o las instalaciones que no tienen consideración de tal, radiquen en más de un término municipal, la cuota correspondiente será exigida por el ayuntamiento en el que radique la mayor parte de aquéllos, sin perjuicio de la obligación de aquél de distribuir entre todos los demás el importe de dicha cuota, en proporción a la superficie que en cada término municipal ocupe la instalación o local de que se trate, en los términos que se establezcan en la Instrucción para la aplicación de las tarifas del impuesto y en las normas reglamentarias.

En el caso de centrales hidráulicas de producción de energía eléctrica, las cuotas se distribuirán entre los municipios en cuyo término radiquen las instalaciones de la central, sin incluir el embalse, y aquellos otros en cuyo término se extienda el embalse, en los términos que se establezcan en la Instrucción para la aplicación de las tarifas del impuesto y en las normas reglamentarias.

Tratándose de la actividad de producción de energía eléctrica en centrales nucleares, la cuota correspondiente se exigirá por el ayuntamiento en el que radique la central, o por aquél en el que radique la mayor parte de ella. En ambos casos, dicha cuota será distribuida, en los términos que se establezcan en la instrucción para la aplicación de las tarifas del impuesto y en las normas reglamentarias, entre todos los municipios afectados por la central, aunque en éstos no radiquen instalaciones o edificios afectos a ella.

A tales efectos, se consideran municipios afectados por una central nuclear aquéllos en cuyo término respectivo radique el todo o una parte de sus instalaciones, así como aquellos otros, en los que no concurriendo la circunstancia anterior, tengan parte o todo de su término municipal en un área circular de 10 kilómetros de radio con centro en la instalación.

Las cuotas municipales correspondientes a actividades que se desarrollen en zonas portuarias que se extiendan sobre más de un término municipal serán distribuidas por el ayuntamiento exactor entre todos los municipios sobre los que se extienda la zona portuaria de que se trate, en proporción a la superficie de dicho término ocupada por la zona portuaria.

B) La exacción de las cuotas provinciales se llevará a cabo por la Delegación Provincial de la Agencia Estatal de Administración Tributaria en cuyo ámbito territorial tenga lugar la realización de las actividades correspondientes.

El importe de dichas cuotas será distribuido por la Delegación de la Agencia Estatal exactora entre todos los municipios de la provincia y la diputación provincial correspondiente, en los términos que reglamentariamente se establezcan.

C) La exacción de las cuotas nacionales se llevará a cabo por la Delegación Provincial de la Agencia Estatal de Administración Tributaria en cuyo ámbito territorial tenga su domicilio fiscal el sujeto pasivo.

El importe de las cuotas nacionales se distribuirá entre todos los municipios y Diputaciones Provinciales de territorio común en los términos que reglamentariamente se establezcan.

5. Las Leyes de Presupuestos Generales del Estado podrán modificar las tarifas del impuesto, así como la Instrucción para su aplicación, y actualizar las cuotas en ellas contenidas.

Se autoriza al Gobierno para dictar cuantas disposiciones sean necesarias para el desarrollo y aplicación de las tarifas e Instrucción del impuesto.

ART. 86. Coeficiente de ponderación.

Sobre las cuotas municipales, provinciales o nacionales fijadas en las tarifas del impuesto se aplicará, en todo caso, un coeficiente de ponderación, determinado en función del importe neto de la cifra de negocios del sujeto pasivo.

Dicho coeficiente se determinará de acuerdo con el siguiente cuadro:

Importe neto de la cifra de negocios (euros)	Coeficiente
Desde 1.000.000,00 hasta 5.000.000,00	1,29
Desde 5.000.000,01 hasta 10.000.000,00	1,30
Desde 10.000.000,01 hasta 50.000.000,00	1,32
Desde 50.000.000,01 hasta 100.000.000,00	1,33
Más de 100.000.000,00	1,35
Sin cifra neta de negocio	1,31

A los efectos de la aplicación del coeficiente a que se refiere este artículo, el importe neto de la cifra de negocios del sujeto pasivo será el correspondiente al conjunto de actividades económicas ejercidas por él y se determinará de acuerdo con lo previsto en el artículo 82.1.c) de esta ley.

Ver art. 88.2 TRLRHL.

ART. 87. Coeficiente de situación.

1. Sobre las cuotas modificadas por la aplicación del coeficiente de ponderación previsto en el artículo anterior, los ayuntamientos podrán establecer una escala de coeficientes que pondere la situación física del local dentro de cada término municipal, atendiendo a la categoría de la calle en que radique.

2. Dicho coeficiente no podrá ser inferior a 0,4 ni superior a 3,8.

3. A los efectos de la fijación del coeficiente de situación, el número de categorías de calles que debe establecer cada municipio no podrá ser inferior a 2 ni superior a 9.

4. En los municipios en los que no sea posible distinguir más de una categoría de calle, no se podrá establecer el coeficiente de situación.

5. La diferencia del valor del coeficiente atribuido a una calle con respecto al atribuido a la categoría superior o inferior no podrá ser menor de 0,10.

Ver art. 85.3, 88.2 y D.A. 10ª TRLRHL.

ART. 88. Bonificaciones obligatorias y potestativas.

1. Sobre la cuota del impuesto se aplicarán, en todo caso, las siguientes bonificaciones:

a) Las cooperativas, así como las uniones, federaciones y confederaciones de aquéllas y las sociedades agrarias de transformación tendrán la bonificación prevista en la Ley 20/1990, de 19 de diciembre, sobre Régimen Fiscal de las Cooperativas.

b) Una bonificación del 50 por ciento de la cuota correspondiente, para quienes inicien el ejercicio de cualquier actividad profesional, durante los cinco años de actividad siguientes a la conclusión del segundo período impositivo de desarrollo de aquélla. El período de aplicación de la bonificación caducará transcurridos cinco años desde la finalización de la exención prevista en el artículo 82.1.b) de esta ley.

2. Cuando las ordenanzas fiscales así lo establezcan, se aplicarán las siguientes bonificaciones:

a) Una bonificación de hasta el 50 por ciento de la cuota correspondiente, para quienes inicien el ejercicio de cualquier actividad empresarial y tributen por cuota municipal, durante los cinco años de actividad siguientes a la conclusión del segundo período impositivo de desarrollo de aquélla.

La aplicación de la bonificación requerirá que la actividad económica no se haya ejercido anteriormente bajo otra titularidad. Se entenderá que la actividad se ha ejercido anteriormente bajo otra titularidad, entre otros, en los supuestos de fusión, escisión o aportación de ramas de actividad.

El período de aplicación de la bonificación caducará transcurridos cinco años desde la finalización de la exención prevista en el párrafo b) del apartado 1 del artículo 82 de esta ley.

La bonificación se aplicará a la cuota tributaria, integrada por la cuota de tarifa ponderada por el coeficiente establecido en el artículo 86 y modificada, en su caso, por el coeficiente establecido en el artículo 87 de esta ley. En el supuesto de que resultase aplicable la bonificación a que alude el párrafo a) del apartado 1 anterior, la bonificación prevista en este párrafo se aplicará a la cuota resultante de aplicar la bonificación del citado párrafo a) del apartado 1.

b) Una bonificación por creación de empleo de hasta el 50 por ciento de la cuota correspondiente, para los sujetos pasivos que tributen por cuota municipal y que hayan incrementado el promedio de su plantilla de trabajadores con contrato indefinido durante el período impositivo inmediato anterior al de la aplicación de la bonificación, en relación con el período anterior a aquél.

La ordenanza fiscal podrá establecer diferentes porcentajes de bonificación, sin exceder el límite máximo fijado en el párrafo anterior, en función de cuál sea el incremento medio de la plantilla de trabajadores con contrato indefinido.

La bonificación se aplicará a la cuota resultante de aplicar, en su caso, las bonificaciones a que se refieren el apartado 1 de este artículo y el párrafo a) anterior.

c) Una bonificación de hasta el 50 por ciento de la cuota correspondiente para los sujetos pasivos que tributen por cuota municipal y que:

Utilicen o produzcan energía a partir de instalaciones para el aprovechamiento de energías renovables o sistemas de cogeneración.

A estos efectos, se considerarán instalaciones para el aprovechamiento de las energías renovables las contempladas y definidas como tales en el Plan de Fomento de las Energías Renovables. Se considerarán sistemas de cogeneración los equipos e instalaciones que permitan la producción conjunta de electricidad y energía térmica útil.

Realicen sus actividades industriales, desde el inicio de su actividad o por traslado posterior, en locales o instalaciones alejadas de las zonas más pobladas del término municipal.

Establezcan un plan de transporte para sus trabajadores que tenga por objeto reducir el consumo de energía y las emisiones causadas por el desplazamiento al lugar del puesto de trabajo y fomentar el empleo de los medios de transporte más eficientes, como el transporte colectivo o el compartido.

La bonificación se aplicará a la cuota resultante de aplicar, en su caso, las bonificaciones a que se refieren el apartado 1 de este artículo y los párrafos a) y b) anteriores.

d) Una bonificación de hasta el 50 por ciento de la cuota correspondiente para los sujetos pasivos que tributen por cuota municipal y tengan una renta o rendimiento neto de la actividad económica negativos o inferiores a la cantidad que determine la ordenanza fiscal, la cual podrá fijar diferentes porcentajes de bonificación y límites en función de cuál sea la división, agrupación o grupo de las tarifas del impuesto en que se clasifique la actividad económica realizada.

La bonificación se aplicará a la cuota resultante de aplicar, en su caso, las bonificaciones a que se refieren el apartado 1 de este artículo y los párrafos anteriores de este apartado.

e) Una bonificación de hasta el 95 por ciento de la cuota correspondiente para los sujetos pasivos que tributen por cuota municipal y que desarrollen actividades económicas que sean declaradas de especial interés o utilidad municipal por concurrir circunstancias sociales, culturales, histórico artísticas o de fomento del empleo que justifiquen tal declaración. Corresponderá dicha declaración al Pleno de la Corporación y se acordará, previa solicitud del sujeto pasivo, por voto favorable de la mayoría simple de sus miembros.

La bonificación se aplicará a la cuota resultante de aplicar, en su caso, las bonificaciones a que se refieren el apartado 1 de este artículo y los párrafos anteriores de este apartado.

f) Una bonificación de hasta el 50 por ciento de la cuota correspondiente para los sujetos pasivos que tributen por cuota municipal y que hayan instalado puntos de recarga para vehículos eléctricos en los locales afectos a la actividad económica. La aplicación de esta bonificación estará condicionada a que las instalaciones dispongan de la correspondiente homologación por la Administración competente.

La bonificación se aplicará a la cuota resultante de aplicar, en su caso, las bonificaciones a que se refieren el apartado 1 de este artículo y los párrafos anteriores de este apartado.

3. La ordenanza fiscal correspondiente especificará los restantes aspectos sustantivos y formales a que se refiere el apartado anterior. Entre otras materias, la ordenanza fiscal determinará si todas o algunas de las citadas bonificaciones son o no aplicables simultáneamente.

> *Letra f) del apdo. 2 añadida Real Decreto-ley 29/2021, de 21 de diciembre, por el que se adoptan medidas urgentes en el ámbito energético para el fomento de la movilidad eléctrica, el autoconsumo y el despliegue de energías renovables. (BOE de 22-12-2021).*

ART. 89. Período impositivo y devengo.

1. El período impositivo coincide con el año natural, excepto cuando se trate de declaraciones de alta, en cuyo caso abarcará desde la fecha de comienzo de la actividad hasta el final del año natural.

2. El impuesto se devenga el primer día del período impositivo y las cuotas serán irreducibles, salvo cuando, en los casos de declaración de alta, el día de comienzo de la actividad no coincida con el año natural, en cuyo supuesto las cuotas se calcularán proporcionalmente al número de trimestres naturales que restan para finalizar el año, incluido el del comienzo del ejercicio de la actividad.

Asimismo, y en el caso de baja por cese en el ejercicio de la actividad, las cuotas serán prorrateables por trimestres naturales, excluido aquél en el que se produzca dicho cese. A tal fin los sujetos pasivos podrán solicitar la devolución de la parte de la cuota correspondiente a los trimestres naturales en los que no se hubiera ejercido la actividad.

3. Tratándose de espectáculos, cuando las cuotas estén establecidas por actuaciones aisladas, el devengo se produce por la realización de cada una de ellas, debiéndose presentar las correspondientes declaraciones en la forma que se establezca reglamentariamente.

ART. 90. Gestión tributaria del impuesto.

1. El impuesto se gestiona a partir de la matrícula de éste. Dicha matrícula se formará anualmente para cada término y estará constituida por censos comprensivos de las actividades económicas, sujetos pasivos, cuotas mínimas y, en su caso, del recargo provincial.

La matrícula estará a disposición del público en los respectivos ayuntamientos.

2. Los sujetos pasivos estarán obligados a presentar las correspondientes declaraciones censales de alta manifestando todos los elementos necesarios para su inclusión en la matrícula en los términos del artículo 90.1 de esta ley y dentro del plazo que reglamentariamente se establezca. A continuación se practicará por la Administración competente la liquidación correspondiente, la cual se notificará al sujeto pasivo, quien deberá efectuar el ingreso que proceda.

Asimismo, los sujetos pasivos estarán obligados a comunicar las variaciones de orden físico, económico o jurídico que se produzcan en el ejercicio de las actividades gravadas y que tengan trascendencia a efectos de este impuesto, y las formalizarán en los plazos y términos reglamentariamente determinados.

En particular, los sujetos pasivos a los que no resulte de aplicación la exención prevista en el párrafo c) del apartado 1 del artículo 82 de esta ley, deberán comunicar a la Agencia Estatal de Administración Tributaria el importe neto de su cifra de negocios. Asimismo, los sujetos pasivos deberán comunicar las variaciones que se produzcan en el importe neto de su cifra de negocios cuando tal variación suponga la modificación de la aplicación o no de la exención prevista en el párrafo c) del apartado 1 del artículo 82 de esta ley o una modificación en el tramo a considerar a efectos de la aplicación del coeficiente de ponderación previsto en el artículo 86 de esta ley. El Ministro de Hacienda establecerá los supuestos en que deberán presentarse estas comunicaciones, su contenido y su plazo y forma de presentación, así como los supuestos en que habrán de presentarse por vía telemática.

3. La inclusión, exclusión o alteración de los datos contenidos en los censos, resultantes de las actuaciones de inspección tributaria o de la formalización de altas y comunicaciones, se considerarán acto administrativo, y conllevarán la modificación del censo. Cualquier modificación de la matrícula que se refiera a datos obrantes en los censos requerirá, inexcusablemente, la previa alteración de estos últimos en el mismo sentido.

4. Este impuesto podrá exigirse en régimen de autoliquidación, en los términos que reglamentariamente se establezcan.

ART. 91. Matrícula del impuesto.

1. La formación de la matrícula del Impuesto, la calificación de las actividades económicas, el señalamiento de las cuotas correspondientes y, en general, la gestión censal del tributo se llevará a cabo por la Administración tributaria del Estado.

Sin perjuicio de ello, la notificación de estos actos puede ser practicada por los ayuntamientos o por la Administración del Estado, juntamente con la notificación de las liquidaciones conducentes a la determinación de las deudas tributarias.

Tratándose de cuotas municipales, las funciones a que se refiere el párrafo primero de este apartado, podrán ser delegadas en los ayuntamientos, diputaciones provinciales, cabildos o consejos insulares y otras entidades reconocidas por las leyes y comunidades autónomas que lo soliciten, en los términos que reglamentariamente se establezca.

2. La liquidación y recaudación, así como la revisión de los actos dictados en vía de gestión tributaria de este impuesto se llevará a cabo por los ayuntamientos y comprenderá las funciones de concesión y denegación de exenciones y bonificaciones, realización de las liquidaciones conducentes a la determinación de las deudas tributarias, emisión de los instrumentos de cobro, resolución de los expedientes de devolución de ingresos indebidos, resolución de los recursos que se interpongan contra dichos actos y actuaciones para la información y asistencia al contribuyente referidas a las materias comprendidas en este apartado.

3. La inspección de este impuesto se llevará a cabo por los órganos competentes de la Administración tributaria del Estado, sin perjuicio de las delegaciones que puedan hacerse en los ayuntamientos, diputaciones provinciales, cabildos o consejos insulares y otras entidades locales reconocidas por las leyes y comunidades autónomas que lo soliciten, y de las fórmulas de colaboración que puedan establecerse con dichas entidades, todo ello en los términos que se disponga por el Ministro de Hacienda.

4. En todo caso el conocimiento de las reclamaciones que se interpongan contra los actos de gestión censal dictados por la Administración tributaria del Estado a que se refiere el párrafo primero del apartado 1 de este artículo, así como los actos de igual naturaleza dictados en virtud de la delegación prevista en el párrafo tercero del mismo apartado, corresponderá a los Tribunales Económico-Administrativos del Estado.

De igual modo, corresponderá a los mencionados Tribunales Económico-Administrativos el conocimiento de las reclamaciones que se interpongan contra los actos dictados en virtud de la delegación prevista en el apartado 3 de este artículo que supongan inclusión, exclusión o alteración de los datos contenidos en los censos del impuesto.

Apdo. 2: ver art. 85.3 TRLRHL.

Subsección 4.ª Impuesto sobre Vehículos de Tracción Mecánica

ART. 92. Naturaleza y hecho imponible.

1. El Impuesto sobre Vehículos de Tracción Mecánica es un tributo directo que grava la titularidad de los vehículos de esta naturaleza, aptos para circular por las vías públicas, cualesquiera que sean su clase y categoría.

2. Se considera vehículo apto para la circulación el que hubiera sido matriculado en los registros públicos correspondientes y mientras no haya causado baja en éstos. A los efectos de este impuesto también se considerarán aptos los vehículos provistos de permisos temporales y matrícula turística.

3. No están sujetos a este impuesto:

a) Los vehículos que habiendo sido dados de baja en los Registros por antigüedad de su modelo, puedan ser autorizados para circular excepcionalmente con ocasión de exhibiciones, certámenes o carreras limitadas a los de esta naturaleza.

b) Los remolques y semirremolques arrastrados por vehículos de tracción mecánica cuya carga útil no sea superior a 750 kilogramos.

ART. 93. Exenciones.

1. Estarán exentos del impuesto:

a) Los vehículos oficiales del Estado, comunidades autónomas y entidades locales adscritos a la defensa nacional o a la seguridad ciudadana.

b) Los vehículos de representaciones diplomáticas, oficinas consulares, agentes diplomáticos y funcionarios consulares de carrera acreditados en España, que sean súbditos de los respectivos países, externamente identificados y a condición de reciprocidad en su extensión y grado.

Asimismo, los vehículos de los organismos internacionales con sede u oficina en España y de sus funcionarios o miembros con estatuto diplomático.

c) Los vehículos respecto de los cuales así se derive de lo dispuesto en tratados o convenios internacionales.

d) Las ambulancias y demás vehículos directamente destinados a la asistencia sanitaria o al traslado de heridos o enfermos.

e) Los vehículos para personas de movilidad reducida a que se refiere el apartado A del anexo II del Reglamento General de Vehículos, aprobado por el Real Decreto 2822/1998, de 23 de diciembre.

Asimismo, están exentos los vehículos matriculados a nombre de minusválidos para su uso exclusivo. Esta exención se aplicará en tanto se mantengan dichas circunstancias, tanto a los vehículos conducidos por personas con discapacidad como a los destinados a su transporte.

Las exenciones previstas en los dos párrafos anteriores no resultarán aplicables a los sujetos pasivos beneficiarios de ellas por más de un vehículo simultáneamente.

A efectos de lo dispuesto en este párrafo, se considerarán personas con minusvalía quienes tengan esta condición legal en grado igual o superior al 33 por ciento.

f) Los autobuses, microbuses y demás vehículos destinados o adscritos al servicio de transporte público urbano, siempre que tengan una capacidad que exceda de nueve plazas, incluida la del conductor.

g) Los tractores, remolques, semirremolques y maquinaria provistos de Cartilla de Inspección Agrícola.

2. Para poder aplicar las exenciones a que se refieren los párrafos e) y g) del apartado 1 de este artículo, los interesados deberán instar su concesión indicando las características del vehículo, su matrícula y la causa del beneficio. Declarada la exención por la Administración municipal, se expedirá un documento que acredite su concesión.

En relación con la exención prevista en el segundo párrafo del párrafo e) del apartado 1 anterior, el interesado deberá aportar el certificado de la minusvalía emitido por el órgano competente y justificar el destino del vehículo ante el ayuntamiento de la imposición, en los términos que éste establezca en la correspondiente ordenanza fiscal.

ART. 94. Sujetos pasivos.

Son sujetos pasivos de este impuesto las personas físicas o jurídicas y las entidades a que se refiere el artículo 35.4 de la Ley 58/2003, de 17 de diciembre, General Tributaria, a cuyo nombre conste el vehículo en el permiso de circulación.

ART. 95. Cuota.

1. El Impuesto se exigirá con arreglo al siguiente cuadro de tarifas:

Potencia y clase de vehículo	Cuota – Euros
A) Turismos:	
De menos de ocho caballos fiscales	12,62
De 8 hasta 11,99 caballos fiscales	34,08
De 12 hasta 15,99 caballos fiscales	71,94
De 16 hasta 19,99 caballos fiscales	89,61
De 20 caballos fiscales en adelante	112,00
B) Autobuses:	
De menos de 21 plazas	83,30
De 21 a 50 plazas	118,64
De más de 50 plazas	148,30
C) Camiones:	
De menos de 1.000 kilogramos de carga útil	42,28
De 1.000 a 2.999 kilogramos de carga útil	83,30
De más de 2.999 a 9.999 kilogramos de carga útil	118,64
De más de 9.999 kilogramos de carga útil	148,30
D) Tractores:	
De menos de 16 caballos fiscales	17,67
De 16 a 25 caballos fiscales	27,77
De más de 25 caballos fiscales	83,30
E) Remolques y semirremolques arrastrados por vehículos de tracción mecánica:	
De menos de 1.000 y más de 750 kilogramos de carga útil	17,67
De 1.000 a 2.999 kilogramos de carga útil	27,77
De más de 2.999 kilogramos de carga útil	83,30
F) Vehículos:	
Ciclomotores	4,42
Motocicletas hasta 125 centímetros cúbicos	4,42
Motocicletas de más de 125 hasta 250 centímetros cúbicos	7,57
Motocicletas de más de 250 hasta 500 centímetros cúbicos	15,15
Motocicletas de más de 500 hasta 1.000 centímetros cúbicos	30,29
Motocicletas de más de 1.000 centímetros cúbicos	60,58

2. El cuadro de cuotas podrá ser modificado por la Ley de Presupuestos Generales del Estado.

3. Reglamentariamente se determinará el concepto de las diversas clases de vehículos y las reglas para la aplicación de las tarifas.

4. Los ayuntamientos podrán incrementar las cuotas fijadas en el apartado 1 de este artículo mediante la aplicación sobre ellas de un coeficiente, el cual no podrá ser superior a 2.

Los ayuntamientos podrán fijar un coeficiente para cada una de las clases de vehículos previstas en el cuadro de tarifas recogido en el apartado 1 de este artículo, el cual podrá ser, a su vez, diferente para cada uno de los tramos fijados en cada clase de vehículo, sin exceder en ningún caso el límite máximo fijado en el párrafo anterior.

5. En el caso de que los ayuntamientos no hagan uso de la facultad a que se refiere el apartado anterior, el impuesto se exigirá con arreglo a las cuotas del cuadro de tarifas.

6. Las ordenanzas fiscales podrán regular, sobre la cuota del impuesto, incrementada o no por la aplicación del coeficiente, las siguientes bonificaciones:

a) Una bonificación de hasta el 75 por ciento en función de la clase de carburante que consuma el vehículo, en razón a la incidencia de la combustión de dicho carburante en el medio ambiente.

b) Una bonificación de hasta el 75 por ciento en función de las características de los motores de los vehículos y su incidencia en el medio ambiente.

c) Una bonificación de hasta el 100 por cien para los vehículos históricos o aquellos que tengan una antigüedad mínima de veinticinco años, contados a partir de la fecha de su fabricación o, si ésta no se conociera, tomando como tal la de su primera matriculación o, en su defecto, la fecha en que el correspondiente tipo o variante se dejó de fabricar.

La regulación de los restantes aspectos sustantivos y formales de las bonificaciones a que se refieren los párrafos anteriores se establecerá en la ordenanza fiscal.

ART. 96. Período impositivo y devengo.

1. El período impositivo coincide con el año natural, salvo en el caso de primera adquisición de los vehículos.

En este caso el período impositivo comenzará el día en que se produzca dicha adquisición.

2. El impuesto se devenga el primer día del período impositivo.

3. El importe de la cuota del impuesto se prorrateará por trimestres naturales en los casos de primera adquisición o baja definitiva del vehículo. También procederá el prorrateo de la cuota en los mismos términos en los supuestos de baja temporal por sustracción o robo de vehículo, y ello desde el momento en que se produzca dicha baja temporal en el Registro público correspondiente.

ART. 97. Gestión tributaria del impuesto.

La gestión, liquidación, inspección y recaudación, así como la revisión de los actos dictados en vía de gestión tributaria corresponde al ayuntamiento del domicilio que conste en el permiso de circulación del vehículo.

ART. 98. Autoliquidación.

1. Los ayuntamientos podrán exigir este impuesto en régimen de autoliquidación.

2. En las respectivas ordenanzas fiscales los ayuntamientos dispondrán la clase de instrumento acreditativo del pago del impuesto.

ART. 99. Justificación del pago del impuesto.

1. Quienes soliciten ante la Jefatura Provincial de Tráfico la matriculación o la certificación de aptitud para circular de un vehículo, deberán acreditar previamente el pago del impuesto.

2. Las Jefaturas Provinciales de Tráfico no tramitarán el cambio de titularidad administrativa de un vehículo en tanto su titular registral no haya acreditado el pago del impuesto correspondiente al período impositivo del año anterior a aquel en que se realiza el trámite.

3. A efectos de la acreditación anterior, los Ayuntamientos o las entidades que ejerzan las funciones de recaudación por delegación, al finalizar el período voluntario, comunicarán informáticamente al Registro de Vehículos de la Dirección General de Tráfico el impago de la deuda correspondiente al período impositivo del año en curso. La inexistencia de anotaciones por impago en el Registro de Vehículos implicará, a los únicos efectos de realización del trámite, la acreditación anteriormente señalada.

Modificado por Ley 36/2006, de 29 de noviembre, de medidas para la prevención del fraude fiscal. (BOE de 30-11-2006).

Apdo. 3: ver art. D.T. 19ª TRLRHL.

Subsección 5.ª Impuesto sobre Construcciones, Instalaciones y Obras

ART. 100. Naturaleza y hecho imponible.

1. El Impuesto sobre Construcciones, Instalaciones y Obras es un tributo indirecto cuyo hecho imponible está constituido por la realización, dentro del término municipal, de cualquier construcción, instalación u obra para la que se exija obtención de la correspondiente licencia de obras o urbanística, se haya obtenido o no dicha licencia, o para la que se exija presentación de declaración responsable o comunicación previa, siempre que la expedición de la licencia o la actividad de control corresponda al ayuntamiento de la imposición.

2. Está exenta del pago del impuesto la realización de cualquier construcción, instalación u obra de la que sea dueño el Estado, las comunidades autónomas o las entidades locales, que estando sujeta al impuesto, vaya a ser directamente destinada a carreteras, ferrocarriles, puertos, aeropuertos, obras hidráulicas, saneamiento de poblaciones y de sus aguas residuales, aunque su gestión se lleve a cabo por organismos autónomos, tanto si se trata de obras de inversión nueva como de conservación.

Apdo. 1 modificado por Ley 12/2012, de 26 de diciembre, de medidas urgentes de liberalización del comercio y de determinados servicios. (BOE de 27-12-2012).

ART. 101. Sujetos pasivos.

1. Son sujetos pasivos de este impuesto, a título de contribuyentes, las personas físicas, personas jurídicas o entidades del artículo 35.4 de la Ley 58/2003, de 17 de diciembre, General Tributaria, que sean dueños de la construcción, instalación u obra, sean o no propietarios del inmueble sobre el que se realice aquélla.

A los efectos previstos en el párrafo anterior tendrá la consideración de dueño de la construcción, instalación u obra quien soporte los gastos o el coste que comporte su realización.

2. En el supuesto de que la construcción, instalación u obra no sea realizada por el sujeto pasivo contribuyente tendrán la condición de sujetos pasivos sustitutos del contribuyente quienes soliciten las correspondientes licencias o presenten las correspondientes declaraciones responsables o comunicaciones previas o quienes realicen las construcciones, instalaciones u obras.

El sustituto podrá exigir del contribuyente el importe de la cuota tributaria satisfecha.

Apdo. 2 modificado por Ley 12/2012, de 26 de diciembre, de medidas urgentes de liberalización del comercio y de determinados servicios. (BOE de 27-12-2012).

ART. 102. Base imponible, cuota y devengo.

1. La base imponible del impuesto está constituida por el coste real y efectivo de la construcción, instalación u obra, y se entiende por tal, a estos efectos, el coste de ejecución material de aquélla.

No forman parte de la base imponible el Impuesto sobre el Valor Añadido y demás impuestos análogos propios de regímenes especiales, las tasas, precios públicos y demás prestaciones patrimoniales de carácter público local relacionadas, en su caso, con la construcción, instalación u obra, ni tampoco los honorarios de profesionales, el beneficio empresarial del contratista ni cualquier otro concepto que no integre, estrictamente, el coste de ejecución material.

2. La cuota de este impuesto será el resultado de aplicar a la base imponible el tipo de gravamen.

3. El tipo de gravamen del impuesto será el fijado por cada ayuntamiento, sin que dicho tipo pueda exceder del cuatro por cien.

4. El impuesto se devenga en el momento de iniciarse la construcción, instalación u obra, aun cuando no se haya obtenido la correspondiente licencia.

ART. 103. Gestión tributaria del impuesto. Bonificaciones potestativas.

1. Cuando se conceda la licencia preceptiva o se presente la declaración responsable o la comunicación previa o cuando, no habiéndose solicitado, concedido o denegado aún aquella o presentado éstas, se inicie la construcción, instalación u obra, se practicará una liquidación provisional a cuenta, determinándose la base imponible:

a) En función del presupuesto presentado por los interesados, siempre que hubiera sido visado por el colegio oficial correspondiente cuando ello constituya un requisito preceptivo.

b) Cuando la ordenanza fiscal así lo prevea, en función de los índices o módulos que ésta establezca al efecto.

Una vez finalizada la construcción, instalación u obra, y teniendo en cuenta su coste real y efectivo, el ayuntamiento, mediante la oportuna comprobación administrativa, modificará, en su caso, la base imponible a que se refiere el apartado anterior practicando la correspondiente liquidación definitiva, y exigiendo del sujeto pasivo o reintegrándole, en su caso, la cantidad que corresponda.

2. Las ordenanzas fiscales podrán regular las siguientes bonificaciones sobre la cuota del impuesto:

a) Una bonificación de hasta el 95 por ciento a favor de las construcciones, instalaciones u obras que sean declaradas de especial interés o utilidad municipal por concurrir circunstancias sociales, culturales, histórico artísticas o de fomento del empleo que justifiquen tal declaración. Corresponderá dicha declaración al Pleno de la Corporación y se acordará, previa solicitud del sujeto pasivo, por voto favorable de la mayoría simple de sus miembros.

b) Una bonificación de hasta el 95 por ciento a favor de las construcciones, instalaciones u obras en las que se incorporen sistemas para el aprovechamiento térmico o eléctrico de la energía solar. La aplicación de esta bonificación estará condicionada a que las instalaciones para producción de calor incluyan colectores que dispongan de la correspondiente homologación de la Administración competente.

La bonificación prevista en este párrafo se aplicará a la cuota resultante de aplicar, en su caso, la bonificación a que se refiere el párrafo a) anterior.

c) Una bonificación de hasta el 50 por ciento a favor de las construcciones, instalaciones u obras vinculadas a los planes de fomento de las inversiones privadas en infraestructuras.

La bonificación prevista en este párrafo se aplicará a la cuota resultante de aplicar, en su caso, las bonificaciones a que se refieren los párrafos a) y b) anteriores.

d) Una bonificación de hasta el 50 por ciento a favor de las construcciones, instalaciones u obras referentes a las viviendas de protección oficial.

La bonificación prevista en este párrafo se aplicará a la cuota resultante de aplicar, en su caso, las bonificaciones a que se refieren los párrafos anteriores.

e) Una bonificación de hasta el 90 por ciento a favor de las construcciones, instalaciones u obras que favorezcan las condiciones de acceso y habitabilidad de los discapacitados.

La bonificación prevista en este párrafo se aplicará a la cuota resultante de aplicar, en su caso, las bonificaciones a que se refieren los párrafos anteriores.

f) Una bonificación de hasta el 90 por ciento a favor de las construcciones, instalaciones u obras necesarias para la instalación de puntos de recarga para vehículos eléctricos. La aplicación de esta bonificación estará condicionada a que las instalaciones dispongan de la correspondiente homologación por la Administración competente.

La bonificación prevista en este párrafo se aplicará a la cuota resultante de aplicar, en su caso, las bonificaciones a que se refieren los párrafos anteriores.

La regulación de los restantes aspectos sustantivos y formales de las bonificaciones a que se refiere este apartado se establecerá en la ordenanza fiscal. Entre otras materias, la ordenanza fiscal determinará si todas o algunas de las citadas bonificaciones son o no aplicables simultáneamente.

3. Las ordenanzas fiscales podrán regular como deducción de la cuota íntegra o bonificada del impuesto, el importe satisfecho o que deba satisfacer el sujeto pasivo en concepto de tasa por el otorgamiento de la licencia urbanística correspondiente a la construcción, instalación u obra de que se trate.

La regulación de los restantes aspectos sustantivos y formales de la deducción a que se refiere el párrafo anterior se establecerá en la ordenanza fiscal.

4. Los ayuntamientos podrán exigir este impuesto en régimen de autoliquidación.

5. Los ayuntamientos podrán establecer en sus ordenanzas fiscales sistemas de gestión conjunta y coordinada de este impuesto y de la tasa correspondiente al otorgamiento de la licencia.

La modificación efectuada en la letra b) del apdo. 2 por el Real Decreto-ley 7/2025, de 24 de junio, se deja sin efecto por Resolución de 22 de julio de 2025, del Congreso de los Diputados, por la que se ordena la publicación del Acuerdo de derogación del Real Decreto-ley 7/2025, de 24 de junio, por el que se aprueban medidas urgentes para el refuerzo del sistema eléctrico. Por lo tanto, se vuelve a la regulación previa a la precitada modificación, que es la que se recoge en la presente redacción.

Letra b) del apdo. 2 modificada por Real Decreto-ley 7/2025, de 24 de junio, por el que se aprueban medidas urgentes para el refuerzo del sistema eléctrico (BOE 25-06-2025).

Letra f) del apdo. 2 añadida por Real Decreto-ley 29/2021, de 21 de diciembre, por el que se adoptan medidas urgentes en el ámbito energético para el fomento de la movilidad eléctrica, el autoconsumo y el despliegue de energías renovables. (BOE de 22-12-2021).

Subsección 6.ª Impuesto sobre el Incremento de Valor de los Terrenos de Naturaleza Urbana

ART. 104. Naturaleza y hecho imponible. Supuestos de no sujeción.

1. El Impuesto sobre el Incremento de Valor de los Terrenos de Naturaleza Urbana es un tributo directo que grava el incremento de valor que experimenten dichos terrenos y se ponga de manifiesto a consecuencia de la transmisión de la propiedad de los terrenos por cualquier título o de la constitución o transmisión de cualquier derecho real de goce, limitativo del dominio, sobre los referidos terrenos.

2. No está sujeto a este impuesto el incremento de valor que experimenten los terrenos que tengan la consideración de rústicos a efectos del Impuesto sobre Bienes Inmuebles. En consecuencia con ello, está sujeto el incremento de valor que experimenten los terrenos que deban tener la consideración de urbanos, a efectos de dicho Impuesto sobre Bienes Inmuebles, con independencia de que estén o no contemplados como tales en el Catastro o en el padrón de aquél. A los efectos de este impuesto, estará asimismo sujeto a éste el incremento de valor que experimenten los terrenos integrados en los bienes inmuebles clasificados como de características especiales a efectos del Impuesto sobre Bienes Inmuebles.

3. No se producirá la sujeción al impuesto en los supuestos de aportaciones de bienes y derechos realizadas por los cónyuges a la sociedad conyugal, adjudicaciones que a su favor y en pago de ellas se verifiquen y transmisiones que se hagan a los cónyuges en pago de sus haberes comunes.

Tampoco se producirá la sujeción al impuesto en los supuestos de transmisiones de bienes inmuebles entre cónyuges o a favor de los hijos, como consecuencia del cumplimiento de sentencias en los casos de nulidad, separación o divorcio matrimonial, sea cual sea el régimen económico matrimonial. Asimismo, no se producirá la sujeción al impuesto en los supuestos de transmisiones de bienes inmuebles a título lucrativo en beneficio de las hijas, hijos, menores o personas con discapacidad sujetas a patria potestad, tutela o con medidas de apoyo para el adecuado ejercicio de su capacidad jurídica, cuyo ejercicio se llevará a cabo por las mujeres fallecidas como consecuencia de violencia contra la mujer, en los términos en que se defina por la ley o por los instrumentos internacionales ratificados por España, cuando estas transmisiones lucrativas traigan causa del referido fallecimiento.

4. No se devengará el impuesto con ocasión de las aportaciones o transmisiones de bienes inmuebles efectuadas a la Sociedad de Gestión de Activos Procedentes de la Reestructuración Bancaria, S.A. regulada en la disposición adicional séptima de la Ley 9/2012, de 14 de noviembre, de reestructuración y resolución de entidades de crédito, que se le hayan transferido, de acuerdo con lo establecido en el artículo 48 del Real Decreto 1559/2012, de 15 de noviembre, por el que se establece el régimen jurídico de las sociedades de gestión de activos.

No se producirá el devengo del impuesto con ocasión de las aportaciones o transmisiones realizadas por la Sociedad de Gestión de Activos Procedentes de la Reestructuración Bancaria, S.A., a entidades participadas directa o indirectamente por dicha Sociedad en al menos el 50 por ciento del capital, fondos propios, resultados o derechos de voto de la entidad participada en el momento inmediatamente anterior a la transmisión, o como consecuencia de la misma.

No se devengará el impuesto con ocasión de las aportaciones o transmisiones realizadas por la Sociedad de Gestión de Activos Procedentes de la Reestructuración Bancaria, S.A., o por las entidades constituidas por esta para cumplir con su objeto social, a los fondos de activos bancarios, a que se refiere la disposición adicional décima de la Ley 9/2012, de 14 de noviembre.

No se devengará el impuesto por las aportaciones o transmisiones que se produzcan entre los citados Fondos durante el período de tiempo de mantenimiento de la exposición del Fondo de Reestructuración Ordenada Bancaria a los Fondos, previsto en el apartado 10 de dicha disposición adicional décima.

En la posterior transmisión de los inmuebles se entenderá que el número de años a lo largo de los cuales se ha puesto de manifiesto el incremento de valor de los terrenos no se ha interrumpido por causa de la transmisión derivada de las operaciones previstas en este apartado.

5. No se producirá la sujeción al impuesto en las transmisiones de terrenos respecto de los cuales se constate la inexistencia de incremento de valor por diferencia entre los valores de dichos terrenos en las fechas de transmisión y adquisición.

Para ello, el interesado en acreditar la inexistencia de incremento de valor deberá declarar la transmisión, así como aportar los títulos que documenten la transmisión y la adquisición, entendiéndose por interesados, a estos efectos, las personas o entidades a que se refiere el artículo 106.

Para constatar la inexistencia de incremento de valor, como valor de transmisión o de adquisición del terreno se tomará en cada caso el mayor de los siguientes valores, sin que a estos efectos puedan computarse los gastos o tributos que graven dichas operaciones: el que conste en el título que documente la operación o el comprobado, en su caso, por la Administración tributaria.

Cuando se trate de la transmisión de un inmueble en el que haya suelo y construcción, se tomará como valor del suelo a estos efectos el que resulte de aplicar la proporción que represente en la fecha de devengo del impuesto el valor catastral del terreno respecto del valor catastral total y esta proporción se aplicará tanto al valor de transmisión como, en su caso, al de adquisición.

Si la adquisición o la transmisión hubiera sido a título lucrativo se aplicarán las reglas de los párrafos anteriores tomando, en su caso, por el primero de los dos valores a comparar señalados anteriormente, el declarado en el Impuesto sobre Sucesiones y Donaciones.

En la posterior transmisión de los inmuebles a los que se refiere este apartado, para el cómputo del número de años a lo largo de los cuales se ha puesto de manifiesto el incremento de valor de los terrenos, no se tendrá en cuenta el periodo anterior a su adquisición. Lo dispuesto en este párrafo no será de aplicación en los supuestos de aportaciones o transmisiones de bienes inmuebles que resulten no sujetas en virtud de lo dispuesto en el apartado 3 de este artículo o en la disposición adicional segunda de la Ley 27/2014, de 27 de noviembre, del Impuesto sobre Sociedades.

Apdo. 3 se modifica por Ley Orgánica 2/2022, de 21 de marzo, de mejora de la protección de las personas huérfanas víctimas de la violencia de género. (BOE de 22-03-2022).

Apdo. 5 se añade por Real Decreto-ley 26/2021, de 8 de noviembre, por el que se adapta el texto refundido de la Ley Reguladora de las Haciendas Locales, aprobado por el Real Decreto Legislativo 2/2004, de 5 de marzo, a la reciente jurisprudencia del Tribunal Constitucional respecto del Impuesto sobre el Incremento de Valor de los Terrenos de Naturaleza Urbana. (BOE de 09-11-2021).

ART. 105. Exenciones.

1. Estarán exentos de este impuesto los incrementos de valor que se manifiesten como consecuencia de los siguientes actos:

a) La constitución y transmisión de derechos de servidumbre.

b) Las transmisiones de bienes que se encuentren dentro del perímetro delimitado como Conjunto Histórico-Artístico, o hayan sido declarados individualmente de interés cultural, según lo establecido en la Ley 16/1985, de 25 de junio, del Patrimonio Histórico Español, cuando sus propietarios o titulares de derechos reales acrediten que han realizado a su cargo obras de conservación, mejora o rehabilitación en dichos inmuebles. A estos efectos, la ordenanza fiscal establecerá los aspectos sustantivos y formales de la exención.

c) Las transmisiones realizadas por personas físicas con ocasión de la dación en pago de la vivienda habitual del deudor hipotecario o garante del mismo, para la cancelación de deudas garantizadas con hipoteca que recaiga sobre la misma, contraídas con entidades de crédito o cualquier otra entidad que, de manera profesional, realice la actividad de concesión de préstamos o créditos hipotecarios.

Asimismo, estarán exentas las transmisiones de la vivienda en que concurran los requisitos anteriores, realizadas en ejecuciones hipotecarias judiciales o notariales.

Para tener derecho a la exención se requiere que el deudor o garante transmitente o cualquier otro miembro de su unidad familiar no disponga, en el momento de poder evitar la enajenación de la vivienda, de otros bienes o derechos en cuantía suficiente para satisfacer la totalidad de la deuda hipotecaria. Se presumirá el cumplimiento de este requisito. No obstante, si con posterioridad se comprobara lo contrario, se procederá a girar la liquidación tributaria correspondiente.

A estos efectos, se considerará vivienda habitual aquella en la que haya figurado empadronado el contribuyente de forma ininterrumpida durante, al menos, los dos años anteriores a la transmisión o desde el momento de la adquisición si dicho plazo fuese inferior a los dos años.

Respecto al concepto de unidad familiar, se estará a lo dispuesto en la Ley 35/2006, de 28 de noviembre, del Impuesto sobre la Renta de las Personas Físicas y de modificación parcial de las leyes de los Impuestos sobre Sociedades, sobre la Renta de no Residentes y sobre el Patrimonio. A estos efectos, se equiparará el matrimonio con la pareja de hecho legalmente inscrita.

Respecto de esta exención, no resultará de aplicación lo dispuesto en el artículo 9.2 de esta Ley.

2. Asimismo, estarán exentos de este impuesto los correspondientes incrementos de valor cuando la obligación de satisfacer aquél recaiga sobre las siguientes personas o entidades:

a) El Estado, las comunidades autónomas y las entidades locales, a las que pertenezca el municipio, así como los organismos autónomos del Estado y las entidades de derecho público de análogo carácter de las comunidades autónomas y de dichas entidades locales. b) El municipio de la imposición y demás entidades locales integradas o en las que se integre dicho municipio, así como sus respectivas entidades de derecho público de análogo carácter a los organismos autónomos del Estado.

c) Las instituciones que tengan la calificación de benéficas o de benéfico-docentes.

d) Las entidades gestoras de la Seguridad Social y las mutualidades de previsión social reguladas en la Ley 30/1995, de 8 de noviembre, de ordenación y supervisión de los seguros privados.

e) Los titulares de concesiones administrativas revertibles respecto a los terrenos afectos a éstas.

f) La Cruz Roja Española.

g) Las personas o entidades a cuyo favor se haya reconocido la exención en tratados o convenios internacionales.

Letra c) del apdo. 1 añadida por Ley 18/2014, de 15 de octubre, de aprobación de medidas urgentes para el crecimiento, la competitividad y la eficiencia. (BOE de 17-10-2014).

NOTA: La letra c) del apdo. 1 tendrá efectos desde el 1 de enero de 2014, así como para los hechos imponibles anteriores a dicha fecha no prescritos.

ART. 106. Sujetos pasivos.

1. Es sujeto pasivo del impuesto a título de contribuyente:

a) En las transmisiones de terrenos o en la constitución o transmisión de derechos reales de goce limitativos del dominio a título lucrativo, la persona física o jurídica, o la entidad a que se refiere el artículo 35.4 de la Ley 58/2003, de 17 de diciembre, General Tributaria, que adquiera el terreno o a cuyo favor se constituya o transmita el derecho real de que se trate.

b) En las transmisiones de terrenos o en la constitución o transmisión de derechos reales de goce limitativos del dominio a título oneroso, la persona física o jurídica, o la entidad a que se refiere el artículo 35.4 de la Ley 58/2003, de 17 de diciembre, General Tributaria, que transmita el terreno, o que constituya o transmita el derecho real de que se trate.

2. En los supuestos a que se refiere el párrafo b) del apartado anterior, tendrá la consideración de sujeto pasivo sustituto del contribuyente, la persona física o jurídica, o la entidad a que se refiere el artículo 35.4 de la Ley 58/2003, de 17 de diciembre, General Tributaria, que adquiera el terreno o a cuyo favor se constituya o transmita el derecho real de que se trate, cuando el contribuyente sea una persona física no residente en España.

Apdo. 3 suprimido por Ley 18/2014, de 15 de octubre, de aprobación de medidas urgentes para el crecimiento, la competitividad y la eficiencia. (BOE de 17-10-2014).

ART. 107. Base imponible.

1. La base imponible de este impuesto está constituida por el incremento del valor de los terrenos puesto de manifiesto en el momento del devengo y experimentado a lo largo de un periodo máximo de veinte años, y se determinará, sin perjuicio de lo dispuesto en el apartado 5 de este artículo, multiplicando el valor del terreno en el momento del devengo calculado conforme a lo establecido en sus apartados 2 y 3, por el coeficiente que corresponda al periodo de generación conforme a lo previsto en su apartado 4.

2. El valor del terreno en el momento del devengo resultará de lo establecido en las siguientes reglas:

a) En las transmisiones de terrenos, el valor de estos en el momento del devengo será el que tengan determinado en dicho momento a efectos del Impuesto sobre Bienes Inmuebles.

No obstante, cuando dicho valor sea consecuencia de una ponencia de valores que no refleje modificaciones de planeamiento aprobadas con posterioridad a la aprobación de la citada ponencia, se podrá liquidar provisionalmente este impuesto con arreglo a aquel. En estos casos, en la liquidación definitiva se aplicará el valor de los terrenos una vez se haya obtenido conforme a los procedimientos de valoración colectiva que se instruyan, referido a la fecha del devengo. Cuando esta fecha no coincida con la de efectividad de los nuevos valores catastrales, estos se corregirán aplicando los coeficientes de actualización que correspondan, establecidos al efecto en las leyes de presupuestos generales del Estado.

Cuando el terreno, aun siendo de naturaleza urbana o integrado en un bien inmueble de características especiales, en el momento del devengo del impuesto, no tenga determinado valor catastral en dicho momento, el ayuntamiento podrá practicar la liquidación cuando el referido valor catastral sea determinado, refiriendo dicho valor al momento del devengo.

Los ayuntamientos podrán establecer en la ordenanza fiscal un coeficiente reductor sobre el valor señalado en los párrafos anteriores que pondere su grado de actualización, con el máximo del 15 por ciento.

b) En la constitución y transmisión de derechos reales de goce limitativos del dominio, los porcentajes anuales contenidos en el apartado 4 de este artículo se aplicarán sobre la parte del valor definido en el párrafo a) anterior que represente, respecto de aquel, el valor de los referidos derechos calculado mediante la aplicación de las normas fijadas a efectos del Impuesto sobre Transmisiones Patrimoniales y Actos Jurídicos Documentados.

c) En la constitución o transmisión del derecho a elevar una o más plantas sobre un edificio o terreno, o del derecho de realizar la construcción bajo suelo sin implicar la existencia de un derecho real de superficie, los porcentajes anuales contenidos en el apartado 4 de este artículo se aplicarán sobre la parte del valor definido en el párrafo a) que represente, respecto de aquel, el módulo de proporcionalidad fijado en la escritura de transmisión o, en su defecto, el que resulte de establecer la proporción entre la superficie o volumen de las plantas a construir en vuelo o subsuelo y la total superficie o volumen edificados una vez construidas aquellas.

d) En los supuestos de expropiaciones forzosas, los porcentajes anuales contenidos en el apartado 4 de este artículo se aplicarán sobre la parte del justiprecio que corresponda al valor del terreno, salvo que el valor definido en el párrafo a) del apartado 2 anterior fuese inferior, en cuyo caso prevalecerá este último sobre el justiprecio.

3. Los ayuntamientos podrán establecer una reducción cuando se modifiquen los valores catastrales como consecuencia de un procedimiento de valoración colectiva de carácter general. En ese caso, se tomará como valor del terreno, o de la parte de este que corresponda según las reglas contenidas en el apartado anterior, el importe que resulte de aplicar a los nuevos valores catastrales dicha reducción durante el período de tiempo y porcentajes máximos siguientes:

a) La reducción, en su caso, se aplicará, como máximo, respecto de cada uno de los cinco primeros años de efectividad de los nuevos valores catastrales.

b) La reducción tendrá como porcentaje máximo el 60 por ciento. Los ayuntamientos podrán fijar un tipo de reducción distinto para cada año de aplicación de la reducción.

La reducción prevista en este apartado no será de aplicación a los supuestos en los que los valores catastrales resultantes del procedimiento de valoración colectiva a que aquel se refiere sean inferiores a los hasta entonces vigentes.

El valor catastral reducido en ningún caso podrá ser inferior al valor catastral del terreno antes del procedimiento de valoración colectiva.

La regulación de los restantes aspectos sustantivos y formales de la reducción se establecerá en la ordenanza fiscal.

4. El periodo de generación del incremento de valor será el número de años a lo largo de los cuales se haya puesto de manifiesto dicho incremento.

En los supuestos de no sujeción, salvo que por ley se indique otra cosa, para el cálculo del periodo de generación del incremento de valor puesto de manifiesto en una posterior transmisión del terreno, se tomará como fecha de adquisición, a los efectos de lo dispuesto en el párrafo anterior, aquella en la que se produjo el anterior devengo del impuesto.

En el cómputo del número de años transcurridos se tomarán años completos, es decir, sin tener en cuenta las fracciones de año. En el caso de que el periodo de generación sea inferior a un año, se prorrateará el coeficiente anual teniendo en cuenta el número de meses completos, es decir, sin tener en cuenta las fracciones de mes.

El coeficiente a aplicar sobre el valor del terreno en el momento del devengo, calculado conforme a lo dispuesto en los apartados anteriores, será el que corresponda de los aprobados por el ayuntamiento según el periodo de generación del incremento de valor, sin que pueda exceder de los límites siguientes:

Periodo de generación	Coeficiente
Inferior a 1 año.	0,16
1 año.	0,15
2 años.	0,15
3 años.	0,15
4 años.	0,16
5 años.	0,18
6 años.	0,20
7 años.	0,22
8 años.	0,23
9 años.	0,21
10 años.	0,16
11 años.	0,13
12 años.	0,11
13 años.	0,10
14 años.	0,10
15 años.	0,10
16 años.	0,10
17 años.	0,12
18 años.	0,16
19 años.	0,22
Igual o superior a 20 años.	0,35

Estos coeficientes máximos serán actualizados anualmente mediante norma con rango legal, pudiendo llevarse a cabo dicha actualización mediante las leyes de presupuestos generales del Estado.

Si, como consecuencia de la actualización referida en el párrafo anterior, alguno de los coeficientes aprobados por la vigente ordenanza fiscal resultara ser superior al correspondiente nuevo máximo legal, se aplicará este directamente hasta que entre en vigor la nueva ordenanza fiscal que corrija dicho exceso.

5. Cuando, a instancia del sujeto pasivo, conforme al procedimiento establecido en el artículo 104.5, se constate que el importe del incremento de valor es inferior al importe de la base imponible determinada con arreglo a lo dispuesto en los apartados anteriores de este artículo, se tomará como base imponible el importe de dicho incremento de valor.

Importes del apdo. 4 modificados por Real Decreto-ley 16/2025, de 23 de diciembre, por el que se prorrogan determinadas medidas para hacer frente a situaciones de vulnerabilidad social, y se adoptan medidas urgentes en materia tributaria y de Seguridad Social (BOE 24-12-2025). Efectos desde el 1 de enero de 2026.

Los importes del apdo. 4 se dejan sin efecto por la Resolución de 22 de enero de 2025, del Congreso de los Diputados, por la que se ordena la publicación del Acuerdo de derogación del Real Decreto-ley 9/2024, de 23 de diciembre, por el que se adoptan medidas urgentes en materia económica, tributaria, de transporte, y de Seguridad Social, y se prorrogan determinadas medidas para hacer frente a situaciones de vulnerabilidad social. (BOE 23-01-2025) Por ello, volvemos a los importes establecidos anteriormente por el Real Decreto-ley 8/2023, de 27 de diciembre.

Apdo. 4 (importes máximos de los coeficientes a aplicar sobre el valor del terreno en el momento de devengo) se modifica por Real Decreto-ley 9/2024, de 23 de diciembre, por el que se adoptan medidas urgentes en materia económica, tributaria, de transporte, y de Seguridad Social, y se prorrogan determinadas medidas para hacer frente a situaciones de vulnerabilidad social. (BOE de 24-12-2024). Esta modificación sería aplicable desde el 1 de enero de 2025, sin embargo este real decreto-ley no se convalidó.

Apdo. 4 (importes máximos de los coeficientes a aplicar sobre el valor del terreno en el momento de devengo) se modifica por Real Decreto-ley 8/2023, de 27 de diciembre, por el que se adoptan medidas para afrontar las consecuencias económicas y sociales derivadas de los conflictos en Ucrania y Oriente Próximo, así como para paliar los efectos de la sequía. (BOE de 28-12-2023). Modificación aplicable desde el 1 de enero de 2024.

Artículo anteriormente modificado por Ley 31/2022, de 23 de diciembre, de Presupuestos Generales del Estado para el año 2023 (BOE de 24-12-2022) y por Real Decreto-ley 26/2021, de 8 de noviembre, por el que se adapta el texto refundido de la Ley Reguladora de las Haciendas Locales, aprobado por el Real Decreto Legislativo 2/2004, de 5 de marzo, a la reciente jurisprudencia del Tribunal Constitucional respecto del Impuesto sobre el Incremento de Valor de los Terrenos de Naturaleza Urbana (BOE de 09-11-2021).

Apdo. 2.a): ver art. 110.4 TRLRHL.

Apdo. 3: ver art. D.T. 20ª TRLRHL.

ART. 108. Tipo de gravamen. Cuota íntegra y cuota líquida.

1. El tipo de gravamen del impuesto será el fijado por cada ayuntamiento, sin que dicho tipo pueda exceder del 30 por ciento.

Dentro del límite señalado en el párrafo anterior, los ayuntamientos podrán fijar un solo tipo de gravamen o uno para cada uno de los períodos de generación del incremento de valor indicados en el apartado 4 del artículo anterior.

2. La cuota íntegra del impuesto será el resultado de aplicar a la base imponible el tipo de gravamen.

3. La cuota líquida del impuesto será el resultado de aplicar sobre la cuota íntegra, en su caso, las bonificaciones a que se refieren los apartados siguientes.

4. Las ordenanzas fiscales podrán regular una bonificación de hasta el 95 por ciento de la cuota íntegra del impuesto, en las transmisiones de terrenos, y en la transmisión o constitución de derechos reales de goce limitativos del dominio, realizadas a título lucrativo por causa de muerte a favor de los descendientes y adoptados, los cónyuges y los ascendientes y adoptantes.

5. Las ordenanzas fiscales podrán regular una bonificación de hasta el 95 por ciento de la cuota íntegra del impuesto, en las transmisiones de terrenos, y en la transmisión o constitución de derechos reales de goce limitativos del dominio de terrenos, sobre los que se desarrollen actividades económicas que sean declaradas de especial interés o utilidad municipal por concurrir circunstancias sociales, culturales, histórico artísticas o de fomento del empleo que justifiquen tal declaración. Corresponderá dicha declaración al Pleno de la Corporación y se acordará, previa solicitud del sujeto pasivo, por voto favorable de la mayoría simple de sus miembros.

6. La regulación de los restantes aspectos sustantivos y formales de las bonificaciones a que se refieren los apartados anteriores se establecerá en la ordenanza fiscal.

Apdos. 3 y 4 se modifican y se añaden los apdos. 5 y 6 por Ley 16/2013, de 29 de octubre, por la que se establecen determinadas medidas en materia de fiscalidad medioambiental y se adoptan otras medidas tributarias y financieras. (BOE de 30-10-2013).

ART. 109. Devengo.

1. El impuesto se devenga:

a) Cuando se transmita la propiedad del terreno, ya sea a título oneroso o gratuito, entre vivos o por causa de muerte, en la fecha de la transmisión.

b) Cuando se constituya o transmita cualquier derecho real de goce limitativo del dominio, en la fecha en que tenga lugar la constitución o transmisión.

2. Cuando se declare o reconozca judicial o administrativamente por resolución firme haber tenido lugar la nulidad, rescisión o resolución del acto o contrato determinante de la transmisión del terreno o de la constitución o transmisión del derecho real de goce sobre aquel, el sujeto pasivo tendrá derecho a la devolución del impuesto satisfecho, siempre que dicho acto o contrato no le hubiere producido efectos lucrativos y que reclame la devolución en el plazo de cinco años desde que la resolución quedó firme, entendiéndose que existe efecto lucrativo cuando no se justifique que los interesados deban efectuar las recíprocas devoluciones a que se refiere el artículo 1.295 del Código Civil. Aunque el acto o contrato no haya producido efectos lucrativos, si la rescisión o resolución se declarase por incumplimiento de las obligaciones del sujeto pasivo del impuesto, no habrá lugar a devolución alguna.

3. Si el contrato queda sin efecto por mutuo acuerdo de las partes contratantes, no procederá la devolución del impuesto satisfecho y se considerará como un acto nuevo sujeto a tributación. Como tal mutuo acuerdo se estimará la avenencia en acto de conciliación y el simple allanamiento a la demanda.

4. En los actos o contratos en que medie alguna condición, su calificación se hará con arreglo a las prescripciones contenidas en el Código Civil. Si fuese suspensiva no se liquidará el impuesto hasta que ésta se cumpla. Si la condición fuese resolutoria, se exigirá el impuesto desde luego, a reserva, cuando la condición se cumpla, de hacer la oportuna devolución según la regla del apartado anterior.

ART. 110. Gestión tributaria del impuesto.

1. Los sujetos pasivos vendrán obligados a presentar ante el ayuntamiento correspondiente la declaración que determine la ordenanza respectiva, conteniendo los elementos de la relación tributaria imprescindibles para practicar la liquidación procedente.

2. Dicha declaración deberá ser presentada en los siguientes plazos, a contar desde la fecha en que se produzca el devengo del impuesto:

a) Cuando se trate de actos ínter vivos, el plazo será de treinta días hábiles.

b) Cuando se trate de actos por causa de muerte, el plazo será de seis meses prorrogables hasta un año a solicitud del sujeto pasivo.

3. A la declaración se acompañará el documento en el que consten los actos o contratos que originan la imposición.

4. Los ayuntamientos quedan facultados para establecer el sistema de autoliquidación por el sujeto pasivo, que llevará consigo el ingreso de la cuota resultante de aquella dentro de los plazos previstos en el apartado 2 de este artículo. Respecto de dichas autoliquidaciones, sin perjuicio de las facultades de comprobación de los valores declarados por el interesado o el sujeto pasivo a los efectos de lo dispuesto en los artículos 104.5 y 107.5, respectivamente, el ayuntamiento correspondiente solo podrá comprobar que se han efectuado mediante la aplicación correcta de las normas reguladoras del impuesto, sin que puedan atribuirse valores, bases o cuotas diferentes de las resultantes de tales normas.

En ningún caso podrá exigirse el impuesto en régimen de autoliquidación cuando se trate del supuesto a que se refiere el artículo 107.2.a), párrafo tercero.

5. Cuando los ayuntamientos no establezcan el sistema de autoliquidación, las liquidaciones del impuesto se notificaran íntegramente a los sujetos pasivos con indicación del plazo de ingreso y expresión de los recursos procedentes.

6. Con independencia de lo dispuesto en el apartado 1 de este artículo, están igualmente obligados a comunicar al ayuntamiento la realización del hecho imponible en los mismos plazos que los sujetos pasivos:

a) En los supuestos contemplados en el párrafo a) del artículo 106 de esta ley, siempre que se hayan producido por negocio jurídico entre vivos, el donante o la persona que constituya o transmita el derecho real de que se trate.

b) En los supuestos contemplados en el párrafo b) de dicho artículo, el adquirente o la persona a cuyo favor se constituya o transmita el derecho real de que se trate.

7. Asimismo, los notarios estarán obligados a remitir al ayuntamiento respectivo, dentro de la primera quincena de cada trimestre, relación o índice comprensivo de todos los documentos por ellos autorizados en el trimestre anterior, en los que se contengan hechos, actos o negocios jurídicos que pongan de manifiesto la realización del hecho imponible de este impuesto, con excepción de los actos de última voluntad. También estarán obligados a remitir, dentro del mismo plazo, relación de los documentos privados comprensivos de los mismos hechos, actos o negocios jurídicos, que les hayan sido presentados para conocimiento o legitimación de firmas. Lo prevenido en este apartado se entiende sin perjuicio del deber general de colaboración establecido en la Ley General Tributaria.

En la relación o índice que remitan los notarios al ayuntamiento, éstos deberán hacer constar la referencia catastral de los bienes inmuebles cuando dicha referencia se corresponda con los que sean objeto de transmisión. Esta obligación será exigible a partir de 1 de abril de 2002.

Los notarios advertirán expresamente a los comparecientes en los documentos que autoricen sobre el plazo dentro del cual están obligados los interesados a presentar declaración por el impuesto y, asimismo, sobre las responsabilidades en que incurran por la falta de presentación de declaraciones.

8. Con arreglo a lo dispuesto en el artículo 8, las Administraciones tributarias de las comunidades autónomas y de las entidades locales colaborarán para la aplicación del impuesto y, en particular, para dar cumplimiento a lo establecido en los artículos 104.5 y 107.5, pudiendo suscribirse para ello los correspondientes convenios de intercambio de información tributaria y de colaboración.

Apdo. 4 se modifica y apdo. 8 se añade por Real Decreto-ley 26/2021, de 8 de noviembre, por el que se adapta el texto refundido de la Ley Reguladora de las Haciendas Locales, aprobado por el Real Decreto Legislativo 2/2004, de 5 de marzo, a la reciente jurisprudencia del Tribunal Constitucional respecto del Impuesto sobre el Incremento de Valor de los Terrenos de Naturaleza Urbana. (BOE de 09-11-2021).

CAPÍTULO III
Cesión de recaudación de impuestos del Estado

Sección 1.ª Alcance y condiciones generales de la cesión

ART. 111. Ámbito subjetivo.

Con el alcance y condiciones establecidas en este capítulo, se cede en la proporción establecida en el artículo 112 el rendimiento obtenido por el Estado en los impuestos relacionados en aquel, en favor de los municipios en los que concurra alguna de las siguientes condiciones:

a) Que sean capitales de provincia, o de comunidad autónoma, o

b) Que tengan población de derecho igual o superior a 75.000 habitantes. A estos efectos, se considerará la población resultante de la actualización del Padrón municipal de habitantes vigente a la entrada en vigor del modelo regulado en la presente sección.

Ver arts. 114, 115.1, 116.1, 117.1, 118 y 158 TRLRHL.

ART. 112. Objeto de la cesión.

1. A cada uno de los municipios incluidos en el ámbito subjetivo antes fijado se le cederán los siguientes porcentajes de los rendimientos que no hayan sido objeto de cesión a las Comunidades Autónomas, obtenidos en los impuestos estatales que se citan:

a) El 2,1336 por 100 de la cuota líquida estatal del Impuesto sobre la Renta de las Personas Físicas.

b) El 2,3266 por 100 de la recaudación líquida por el Impuesto sobre el Valor Añadido imputable a cada municipio.

c) El 2,9220 por 100 de la recaudación líquida imputable a cada municipio por los Impuestos Especiales sobre la Cerveza, sobre el Vino y Bebidas Fermentadas, sobre Productos Intermedios, sobre Alcohol y Bebidas Derivadas, sobre Hidrocarburos y sobre Labores de Tabaco.

2. Las bases o rendimientos sobre los que se aplicarán los porcentajes anteriores se determinarán con arreglo a lo dispuesto en el artículo 113 siguiente.

3. Los municipios no podrán asumir, en ningún caso, competencias normativas, de gestión, liquidación, recaudación e inspección de los tributos cuyo rendimiento se les cede, así como tampoco en materia de revisión de los actos dictados en vía de gestión de dichos tributos, cuya titularidad y ejercicio corresponderá exclusivamente al Estado.

Apdo. 1 modificado por Ley 2/2012, de 29 de junio, de Presupuestos Generales del Estado para el año 2012. (BOE de 30-06-2012).

Apdo. 3: ver art. 125.3 TRLRHL.

ART. 113. Rendimientos sobre los que se aplicarán los porcentajes objeto de cesión.

1. A los efectos de lo dispuesto en el apartado 1 del artículo anterior, se entenderá por importe de la cuota líquida en el Impuesto sobre la Renta de las Personas Físicas:

1.º Las cuotas líquidas estatales que los residentes en el territorio del municipio hayan consignado en la declaración del Impuesto sobre la Renta de las Personas Físicas presentada e ingresada dentro de los plazos establecidos por la normativa reguladora del Impuesto, minorada en la parte correspondiente de las deducciones por doble imposición y compensaciones fiscales citadas en el artículo 26.2.a).1.º de la Ley 22/2009, de 18 de diciembre, por la que se regula el sistema de financiación de las Comunidades Autónomas de régimen común y Ciudades con Estatuto de Autonomía y se modifican determinadas normas tributarias.

2.º El resultado de aplicar el 50 por ciento a las cuotas líquidas de los contribuyentes que hayan optado por tributar por el Impuesto sobre la Renta de No Residentes, conforme al régimen fiscal especial aplicable a los trabajadores desplazados a territorio español regulado en el artículo 93 de la Ley 35/2006, de 28 de noviembre, del Impuesto sobre la Renta de las Personas Físicas y de modificación parcial de las Leyes de los Impuesto sobre Sociedades, sobre la Renta de No Residentes y sobre el Patrimonio.

3.º El resultado de aplicar el 50 por ciento sobre los pagos a cuenta realizados o soportados por los contribuyentes residentes en el territorio del municipio que no estén obligados a declarar y que no hayan presentado declaración.

4.º El resultado de aplicar el 50 por ciento sobre los pagos a cuenta realizados o soportados por los contribuyentes residentes en el territorio del municipio que no estando incluidos en el apartado anterior no hayan presentado declaración dentro de los plazos establecidos por la normativa reguladora del Impuesto.

5.º La parte de la deuda tributaria que, correspondiente al Estado, sea cuantificada o, en su caso consignada, por actas de inspección, liquidaciones practicadas por la Administración y declaraciones presentadas fuera de los plazos establecidos por la normativa reguladora del impuesto. A estos efectos, se entenderá por deuda tributaria la constituida por la cuota líquida más los conceptos a que se refiere el apartado 2 del artículo 58 de la Ley 58/2003, de 17 de diciembre, General Tributaria, con excepción de los recargos previstos en sus párrafos c) y d) y, en su caso, por los pagos a cuenta del impuesto. Esta partida se minorará por el importe de las devoluciones por ingresos indebidos que deban imputarse al Estado, incluidos los intereses legales.

No se considerará en la parte de la deuda tributaria correspondiente al Estado los importes señalados en el párrafo anterior cuando formen parte de la deuda tributaria correspondiente al Estado por alguno de los conceptos previstos en los apartados 1.º a 4.º anteriores.

2. A los mismos efectos señalados en el apartado anterior, se entenderá por importe de recaudación líquida en el Impuesto sobre el Valor Añadido, en los Impuestos sobre la Cerveza, sobre el Vino y Bebidas Fermentadas, sobre Productos Intermedios, sobre el Alcohol y Bebidas Derivadas, sobre Hidrocarburos, y sobre las Labores del Tabaco, el porcentaje no cedido a las comunidades autónomas del conjunto de ingresos líquidos de la Hacienda estatal por los conceptos que integran cada uno de dichos impuestos, con criterio de caja, obtenidos una vez descontadas de la recaudación bruta las devoluciones y las transferencias o ajustes (positivos o negativos) establecidas en el concierto y convenio con las haciendas forales del País Vasco y Navarra, respectivamente.

Apdo. 1 modificado por Ley 2/2012, de 29 de junio, de Presupuestos Generales del Estado para el año 2012. (BOE de 30-06-2012).

Apdo. 1: ver art. 137.1 TRLRHL.

Apdo. 2: ver art. 139.2 TRLRHL.

Ver arts. 115.1, 116.2 y 125.3 TRLRHL.

ART. 114. Revisión.

Con carácter cuatrienal, se revisará el conjunto de municipios que se incluirán en el modelo de cesión descrito en este capítulo, teniendo en cuenta el cumplimiento en el momento de la revisión de los requisitos establecidos para la delimitación del ámbito subjetivo regulado en el artículo 111 de esta ley.

Sección 2.ª Alcance y condiciones específicas de la cesión

ART. 115. Alcance de la cesión y puntos de conexión en el Impuesto sobre la Renta de las Personas Físicas.

1. Se cede a cada uno de los municipios incluidos en el ámbito subjetivo del artículo 111 el 2,1336 por ciento del rendimiento no cedido a las comunidades autónomas del Impuesto sobre la Renta de las Personas Físicas producido en su territorio, definido en el apartado 1 del artículo 113 anterior.

2. Se considera producido en el territorio de un municipio el rendimiento cedido del Impuesto sobre la Renta de las Personas Físicas que corresponda a aquellos sujetos pasivos que tengan su residencia habitual en aquel.

3. Cuando los sujetos pasivos integrados en una unidad familiar tuvieran su residencia habitual en municipios distintos y optasen por la tributación conjunta, el rendimiento que se cede se entenderá producido en el territorio del municipio donde tenga su residencia habitual el miembro de dicha unidad con mayor base liquidable de acuerdo con las reglas de individualización del impuesto.

4. A efectos de lo dispuesto en este capítulo, se considerará que las personas físicas residentes en territorio español lo son en el territorio de un municipio cuando permanezcan en su territorio un mayor número de días del período impositivo en el Impuesto sobre la Renta de las Personas Físicas.

Para determinar el período de permanencia se computarán las ausencias temporales.

Salvo prueba en contrario, se considerará que una persona física permanece en el territorio de un municipio cuando en dicho territorio radique su vivienda habitual, definiéndose ésta conforme a lo dispuesto en la normativa reguladora del Impuesto sobre la Renta de las Personas Físicas.

5. Cuando no fuese posible determinar la permanencia a que se refiere el apartado anterior, se considerarán residentes en el territorio del municipio donde tenga su principal centro de intereses, se considerará como tal el territorio donde obtengan la mayor parte de la base imponible del Impuesto sobre la Renta de las Personas Físicas, determinada por los siguientes componentes de renta:

a) Rendimientos del trabajo, que se entenderán obtenidos donde radique el centro de trabajo respectivo, si existe.

b) Rendimientos del capital inmobiliario y ganancias patrimoniales derivadas de bienes inmuebles, que se entenderán obtenidos en el lugar en que radiquen estos.

c) Rendimientos derivados de actividades económicas, ya sean empresariales o profesionales, que se entenderán obtenidos donde radique el centro de gestión de cada una de ellas.

6. Cuando no pueda determinarse la residencia conforme a los criterios establecidos en los dos apartados anteriores, se considerarán residentes en el lugar de su última residencia declarada a efectos del Impuesto sobre la Renta de las Personas Físicas.

7. Las personas físicas residentes en territorio español que no permanezcan en dicho territorio más de ciento ochenta y tres días durante el año natural, se considerarán residentes en el territorio del municipio en que radique el núcleo principal o la base de sus actividades o de sus intereses económicos.

8. Las personas físicas residentes en territorio español por aplicación de la presunción prevista en el párrafo segundo del artículo 9.1.b) de la Ley 40/1998, de 9 de diciembre, del Impuesto sobre la Renta de las Personas Físicas, se considerarán residentes en el territorio del municipio en el que residan habitualmente el cónyuge no separado legalmente y los hijos menores de edad que dependan de ellas.

Se sustituye el porcentaje del apdo. 1 y se modifica el apdo. 5 por Ley 2/2012, de 29 de junio, de Presupuestos Generales del Estado para el año 2012. (BOE de 30-06-2012).

Ver arts. 120.1 y 137.3 TRLRHL.

ART. 116. Alcance de la cesión y punto de conexión en el Impuesto sobre el Valor Añadido.

1. Se cede a cada uno de los municipios incluidos en el ámbito subjetivo definido en el artículo 111 el 2,3266 por ciento del rendimiento no cedido a las comunidades autónomas del Impuesto sobre el Valor Añadido que se impute producido en su territorio.

2. Esta imputación se determinará mediante la aplicación del índice de consumo de la comunidad autónoma a la que pertenezca cada municipio a la recaudación líquida que corresponda al Estado, en los términos del apartado 2 del artículo 113 anterior, ponderando el resultado por la representatividad, en el ámbito de la respectiva comunidad autónoma, de la población de derecho del municipio, en los siguientes términos:

$$PIVA_t^m = 0{,}017897 \times RLIVA_t \times IC_t^i \times (P_t^m / P_t^i)$$

Representando:

El término $PIVA_t^m$ el importe del rendimiento del Impuesto sobre el Valor Añadido cedido al municipio m en el año t.

El término $RLIVA_t$ la recaudación líquida por el Impuesto sobre el Valor Añadido correspondiente al Estado en el año t, que no haya sido objeto de cesión a las comunidades autónomas.

El término IC_t^i el índice de consumo territorial certificado por el Instituto Nacional de Estadística y elaborado a efectos de la asignación del Impuesto sobre el Valor Añadido por comunidades autónomas, determinado para la comunidad autónoma i a la que pertenece el municipio m, para el año t.

Los términos P_t^m y P_t^i las poblaciones de derecho del municipio m y de la comunidad autónoma i, respectivamente, según la actualización del padrón municipal de habitantes vigente a 31 de diciembre del año t.

Se sustituye el porcentaje del apdo. 1 por Ley 2/2012, de 29 de junio, de Presupuestos Generales del Estado para el año 2012. (BOE de 30-06-2012).

Ver art. 120.1 TRLRHL.

ART. 117. Alcance de la cesión y punto de conexión en los Impuestos Especiales sobre fabricación.

1. Se cede a cada uno de los municipios incluidos en el ámbito subjetivo definido en el artículo 111 el 2,9220 por ciento de los rendimientos no cedidos a las comunidades autónomas de los Impuestos sobre la Cerveza, sobre el Vino y Bebidas Fermentadas, sobre Productos Intermedios, sobre el Alcohol y Bebidas Derivadas.

2. En cuanto a los Impuestos sobre la Cerveza, sobre el Vino y Bebidas Fermentadas, sobre Productos Intermedios y sobre el Alcohol y Bebidas Derivadas, esta imputación se determinará mediante la aplicación del índice de consumo territorial de la comunidad autónoma a la que pertenezca cada municipio a la recaudación líquida que corresponda al Estado, en los términos del apartado 2 del artículo 113 anterior, por cada uno de los Impuestos Especiales citados, ponderando el resultado por la representatividad, en el ámbito de la respectiva comunidad autónoma, de la población de derecho del municipio.

Por lo que se refiere a los impuestos citados en el párrafo anterior, el método de cálculo vendrá determinado por la siguiente formulación:

$$PIIEE(h)_t^m = 0{,}020454 \times RL\ IIEE(h)_t \times ICt^i\ (h) \times (P_t^m / P_t^i)$$

Representando:

El término $PIIEE(h)_t^m$ el importe del rendimiento cedido por el Impuesto Especial h al municipio m en el año t. Correspondiendo h a los impuestos a los que se refiere este apartado.

El término $RL\ IIEE(h)_t$ la recaudación líquida por el Impuesto Especial h correspondiente al Estado en el año t, que no haya sido objeto de cesión a las comunidades autónomas.

El término $IC_t^i\ (h)$ el índice de consumo territorial, certificado por el Instituto Nacional de Estadística, de la comunidad autónoma i a la que pertenece el municipio m, para el año t, y elaborado a efectos de la asignación del Impuesto Especial h por comunidades autónomas.

Los términos P_t^m y P_t^i las poblaciones de derecho del municipio m y de la comunidad autónoma i, respectivamente, según la actualización del padrón municipal de habitantes vigente a 31 de diciembre del año t.

3. A los efectos de lo dispuesto en el apartado 1 anterior, se considerará producido en el territorio de un municipio el rendimiento cedido del Impuesto sobre Hidrocarburos que corresponda al índice de las entregas de gasolinas, gasóleos y fuelóleos en el término municipal respectivo, según datos del Ministerio de Economía, ponderadas por los correspondientes tipos impositivos.

Asimismo, se considerará producido en el territorio de un municipio el rendimiento cedido del Impuesto sobre las Labores del Tabaco que corresponda al índice de ventas a expendedurías de tabaco en el término municipal respectivo, según datos del Comisionado para el Mercado de Tabacos, ponderadas por los correspondientes tipos impositivos.

4. En el supuesto de que no estuvieren disponibles, en el ámbito municipal, los índices citados en el apartado anterior, se aplicará, en su caso, como método de determinación del rendimiento cedido a los municipios, la formulación recogida en el apartado 2 de este artículo, considerando, a estos efectos, y según proceda, como índices de consumo los de entregas de gasolinas, gasóleos y fuelóleos o los de ventas a expendedurías de tabacos, correspondientes a las comunidades autónomas.

Se sustituye el porcentaje del apdo. 1 por Ley 2/2012, de 29 de junio, de Presupuestos Generales del Estado para el año 2012. (BOE de 30-06-2012).

Ver art. 120.1 y 125.3 TRLRHL.

CAPÍTULO IV
Participación de los Municipios en los tributos del Estado

Sección 1.ª Fondo complementario de financiación

ART. 118. Ámbito subjetivo.

Participarán en los tributos del Estado con arreglo al modelo descrito en esta sección los municipios a los que se refiere el artículo 111 de esta ley.

Ver art. 126 TRLRHL.

ART. 119. Regla general para determinar la participación en el Fondo Complementario de Financiación.

La participación en el Fondo Complementario de Financiación se determinará, para cada ejercicio y para cada municipio, aplicando un índice de evolución a la participación que le corresponda, por este concepto, en el año base del nuevo modelo, según esta fórmula general:

$$PFC_t^m = PFC_{2004}^m \times IE_{t/2004}$$

Siendo:

PFC_t^m y PFC_{2004}^m, la Participación en el Fondo Complementario de Financiación del municipio m en el año t y en el año 2004, respectivamente.

$IE_{t/2004}$ el índice de evolución entre el año base y el año t. A estos efectos, se entenderá por año base el primero de aplicación de este modelo, es decir el año 2004.

Ver art. 141 TRLRHL.

ART. 120. Regla para determinar la participación en el Fondo Complementario de Financiación del año base.

1. La participación en el Fondo Complementario de Financiación correspondiente al año base se calculará deduciendo el importe correspondiente a la cesión del rendimiento de impuestos estatales, con arreglo a lo dispuesto en el capítulo III de este título, de la participación total que resultaría de incrementar la participación en tributos del Estado del año 2003 en el índice de evolución establecido con arreglo a lo dispuesto en el artículo 121:

$$PIE_{2004}^m = PIE_{2003}^m \times IE_{2004/2003}$$

$$PFC_{2004}^m = PIE_{2004}^m - PIRPF_{2004}^m - PIVA_{2004}^m - \Sigma\ PIIEE(h)_{2004}^m$$

Representando:

PIE_{2003}^m y PIE_{2004}^m la participación total en los ingresos del Estado correspondiente al municipio m en el último año de aplicación del modelo anterior, año 2003, y en el año base del nuevo modelo, año 2004, respectivamente.

$IE_{2004/2003}$ el índice de evolución entre los años 2003 y 2004.

PFC_{2004}^m la participación del municipio m en el Fondo Complementario de Financiación en el año 2004.

$PIRPF_{2004}^m$, $PIVA_{2004}^m$ y $PIIEE(h)_{2004}^m$ importes de los rendimientos cedidos al municipio m en relación con los Impuestos sobre la Renta de las Personas Físicas, sobre el Valor Añadido y con el conjunto de Impuestos Especiales sobre fabricación correspondientes al año 2004 y determinadas con arreglo a lo dispuesto en los artículos 115, 116 y 117.

2. La participación en tributos del Estado del año 2003, se entenderá a estos efectos en términos brutos, incluyendo, en relación con cada uno de estos municipios, todos los elementos y considerando las particularidades a los que se hace referencia en los apartados dos, tres, cuatro y cinco del artículo 65 y en el apartado tres del artículo 72 de la Ley 52/2002, de 30 de diciembre, de Presupuestos Generales del Estado para el año 2003.

Ver art. 142.1 y 158 TRLRHL.

ART. 121. Índice de evolución.

El índice de evolución se determinará, en todo caso, por el incremento que experimenten los ingresos tributarios del Estado (ITE) entre el año al que corresponda la participación y el año base, en los siguientes términos:

$$IE_{t/2004} = ITE_t\ /\ ITE_{2004}$$

Los ingresos tributarios del Estado (ITE) están constituidos por la recaudación estatal, excluida la susceptible de cesión a las comunidades autónomas, por el Impuesto sobre la Renta de las Personas Físicas, el Impuesto sobre el Valor Añadido y los Impuestos Especiales sobre la Cerveza, sobre el Vino y Bebidas Fermentadas, sobre Productos Intermedios, sobre el Alcohol y Bebidas Derivadas, sobre Hidrocarburos y sobre las Labores de Tabaco. Para su concreción se estará a lo dispuesto en la Ley 21/2001, de 27 de diciembre, por la que se regulan las medidas fiscales y administrativas del nuevo sistema de financiación de las Comunidades Autónomas de régimen común y Ciudades con Estatuto de Autonomía.

Ver arts. 143 y 146.1 TRLRHL.

Sección 2.ª Participación del resto de municipios

ART. 122. Ámbito subjetivo.

Participarán en tributos del Estado con arreglo al modelo descrito en esta sección los municipios no incluidos en el artículo 111 de esta ley.

Ver art. 125.1 y 126 TRLRHL.

ART. 123. Determinación del importe total de la participación.

1. La participación total para cada ejercicio se determinará aplicando un índice de evolución a la correspondiente al año base, en los siguientes términos:

$$PIE_t^* = PIE_{2004}^* \times IE_{t/2004}$$

Siendo:

PIE_t^* y PIE_{2004}^* la participación total en ingresos del Estado en el año t y en el año 2004, respectivamente, correspondiente a los municipios a los que se les aplica este modelo.

$IE_{t/2004}$ el índice de evolución entre el año base y el año t.

2. A estos efectos, el índice de evolución se determinará por el incremento que experimenten los ingresos tributarios del Estado entre el año al que corresponda la participación y el año base, en los términos del artículo 121 anterior, es decir

$$IE_{t/2004} = ITE_t / ITE_{2004}$$

3. La participación total correspondiente al año base se determinará incrementando en dicho índice de evolución la participación en tributos del Estado que resulte en 2003 para el conjunto de municipios mencionados en el artículo anterior.

$$PIE_{2004}^* = PIE_{2003}^* \times \Delta ITE_{2004/2003}$$

4. La participación en tributos del Estado del año 2003, se entenderá a estos efectos en términos brutos, incluyendo, en relación con el citado grupo de municipios, todos los elementos y considerando las particularidades a los que se hace referencia en los apartados dos, tres, cuatro y cinco del artículo 65 de la Ley 52/2002, de 30 de diciembre, de Presupuestos Generales del Estado para el año 2003.

Ver D.A. 15ª TRLRHL.

ART. 124. Distribución del importe total de la participación.

1. La participación total determinada con arreglo a lo dispuesto en el anterior artículo se distribuirá entre los municipios incluidos en este modelo de financiación con arreglo a los siguientes criterios:

a) El 75 por ciento en función del número de habitantes de derecho de cada municipio, según las cifras de población aprobadas por el Gobierno, que figuren en el último Padrón municipal vigente, ponderadas por los siguientes coeficientes multiplicadores:

Estrato	Número de habitantes	Coeficientes
1	De más de 50.000	1,40
2	De 20.001 a 50.000	1,30
3	De 5.001 a 20.000	1,17
4	Hasta 5.000	1,00

b) El 12,5 por ciento en función del esfuerzo fiscal medio de cada municipio obtenido en el segundo ejercicio anterior al de la Ley de Presupuestos Generales del Estado correspondiente, ponderado por el número de habitantes de derecho.

A estos efectos, se entenderá por esfuerzo fiscal medio de cada municipio el que para cada ejercicio determinen las Leyes de Presupuestos Generales del Estado en función de la aplicación que por los municipios se haga de los tributos contenidos en esta ley.

c) El 12,5 por ciento en función del inverso de la capacidad tributaria en los términos que establezcan las Leyes de Presupuestos Generales del Estado.

2. En ningún caso, la financiación de ningún municipio, determinada con arreglo a lo dispuesto en esta sección, podrá ser inferior a la que resulte, en términos brutos, de la liquidación definitiva de la participación en los tributos del Estado del año 2003, entendiéndose ésta en los mismos términos recogidos en el último apartado del artículo precedente. De la aplicación de esta regla no se podrá derivar, para cada ejercicio, un importe total superior al que resulte de lo dispuesto en el artículo 123 de esta ley.

Apdo. 1: ver arts. 125.2 y 159.3 TRLRHL.

ART. 125. Municipios turísticos.

1. Se considerarán municipios turísticos, a efectos de lo dispuesto en este artículo, aquellos que, encontrándose comprendidos en el ámbito subjetivo que se define en el artículo 122, cumplan, además, dos condiciones:
a) Tener una población de derecho superior a 20.000 habitantes.
b) Que el número de viviendas de segunda residencia supere al número de viviendas principales, de acuerdo con los datos oficiales del último Censo de Edificios y Viviendas.
2. La participación total de cada uno de los municipios turísticos en los tributos del Estado se determinará con arreglo a lo dispuesto en el apartado 4 siguiente y, para su cálculo, se tendrán en cuenta los siguientes elementos:
a) Cesión de la recaudación de los Impuestos sobre Hidrocarburos y sobre las Labores del Tabaco, en la forma dispuesta en el apartado siguiente.
b) Participación en tributos del Estado, en la forma prevista en el apartado 1 del artículo 124 de esta ley.
3. A cada uno de los municipios turísticos se le cederá el 2,0454 por ciento de los rendimientos que no hayan sido objeto de cesión a las comunidades autónomas por los Impuestos sobre Hidrocarburos y sobre las Labores del Tabaco.
A estos efectos, se entenderá por rendimiento cedido la recaudación líquida imputable a cada municipio por los Impuestos sobre Hidrocarburos y sobre las Labores del Tabaco que no hayan sido objeto de cesión a las comunidades autónomas.
Las bases o rendimientos sobre los que se aplicará el porcentaje, así como el alcance y condiciones específicas de la cesión, se determinarán con arreglo a lo dispuesto en el apartado 2 del artículo 113 y el artículo 117, respectivamente. A los municipios turísticos les será de aplicación lo dispuesto en el apartado 3 del artículo 112.
4. Una vez efectuado el reparto de la participación en los tributos del Estado en la forma dispuesta en el apartado 1 del artículo 124, la participación individual de cada municipio turístico se reducirá en la cuantía resultante de evolucionar, con el índice definido en el apartado 2 del artículo 123, la cuantía de la cesión de la recaudación de los Impuestos sobre Hidrocarburos y sobre las Labores del Tabaco calculada en el año base 2004 para dicho municipio.
La participación en los tributos del Estado, reducida en la forma descrita en el párrafo anterior, se incrementará en la cuantía calculada de la cesión de la recaudación de los Impuestos sobre Hidrocarburos y sobre las Labores del Tabaco que corresponda para el año de que se trate.

Sección 3.ª Revisión del modelo descrito en este capítulo

ART. 126. Revisión.

Con carácter cuatrienal, se revisará el conjunto de municipios que se incluirán en cada uno de los modelos regulados en las dos secciones anteriores, teniendo en cuenta el cumplimiento en el momento de la revisión de los requisitos establecidos para la delimitación de los ámbitos subjetivos regulados en los artículos 118 y 122.

CAPÍTULO V
Precios públicos

ART. 127. Precios públicos.

Los ayuntamientos podrán establecer y exigir precios públicos por la prestación de servicios o la realización de actividades de competencia municipal, según las normas contenidas en el capítulo VI del título I de esta ley.

CAPÍTULO VI
Prestación personal y de transporte

Sección 1.ª Normas comunes

ART. 128. Normas comunes.

1. Los ayuntamientos con población de derecho no superior a 5.000 habitantes podrán imponer la prestación personal y de transporte para la realización de obras de la competencia municipal o que hayan sido cedidas o transferidas por otras entidades públicas.

2. Las prestaciones personal y de transporte son compatibles entre sí, pudiendo ser aplicables simultáneamente, de forma que, cuando se dé dicha simultaneidad, los obligados a la de transporte podrán realizar la personal con sus mismos elementos de transporte.

3. La falta de concurrencia a la prestación, sin la previa redención, obligará, salvo caso de fuerza mayor, al pago del importe de ésta más una sanción de la misma cuantía, exigiéndose ambos conceptos por vía ejecutiva para su recaudación.

4. El ayuntamiento tendrá en cuenta para fijar los períodos de la prestación que estos no coincidan con la época de mayor actividad laboral en el término municipal.

5. La imposición y la ordenación de las prestaciones a que se refiere este artículo se ajustará a las prescripciones de esta ley en materia de recursos tributarios.

Sección 2.ª Prestación personal

ART. 129. Prestación personal.

1. Estarán sujetos a la prestación personal los residentes del municipio respectivo, excepto los siguientes:
a) Menores de dieciocho años y mayores de cincuenta y cinco.
b) Disminuidos físicos, psíquicos y sensoriales.
c) Reclusos en establecimientos penitenciarios.
d) Mozos mientras permanezcan en filas en cumplimiento del servicio militar.

2. El ayuntamiento de la imposición cubrirá el riesgo por accidentes que puedan acaecer a los obligados a esta prestación.

3. La prestación personal no excederá de 15 días al año ni de tres consecutivos y podrá ser redimida a metálico por un importe del doble del salario mínimo interprofesional.

Sección 3.ª Prestaciones de transporte

ART. 130. Prestaciones de transporte.

1. La obligación de la prestación de transporte es general, sin excepción alguna, para todas las personas físicas o jurídicas, residentes o no en el municipio, que tengan elementos de transporte en el término municipal afectos a explotaciones empresariales radicadas en este.

2. La prestación de transportes, que podrá ser reducida a metálico, por importe de tres veces el salario mínimo interprofesional, no excederá, para los vehículos de tracción mecánica, de cinco días al año, sin que pueda ser consecutivo ninguno de ellos. En los demás casos su duración no será superior a 10 días al año ni a dos consecutivos.

TÍTULO III
Recursos de las provincias

CAPÍTULO I
Enumeración

ART. 131. Recursos de las Provincias.

La Hacienda de las provincias estará constituida por los recursos expresados en el artículo 2 de esta ley en los términos y con las especialidades que se recogen en el presente título.

CAPÍTULO II
Recursos tributarios

Sección 1.ª Tasas

ART. 132. Tasas.

1. Las Diputaciones Provinciales podrán establecer y exigir tasas por la prestación de servicios o la realización de actividades de su competencia, y por la utilización privativa o el aprovechamiento especial de bienes del dominio público provincial según las normas contenidas en la sección 3.ª del capítulo III del título I de esta ley, salvo lo dispuesto en el párrafo tercero del artículo 24.1.

2. Las Diputaciones Provinciales seguirán editando y publicando el "Boletín Oficial" de la provincia, pudiendo a tal efecto establecer y exigir tasas y precios por la inserción de anuncios y edictos, y la suscripción y venta de ejemplares.

Sección 2.ª Contribuciones especiales

ART. 133. Contribuciones especiales.

Las Diputaciones Provinciales podrán establecer y exigir contribuciones especiales por la realización de obras o por el establecimiento o ampliación de servicios, según las normas contenidas en la sección 4.ª del capítulo III del título I de esta ley.

Sección 3.ª Recargos de las provincias

ART. 134. Recargo de las Provincias sobre el Impuesto sobre Actividades Económicas.

1. Las Diputaciones Provinciales podrán establecer un recargo sobre el Impuesto sobre Actividades Económicas.

2. Dicho recargo se exigirá a los mismos sujetos pasivos y en los mismos casos contemplados en la normativa reguladora del impuesto y consistirá en un porcentaje único que recaerá sobre las cuotas municipales modificadas por la aplicación del coeficiente de ponderación previsto en el artículo 86 de esta ley y su tipo no podrá ser superior al 40 por ciento.

3. La gestión del recargo se llevará a cabo, juntamente con el impuesto sobre el que recae, por la entidad que tenga atribuida la gestión de éste.

4. El importe de la recaudación del recargo provincial se entregará a las respectivas Diputaciones en la forma que reglamentariamente se determine, teniendo en cuenta la fórmula de gestión del Impuesto sobre Actividades Económicas.

5. El Estado, a instancia de las Administraciones públicas acreedoras, podrá retener con cargo a la participación de los municipios en los tributos del Estado las cantidades necesarias para satisfacer las deudas firmes que éstos hubieran contraído con las diputaciones provinciales, cabildos y consejos insulares, comunidades autónomas uniprovinciales por cuenta del recargo provincial del Impuesto sobre Actividades Económicas, cuando su recaudación no se haya entregado en la forma prevista reglamentariamente.

A estos efectos, se entenderá que la deuda es firme cuando conste certificación acreditativa de su cuantía expedida por el Interventor local correspondiente a petición de parte interesada.

Los importes retenidos serán entregados por el Estado a la Administración Pública respectiva dentro del mes siguiente a aquel en que se hubieren verificado las retenciones.

Dichos importes no podrán, en su conjunto, y como máximo, exceder del porcentaje que cada año se establece en las Leyes de Presupuestos Generales del Estado para las compensaciones de las deudas de los municipios.

Ver art. 85.3 TRLRHL.

CAPÍTULO III
Cesión de recaudación de impuestos del Estado

Sección 1.ª Alcance y condiciones generales de la cesión

ART. 135. Ámbito subjetivo.

Con el alcance y condiciones establecidas en este capítulo, se cede en la proporción establecida en el artículo 136 de esta ley el rendimiento obtenido por el Estado en los impuestos relacionados en aquel, en favor de las provincias así como de las comunidades autónomas uniprovinciales que, a la entrada en vigor de esta ley, no hubiesen integrado su participación en tributos del Estado como entidad análoga a las provincias en la que les pudiere corresponder con arreglo a su naturaleza institucional como comunidad autónoma.

Ver art. 137.1, 138 1, 139.1, 140 y 145 TRLRHL.

ART. 136. Objeto de la cesión.

1. A cada una de las provincias y entes asimilados incluidos en el ámbito subjetivo antes fijado se le cederán los siguientes porcentajes de los rendimientos que no hayan sido objeto de cesión a las Comunidades Autónomas, obtenidos en los impuestos estatales que se citan:

a) El 1,2561 por 100 de la cuota líquida estatal del Impuesto sobre la Renta de las Personas Físicas.

b) El 1,3699 por 100 de la recaudación líquida por el Impuesto sobre el Valor Añadido imputable a cada provincia o ente asimilado.

c) El 1,7206 por 100 de la recaudación líquida imputable a cada provincia o ente asimilado por los Impuestos Especiales sobre la Cerveza, sobre el Vino y Bebidas Fermentadas, sobre Productos Intermedios, sobre el Alcohol y Bebidas Derivadas, sobre Hidrocarburos y sobre las Labores del Tabaco.

2. Las bases o rendimientos sobre los que se aplicarán los porcentajes anteriores se determinarán con arreglo a lo dispuesto en el artículo 113 para los municipios, debiendo entenderse a las provincias las referencias que dicho precepto realice a los municipios.

3. Las provincias y entes asimilados no podrán asumir, en ningún caso, competencias normativas, de gestión, liquidación, recaudación e inspección de los tributos cuyo rendimiento se les cede, así como tampoco en materia de revisión de los actos dictados en vía de gestión de dichos tributos, cuya titularidad y ejercicio corresponde exclusivamente al Estado.

Apdo. 1 modificado por Ley 2/2012, de 29 de junio, de Presupuestos Generales del Estado para el año 2012. (BOE de 30-06-2012).

Sección 2.ª Alcance y condiciones específicas de la cesión

ART. 137. Alcance de la cesión y puntos de conexión en el Impuesto sobre la Renta de las Personas Físicas.

1. Se cede a cada una de las provincias y entes asimilados incluidos en el ámbito subjetivo del artículo 135 el 1,2561 por ciento del rendimiento no cedido a las comunidades autónomas del Impuesto sobre la Renta de las Personas Físicas producido en su territorio, definido en el apartado 1 del artículo 113 de esta ley.

Las menciones que en este último artículo se realizan a los municipios se entenderán hechas a las provincias y entes asimilados.

2. Se considera producido en el territorio de una provincia o ente asimilado el rendimiento cedido del Impuesto sobre la Renta de las Personas Físicas que corresponda a aquellos sujetos pasivos que tengan su residencia habitual en aquel.

3. En cuanto a la regla general de determinación de la residencia habitual de las personas físicas, presunciones y normas aplicables en supuestos específicos, se estará a lo dispuesto en los apartados 3 a 8 del artículo 115 de esta ley. Se entenderán realizadas a las provincias y entes asimilados las referencias que estos apartados incluyan a los municipios.

Se sustituye el porcentaje establecido en el apdo. 1 por Ley 2/2012, de 29 de junio, de Presupuestos Generales del Estado para el año 2012. (BOE de 30-06-2012).

ART. 138. Alcance de la cesión y punto de conexión en el Impuesto sobre el Valor Añadido.

1. Se cede a cada una de las provincias y entes asimilados incluidos en el ámbito subjetivo del artículo 135 el 1,3699 por ciento del rendimiento no cedido a las comunidades autónomas del Impuesto sobre el Valor Añadido que se impute producido en su territorio.

2. Esta imputación se determinará mediante la aplicación del índice de consumo territorial de la comunidad autónoma a la que pertenezca cada provincia y ente asimilado a la recaudación líquida que corresponda al Estado, en los términos del apartado 2 del artículo 113 de esta ley, ponderando el resultado por la representatividad, en el ámbito de la respectiva comunidad autónoma, de la población de derecho de la provincia y ente asimilado, en los siguientes términos:

$$\text{PIVA}_t^p = 0,010538 \times \text{RLIVA}_t \times \text{IC}_t^i \times (P_t^p / P_t^i)$$

Representando:

El término PIVA_t^p el importe del rendimiento del Impuesto sobre el Valor Añadido cedido a la provincia p en el año t.

El término RLIVA_t la recaudación líquida por el Impuesto sobre el Valor Añadido correspondiente al Estado en el año t, que no haya sido objeto de cesión a las comunidades autónomas.

El término IC_t^i el índice de consumo territorial certificado por el Instituto Nacional de Estadística y elaborado a efectos de la asignación del Impuesto sobre el Valor Añadido por comunidades autónomas, determinado para la comunidad autónoma i a la que pertenece la provincia p, para el año t.

3. Los términos P_t^p y P_t^i las poblaciones de derecho de la provincia p y de la comunidad autónoma i, respectivamente, según la actualización del padrón municipal de habitantes vigente a 31 de diciembre del año t.

Se sustituye el porcentaje establecido en el apdo. 1 por Ley 2/2012, de 29 de junio, de Presupuestos Generales del Estado para el año 2012. (BOE de 30-06-2012).

ART. 139. Alcance de la cesión y punto de conexión en los Impuestos Especiales sobre Fabricación.

1. Se cede a cada una de las provincias y entes asimilados incluidos en el ámbito subjetivo del artículo 135 el 1,7206 por ciento de los rendimientos no cedidos a las comunidades autónomas de los Impuestos sobre la Cerveza, sobre el Vino y Bebidas Fermentadas, sobre Productos Intermedios, sobre el Alcohol y Bebidas Derivadas, sobre Hidrocarburos y sobre las Labores de Tabaco que se imputen producidos en su territorio.

2. En cuanto a los Impuestos sobre la Cerveza, sobre el Vino y Bebidas Fermentadas, sobre Productos Intermedios y sobre el Alcohol y Bebidas Derivadas, esta imputación se determinará mediante la aplicación del índice de consumo territorial de la comunidad autónoma a la que pertenezca cada provincia a la recaudación líquida que corresponda al Estado, en los términos del apartado 2 del artículo 113 de esta ley, por cada uno de los Impuestos Especiales citados, ponderando el resultado por la representatividad, en el ámbito de la respectiva comunidad autónoma, de la población de derecho de la provincia. El método de cálculo vendrá determinado por la siguiente formulación:

$$\text{PIIEE(h)}_t^p = 0,012044 \times \text{RL IIEE(h)}_t \times \text{IC}_t^i(h) \times (P_t^p / P_t^i)$$

Representando:

El término PIIEE(h)_t^p el importe del rendimiento cedido por el Impuesto Especial h a la provincia p en el año t.

Correspondiendo h a los impuestos a los que se refiere este apartado.

El término RL IIEE(h)_t la recaudación líquida por el Impuesto Especial h correspondiente al Estado en el año t, que no haya sido objeto de cesión a las comunidades autónomas.

El término $\text{IC}_t^i(h)$ el índice de consumo territorial, certificado por el Instituto Nacional de Estadística, de la comunidad autónoma i a la que pertenece la provincia p, para el año t, y elaborado a efectos de la asignación del Impuesto Especial h por comunidades autónomas.

Los términos P_t^p y P_t^i las poblaciones de derecho de la provincia p y de la comunidad autónoma i, respectivamente, según la actualización del padrón municipal de habitantes vigente a 31 de diciembre del año t.

3. Se considerará producido en el territorio de una provincia o ente asimilado el rendimiento cedido del Impuesto sobre Hidrocarburos que corresponda al índice de las entregas de gasolinas, gasóleos y fuelóleos en dicho territorio, según datos del Ministerio de Economía, ponderadas por los correspondientes tipos impositivos.

Asimismo, se considerará producido en el territorio de una provincia o ente asimilado el rendimiento cedido del Impuesto sobre las Labores del Tabaco que corresponda al índice de ventas a expendedurías de tabaco en dicho territorio, según datos del Comisionado para el Mercado de Tabacos, ponderadas por los correspondientes tipos impositivos.

4. En el supuesto de que no estuvieren disponibles, en el ámbito provincial, los índices citados en el apartado anterior, se aplicará, en su caso, como método de determinación del rendimiento cedido a las provincias y entes asimilados, la formulación recogida en el apartado 2 de este artículo, considerando, a estos efectos, y según proceda, como índices de consumo los de entregas de gasolinas, gasóleos y fuelóleos o los de ventas a expendedurías de tabacos, correspondientes a las comunidades autónomas.

Se sustituye el porcentaje establecido en el apdo. 1 por Ley 2/2012, de 29 de junio, de Presupuestos Generales del Estado para el año 2012. (BOE de 30-06-2012).

CAPÍTULO IV
Participación de las Provincias en los tributos del Estado

Sección 1.ª Participación en el Fondo Complementario de Financiación

ART. 140. Ámbito subjetivo.

Participarán en el modelo regulado en esta sección las provincias, así como las comunidades autónomas uniprovinciales, que, a la entrada en vigor de esta ley, no hubieren integrado su participación en tributos del Estado como entidad análoga a las provincias en la que les pudiera corresponder con arreglo a su naturaleza institucional como comunidad autónoma, a las que se ha hecho referencia en el artículo 135 de esta ley.

Ver art. 144.1 TRLRHL.

ART. 141. Regla general para determinar la participación en el Fondo complementario de financiación.

La participación en el Fondo Complementario de Financiación se determinará, para cada ejercicio y para cada provincia, aplicando un índice de evolución a la participación que le corresponda, por este concepto, en el año base del nuevo modelo, en los mismos términos establecidos para los municipios en el artículo 119 de esta ley.

A estos efectos, se entenderá por año base el primero de aplicación de este modelo, es decir, el año 2004.

ART. 142. Regla para determinar la participación en el Fondo Complementario de Financiación correspondiente al año base.

1. La participación en el Fondo Complementario de Financiación correspondiente al año base se calculará deduciendo el importe que resulte del bloque de participación definido en el apartado anterior de la participación total que resulte de incrementar la participación en tributos del Estado del año 2003 en el índice de evolución establecido para los municipios, todo ello en los mismos términos recogidos en el apartado 1 del artículo 120 de esta ley.

2. La participación en tributos del Estado del año 2003 se entenderá a estos efectos en términos brutos, incluyendo, en relación con cada una de las entidades a las que se refiere esta sección, todos los elementos y considerando las particularidades a las que se hace referencia en los apartados cuatro y seis del artículo 66 de la Ley 52/2002, de 30 de diciembre, de Presupuestos Generales del Estado para el año 2003.

Ver art. 158 TRLRHL.

ART. 143. Índice de evolución.

El índice de evolución se determinará, en todo caso, por el incremento que experimenten los ingresos tributarios del Estado (ITE) entre el año al que corresponda la participación y el año base, en idénticos términos a los definidos para los municipios, en el artículo 121 de esta ley.

Ver art. 144.2 TRLRHL.

Sección 2.ª Financiación de la asistencia sanitaria

ART. 144. Financiación de la asistencia sanitaria.

1. Los Presupuestos Generales del Estado incluirán un crédito para dar cobertura a las asignaciones destinadas a las entidades referidas en el artículo 140 anterior para el mantenimiento de sus centros sanitarios de carácter no psiquiátrico.

2. Estas cuantías se determinarán para cada ejercicio y para cada entidad aplicando el índice de evolución definido en el artículo 143 de esta ley a la financiación que, por este concepto, les corresponda en el año base.

3. La participación de las precitadas entidades, correspondiente al año base, se determinará incrementando en dicho índice de evolución la participación en tributos del Estado que resulte a su favor en 2003 por este mismo concepto, determinada con arreglo a lo dispuesto en el apartado tres del artículo 66 de la Ley 52/2002, de 30 de diciembre, de Presupuestos Generales del Estado para el año 2003.

Sección 3.ª Participación del resto de provincias y entes asimilados

ART. 145. Ámbito subjetivo.

Participarán en tributos del Estado con arreglo al modelo descrito en esta sección las entidades no incluidas en el artículo 135 de esta ley.

ART. 146. Determinación del importe de la participación.

1. La participación de cada una de las entidades citadas en el artículo precedente, para cada ejercicio, se determinará aplicando un índice de evolución a la correspondiente al año base.

A estos efectos, el índice de evolución se determinará por el incremento que experimenten los ingresos tributarios del Estado entre el año al que corresponda la participación y el año base, en los términos del artículo 121 de esta ley.

2. La participación de las precitadas entidades, correspondiente al año base, se determinará incrementando en dicho índice de evolución la participación en tributos del Estado que les corresponda en 2003 en concepto de financiación incondicionada, calculada según lo dispuesto en los apartados cuatro, cinco y siete del artículo 66 de la Ley 52/2002, de 30 de diciembre, de Presupuestos Generales del Estado para el año 2003.

CAPÍTULO V
Subvenciones

ART. 147. Subvenciones.

1. Se comprenderán entre las subvenciones acordadas por el Estado y las comunidades autónomas, conforme al artículo 40 de esta ley, en favor de las diputaciones, las destinadas a financiar los Planes provinciales de cooperación a las obras y servicios de competencia municipal, a que se refiere el artículo 36.2 de la Ley 7/1985, de 2 de abril.

2. Participan de la naturaleza de las subvenciones las participaciones que las Diputaciones Provinciales tienen actualmente en las Apuestas Mutuas Deportivas del Estado.

CAPÍTULO VI
Precios públicos

ART. 148. Precios públicos.

Las Diputaciones Provinciales podrán establecer y exigir precios públicos por la prestación de servicios o la realización de actividades de su competencia, según las normas contenidas en el capítulo VI del título I de esta ley.

CAPÍTULO VII
Otros recursos

ART. 149. Otros recursos.

1. Cuando las diputaciones provinciales gestionen servicios propios de las comunidades autónomas, éstas, de acuerdo con su legislación, podrán fijar módulos de funcionamiento y financiación y niveles de rendimiento mínimo, otorgando al respecto las correspondientes dotaciones económicas. Las diputaciones provinciales podrán mejorar estos módulos y niveles utilizando sus propias disponibilidades presupuestarias.

2. Cuando las diputaciones provinciales asuman por cuenta de los ayuntamientos de su ámbito territorial la recaudación de los Impuestos sobre Bienes Inmuebles y sobre Actividades Económicas, regulados en el título II de esta ley, podrán concertar, con cualesquiera entidades de las enumeradas en el artículo 48, operaciones especiales de tesorería con el exclusivo objeto de anticipar a los ayuntamientos, anualmente, hasta el 75 por ciento del importe de las presumibles recaudaciones por dichos tributos.

Las operaciones a que se refiere el párrafo anterior deberán quedar canceladas antes de finalizar cada ejercicio, no deberán suponer carga financiera alguna para las diputaciones y no se computarán a los efectos de los límites previstos en los artículos 51, 52 y 53 de esta ley.

Ver art. 50 TRLRHL.

TÍTULO IV
Recursos de otras entidades locales

CAPÍTULO I
Recursos de las entidades supramunicipales

Sección 1.ª Normas comunes

ART. 150. Recursos de las entidades supramunicipales.

1. Constituyen recursos de las entidades supramunicipales los previstos en sus respectivas normas de creación y los establecidos en esta ley y en las disposiciones que la desarrollen.

2. Serán de aplicación a las entidades supramunicipales lo dispuesto en esta ley respecto de los recursos de los ayuntamientos, con las especialidades que procedan en cada caso.

ART. 151. Contribuciones especiales.

1. En los supuestos de establecimiento de contribuciones especiales por las entidades supramunicipales con motivo de la realización de obras o del establecimiento o ampliación de servicios que afecten a uno o varios términos municipales, el órgano superior de gobierno de aquéllas, al determinar las zonas afectadas por la obra o concretar el beneficio especial que representa para cada una de dichas zonas, podrá distinguir entre el interés directo de los contribuyentes y el que sea común en un término municipal o en varios.

2. En este caso, los ayuntamientos afectados que estén integrados en dichas entidades tendrán el carácter de contribuyente, al objeto del pago de las cuotas individuales correspondientes, que serán recaudadas por aquellos, de acuerdo con las normas reguladoras de este tributo municipal.

3. Las cuotas señaladas a los ayuntamientos, en calidad de contribuyentes, serán compatibles con las que los propios ayuntamientos puedan imponer con motivo de los gastos ocasionados por las subvenciones, auxilios o cualquier otra forma de cooperación que hayan prestado a las obras públicas, instalaciones o servicios de las entidades a que pertenezcan.

Ver art. 154 TRLRHL.

ART. 152. Ingresos tributarios.

1. Las comarcas, áreas metropolitanas, entidades municipales asociativas y demás entidades supramunicipales podrán establecer y exigir tasas, contribuciones especiales y precios públicos, de conformidad con lo previsto en sus respectivas normas de creación y en los términos establecidos en esta ley y disposiciones que la desarrollen.

2. El régimen financiero de las entidades supramunicipales no alterará el propio de los ayuntamientos que las integren.

Ver art. 153.2 TRLRHL.

Sección 2.ª Áreas metropolitanas

ART. 153. Recursos de las áreas metropolitanas.

1. Las áreas metropolitanas podrán contar con los siguientes recursos:

a) Las áreas metropolitanas podrán establecer un recargo sobre el Impuesto sobre Bienes Inmuebles sitos en el territorio de la entidad. Dicho recargo se exigirá a los mismos sujetos pasivos y en los mismos casos contemplados en la normativa reguladora de este impuesto, y consistirá en un porcentaje único que recaerá sobre la base imponible de este, y su tipo no podrá ser superior al 0,2 por ciento.

b) Las subvenciones de carácter finalista que se podrán fijar en los Presupuestos Generales del Estado para la financiación de aquellos servicios específicos que constituyan el objeto de las áreas metropolitanas y cuya cuantía, perceptor y forma de distribución se determina anualmente.

2. Las leyes de las comunidades autónomas que, de acuerdo con lo dispuesto en sus Estatutos, creen en su territorio áreas metropolitanas determinarán los recursos de sus respectivas haciendas de entre los enumerados en el párrafo a) del apartado anterior de este artículo y en el artículo 152.

Ver art. 73.3 TRLRHL.

Sección 3.ª Entidades municipales asociativas

ART. 154. Recursos de las entidades municipales asociativas.

Las mancomunidades y demás entidades municipales asociativas dispondrán, además de los recursos citados en el artículo 151, de las aportaciones de los municipios que integren o formen parte de aquéllas, determinadas de acuerdo con lo establecido en los estatutos de creación respectivos.

Sección 4.ª Comarcas y otras entidades supramunicipales

ART. 155. Recursos de las comarcas.

1. Las comarcas no podrán exigir ninguno de los impuestos y recargos regulados en esta ley ni percibir participación en los tributos del Estado.

2. Las leyes de las comunidades autónomas que, de acuerdo con lo dispuesto en sus estatutos, creen en su territorio comarcas u otras entidades que agrupen varios municipios determinarán los recursos económicos que se les asignen.

CAPÍTULO II
Recursos de las entidades de ámbito territorial inferior al municipio

ART. 156. Recursos de las entidades de ámbito territorial inferior al municipio.

1. Las entidades locales de ámbito territorial inferior al municipio no podrán tener impuestos propios ni participación en los tributos del Estado, pero sí en los del municipio a que pertenezcan.

2. Las leyes de las comunidades autónomas sobre régimen local que regulen las entidades de ámbito territorial inferior al municipio determinarán los recursos integrantes de sus respectivas haciendas, de entre los previstos en esta ley para los municipios, incluso la prestación personal y de transporte, salvo cuando la tuviera acordada el ayuntamiento con carácter de generalidad.

3. Serán aplicables a los recursos citados en los apartados anteriores las disposiciones de esta ley correspondientes a la hacienda municipal, con las adaptaciones derivadas del carácter de ingresos propios de sus entidades titulares.

TÍTULO V
Regímenes especiales

CAPÍTULO I
Balears

ART. 157. Financiación.

Los consejos insulares de las Illes Balears dispondrán de los mismos recursos que en esta ley se reconocen a las diputaciones provinciales.

CAPÍTULO II
Canarias

ART. 158. Financiación.

Las entidades locales canarias dispondrán de los recursos regulados en esta ley, sin perjuicio de las peculiaridades previstas en la legislación del régimen económico fiscal de Canarias. A estos efectos, los cabildos insulares de las islas Canarias tendrán el mismo tratamiento que las diputaciones provinciales.

En concreto, a los municipios de las islas Canarias a los que se refiere el artículo 111 de esta ley, así como a los cabildos insulares, únicamente se les cederá el porcentaje correspondiente del Impuesto sobre la Renta de las Personas Físicas y de los Impuestos Especiales sobre Cerveza, sobre Productos Intermedios y sobre Alcohol y Bebidas Derivadas, y, en consecuencia, estas cuantías son las únicas que serán objeto de deducción a efectos de lo dispuesto en los artículos 120 y 142 de esta ley.

CAPÍTULO III
Ceuta y Melilla

ART. 159. Financiación.

1. Las ciudades de Ceuta y Melilla dispondrán de los recursos previstos en sus respectivos regímenes fiscales especiales.

2. Las cuotas tributarias correspondientes a los impuestos municipales regulados en esta ley serán objeto de una bonificación del 50 por ciento.

3. La participación de Ceuta y de Melilla en los tributos del Estado se determinará aplicando las normas contenidas en la sección 2.ª del capítulo IV del título II de esta ley por lo que se refiere a los municipios. A estos efectos, el esfuerzo fiscal a que se refiere el artículo 124.1.b) de esta ley se calculará tomando en consideración las cuotas íntegras de los impuestos municipales determinadas antes de aplicar la bonificación prevista en el apartado anterior. Asimismo, aquella participación se determinará aplicando las normas recogidas en la sección 3.ª del capítulo IV del título III de esta ley por lo que se refiere a las provincias.

CAPÍTULO IV
Madrid

ART. 160. Régimen financiero especial.

El municipio de Madrid tendrá un régimen financiero especial, del que será supletorio lo dispuesto en esta ley.

Ver D.T. 7ª TRLRHL.

CAPÍTULO V
Barcelona

ART. 161. Régimen financiero especial.

El municipio de Barcelona tendrá un régimen financiero especial, del que será supletorio lo dispuesto en esta ley.

Ver D.T. 7ª TRLRHL.

TÍTULO VI
Presupuesto y gasto público

CAPÍTULO I
De los presupuestos

Sección 1.ª Contenido y aprobación

ART. 162. Definición.

Los presupuestos generales de las entidades locales constituyen la expresión cifrada, conjunta y sistemática de las obligaciones que, como máximo, pueden reconocer la entidad, y sus organismos autónomos, y de los derechos que prevean liquidar durante el correspondiente ejercicio, así como de las previsiones de ingresos y gastos de las sociedades mercantiles cuyo capital social pertenezca íntegramente a la entidad local correspondiente.

ART. 163. Ámbito temporal.

El ejercicio presupuestario coincidirá con el año natural y a él se imputarán:
a) Los derechos liquidados en el ejercicio, cualquiera que sea el período de que deriven; y
b) Las obligaciones reconocidas durante el ejercicio.

ART. 164. Contenido del presupuesto general.

1. Las entidades locales elaborarán y aprobarán anualmente un presupuesto general en el que se integrarán:
a) El presupuesto de la propia entidad.
b) Los de los organismos autónomos dependientes de esta.
c) Los estados de previsión de gastos e ingresos de las sociedades mercantiles cuyo capital social pertenezca íntegramente a la entidad local.
2. Los organismos autónomos de las entidades locales se clasifican, a efectos de su régimen presupuestario y contable, en la forma siguiente:
a) Organismos autónomos de carácter administrativo.
b) Organismos autónomos de carácter comercial, industrial, financiero o análogo.
Las normas de creación de cada organismo autónomo deberán indicar expresamente su carácter.

ART. 165. Contenido de los presupuestos integrantes del presupuesto general.

1. El presupuesto general atenderá al cumplimiento del principio de estabilidad en los términos previstos en la Ley 18/2001, General de Estabilidad Presupuestaria, y contendrá para cada uno de los presupuestos que en él se integren:
a) Los estados de gastos, en los que se incluirán, con la debida especificación, los créditos necesarios para atender al cumplimiento de las obligaciones.
b) Los estados de ingresos, en los que figurarán las estimaciones de los distintos recursos económicos a liquidar durante el ejercicio.
Asimismo, incluirá las bases de ejecución, que contendrán la adaptación de las disposiciones generales en materia presupuestaria a la organización y circunstancias de la propia entidad, así como aquellas otras necesarias para su acertada gestión, estableciendo cuantas prevenciones se consideren oportunas o convenientes para la mejor realización de los gastos y recaudación de los recursos, sin que puedan modificar lo legislado para la administración económica ni comprender preceptos de orden administrativo que requieran legalmente procedimiento y solemnidades específicas distintas de lo previsto para el presupuesto.
2. Los recursos de la entidad local y de cada uno de sus organismos autónomos y sociedades mercantiles se destinarán a satisfacer el conjunto de sus respectivas obligaciones, salvo en el caso de ingresos específicos afectados a fines determinados.
3. Los derechos liquidados y las obligaciones reconocidas se aplicarán a los presupuestos por su importe íntegro, quedando prohibido atender obligaciones mediante minoración de los derechos a liquidar o ya ingresados, salvo que la ley lo autorice de modo expreso.
Se exceptúan de lo anterior las devoluciones de ingresos que se declaren indebidos por tribunal o autoridad competentes.
4. Cada uno de los presupuestos que se integran en el presupuesto general deberá aprobarse sin déficit inicial.

ART. 166. Anexos al presupuesto general.

1. Al presupuesto general se unirán como anexos:

a) Los planes y programas de inversión y financiación que, para un plazo de cuatro años, podrán formular los municipios y demás entidades locales de ámbito supramunicipal.

b) Los programas anuales de actuación, inversiones y financiación de las sociedades mercantiles de cuyo capital social sea titular único o partícipe mayoritario la entidad local.

c) El estado de consolidación del presupuesto de la propia entidad con el de todos los presupuestos y estados de previsión de sus organismos autónomos y sociedades mercantiles.

d) El estado de previsión de movimientos y situación de la deuda comprensiva del detalle de operaciones de crédito o de endeudamiento pendientes de reembolso al principio del ejercicio, de las nuevas operaciones previstas a realizar a lo largo del ejercicio y del volumen de endeudamiento al cierre del ejercicio económico, con distinción de operaciones a corto plazo, operaciones a largo plazo, de recurrencia al mercado de capitales y realizadas en divisas o similares, así como de las amortizaciones que se prevén realizar durante el mismo ejercicio.

2. El plan de inversiones que deberá coordinarse, en su caso, con el programa de actuación y planes de etapas de planeamiento urbanístico, se completará con el programa financiero, que contendrá:

a) La inversión prevista a realizar en cada uno de los cuatro ejercicios.

b) Los ingresos por subvenciones, contribuciones especiales, cargas de urbanización, recursos patrimoniales y otros ingresos de capital que se prevean obtener en dichos ejercicios, así como una proyección del resto de los ingresos previstos en el citado período.

c) Las operaciones de crédito que resulten necesarias para completar la financiación, con indicación de los costes que vayan a generar.

3. De los planes y programas de inversión y financiación se dará cuenta, en su caso, al Pleno de la Corporación coincidiendo con la aprobación del presupuesto, debiendo ser objeto de revisión anual, añadiendo un nuevo ejercicio a sus previsiones.

ART. 167. Estructura de los estados de ingresos y gastos.

1. El Ministerio de Hacienda y Administraciones Públicas establecerá con carácter general la estructura de los presupuestos de las entidades locales teniendo en cuenta la naturaleza económica de los ingresos y de los gastos, las finalidades u objetivos que con estos últimos se propongan conseguir y de acuerdo con los criterios que se establecen en los siguientes apartados de este artículo.

2. Las entidades locales podrán clasificar los gastos e ingresos atendiendo a su propia estructura de acuerdo con sus reglamentos o decretos de organización.

3. Los estados de gastos de los presupuestos generales de las entidades locales aplicarán las clasificaciones por programas y económica de acuerdo con los siguientes criterios:

a) La clasificación por programas que constará de los siguientes niveles: el primero relativo al área de gasto, el segundo a la política de gasto, el tercero a los grupos de programas, que se subdividirán en programas. Esta clasificación podrá ampliarse en más niveles, relativos a subprogramas respectivamente.

En todo caso, y con las peculiaridades que puedan concurrir en el ámbito de las entidades locales, los niveles de área de gasto y de política de gasto se ajustarán a los establecidos para la Administración del Estado.

b) La clasificación económica presentará con separación los gastos corrientes y los gastos de capital, de acuerdo con los siguientes criterios:

En los créditos para gastos corrientes se incluirán los de funcionamiento de los servicios, los de intereses y las transferencias corrientes.

En los créditos para gastos de capital, los de inversiones reales, las transferencias de capital y las variaciones de activos y pasivos financieros.

c) la clasificación económica constará de tres niveles, el primero relativo al capítulo, el segundo al artículo y el tercero al concepto. Esta clasificación podrá ampliarse en uno o dos niveles, relativos al subconcepto y la partida respectivamente.

En todo caso, los niveles de capítulo y artículo habrán de ser los mismos que los establecidos para la Administración del Estado.

4. La aplicación presupuestaria cuya expresión cifrada constituye el crédito presupuestario vendrá definida, al menos, por la conjunción de las clasificaciones por programas y económica, a nivel de grupo de programa o programa y concepto o subconcepto respectivamente.

En el caso de que la entidad local opte por utilizar la clasificación orgánica, ésta integrará asimismo la aplicación presupuestaria.

El control contable de los gastos se realizará sobre la aplicación presupuestaria antes definida y el fiscal sobre el nivel de vinculación determinado conforme dispone el artículo 172 de esta Ley.

5. El Ministerio de Hacienda y Administraciones Públicas establecerá la estructura de la información de los presupuestos, de su ejecución y liquidación, a la que deberán ajustarse todas las entidades locales a efectos del cumplimiento de sus obligaciones de remisión de dicha información.

Modificado por Ley 8/2013, de 26 de junio, de rehabilitación, regeneración y renovación urbanas. (BOE de 27-06-2013).

Ver D.A. 6ª TRLRHL.

ART. 168. Procedimiento de elaboración y aprobación inicial.

1. El presupuesto de la Entidad Local será formado por su Presidente y a él habrá de unirse la siguiente documentación:

a) Memoria explicativa de su contenido y de las principales modificaciones que presente en relación con el vigente.

b) Liquidación del presupuesto del ejercicio anterior y avance de la del corriente, referida, al menos, a seis meses del ejercicio corriente.

c) Anexo de personal de la Entidad Local.

d) Anexo de las inversiones a realizar en el ejercicio.

e) Anexo de beneficios fiscales en tributos locales conteniendo información detallada de los beneficios fiscales y su incidencia en los ingresos de cada Entidad Local.

f) Anexo con información relativa a los convenios suscritos con las Comunidades Autónomas en materia de gasto social, con especificación de la cuantía de las obligaciones de pago y de los derechos económicos que se deben reconocer en el ejercicio al que se refiere el presupuesto general y de las obligaciones pendientes de pago y derechos económicos pendientes de cobro, reconocidos en ejercicios anteriores, así como de la aplicación o partida presupuestaria en la que se recogen, y la referencia a que dichos convenios incluyen la cláusula de retención de recursos del sistema de financiación a la que se refiere el artículo 57 bis de la Ley 7/1985, de 2 de abril, reguladora de las Bases del Régimen Local.

g) Un informe económico-financiero, en el que se expongan las bases utilizadas para la evaluación de los ingresos y de las operaciones de crédito previstas, la suficiencia de los créditos para atender el cumplimiento de las obligaciones exigibles y los gastos de funcionamiento de los servicios y, en consecuencia, la efectiva nivelación del presupuesto.

2. El presupuesto de cada uno de los organismos autónomos integrantes del general, propuesto inicialmente por el órgano competente de aquéllos, será remitido a la Entidad Local de la que dependan antes del 15 de septiembre de cada año, acompañado de la documentación detallada en el apartado anterior.

3. Las sociedades mercantiles, incluso de aquellas en cuyo capital sea mayoritaria la participación de la Entidad Local, remitirán a ésta, antes del día 15 de septiembre de cada año, sus previsiones de gastos e ingresos, así como los programas anuales de actuación, inversiones y financiación para el ejercicio siguiente.

4. Sobre la base de los presupuestos y estados de previsión a que se refieren los apartados anteriores, el presidente de la entidad formará el presupuesto general y lo remitirá, informado por la Intervención y con los anexos y documentación complementaria detallados en el apartado 1 del artículo 166 y en el presente artículo, al Pleno de la corporación antes del día 15 de octubre para su aprobación, enmienda o devolución.

5. El acuerdo de aprobación, que será único, habrá de detallar los presupuestos que integran el presupuesto general, no pudiendo aprobarse ninguno de ellos separadamente.

Modificado por Real Decreto-ley 17/2014, de 26 de diciembre, de medidas de sostenibilidad financiera de las comunidades autónomas y entidades locales y otras de carácter económico. (BOE de 30-12-2014).

ART. 169. Publicidad, aprobación definitiva y entrada en vigor.

1. Aprobado inicialmente el presupuesto general, se expondrá al público, previo anuncio en el boletín oficial de la provincia o, en su caso, de la comunidad autónoma uniprovincial, por 15 días, durante los cuales los interesados podrán examinarlos y presentar reclama-

ciones ante el Pleno. El presupuesto se considerará definitivamente aprobado si durante el citado plazo no se hubiesen presentado reclamaciones; en caso contrario, el Pleno dispondrá de un plazo de un mes para resolverlas.

2. La aprobación definitiva del presupuesto general por el Pleno de la corporación habrá de realizarse antes del día 31 de diciembre del año anterior al del ejercicio en que deba aplicarse.

3. El presupuesto general, definitivamente aprobado, será insertado en el boletín oficial de la corporación, si lo tuviera, y, resumido por capítulos de cada uno de los presupuestos que lo integran, en el de la provincia o, en su caso, de la comunidad autónoma uniprovincial.

4. Del presupuesto general definitivamente aprobado se remitirá copia a la Administración del Estado y a la correspondiente comunidad autónoma. La remisión se realizará simultáneamente al envío al boletín oficial a que se refiere el apartado anterior.

5. El presupuesto entrará en vigor, en el ejercicio correspondiente, una vez publicado en la forma prevista en el apartado 3 de este artículo.

6. Si al iniciarse el ejercicio económico no hubiese entrado en vigor el presupuesto correspondiente, se considerará automáticamente prorrogado el del anterior, con sus créditos iniciales, sin perjuicio de las modificaciones que se realicen conforme a lo dispuesto en los artículos 177, 178 y 179 de esta ley y hasta la entrada en vigor del nuevo presupuesto. La prórroga no afectará a los créditos para servicios o programas que deban concluir en el ejercicio anterior o que estén financiados con crédito u otros ingresos específicos o afectados.

7. La copia del presupuesto y de sus modificaciones deberá hallarse a disposición del público, a efectos informativos, desde su aprobación definitiva hasta la finalización del ejercicio.

Ver art. 179.4 TRLRHL.

ART. 170. Reclamación administrativa: legitimación activa y causas.

1. A los efectos de lo dispuesto en el apartado 1 del artículo anterior, tendrán la consideración de interesados:

a) Los habitantes en el territorio de la respectiva entidad local.

b) Los que resulten directamente afectados, aunque no habiten en el territorio de la entidad local.

c) Los colegios oficiales, cámaras oficiales, sindicatos, asociaciones y demás entidades legalmente constituidas para velar por intereses profesionales o económicos y vecinales, cuando actúen en defensa de los que les son propios.

2. Únicamente podrán entablarse reclamaciones contra el presupuesto:

a) Por no haberse ajustado su elaboración y aprobación a los trámites establecidos en esta ley.

b) Por omitir el crédito necesario para el cumplimiento de obligaciones exigibles a la entidad local, en virtud de precepto legal o de cualquier otro título legítimo.

c) Por ser de manifiesta insuficiencia los ingresos con relación a los gastos presupuestados o bien de estos respecto a las necesidades para las que esté previsto.

Ver art. 179.4 TRLRHL.

ART. 171. Recurso contencioso-administrativo.

1. Contra la aprobación definitiva del presupuesto podrá interponerse directamente recurso contencioso-administrativo, en la forma y plazos que establecen las normas de dicha jurisdicción.

2. El Tribunal de Cuentas deberá informar previamente a la resolución del recurso cuando la impugnación afecte o se refiera a la nivelación presupuestaria.

3. La interposición de recursos no suspenderá por sí sola la aplicación del presupuesto definitivamente aprobado por la corporación.

Ver art. 179.4 TRLRHL.

Sección 2.ª De los créditos y sus modificaciones

ART. 172. Especialidad y limitación de los créditos.

1. Los créditos para gastos se destinarán exclusivamente a la finalidad específica para la cual hayan sido autorizados en el presupuesto general de la entidad local o por sus modificaciones debidamente aprobadas.

2. Los créditos autorizados tienen carácter limitativo y vinculante. Los niveles de vinculación serán los que vengan establecidos en cada momento por la legislación presupuestaria del Estado, salvo que reglamentariamente se disponga otra cosa.

Ver art. 178 TRLRHL.

ART. 173. Exigibilidad de las obligaciones, prerrogativas y limitación de los compromisos de gasto.

1. Las obligaciones de pago sólo serán exigibles de la hacienda local cuando resulten de la ejecución de sus respectivos presupuestos, con los límites señalados en el artículo anterior, o de sentencia judicial firme.

2. Los tribunales, jueces y autoridades administrativas no podrán despachar mandamientos de ejecución ni dictar providencias de embargo contra los derechos, fondos, valores y bienes de la hacienda local ni exigir fianzas, depósitos y cauciones a las entidades locales, excepto cuando se trate de bienes patrimoniales no afectados a un uso o servicio público.

3. El cumplimiento de las resoluciones judiciales que determinen obligaciones a cargo de las entidades locales o de sus organismos autónomos corresponderá exclusivamente a aquéllas, sin perjuicio de las facultades de suspensión o inejecución de sentencias previstas en las leyes.

4. La Autoridad administrativa encargada de la ejecución acordará el pago en la forma y con los límites del respectivo presupuesto. Si para el pago fuere necesario un crédito extraordinario o un suplemento de crédito, deberá solicitarse del Pleno uno u otro dentro de los tres meses siguientes al día de notificación de la resolución judicial.

5. No podrán adquirirse compromisos de gastos por cuantía superior al importe de los créditos autorizados en los estados de gastos, siendo nulos de pleno derecho los acuerdos, resoluciones y actos administrativos que infrinjan la expresada norma, sin perjuicio de las responsabilidades a que haya lugar.

6. No obstante lo previsto en el apartado anterior, la disponibilidad de los créditos presupuestarios quedará condicionada, en todo caso, a:

a) La existencia de documentos fehacientes que acrediten compromisos firmes de aportación, en caso de ayudas, subvenciones, donaciones u otras formas de cesión de recursos por terceros tenidos en cuenta en las previsiones iniciales del presupuesto a efecto de su nivelación y hasta el importe previsto en los estados de ingresos en orden a la afectación de dichos recursos en la forma prevista por la ley o, en su caso, a las finalidades específicas de las aportaciones a realizar.

b) La concesión de las autorizaciones previstas en el artículo 53, de conformidad con las reglas contenidas en el capítulo VII del título I de esta ley, en el caso de que existan previsiones iniciales dentro del capítulo IX del estado de ingresos.

ART. 174. Compromisos de gasto de carácter plurianual.

1. La autorización o realización de los gastos de carácter plurianual se subordinará al crédito que para cada ejercicio autoricen los respectivos presupuestos.

2. Podrán adquirirse compromisos por gastos que hayan de extenderse a ejercicios posteriores a aquel en que se autoricen, siempre que su ejecución se inicie en el propio ejercicio y que, además, se encuentren en alguno de los casos siguientes:

a) Inversiones y transferencias de capital.

b) Los demás contratos y los de suministro, de consultoría, de asistencia técnica y científica, de prestación de servicios, de ejecución de obras de mantenimiento y de arrendamiento de equipos no habituales de las entidades locales, sometidos a las normas del Real Decreto Legislativo 2/2000, de 16 de junio, por el que se aprueba el texto refundido de la Ley de Contratos de las Administraciones Públicas, que no puedan ser estipulados o resulten antieconómicos por un año.

c) Arrendamientos de bienes inmuebles.

d) Cargas financieras de las deudas de la entidad local y de sus organismos autónomos.

e) Transferencias corrientes que se deriven de convenios suscritos por las corporaciones locales con otras entidades públicas o privadas sin ánimo de lucro.

3. El número de ejercicios a que pueden aplicarse los gastos referidos en los párrafos a), b) y e) del apartado anterior no será superior a cuatro. Asimismo, en los casos incluidos en los párrafos a) y e), el gasto que se impute a cada uno de los ejercicios futuros autorizados no podrá exceder de la cantidad que resulte de aplicar al crédito correspondiente del año

en que la operación se comprometió los siguientes porcentajes: en el ejercicio inmediato siguiente, el 70 por ciento; en el segundo ejercicio, el 60 por ciento, y en el tercero y cuarto, el 50 por ciento.

4. Con independencia de lo establecido en los apartados anteriores, para los programas y proyectos de inversión que taxativamente se especifiquen en las bases de ejecución del presupuesto, podrán adquirirse compromisos de gastos que hayan de extenderse a ejercicios futuros hasta el importe que para cada una de las anualidades se determine.

A estos efectos, cuando en los créditos presupuestarios se encuentren incluidos proyectos de las características señaladas anteriormente, los porcentajes a los que se refiere el apartado 3 de este artículo se aplicarán sobre dichos créditos una vez deducida la anualidad correspondiente a dichos proyectos.

5. En casos excepcionales el Pleno de la corporación podrá ampliar el número de anualidades así como elevar los porcentajes a que se refiere el apartado 3 de este artículo.

6. Los compromisos a que se refiere el apartado 2 de este artículo deberán ser objeto de adecuada e independiente contabilización.

Ver art. 219.2.a) TRLRHL.

ART. 175. Bajas por anulación de créditos.

Los créditos para gastos que el último día del ejercicio presupuestario no estén afectados al cumplimiento de obligaciones ya reconocidas quedarán anulados de pleno derecho, sin más excepciones que las señaladas en el artículo 182 de esta ley.

ART. 176. Temporalidad de los créditos.

1. Con cargo a los créditos del estado de gastos de cada presupuesto sólo podrán contraerse obligaciones derivadas de adquisiciones, obras, servicios y demás prestaciones o gastos en general que se realicen en el año natural del propio ejercicio presupuestario.

2. No obstante lo dispuesto en el apartado anterior, se aplicarán a los créditos del presupuesto vigente, en el momento de su reconocimiento, las obligaciones siguientes:

a) Las que resulten de la liquidación de atrasos a favor del personal que perciba sus retribuciones con cargo a los presupuestos generales de la entidad local.

b) Las derivadas de compromisos de gastos debidamente adquiridos en ejercicios anteriores, previa incorporación de los créditos en el supuesto establecido en el artículo 182.3.

Apdo. 2.b): ver art. 182.1.b) TRLRHL.

ART. 177. Créditos extraordinarios y suplementos de crédito.

1. Cuando haya de realizarse algún gasto que no pueda demorarse hasta el ejercicio siguiente, y no exista en el presupuesto de la corporación crédito o sea insuficiente o no ampliable el consignado, el presidente de la corporación ordenará la incoación del expediente de concesión de crédito extraordinario, en el primer caso, o de suplemento de crédito, en el segundo.

2. El expediente, que habrá de ser previamente informado por la Intervención, se someterá a la aprobación del Pleno de la corporación, con sujeción a los mismos trámites y requisitos que los presupuestos. Serán asimismo, de aplicación, las normas sobre información, reclamación y publicidad de los presupuestos a que se refiere el artículo 169 de esta ley.

3. Si la inexistencia o insuficiencia de crédito se produjera en el presupuesto de un organismo autónomo, el expediente de crédito extraordinario o de suplemento de crédito propuesto inicialmente por el órgano competente del organismo autónomo a que aquél corresponda, será remitido a la entidad local para su tramitación conforme a lo dispuesto en el apartado anterior.

4. El expediente deberá especificar la concreta partida presupuestaria a incrementar y el medio o recurso que ha de financiar el aumento que se propone.

Dicho aumento se financiará con cargo al remanente líquido de tesorería, con nuevos o mayores ingresos recaudados sobre los totales previstos en el presupuesto corriente, y mediante anulaciones o bajas de créditos de gastos de otras partidas del presupuesto vigente no comprometidos, cuyas dotaciones se estimen reducibles sin perturbación del respectivo servicio. En el expediente se acreditará que los ingresos previstos en el presupuesto vengan efectuándose con normalidad, salvo que aquéllos tengan carácter finalista.

5. Excepcionalmente, y por acuerdos adoptados con el quórum establecido por el artículo 47.3 de la Ley 7/1985, de 2 de abril, se considerarán recursos efectivamente disponibles para financiar nuevos o mayores gastos, por operaciones corrientes, que expresamente sean declarados necesarios y urgentes, los procedentes de operaciones de crédito en que se den conjuntamente las siguientes condiciones:

Que su importe total anual no supere el cinco por ciento de los recursos por operaciones corrientes del presupuesto de la entidad.

Que la carga financiera total de la entidad, incluida la derivada de las operaciones proyectadas, no supere el 25 por ciento de los expresados recursos.

Que las operaciones queden canceladas antes de que se proceda a la renovación de la Corporación que las concierte.

6. Los acuerdos de las entidades locales que tengan por objeto la habilitación o suplemento de créditos en casos de calamidades públicas o de naturaleza análoga de excepcional interés general, serán inmediatamente ejecutivos, sin perjuicio de las reclamaciones que contra ellos se promovieran, las cuales deberán sustanciarse dentro de los ocho días siguientes a la presentación, entendiéndose desestimadas de no notificarse su resolución al recurrente dentro de dicho plazo.

Apdo. 5: ver art. 49.4 y 193.2 TRLRHL.

Ver arts. 50.b) y 169.6 TRLRHL.

ART. 178. Créditos ampliables.

No obstante lo dispuesto en el apartado 2 del artículo 172 de esta ley tendrán la condición de ampliables aquellos créditos que de modo taxativo y debidamente explicitados se relacionen en las bases de ejecución del presupuesto, y, en su virtud, podrá ser incrementada su cuantía, previo cumplimiento de los requisitos exigidos por vía reglamentaria, en función de la efectividad de los recursos afectados.

Ver art. 169.6 TRLRHL.

ART. 179. Transferencias de crédito: límites formales y competencia.

1. Las entidades locales regularán en las bases de ejecución del presupuesto el régimen de transferencias estableciendo, en cada caso, el órgano competente para autorizarlas.

2. En todo caso, la aprobación de las transferencias de crédito entre distintos grupos de función corresponderá al Pleno de la corporación salvo cuando las bajas y las altas afecten a créditos de personal.

3. Los organismos autónomos podrán realizar operaciones de transferencias de crédito con sujeción a lo dispuesto en los apartados anteriores.

4. Las modificaciones presupuestarias a que se refiere este artículo, en cuanto sean aprobadas por el Pleno, seguirán las normas sobre información, reclamaciones, recursos y publicidad a que se refieren los artículos 169, 170 y 171 de la ley.

Ver art. 169.6 TRLRHL.

ART. 180. Transferencias de crédito: límites objetivos.

1. Las transferencias de créditos de cualquier clase estarán sujetas a las siguientes limitaciones:

a) No afectarán a los créditos ampliables ni a los extraordinarios concedidos durante el ejercicio.

b) No podrán minorarse los créditos que hayan sido incrementados con suplementos o transferencias, salvo cuando afecten a créditos de personal, ni los créditos incorporados como consecuencia de remanentes no comprometidos procedentes de presupuestos cerrados.

c) No incrementarán créditos que como consecuencia de otras transferencias hayan sido objeto de minoración, salvo cuando afecten a créditos de personal.

2. Las anteriores limitaciones no afectarán a las transferencias de crédito que se refieran a los programas de imprevistos y funciones no clasificadas ni serán de aplicación cuando se trate de créditos modificados como consecuencia de reorganizaciones administrativas aprobadas por el Pleno.

ART. 181. Generaciones de crédito.

Podrán generar crédito en los estados de gastos de los presupuestos, en la forma que reglamentariamente se establezca, los ingresos de naturaleza no tributaria derivados de las siguientes operaciones:

a) Aportaciones o compromisos firmes de aportación de personas físicas o jurídicas para financiar, juntamente con la entidad local o con alguno de sus organismos autónomos, gastos que por su naturaleza están comprendidos en sus fines u objetivos.

b) Enajenaciones de bienes de la entidad local o de sus organismos autónomos.

c) Prestación de servicios.

d) Reembolso de préstamos.

e) Reintegros de pagos indebidos con cargo al presupuesto corriente, en cuanto a reposición del crédito en la correspondiente cuantía.

ART. 182. Incorporaciones de crédito.

1. No obstante lo dispuesto en el artículo 175 de esta ley, podrán incorporarse a los correspondientes créditos de los presupuestos de gastos del ejercicio inmediato siguiente, siempre que existan para ello los suficientes recursos financieros:

a) Los créditos extraordinarios y los suplementos de créditos, así como las transferencias de crédito, que hayan sido concedidos o autorizados, respectivamente, en el último trimestre del ejercicio.

b) Los créditos que amparen los compromisos de gasto a que hace referencia el apartado 2.b) del artículo 176 de esta ley.

c) Los créditos por operaciones de capital.

d) Los créditos autorizados en función de la efectiva recaudación de derechos afectados.

2. Los remanentes incorporados según lo prevenido en el apartado anterior podrán ser aplicados tan sólo dentro del ejercicio presupuestario al que la incorporación se acuerde y, en el supuesto del párrafo a) de dicho apartado, para los mismos gastos que motivaron, en cada caso, su concesión y autorización.

3. Los créditos que amparen proyectos financiados con ingresos afectados deberán incorporarse obligatoriamente, salvo que se desista total o parcialmente de iniciar o continuar la ejecución del gasto.

Ver art. 175 y 176.2 TRLRHL.

Sección 3.ª Ejecución y liquidación

ART. 183. Régimen jurídico.

La ejecución de los créditos consignados en el presupuesto de gastos de las entidades locales se efectuará conforme a lo dispuesto en la presente sección y, complementariamente, por las normas que dicte cada entidad y queden plasmadas en las bases de ejecución del presupuesto.

ART. 184. Fases del procedimiento de gestión de los gastos.

1. La gestión del presupuesto de gastos se realizará en las siguientes fases cuyo contenido se establecerá reglamentariamente:

a) Autorización de gasto.

b) Disposición o compromiso de gasto.

c) Reconocimiento o liquidación de la obligación.

d) Ordenación de pago.

2. Las entidades locales podrán en la forma que reglamentariamente se establezca abarcar en un solo acto administrativo dos o más fases de ejecución de las enumeradas en el apartado anterior.

ART. 185. Competencias en materia de gestión de gastos.

1. Dentro del importe de los créditos autorizados en los presupuestos corresponderá la autorización y disposición de los gastos al presidente o al Pleno de la entidad de acuerdo con la atribución de competencias que establezca la normativa vigente.

2. Corresponderá al presidente de la corporación el reconocimiento y liquidación de las obligaciones derivadas de compromisos de gastos legalmente adquiridos.

3. Las facultades a que se refieren los apartados anteriores podrán desconcentrarse o delegarse en los términos previstos por el artículo 23 de la Ley 7/1985, de 2 de abril, que deberán recogerse para cada ejercicio, en las bases de ejecución del presupuesto.

4. En los organismos autónomos las facultades indicadas se ejercerán en los términos expuestos anteriormente, correspondiendo a los órganos de aquéllos a los que sus estatutos atribuyan dichas competencias.

ART. 186. Ordenación de pagos.

1. Competen al presidente de la entidad local las funciones de ordenación de pagos.

2. El Pleno de la entidad local, a propuesta del presidente, podrá crear una unidad de ordenación de pagos que, bajo la superior autoridad de éste, ejerza las funciones administrativas de la ordenación de pagos.

3. El Pleno de las entidades locales de más de 500.000 habitantes de derecho, a propuesta del presidente, podrá asimismo crear una unidad central de tesorería que, bajo la superior autoridad de éste, ejerza las funciones de la ordenación de pagos.

4. La ordenación de pagos en los organismos autónomos la ejercerá el órgano de estos que, por estatutos, la tenga atribuida.

Apdos. 2 y 3: ver art. 1.1 TRLRHL.

ART. 187. Plan de disposición de fondos.

La expedición de las órdenes de pago habrá de acomodarse al plan de disposición de fondos de la tesorería que se establezca por el presidente que, en todo caso, deberá recoger la prioridad de los gastos de personal y de las obligaciones contraídas en ejercicios anteriores.

ART. 188. Responsabilidad personal.

Los ordenadores de gastos y de pagos, en todo caso, y los interventores de las entidades locales, cuando no adviertan por escrito su improcedencia, serán personalmente responsables de todo gasto que autoricen y de toda obligación que reconozcan, liquiden o paguen sin crédito suficiente.

ART. 189. Requisitos previos a la expedición de órdenes de pago.

1. Previamente a la expedición de las órdenes de pago con cargo a los presupuestos de la entidad local y de sus organismos autónomos habrá de acreditarse documentalmente ante el órgano que haya de reconocer las obligaciones la realización de la prestación o el derecho del acreedor de conformidad con los acuerdos que en su día autorizaron y comprometieron el gasto.

2. Los perceptores de subvenciones concedidas con cargo a los presupuestos de las entidades locales y de los organismos autónomos vendrán obligados a acreditar, antes de su percepción, que se encuentran al corriente de sus obligaciones fiscales con la entidad, así como, posteriormente, a justificar la aplicación de los fondos recibidos.

ART. 190. Pagos a justificar. Anticipos de caja fija.

1. Las órdenes de pago cuyos documentos no se puedan acompañar en el momento de su expedición, según previene el artículo anterior, tendrán el carácter de a justificar y se aplicarán a los correspondientes créditos presupuestarios.

2. Las bases de ejecución del presupuesto podrán establecer, previo informe de la Intervención, las normas que regulen la expedición de órdenes de pago a justificar con cargo a los presupuestos de gastos, determinando los criterios generales, los límites cuantitativos y los conceptos presupuestarios a los que sean aplicables.

Los perceptores de estas órdenes de pago quedarán obligados a justificar la aplicación de las cantidades percibidas en el plazo máximo de tres meses, y sujetos al régimen de responsabilidades que establece la normativa vigente.

En ningún caso podrán expedirse nuevas órdenes de pago a justificar, por los mismos conceptos presupuestarios, a perceptores que tuviesen aún en su poder fondos pendientes de justificación.

3. Para las atenciones de carácter periódico o repetitivo, los fondos librados a justificar podrán tener el carácter de anticipos de caja fija. Los perceptores de estos fondos quedarán obligados a justificar la aplicación de las cantidades percibidas a lo largo del ejercicio presupuestario en que se constituyó el anticipo.

ART. 191. Cierre y liquidación del presupuesto.

1. El presupuesto de cada ejercicio se liquidará en cuanto a la recaudación de derechos y al pago de obligaciones el 31 de diciembre del año natural correspondiente, quedando a cargo de la Tesorería local los ingresos y pagos pendientes, según sus respectivas contracciones.

2. Las obligaciones reconocidas y liquidadas no satisfechas el último día del ejercicio, los derechos pendientes de cobro y los fondos líquidos a 31 de diciembre configurarán el remanente de tesorería de la entidad local. La cuantificación del remanente de tesorería deberá realizarse teniendo en cuenta los posibles ingresos afectados y minorando de acuerdo con lo que reglamentariamente se establezca los derechos pendientes de cobro que se consideren de difícil o imposible recaudación.

3. Las entidades locales deberán confeccionar la liquidación de su presupuesto antes del día primero de marzo del ejercicio siguiente.

La aprobación de la liquidación del presupuesto corresponde al presidente de la entidad local, previo informe de la Intervención.

ART. 192. Cierre y liquidación del presupuesto de organismos autónomos.

1. La liquidación de los presupuestos de los organismos autónomos se ajustará a lo dispuesto en el apartado 1 del artículo anterior. Reglamentariamente se regularán las operaciones de cierre del ejercicio económico y de liquidación de los presupuestos, atendiendo al carácter de los citados organismos.

2. La liquidación de los presupuestos de los organismos autónomos, informada por la Intervención correspondiente y propuesta por el órgano competente de estos, será remitida a la entidad local para su aprobación por su presidente y a los efectos previstos en el artículo siguiente.

ART. 193. Liquidación del presupuesto con remanente de tesorería negativo. Remisión a otras Administraciones públicas.

1. En caso de liquidación del presupuesto con remanente de tesorería negativo, el Pleno de la corporación o el órgano competente del organismo autónomo, según corresponda, deberán proceder, en la primera sesión que celebren, a la reducción de gastos del nuevo presupuesto por cuantía igual al déficit producido. La expresada reducción sólo podrá revocarse por acuerdo del Pleno, a propuesta del presidente, y previo informe del Interventor, cuando el desarrollo normal del presupuesto y la situación de la tesorería lo consintiesen.

2. Si la reducción de gastos no resultase posible, se podrá acudir al concierto de operación de crédito por su importe, siempre que se den las condiciones señaladas en el artículo 177.5 de esta ley.

3. De no adoptarse ninguna de las medidas previstas en los dos apartados anteriores, el presupuesto del ejercicio siguiente habrá de aprobarse con un superávit inicial de cuantía no inferior al repetido déficit.

4. De la liquidación de cada uno de los presupuestos que integran el presupuesto general y de los estados financieros de las sociedades mercantiles dependientes de la entidad, una vez realizada su aprobación, se dará cuenta al Pleno en la primera sesión que celebre.

5. Las entidades locales remitirán copia de la liquidación de sus presupuestos a la Administración del Estado y a la comunidad autónoma antes de finalizar el mes de marzo del ejercicio siguiente al que corresponda.

La falta de remisión de la liquidación en el plazo señalado facultará a la Administración para utilizar como actuales, a cualquier efecto, los datos que conozca relativos a la entidad de que se trate.

Apdo. 2: ver art. 49.4 TRLRHL.

ART. 193 bis. Derechos de difícil o imposible recaudación.

Las Entidades Locales deberán informar al Ministerio de Hacienda y Administraciones Públicas y a su Pleno, u órgano equivalente, del resultado de la aplicación de los criterios determinantes de los derechos de difícil o imposible recaudación con los siguientes límites mínimos:

a) Los derechos pendientes de cobro liquidados dentro de los presupuestos de los dos ejercicios anteriores al que corresponde la liquidación, se minorarán, como mínimo, en un 25 por ciento.

b) Los derechos pendientes de cobro liquidados dentro de los presupuestos del ejercicio tercero anterior al que corresponde la liquidación, se minorarán, como mínimo, en un 50 por ciento.

c) Los derechos pendientes de cobro liquidados dentro de los presupuestos de los ejercicios cuarto a quinto anteriores al que corresponde la liquidación, se minorarán, como mínimo, en un 75 por ciento.

d) Los derechos pendientes de cobro liquidados dentro de los presupuestos de los restantes ejercicios anteriores al que corresponde la liquidación, se minorarán en un 100 por ciento.

Añadido por Ley 27/2013, de 27 de diciembre, de racionalización y sostenibilidad de la Administración Local. (BOE de 30-12-2013).

Ver D.A. 8ª.2 TRLRHL.

CAPÍTULO II
De la tesorería de las entidades locales

ART. 194. Definición y régimen jurídico.

1. Constituyen la tesorería de las entidades locales todos los recursos financieros, sean dinero, valores o créditos, de la entidad local, tanto por operaciones presupuestarias como extrapresupuestarias.

2. Los preceptos contenidos en el presente capítulo serán de aplicación, asimismo, a los organismos autónomos.

3. La tesorería de las entidades locales se regirá por lo dispuesto en el presente capítulo y, en cuanto les sean de aplicación, por las normas del capítulo tercero del título cuarto de la Ley 47/2003, de 26 de noviembre, General Presupuestaria.

ART. 195. Control y régimen contable.

Las disponibilidades de la tesorería y sus variaciones quedan sujetas a intervención y al régimen de la contabilidad pública.

ART. 196. Funciones.

1. Son funciones encomendadas a la tesorería de las entidades locales:
a) Recaudar los derechos y pagar las obligaciones.
b) Servir al principio de unidad de caja, mediante la centralización de todos los fondos y valores generados por operaciones presupuestarias y extrapresupuestarias.
c) Distribuir en el tiempo las disponibilidades dinerarias para la puntual satisfacción de las obligaciones.
d) Responder de los avales contraídos.
e) Realizar las demás que se deriven o relacionen con las anteriormente numeradas.

2. Las funciones enumeradas en el apartado anterior se ejercerán, en su caso, por la unidad central de tesorería a que hace referencia el artículo 186 de esta ley.

ART. 197. Caja y cuentas bancarias.

1. Las entidades locales podrán concertar los servicios financieros de su tesorería con entidades de crédito y ahorro, mediante la apertura de los siguientes tipos de cuentas:
a) Cuentas operativas de ingresos y pagos.
b) Cuentas restringidas de recaudación.
c) Cuentas restringidas de pagos.
d) Cuentas financieras de colocación de excedentes de tesorería.

2. Asimismo las entidades locales podrán autorizar la existencia de cajas de efectivo, para los fondos de las operaciones diarias, las cuales estarán sujetas a las limitaciones que reglamentariamente se establezcan.

ART. 198. Medios de ingreso y de pago.

1. Las entidades locales podrán dictar reglas especiales para el ingreso del producto de la recaudación de los recursos que podrán realizarse en las cajas de efectivo o en las entidades de crédito colaboradoras mediante efectivo, transferencias, cheques o cualquier otro medio o documento de pago, sean o no bancarios, que se establezcan.

2. Las entidades locales podrán asimismo pagar sus obligaciones por cualquiera de los medios a que se refiere el apartado anterior.

ART. 199. Gestión de la tesorería.

1. Las entidades locales, de acuerdo con lo establecido en el artículo 51 de esta ley, podrán concertar, con cualesquiera entidades financieras, operaciones de tesorería para cubrir déficit temporales de liquidez derivados de las diferencias de vencimientos de sus pagos e ingresos.

2. Igualmente, las entidades locales podrán rentabilizar sus excedentes temporales de tesorería mediante inversiones que reúnan las condiciones de liquidez y seguridad.

CAPÍTULO III
De la contabilidad

Sección 1.ª Disposiciones generales

ART. 200. Régimen jurídico.

1. Las entidades locales y sus organismos autónomos quedan sometidos al régimen de contabilidad pública en los términos establecidos en esta ley.

2. Las sociedades mercantiles en cuyo capital tengan participación total o mayoritaria las entidades locales estarán igualmente sometidas al régimen de contabilidad pública, sin perjuicio de que se adapten a las disposiciones del Código de Comercio y demás legislación mercantil y al Plan General de Contabilidad vigente para las empresas españolas.

ART. 201. Rendición de cuentas.

La sujeción al régimen de contabilidad pública lleva consigo la obligación de rendir cuentas de las respectivas operaciones, cualquiera que sea su naturaleza, al Tribunal de Cuentas.

ART. 202. Ejercicio contable.

El ejercicio contable coincidirá con el ejercicio presupuestario.

ART. 203. Competencia.

1. Corresponderá al Ministerio de Hacienda a propuesta de la Intervención General de la Administración del Estado:

a) Aprobar las normas contables de carácter general a las que tendrá que ajustarse la organización de la contabilidad de los entes locales y sus organismos autónomos.

b) Aprobar la adaptación del Plan General de Contabilidad Pública para las entidades locales, su normativa de desarrollo y los planes especiales o parciales que se elaboren conforme a la misma, así como los de las entidades públicas empresariales y sociedades mercantiles con participación total o mayoritaria de las entidades locales, que se elaboren conforme al Plan General de Contabilidad de la empresa española.

c) Establecer los libros que, como regla general y con carácter obligatorio, deban llevarse.

d) Determinar la estructura y justificación de las cuentas, estados y demás documentos relativos a la contabilidad pública.

2. A los efectos previstos en el apartado anterior, serán objeto de tratamiento contable simplificado aquellas entidades locales cuyas características así lo requieran y que serán fijadas reglamentariamente por el Ministerio de Hacienda.

> *Letra b) del apdo. 1 modificada por Ley 22/2021, de 28 de diciembre, de Presupuestos Generales del Estado para el año 2022. (BOE de 29-12-2021).*

ART. 204. Función contable de la Intervención.

1. A la Intervención de las entidades locales le corresponde llevar y desarrollar la contabilidad financiera y el seguimiento, en términos financieros, de la ejecución de los presupuestos de acuerdo con las normas generales y las dictadas por el Pleno de la corporación.

2. Asimismo, competerá a la Intervención la inspección de la contabilidad de los organismos autónomos y de las sociedades mercantiles dependientes de la entidad local, de acuerdo con los procedimientos que establezca el Pleno.

ART. 205. Fines de la contabilidad pública local.

La contabilidad de los entes locales estará organizada al servicio de los siguientes fines:

a) Establecer el balance de la entidad local, poniendo de manifiesto la composición y situación de su patrimonio, así como sus variaciones.

b) Determinar los resultados desde un punto de vista económico-patrimonial.

c) Determinar los resultados analíticos poniendo de manifiesto el coste y rendimiento de los servicios.

d) Registrar la ejecución de los presupuestos generales de la entidad, poniendo de manifiesto los resultados presupuestarios.

e) Registrar los movimientos y situación de la tesorería local.

f) Proporcionar los datos necesarios para la formación de la cuenta general de la entidad, así como de las cuentas, estados y documentos que deban elaborarse o remitirse al Tribunal de Cuentas.

g) Facilitar la información necesaria para la confección de estadísticas económico-financieras por parte del Ministerio de Hacienda.

h) Facilitar los datos y demás antecedentes que sean precisos para la confección de las cuentas económicas del sector público y las nacionales de España.

i) Rendir la información económica y financiera que sea necesaria para la toma de decisiones, tanto en el orden político como en el de gestión.

j) Posibilitar el ejercicio de los controles de legalidad, financiero y de eficacia.

k) Posibilitar el inventario y el control del inmovilizado material, inmaterial y financiero, el control del endeudamiento y el seguimiento individualizado de la situación deudora o acreedora de los interesados que se relacionen con la entidad local.

ART. 206. Soporte de las anotaciones contables.

1. La contabilidad pública se llevará en libros, registros y cuentas según los procedimientos técnicos que sean más convenientes por la índole de las operaciones y de las situaciones que en ellos deban anotarse y de forma que facilite el cumplimiento de los fines señalados en el artículo anterior.

2. En los citados libros, registros y cuentas, se contabilizarán la totalidad de los actos u operaciones de carácter administrativo, civil o mercantil, con repercusión financiera, patrimonial o económica en general.

ART. 207. Información periódica para el Pleno de la corporación.

La Intervención de la entidad local remitirá al Pleno de la entidad, por conducto de la presidencia, información de la ejecución de los presupuestos y del movimiento de la tesorería por operaciones presupuestarias independientes y auxiliares del presupuesto y de su situación, en los plazos y con la periodicidad que el Pleno establezca.

Sección 2.ª Estados de cuentas anuales de las entidades locales

ART. 208. Formación de la cuenta general.

Las entidades locales, a la terminación del ejercicio presupuestario, formarán la cuenta general que pondrá de manifiesto la gestión realizada en los aspectos económico, financiero, patrimonial y presupuestario.

ART. 209. Contenido de la cuenta general de las entidades locales.

1. La cuenta general estará integrada por:

a) La de la propia entidad.

b) La de los organismos autónomos.

c) Las de las sociedades mercantiles de capital íntegramente propiedad de las entidades locales.

2. Las cuentas a que se refieren los párrafos a) y b) del apartado anterior reflejarán la situación económico-financiera y patrimonial, los resultados económico-patrimoniales y la ejecución y liquidación de los presupuestos.

Para las entidades locales con tratamiento contable simplificado, se establecerán modelos simplificados de cuentas que reflejarán, en todo caso, la situación financiera y la ejecución y liquidación de los presupuestos.

3. Las cuentas a que se refiere el apartado 1.c) anterior serán, en todo caso, las que deban elaborarse de acuerdo con la normativa mercantil.

4. Las entidades locales unirán a la Cuenta General los estados consolidados que determine el Ministro de Hacienda y Función Pública, en los términos previstos en las normas de consolidación que apruebe para el sector público local conformes a las Normas para la formulación de cuentas anuales consolidadas en el ámbito del sector público.

A efectos de la obtención de los estados consolidados, las entidades controladas, directamente o indirectamente, por la entidad local no comprendidas en los apartados anteriores, las entidades multigrupo y las entidades asociadas deberán remitir sus cuentas anuales a la entidad local acompañadas, en su caso, del informe de auditoría.

Los conceptos de control y de entidad multigrupo y entidad asociada son los definidos en las Normas para la formulación de cuentas anuales consolidadas en el ámbito del sector público.

Los estados consolidados deberán acompañar a la Cuenta General, al menos, cuando ésta se someta a aprobación del Pleno de la Corporación.

Apdo. 4 modificado por Ley 3/2017, de 27 de junio, de Presupuestos Generales del Estado para el año 2017. (BOE de 28-06-2017).

Apdo. 4: ver art. D.T. 22ª TRLRHL.

ART. 210. Competencia.

El contenido, estructura y normas de elaboración de las cuentas a que se refieren los párrafos a) y b) del apartado 1 del artículo anterior, se determinarán por el Ministerio de Hacienda, a propuesta de la Intervención General de la Administración del Estado.

ART. 211. Memorias que acompañan a la cuenta general.

Los municipios de más de 50.000 habitantes y las demás entidades locales de ámbito superior acompañarán a la cuenta general:

a) Una memoria justificativa del coste y rendimiento de los servicios públicos.

b) Una memoria demostrativa del grado en que se hayan cumplido los objetivos programados con indicación de los previstos y alcanzados, con su coste.

ART. 212. Rendición, publicidad y aprobación de la cuenta general.

1. Los estados y cuentas de la entidad local serán rendidas por su presidente antes del día 15 de mayo del ejercicio siguiente al que correspondan. Las de los organismos autónomos y sociedades mercantiles cuyo capital pertenezca íntegramente a aquélla, rendidas y propuestas inicialmente por los órganos competentes de estos, serán remitidas a la entidad local en el mismo plazo.

2. La cuenta general formada por la Intervención será sometida antes del día 1 de junio a informe de la Comisión Especial de Cuentas de la entidad local, que estará constituida por miembros de los distintos grupos políticos integrantes de la corporación.

3. La cuenta general, con el informe de la Comisión Especial a que se refiere el apartado anterior, será expuesta al público por plazo de 15 días durante los cuales los interesados podrán examinarla y presentar reclamaciones, reparos u observaciones. Examinados estos por la Comisión Especial y practicadas por esta cuantas comprobaciones estime necesarias emitirá nuevo informe.

4. Acompañada de los informes de la Comisión Especial y de las reclamaciones y reparos formulados, la cuenta general se someterá al Pleno de la corporación, para que, en su caso, pueda ser aprobada antes del día 1 de octubre.

5. Una vez que el Pleno se haya pronunciado sobre la Cuenta General, aprobándola o rechazándola, el presidente de la corporación la rendirá al Tribunal de Cuentas.

Apdos. 3 y 5 modificados por Ley 11/2020, de 30 de diciembre, de Presupuestos Generales del Estado para el año 2021. (BOE de 31-12-2020).

CAPÍTULO IV
Control y fiscalización

ART. 213. Control interno.

Se ejercerán en las Entidades Locales con la extensión y efectos que se determina en los artículos siguientes las funciones de control interno respecto de su gestión económica, de los organismos autónomos y de las sociedades mercantiles de ellas dependientes, en sus modalidades de función interventora, función de control financiero, incluida la auditoría de cuentas de las entidades que se determinen reglamentariamente, y función de control de la eficacia.

A propuesta del Ministerio de Hacienda y Administraciones Públicas, el Gobierno establecerá las normas sobre los procedimientos de control, metodología de aplicación, criterios de actuación, derechos y deberes del personal controlador y destinatarios de los informes de control, que se deberán seguir en el desarrollo de las funciones de control indicadas en el apartado anterior.

Los órganos interventores de las Entidades Locales remitirán con carácter anual a la Intervención General de la Administración del Estado un informe resumen de los resultados de los citados controles desarrollados en cada ejercicio, en el plazo y con el contenido que se regulen en las normas indicadas en el párrafo anterior.

Modificado por Ley 27/2013, de 27 de diciembre, de racionalización y sostenibilidad de la Administración Local. (BOE de 30-12-2013).

ART. 214. Ámbito de aplicación y modalidades de ejercicio de la función interventora.

1. La función interventora tendrá por objeto fiscalizar todos los actos de las entidades locales y de sus organismos autónomos que den lugar al reconocimiento

y liquidación de derechos y obligaciones o gastos de contenido económico, los ingresos y pagos que de aquéllos se deriven, y la recaudación, inversión y aplicación, en general, de los caudales públicos administrados, con el fin de que la gestión se ajuste a las disposiciones aplicables en cada caso.

2. El ejercicio de la expresada función comprenderá:

a) La intervención crítica o previa de todo acto, documento o expediente susceptible de producir derechos u obligaciones de contenido económico o movimiento de fondos de valores.

b) La intervención formal de la ordenación del pago.

c) La intervención material del pago.

d) La intervención y comprobación material de las inversiones y de la aplicación de las subvenciones.

ART. 215. Reparos.

Si en el ejercicio de la función interventora el órgano interventor se manifestara en desacuerdo con el fondo o con la forma de los actos, documentos o expedientes examinados, deberá formular sus reparos por escrito antes de la adopción del acuerdo o resolución.

ART. 216. Efectos de los reparos.

1. Cuando la disconformidad se refiera al reconocimiento o liquidación de derechos a favor de las entidades locales o sus organismos autónomos, la oposición se formalizará en nota de reparo que, en ningún caso, suspenderá la tramitación del expediente.

2. Si el reparo afecta a la disposición de gastos, reconocimiento de obligaciones u ordenación de pagos, se suspenderá la tramitación del expediente hasta que aquél sea solventado en los siguientes casos:

a) Cuando se base en la insuficiencia de crédito o el propuesto no sea adecuado.

b) Cuando no hubieran sido fiscalizados los actos que dieron origen a las órdenes de pago.

c) En los casos de omisión en el expediente de requisitos o trámites esenciales.

d) Cuando el reparo derive de comprobaciones materiales de obras, suministros, adquisiciones y servicios.

ART. 217. Discrepancias.

1. Cuando el órgano a que afecte el reparo no esté de acuerdo con este, corresponderá al presidente de la entidad local resolver la discrepancia, siendo su resolución ejecutiva. Esta facultad no será delegable en ningún caso.

2. No obstante lo dispuesto en el apartado anterior, corresponderá al Pleno la resolución de las discrepancias cuando los reparos:

a) Se basen en insuficiencia o inadecuación de crédito.

b) Se refieran a obligaciones o gastos cuya aprobación sea de su competencia.

ART. 218. Informes sobre resolución de discrepancias.

1. El órgano interventor elevará informe al Pleno de todas las resoluciones adoptadas por el Presidente de la Entidad Local contrarias a los reparos efectuados, así como un resumen de las principales anomalías detectadas en materia de ingresos. Dicho informe atenderá únicamente a aspectos y cometidos propios del ejercicio de la función fiscalizadora, sin incluir cuestiones de oportunidad o conveniencia de las actuaciones que fiscalice.

Lo contenido en este apartado constituirá un punto independiente en el orden del día de la correspondiente sesión plenaria.

El Presidente de la Corporación podrá presentar en el Pleno informe justificativo de su actuación.

2. Sin perjuicio de lo anterior, cuando existan discrepancias, el Presidente de la Entidad Local podrá elevar su resolución al órgano de control competente por razón de la materia de la Administración que tenga atribuida la tutela financiera.

3. El órgano interventor remitirá anualmente al Tribunal de Cuentas todas las resoluciones y acuerdos adoptados por el Presidente de la Entidad Local y por el Pleno de la Corporación contrarios a los reparos formulados, así como un resumen de las principales anomalías detectadas en materia de ingresos. A la citada documentación deberá acompañar, en su caso, los informes justificativos presentados por la Corporación local.

Modificado por Ley 27/2013, de 27 de diciembre, de racionalización y sostenibilidad de la Administración Local. (BOE de 30-12-2013).

Ver D.A. 8ª.2 TRLRHL.

ART. 219. Fiscalización previa.

1. No estarán sometidos a intervención previa los gastos de material no inventariable, contratos menores, así como los de carácter periódico y demás de tracto sucesivo, una vez intervenido el gasto correspondiente al período inicial del acto o contrato del que deriven o sus modificaciones, así como otros gastos menores de 3.005,06 euros que, de acuerdo con la normativa vigente, se hagan efectivos a través del sistema de anticipos de caja fija.

2. El Pleno podrá acordar, a propuesta del presidente y previo informe del órgano interventor, que la intervención previa se limite a comprobar los siguientes extremos:

a) La existencia de crédito presupuestario y que el propuesto es el adecuado a la naturaleza de gasto u obligación que se proponga contraer.

En los casos en que se trate de contraer compromisos de gastos de carácter plurianual se comprobará, además, si se cumple lo preceptuado en el artículo 174 de esta ley.

b) Que las obligaciones o gasto se generan por órgano competente.

c) Aquellos otros extremos que, por su trascendencia en el proceso de gestión, se determinen por el Pleno a propuesta del presidente.

El órgano interventor podrá formular las observaciones complementarias que considere conveniente, sin que estas tengan, en ningún caso, efectos suspensivos en la tramitación de los expedientes correspondientes.

3. Las obligaciones o gastos sometidos a la fiscalización limitada a que se refiere el apartado 2 de este artículo serán objeto de otra plena con posterioridad, ejercida sobre una muestra representativa de los actos, documentos o expedientes que dieron origen a la referida fiscalización, mediante la aplicación de técnicas de muestreo o auditoría, con el fin de verificar que se ajustan a las disposiciones aplicables en cada caso y determinar el grado del cumplimiento de la legalidad en la gestión de los créditos.

Los órganos de control interno que realicen las fiscalizaciones con posterioridad deberán emitir informe escrito en el que hagan constar cuantas observaciones y conclusiones se deduzcan de ellas. Estos informes se remitirán al Pleno con las observaciones que hubieran efectuado los órganos gestores.

4. Las entidades locales podrán determinar, mediante acuerdo del Pleno, la sustitución de la fiscalización previa de derechos por la inherente a la toma de razón en contabilidad y por actuaciones comprobatorias posteriores mediante la utilización de técnicas de muestreo o auditoría.

ART. 220. Ámbito de aplicación y finalidad del control financiero.

1. El control financiero tendrá por objeto comprobar el funcionamiento en el aspecto económico-financiero de los servicios de las entidades locales, de sus organismos autónomos y de las sociedades mercantiles de ellas dependientes.

2. Dicho control tendrá por objeto informar acerca de la adecuada presentación de la información financiera, del cumplimiento de las normas y directrices que sean de aplicación y del grado de eficacia y eficiencia en la consecución de los objetivos previstos.

3. El control financiero se realizará por procedimientos de auditoría de acuerdo con las normas de auditoría del sector público.

4. Como resultado del control efectuado habrá de emitirse informe escrito en el que se haga constar cuantas observaciones y conclusiones se deduzcan del examen practicado. Los informes, conjuntamente con las alegaciones efectuadas por el órgano auditado, serán enviados al Pleno para su examen.

ART. 221. Control de eficacia.

El control de eficacia tendrá por objeto la comprobación periódica del grado de cumplimiento de los objetivos, así como el análisis del coste de funcionamiento y del rendimiento de los respectivos servicios o inversiones.

ART. 222. Facultades del personal controlador.

Los funcionarios que tengan a su cargo la función interventora así como los que se designen para llevar a efecto los controles financiero y de eficacia, ejercerán su función con plena independencia y podrán recabar cuantos antecedentes consideren necesarios, efectuar el examen y comprobación de los libros, cuentas y documentos que consideren precisos, verificar arqueos y recuentos y solicitar de quien corresponda, cuando la naturaleza del acto, documento o expediente que deba ser intervenido lo requiera, los informes técnicos y asesoramientos que estimen necesarios.

ART. 223. Control externo.

1. La fiscalización externa de las cuentas y de la gestión económica de las entidades locales y de todos los organismos y sociedades de ellas dependientes es función propia del Tribunal de Cuentas, con el alcance y condiciones que establece su ley orgánica reguladora y su ley de funcionamiento.

2. A tal efecto, las entidades locales rendirán al citado Tribunal, antes del día 15 de octubre de cada año, la cuenta general a que se refiere el artículo 209 de esta ley correspondiente al ejercicio económico anterior.

3. Una vez fiscalizadas las cuentas por el Tribunal, se someterá a la consideración de la entidad local la propuesta de corrección de las anomalías observadas y el ejercicio de las acciones procedentes, sin perjuicio, todo ello, de las actuaciones que puedan corresponder al Tribunal en los casos de exigencia de responsabilidad contable.

4. Lo establecido en el presente artículo se entiende sin menoscabo de las facultades que, en materia de fiscalización externa de las entidades locales, tengan atribuidas por sus Estatutos las comunidades autónomas.

DISPOSICIONES ADICIONALES

D.A. 1.ª Potestad tributaria de las comunidades autónomas sobre materia imponible gravada por el Impuesto sobre Vehículos de Tracción Mecánica y por el Impuesto Municipal sobre Gastos Suntuarios, en su modalidad de aprovechamiento de cotos de caza y pesca.

1. Conforme al artículo 6.3 de la Ley Orgánica 8/1980, de 22 de septiembre, de Financiación de las comunidades autónomas, éstas podrán establecer y exigir un impuesto sobre la materia imponible gravada por el Impuesto sobre Vehículos de Tracción Mecánica.

2. La comunidad autónoma que ejerza dicha potestad establecerá las compensaciones oportunas a favor de los municipios comprendidos en su ámbito territorial que revestirán una o varias de las siguientes fórmulas:

a) Subvenciones incondicionadas.

b) Participación en los tributos de la comunidad autónoma de que se trate, distinta de las previstas en el artículo 142 de la Constitución.

3. Las compensaciones a que se refiere el apartado anterior no podrán suponer minoración de los ingresos que vengan obteniendo los ayuntamientos por el Impuesto sobre Vehículos de Tracción Mecánica, ni merma en sus posibilidades de crecimiento futuro por dicho impuesto.

4. El ejercicio de la potestad a que se refiere el apartado 1 de esta disposición adicional supone la creación de un tributo nuevo, propio de la comunidad autónoma correspondiente, y la supresión del Impuesto sobre Vehículos de Tracción Mecánica regulado en esta ley respecto de los municipios comprendidos en el ámbito territorial de aquélla.

5. En aquellos casos en que las comunidades autónomas supriman el impuesto propio que hubieren establecido al amparo de lo dispuesto en la presente disposición adicional, los ayuntamientos integrados en los territorios respectivos de aquéllas vendrán obligados a exigir automáticamente el Impuesto sobre Vehículos de Tracción Mecánica.

6. Asimismo, y conforme el artículo 6.3 a que se refiere el apartado 1 anterior, las comunidades autónomas podrán establecer y exigir un impuesto propio sobre la materia imponible gravada por el Impuesto Municipal sobre Gastos Suntuarios, en su modalidad de aprovechamiento de cotos de caza y pesca.

El impuesto que establezcan las comunidades autónomas al amparo de esta facultad será compatible con el impuesto municipal, si bien la cuota de este último se deducirá de la de aquél.

D.A. 2.ª Exigencia de tasa periódica como consecuencia de la variación del servicio o de la actividad que se realiza.

Cuando por la prestación de un servicio o la realización de una actividad se esté exigiendo el pago de un precio público de carácter periódico, y por variación de las circunstancias en que el servicio se presta o la actividad se realiza deba exigirse el pago de una tasa, no será preciso realizar la notificación individual a que se refiere el artículo 102 de la Ley 58/2003, de 17 de diciembre, General Tributaria, siempre que el sujeto pasivo y la cuota de la tasa coincidan con el obligado al pago y el importe del precio público al que sustituye.

Lo dispuesto en el párrafo anterior será de aplicación aun en el supuesto en el que la cuota de la tasa resulte incrementada respecto del importe del precio público al que sustituya, siempre que tal incremento se corresponda con una actualización de carácter general.

D.A. 3.ª Beneficios fiscales.

Las Leyes de Presupuestos Generales del Estado podrán establecer beneficios fiscales en los tributos locales regulados en esta ley, sin perjuicio de lo dispuesto en su artículo 9.2.

II

D.A. 4.ª Deudas de las entidades locales con acreedores públicos: modo de compensación y responsabilidad.

El Estado podrá compensar las deudas firmes contraídas con este por las entidades locales con cargo a las órdenes de pago que se emitan para satisfacer su participación en los tributos del Estado.

Igualmente se podrán retener con cargo a dicha participación las deudas firmes que aquéllas hayan contraído con los organismos autónomos del Estado y la Seguridad Social a efectos de proceder a su extinción mediante la puesta en disposición de las citadas entidades acreedoras de los fondos correspondientes.

A los efectos previstos en los párrafos precedentes se declara la responsabilidad solidaria de las corporaciones locales respecto de las deudas tributarias o con la Seguridad Social, contraídas por las entidades a que se refieren los párrafos b) y c) del apartado 3 del artículo 85 de la Ley 7/1985, de 2 de abril, reguladora de las Bases del Régimen Local, así como de las que en su caso se contraigan por las mancomunidades, comarcas, áreas metropolitanas, entidades de ámbito inferior al municipio y por cualesquiera instituciones asociativas voluntarias públicas en las que aquéllas participen, en proporción a sus respectivas cuotas y sin perjuicio del derecho de repetir que les pueda asistir, en su caso.

D.A. 5.ª Subvenciones a las entidades locales por servicios de transporte colectivo urbano.

Los Presupuestos Generales del Estado de cada año incluirán crédito destinado a la aportación al Fondo Estatal de Contribución a la Movilidad Sostenible (FECMO-FCPJ) previsto en el artículo 56 de la Ley 9/2025, de Movilidad Sostenible.

Las subvenciones a las entidades locales que tengan a su cargo el servicio urbano colectivo de transporte se imputarán al precitado Fondo en los términos recogidos en la indicada Ley 9/2025, de Movilidad Sostenible.

Modificada por Ley 9/2025, de 3 de diciembre, de Movilidad Sostenible (BOE de 04-12-2025).

D.A. 6.ª Actualización de la estructura de los presupuestos de las entidades locales.

El Ministerio de Hacienda modificará tanto la estructura de los presupuestos de las entidades locales como los criterios de clasificación a la que hace referencia el artículo 167 de esta ley con objeto de adaptarlos a los establecidos para el sector público estatal en cada momento.

D.A. 7.ª Aplicación a las comunidades autónomas uniprovinciales.

Las previsiones establecidas en esta ley para las diputaciones provinciales serán de aplicación a las comunidades autónomas uniprovinciales, en tanto no se opongan a lo establecido en su Estatuto de Autonomía.

D.A. 8.ª Régimen foral vasco.

1. Los Territorios Históricos del País Vasco continuarán conservando su régimen especial en materia municipal en lo que afecta al régimen económico-financiero en los términos de la Ley del Concierto Económico, sin que ello pueda significar un nivel de autonomía de las corporaciones locales vascas inferior al que tengan las demás corporaciones locales, sin perjuicio de la aplicación de lo dispuesto en la Ley 7/1985, de 2 de abril, reguladora de las Bases del Régimen Local, y de las competencias que a este respecto puedan corresponder a la Comunidad Autónoma.

Las instituciones vascas podrán, en sus respectivos ámbitos competenciales, atribuir competencias como propias a los municipios de sus respectivos territorios, con sujeción, en todo caso, a los criterios señalados en los apartados 3, 4 y 5 del artículo 25 de la Ley 7/1985, de 2 de abril, reguladora de las Bases del Régimen Local.

2. De conformidad con la disposición final tercera de la Ley Orgánica 2/2012, de 27 de abril, de Estabilidad Presupuestaria y Sostenibilidad Financiera, y de la cláusula subrogatoria prevista en el artículo 48 quinto de la Ley del Concierto Económico con el País Vasco, los Territorios Históricos recibirán los informes a que se refieren los artículos 193 bis y 218 de la presente Ley. Asimismo, los órganos interventores de las administraciones locales del País Vasco remitirán también al Tribunal Vasco de Cuentas Públicas, sin perjuicio de las competencias atribuidas al Tribunal de Cuentas, los informes a que se refiere el artículo 218 de la presente Ley.

3. De conformidad con la Ley Orgánica 2/2012, de 27 de abril, y de la cláusula subrogatoria prevista en el artículo 48 quinto de la Ley del Concierto Económico con el País Vasco, las Diputaciones Forales en sus respectivos ámbitos territoriales serán las competentes para formalizar convenios con las Entidades Locales para reforzar la autonomía y eficacia de los órganos responsables del control y fiscalización interna de la gestión económico-financiera, contable y presupuestaria de las citadas Entidades Locales.

Modificado por Ley 27/2013, de 27 de diciembre, de racionalización y sostenibilidad de la Administración Local. (BOE de 30-12-2013).

D.A. 9.ª Esfuerzo fiscal.

Las bases imponibles del Impuesto sobre Bienes Inmuebles a considerar en el cálculo del esfuerzo fiscal, a efectos de distribuir la financiación por porcentaje de participación en los tributos del Estado a favor de los ayuntamientos, se corresponderán con el importe de los valores catastrales minorados en la cuantía de la reducción establecida en esta ley que, en su caso, corresponda a los inmuebles del municipio en cada ejercicio económico.

D.A. 10.ª Referencias en el Impuesto sobre Actividades Económicas.

Todas las referencias normativas efectuadas al coeficiente y al índice de situación regulados mediante la redacción anterior a la Ley 51/2002, de 27 de diciembre, de los artículos 88 y 89 de la Ley 39/1988, de 28 de diciembre, reguladora de las Haciendas Locales, se entenderán efectuadas al coeficiente regulado en el artículo 87 de este texto refundido.

D.A. 11.ª Entidades locales canarias.

La participación en los tributos del Estado de las entidades locales canarias regulada en los capítulos III y IV del título II, capítulos III y IV del título III y capítulo II del título V de esta ley, se determinará respetando lo establecido en su peculiar régimen económico y fiscal.

D.A. 12.ª Aplicación temporal en el Impuesto sobre Actividades Económicas de las bonificaciones potestativas y de la exención contemplada en el artículo 82.1.b) de esta ley.

1. Las bonificaciones potestativas previstas para el Impuesto sobre Actividades Económicas en esta ley, serán de aplicación a partir del 1 de enero de 2004.

2. Sin perjuicio de lo dispuesto en la disposición transitoria decimotercera de esta ley, la exención prevista en el párrafo b) del apartado 1 del artículo 82 de esta ley sólo será de aplicación a los sujetos pasivos que inicien el ejercicio de su actividad a partir del 1 de enero de 2003.

Si la actividad se hubiera iniciado en el período impositivo 2002, el coeficiente de ponderación aplicable en el año 2003 será el menor de los previstos en el cuadro que se recoge en el artículo 86 de esta ley.

D.A. 13.ª Adecuación de la ordenanza fiscal a los coeficientes previstos en el artículo 32.2 del Texto Refundido de la Ley del Catastro Inmobiliario.

En aquellos municipios en los que resulte de aplicación lo previsto en el artículo 32.2 del Texto Refundido de la Ley del Catastro Inmobiliario, aprobado por el Real Decreto Legislativo 1/2004, de 5 de marzo, el plazo para aprobar y publicar el tipo de gravamen del Impuesto sobre Bienes Inmuebles se amplía hasta el 1 de marzo del ejercicio en que se aplique el correspondiente coeficiente.

Añadida por Ley 16/2012, de 27 de diciembre, por la que se adoptan diversas medidas tributarias dirigidas a la consolidación de las finanzas públicas y al impulso de la actividad económica. (BOE de 28-12-2012).

D.A. 14.ª Notificaciones en los tributos periódicos.

Cuando se produzcan modificaciones de carácter general de los elementos integrantes de los tributos de cobro periódico por recibo, a través de las correspondientes ordenanzas fiscales, no será necesaria la notificación individual de las liquidaciones resultantes, salvo en los supuestos establecidos en el apartado 3 del artículo 102 de la Ley 58/2003, de 17 de diciembre, General Tributaria.

Añadida por Ley 16/2012, de 27 de diciembre, por la que se adoptan diversas medidas tributarias dirigidas a la consolidación de las finanzas públicas y al impulso de la actividad económica. (BOE de 28-12-2012).

D.A. 15.ª Gestión integrada o coordinada de servicios.

Cuando la Diputación o entidad equivalente acredite en un informe que el acuerdo de dos o más municipios para la gestión integrada de todos los servicios municipales que sean coincidentes conlleva un ahorro de al menos el 10% respecto el coste efectivo total en el que incurría cada municipio por separado, el coeficiente de ponderación que resulte de aplicación a cada municipio de acuerdo con el artículo 124.1 del texto refundido de la Ley Reguladora de las Haciendas Locales, se incrementará en 0,04. De la aplicación de esta regla no se podrá derivar, para cada ejercicio, un importe total superior al que resulte de lo dispuesto en el artículo 123 del texto refundido de la Ley Reguladora de las Haciendas Locales.

Añadida por Ley 27/2013, de 27 de diciembre, de racionalización y sostenibilidad de la Administración Local. (BOE de 30-12-2013).

D.A. 16.ª Inversión financieramente sostenible.

A los efectos de lo dispuesto en la disposición adicional sexta de la Ley Orgánica 2/2012, de 27 de abril, de Estabilidad Presupuestaria y Sostenibilidad Financiera, se entenderá por inversión financieramente sostenible la que cumpla todos los requisitos siguientes:

1. Que la inversión se realice, en todo caso, por Entidades Locales que se encuentren al corriente en el cumplimiento de sus obligaciones tributarias y frente a la Seguridad Social.

A) Además, deberá tener reflejo presupuestario en los siguientes grupos de programas recogidos en el anexo I de la Orden EHA/3565/2008, de 3 de diciembre, por la que se aprueba la estructura de los presupuestos de la Entidades Locales:

160. Alcantarillado.
161. Abastecimiento domiciliario de agua potable.
162. Recogida, eliminación y tratamiento de residuos.
165. Alumbrado público.
172. Protección y mejora del medio ambiente.
412. Mejora de las estructuras agropecuarias y de los sistemas productivos.
422. Industria.
425. Energía.
431. Comercio.
432. Información y promoción turística.
441. Transporte de viajeros.
442. Infraestructuras del transporte.
452. Recursos hidráulicos.
463. Investigación científica, técnica y aplicada.
491. Sociedad de la información.
492. Gestión del conocimiento.

B) La inversión podrá tener reflejo presupuestario en alguno de los grupos de programas siguientes:

132. Seguridad y Orden Público.
133. Ordenación del tráfico y del estacionamiento.
135. Protección civil.
136. Servicio de prevención y extinción de incendios.
152. Vivienda.
153. Vías públicas.
171. Parques y jardines.
231. Asistencia social primaria.
321. Creación de Centros docentes de enseñanza infantil y primaria.
323. Funcionamiento de centros docentes de enseñanza infantil y primaria y educación especial.
332. Bibliotecas y Archivos.
333. Equipamientos culturales y museos.
336. Protección del Patrimonio Histórico-Artístico.
342. Instalaciones deportivas.
453. Carreteras.
454. Caminos vecinales.

933. Gestión del patrimonio, en el que se podrán incluir las aplicadas a la rehabilitación, reparación y mejora de infraestructuras e inmuebles propiedad de la entidad local afectos al servicio público incluyendo las actuaciones de adaptación de infraestructuras que permitan la accesibilidad universal para personas con discapacidad y personas mayores.

Cuando exista gasto de inversión en estos últimos grupos de programas, y se incurra en un gasto de inversión en el conjunto de grupos de programas citados en este apartado superior a 15 millones de euros o al 40 % del gasto no financiero total de la entidad local respectiva y suponga incremento de los capítulos 1 o 2 del estado de gastos vinculado a los proyectos de inversión se requerirá autorización previa de la Secretaría General de Financiación Autonómica y Local, del Ministerio de Hacienda y Función Pública.

2. Quedan excluidas tanto las inversiones que tengan una vida útil inferior a cinco años como las que se refieran a mobiliario y enseres, salvo que se destinen a la prestación de servicios asociados a los grupos de programas recogidos en el apartado anterior. También quedan excluidas las inversiones en vehículos, salvo que se destinen a la prestación de los servicios públicos de recogida, eliminación y tratamiento de residuos, seguridad y orden público, protección civil, prevención y extinción de incendios, y de transporte de viajeros.

3. El gasto que se realice deberá ser imputable al capítulo 6 del estado de gastos del presupuesto general de la Corporación Local.

De forma excepcional podrán incluirse también indemnizaciones o compensaciones por rescisión de relaciones contractuales, imputables en otros capítulos del presupuesto de la Corporación Local, siempre que las mismas tengan carácter complementario y se deriven directamente de actuaciones de reorganización de medios o procesos asociados a la inversión acometida.

En el caso de las Diputaciones Provinciales, Consejos y Cabildos insulares podrán incluir gasto imputable también en el capítulo 6 y 7 del estado de gastos de sus presupuestos generales destinadas a financiar inversiones que cumplan lo previsto en esta disposición. y se asignen a municipios que:

a) Cumplan con lo previsto en la disposición adicional sexta de la Ley Orgánica 2/2012, de 27 de abril,

b) o bien, no cumpliendo lo previsto en la disposición adicional sexta de la Ley Orgánica 2/2012, de 27 de abril, la inversión no conlleve gastos de mantenimiento y así quede acreditado en su Plan económico-financiero convenientemente aprobado.

4. Que la inversión permita durante su ejecución, mantenimiento y liquidación, dar cumplimiento a los objetivos de estabilidad presupuestaria, y deuda pública por parte de la Corporación Local. A tal fin se valorará, el gasto de mantenimiento, los posibles ingresos o la reducción de gastos que genere la inversión durante su vida útil.

5. La iniciación del correspondiente expediente de gasto y el reconocimiento de la totalidad de las obligaciones económicas derivadas de la inversión ejecutada se deberá realizar por parte de la Corporación Local antes de la finalización del ejercicio de aplicación de la disposición adicional sexta de la Ley Orgánica 2/2012, de 27 de abril.

No obstante, en el supuesto de que un proyecto de inversión no pueda ejecutarse íntegramente en 2014, la parte restante del gasto comprometido en 2014 se podrá reconocer en el ejercicio 2015 financiándose con cargo al remanente de tesorería de 2014 que quedará afectado a ese fin por ese importe restante y la entidad local no podrá incurrir en déficit al final del ejercicio 2015.

6. El expediente de gasto que se tramite incorporará una memoria económica específica, suscrita por el presidente de la Corporación Local, o la persona de la Corporación Local en quien delegue, en la que se contendrá la proyección de los efectos presupuestarios y económicos que podrían derivarse de la inversión en el horizonte de su vida útil. El órgano interventor de la Corporación Local informará acerca de la consistencia y soporte de las proyecciones presupuestarias que contenga la memoria económica de la inversión en relación con los criterios establecidos en los apartados anteriores.

Anualmente, junto con la liquidación del presupuesto, se dará cuenta al pleno de la Corporación Local del grado de cumplimiento de los criterios previstos en los apartados anteriores y se hará público en su portal web.

7. Sin perjuicio de los efectos que puedan derivarse de la aplicación de la normativa de estabilidad presupuestaria y sostenibilidad financiera, si el informe del interventor de la Corporación Local al que se refiere el apartado anterior fuera desfavorable, el interventor lo remitirá al órgano competente de la Administración pública que tenga atribuida la tutela financiera de la Corporación Local.

8. El interventor de la Corporación Local informará al Ministerio de Hacienda y Administraciones públicas de las inversiones ejecutadas en aplicación de lo previsto en esta disposición.

Apdos. 1 y 2 modificados por Real Decreto-ley 1/2018, de 23 de marzo, por el que se prorroga para 2018 el destino del superávit de las corporaciones locales para inversiones financieramente sostenibles y se modifica el ámbito objetivo de estas. (BOE de 24-03-2018).

Referencia 152 de la letra B) se añade por Real Decreto-ley 7/2019, de 1 de marzo, de medidas urgentes en materia de vivienda y alquiler, con efectos 01/01/2019. (BOE de 05-03-2019).

D.A. 17.ª Obtención de información a efectos de la liquidación y recaudación de las tasas por el mantenimiento del servicio de prevención y extinción de incendios y de las contribuciones especiales por el establecimiento o ampliación de los servicios de extinción de incendios.

Las entidades locales recabarán de las entidades aseguradoras la información necesaria para la liquidación y recaudación de las tasas por la prestación del servicio de prevención y extinción de incendios y de las contribuciones especiales por el establecimiento o ampliación de los servicios de extinción de incendios, conforme al procedimiento que se establece en la disposición adicional decimocuarta de la Ley 20/2015, de 14 de julio, de ordenación, supervisión y solvencia de entidades aseguradoras y reaseguradoras.

Añadida por Ley 20/2015, de 14 de julio, de ordenación, supervisión y solvencia de las entidades aseguradoras y reaseguradoras. (BOE de 15-07-2015).

DISPOSICIONES TRANSITORIAS

D.T. 1.ª Régimen de los beneficios fiscales anteriores a la Ley 39/1988, de 28 de diciembre, reguladora de las Haciendas Locales.

A partir del 31 de diciembre de 1989, quedarán suprimidos cuantos beneficios fiscales estuvieren establecidos en los tributos locales con anterioridad a la entrada en vigor de la Ley 39/1988, de 28 de diciembre, reguladora de las Haciendas Locales, tanto de forma genérica como específica, en toda clase de disposiciones distintas de las de régimen local, sin que su vigencia pueda ser invocada respecto de ninguno de los tributos regulados en este texto refundido; lo anterior se entiende sin perjuicio de lo establecido en las disposiciones transitorias tercera, cuarta y quinta de este texto refundido.

D.T. 2.ª Impuesto sobre Bienes Inmuebles.

El Impuesto sobre Bienes Inmuebles comenzará a exigirse en todo el territorio nacional, a partir del día 1 de enero de 1990. Respecto de los bienes inmuebles urbanos el impuesto se exigirá aplicando los valores catastrales vigentes en la fecha indicada a efectos de la Contribución Territorial Urbana, hasta tanto no se proceda a su determinación con arreglo a las normas reguladoras del Catastro. Respecto de los bienes inmuebles rústicos, y hasta tanto no se produzca esta última circunstancia, el impuesto se exigirá aplicando como valor catastral el que resulte de lo dispuesto en la disposición transitoria segunda del texto refundido de la Ley del Catastro Inmobiliario y otras normas tributarias.

D.T. 3.ª Beneficios fiscales en el Impuesto sobre Bienes Inmuebles.

1. Los beneficios fiscales en el Impuesto sobre Bienes Inmuebles reconocidos a la entrada en vigor de la Ley 51/2002, de 27 de diciembre, cuyos supuestos de disfrute se encuentren recogidos en este texto refundido, se mantendrán sin que, en caso de que tengan carácter rogado, sea necesaria su solicitud. Se mantendrán hasta la fecha de su extinción aquellos beneficios fiscales reconocidos en dicho Impuesto cuyos supuestos de disfrute no se recogen en este texto refundido, con excepción de la exención prevista en el párrafo k) del artículo 64 de la Ley reguladora de las Haciendas Locales, en su redacción anterior a la Ley 51/2002, de 27 de diciembre, que queda extinguida a su entrada en vigor.

2. Los ayuntamientos que con anterioridad a la entrada en vigor de nuevos valores catastrales, como consecuencia de procedimientos de valoración colectiva de carácter general, vinieran aplicando la bonificación establecida en el artículo 74.5 de la Ley 39/1988, de 28 de diciembre, Reguladora de las Haciendas Locales, en la redacción que le proporcionó la Ley

14/2000, de 29 diciembre, de medidas fiscales, administrativas y del orden social, podrán continuar aplicando dicha bonificación durante el periodo referido en el artículo 68.1 del Texto Refundido de la Ley Reguladora de las Haciendas Locales, aprobado por Real Decreto Legislativo 2/2004, de 5 de marzo.

3. Hasta el momento en que adquieran efectividad los valores catastrales determinados mediante la aplicación de ponencias de valores totales o especiales aprobadas de conformidad con lo dispuesto en las normas reguladoras del Catastro Inmobiliario, mantienen su vigencia los artículos segundo, tercero, cuarto, quinto y sexto de la Ley 53/1997, de 27 de noviembre, por la que se modifica parcialmente la Ley 39/1988, de 28 de diciembre, reguladora de las Haciendas Locales, y se establece una reducción en la base imponible del Impuesto sobre Bienes Inmuebles, así como el artículo 69.3 de la citada Ley reguladora de Haciendas Locales, en su redacción anterior a la Ley 51/2002, de 27 de diciembre, respecto a los inmuebles rústicos, urbanos y de características especiales situados en municipios en los que se viniera aplicando dicha reducción.

Apdo. 2 modificado por Ley 6/2018, de 3 de julio, de Presupuestos Generales del Estado para el año 2018. (BOE de 04-07-2018).

D.T. 4.ª Beneficios fiscales en el Impuesto sobre Actividades Económicas.

Quienes a la fecha de comienzo de aplicación del Impuesto sobre Actividades Económicas gozaran de cualquier beneficio fiscal en la Licencia Fiscal de Actividades Comerciales e Industriales o en la Licencia Fiscal de Actividades Profesionales y de Artistas continuarán disfrutando de ellos en el impuesto citado en primer lugar hasta la fecha de su extinción, y si no tuvieran término de disfrute, hasta el 31 de diciembre de 1994, inclusive.

D.T. 5.ª Beneficios fiscales en el Impuesto sobre Vehículos de Tracción Mecánica.

Quienes a la fecha de comienzo de aplicación del Impuesto sobre Vehículos de Tracción Mecánica gozaran de cualquier clase de beneficio fiscal en el Impuesto Municipal sobre Circulación de Vehículos, continuarán disfrutando de ellos en el impuesto citado en primer lugar hasta la fecha de su extinción y, si no tuvieran término de disfrute, hasta el 31 de diciembre de 1992, inclusive.

D.T. 6.ª Impuesto Municipal sobre Gastos Suntuarios.

A partir del 1 de enero de 1991 los ayuntamientos podrán continuar exigiendo el Impuesto Municipal sobre Gastos Suntuarios, en lo referente, exclusivamente, a la modalidad de este que grava el aprovechamiento de cotos de caza y pesca. A tal fin, permanecen vigentes todas las disposiciones, tanto legales como reglamentarias, por las que se rige el impuesto de referencia en su modalidad d), del artículo 372 del texto refundido de las disposiciones legales vigentes en materia de régimen local, aprobado por el Real Decreto Legislativo 781/1986, de 18 de abril. Asimismo, permanecen vigentes las ordenanzas fiscales municipales reguladoras del mencionado impuesto y modalidad. Las restantes modalidades de este impuesto quedan suprimidas, desde el 1 de enero de 1991.

D.T. 7.ª Régimen financiero de Madrid y Barcelona.

En tanto no se aprueben las leyes a que se refieren los artículos 160 y 161, serán de aplicación directa a los municipios de Madrid y Barcelona los preceptos contenidos en esta ley.

D.T. 8.ª Tributación de los bienes inmuebles de características especiales.

Los bienes inmuebles de características especiales que a la entrada en vigor de la Ley 51/2002, de 27 de diciembre, estuviesen inscritos en el Catastro Inmobiliario conforme a su anterior naturaleza, mantendrán hasta el 31 de diciembre de 2006 la reducción en la base imponible que tuvieran conforme a la normativa anterior, y les serán de aplicación los tipos de gravamen del Impuesto sobre Bienes Inmuebles previstos para dichos bienes en este texto refundido. Los restantes bienes inmuebles de características especiales empezarán a tributar en el Impuesto sobre Bienes Inmuebles el día 1 de enero del año inmediatamente posterior al de su inscripción en el Catastro Inmobiliario.

Se amplía el plazo para la aplicación de la reducción en la base imponible del Impuesto sobre Bienes Inmuebles, con efectos de 1 de enero de 2005, por Ley 2/2004, de 27 de diciembre, de Presupuestos Generales del Estado para el año 2005. (BOE de 28-12-2004).

D.T. 9.ª Base liquidable de los bienes inmuebles rústicos.

Lo establecido en esta ley respecto a la fijación de la base liquidable del Impuesto sobre Bienes Inmuebles queda en suspenso respecto a los bienes inmuebles rústicos hasta que mediante ley se establezca la fecha de su aplicación.

D.T. 10.ª Procedimientos en tramitación.

A los procedimientos iniciados antes de la entrada en vigor de la Ley 51/2002, de 27 de diciembre, no les será de aplicación lo dispuesto en este texto refundido, y se regirán por la normativa anterior.

D.T. 11.ª Ordenanzas fiscales y plazos de aprobación del tipo de gravamen del Impuesto sobre Bienes Inmuebles y de las ponencias de valores, de notificación de valores catastrales y de entrega de los padrones catastrales.

1. Con efectos exclusivos para el ejercicio de 2003, los ayuntamientos que decidan aplicar, en uso de su capacidad normativa, las modificaciones establecidas en la Ley 51/2002, de 27 de diciembre, en los tributos periódicos con devengo el 1 de enero de dicho año deberán aprobar el texto definitivo de las nuevas ordenanzas fiscales y publicarlas en el boletín oficial correspondiente, todo ello con arreglo a lo dispuesto en el artículo 17 de este texto refundido, antes de 1 de abril de 2003.

En el supuesto de que para el Impuesto sobre Bienes Inmuebles no se haga uso de la autorización contenida en el párrafo anterior, el tipo de gravamen aplicable a los bienes inmuebles de características especiales será el correspondiente a los bienes inmuebles urbanos.

2. Con vigencia exclusiva para el ejercicio 2003, el plazo general establecido en esta ley para aprobar los tipos de gravamen del Impuesto sobre Bienes Inmuebles se amplía hasta el 31 de octubre de 2003 en aquellos municipios afectados por procedimientos de valoración colectiva que deban surtir efecto el 1 de enero de 2004. De los correspondientes acuerdos se dará traslado a la Dirección General del Catastro dentro de dicho plazo.

Asimismo, y en relación a los indicados municipios, se amplía también hasta el 31 de octubre de 2003 el plazo para la publicación de las ponencias de valores y hasta el 1 de marzo del año 2004 el plazo para la notificación individual de los valores catastrales resultantes, sin perjuicio de su efectividad en el año 2004.

En estos municipios la entrega del correspondiente padrón catastral se podrá diferir hasta el día 1 de mayo del año 2004.

D.T. 12.ª Determinación de la base liquidable del Impuesto sobre Bienes Inmuebles.

La determinación de la base liquidable del Impuesto sobre Bienes Inmuebles, atribuida a los ayuntamientos en el apartado 3 del artículo 77 de esta ley, se realizará por la Dirección General del Catastro, salvo que el ayuntamiento comunique a dicho centro directivo que la indicada competencia será ejercida por él. Esta comunicación deberá realizarse antes de que finalice el mes de febrero del año en el que asuma el ejercicio de la mencionada competencia.

Modificada por Ley 36/2014, de 26 de diciembre, de Presupuestos Generales del Estado para el año 2015. (BOE de 30-12-2014).

D.T. 13.ª Bonificaciones por inicio de actividad en el Impuesto sobre Actividades Económicas.

En relación con los sujetos pasivos del Impuesto sobre Actividades Económicas respecto de los cuales, a la entrada en vigor de la Ley 51/2002, de 27 de diciembre, no estando exentos del pago del impuesto con arreglo a lo dispuesto en esta, se estuvieran aplicando las bonificaciones en la cuota por inicio de actividad anteriormente reguladas en la nota común 2.ª a la sección primera y en la nota común 1.ª a la sección segunda, de las tarifas aprobadas por el Real Decreto Legislativo 1175/1990, de 28 de septiembre, continuarán aplicándose dichas bonificaciones, en los términos previstos en las citadas notas comunes, hasta la finalización del correspondiente período de aplicación de la bonificación.

D.T. 14.ª Exenciones en el Impuesto sobre Vehículos de Tracción Mecánica derivadas del artículo 94 de la Ley 39/1988, de 28 de diciembre, en su redacción anterior a la Ley 51/2002, de 27 de diciembre.

Los vehículos que con anterioridad a la entrada en vigor de la Ley 51/2002, de 27 de diciembre, resultando exentos del Impuesto sobre Vehículos de Tracción Mecánica por aplicación de la anterior redacción del artículo 94.1.d) de la Ley 39/1988, de 28 de diciembre, reguladora de las Haciendas Locales, no cumplan los requisitos fijados para la exención en la nueva redacción dada por la Ley 51/2002, de 27 de diciembre, a dicho precepto, continuarán teniendo derecho a la aplicación de la exención prevista en la redacción anterior del citado precepto, en tanto el vehículo mantenga los requisitos fijados en aquélla para tal exención.

D.T. 15.ª Tipos de gravamen del Impuesto sobre Bienes Inmuebles por usos.

En tanto no se aprueben las nuevas normas reglamentarias en materia de valoración catastral, la diferenciación de tipos de gravamen por usos en el Impuesto sobre Bienes Inmuebles prevista en esta ley se realizará atendiendo a los establecidos en el cuadro de coeficientes del valor de las construcciones recogido en la norma 20 del anexo al Real Decreto 1020/1993, de 25 de junio, por el que se aprueban las normas técnicas de valoración y el cuadro marco de valores del suelo y de las construcciones para determinar el valor catastral de los bienes inmuebles de naturaleza urbana, teniendo en cuenta las siguientes especialidades:

1. Cuando los inmuebles tengan atribuidos varios usos, las normas para la identificación del uso de la edificación o dependencia principal serán las siguientes:

a) A los inmuebles no sometidos al régimen de propiedad horizontal que estén integrados por varias edificaciones o dependencias se les asignará el uso residencial cuando la suma de las superficies de este uso represente al menos el 20 por ciento de la superficie total construida del inmueble, una vez descontada la destinada a plazas de estacionamiento; en otro caso, se asignará el uso de mayor superficie, descontada asimismo la destinada a plazas de estacionamiento. En este último supuesto, si coincidieran varios usos con la misma superficie, se atenderá al siguiente orden de prevalencia: residencial, oficinas, comercial, espectáculos, ocio y hostelería, industrial, almacén-estacionamiento, sanidad y beneficencia, deportes, cultural y religioso y edificio singular.

b) En los inmuebles sometidos a régimen de propiedad horizontal, cuando varios elementos privativos formen parte de un único bien inmueble, la dependencia principal será la destinada a uso residencial. Si ninguna de ellas tuviera este uso, se atenderá a la prevalencia citada en el párrafo a).

2. Para la identificación del uso de las edificaciones o dependencias que tengan la consideración de bien inmueble se seguirán las siguientes reglas:

a) Los garajes y trasteros que se ubiquen en edificios de uso residencial, así como los edificios destinados exclusivamente a garajes y estacionamientos, tendrán asignado el uso almacén-estacionamiento.

b) Los bares musicales, salas de fiestas, discotecas, cines, teatros, restaurantes, bares y cafeterías ubicados en locales comerciales en edificios destinados a otros usos, así como los locales comerciales en estructura, tendrán asignado el uso comercial.

c) Los "camping" tendrán asignado el uso ocio y hostelería.

d) Los campos de golf tendrán asignado el uso deportivo.

e) Los silos y depósitos para sólidos, líquidos y gases tendrán asignado el uso industrial.

f) Los edificios o inmuebles monumentales y ambientales o típicos se clasificarán en el uso correspondiente a la actividad que en ellos se desarrolle.

g) Las obras de urbanización y las obras de jardinería no se considerarán, a estos efectos, construcciones.

D.T. 16.ª Notificaciones.

Con efectos exclusivos para el año 2003, las alteraciones que experimenten los elementos determinantes de las deudas tributarias de cobro periódico por recibo, como consecuencia de las modificaciones introducidas por la Ley 51/2002, de 27 de diciembre, o por las ordenanzas fiscales, se notificarán colectivamente mediante edicto, no siendo necesaria su notificación individual.

D.T. 17.ª Gestión censal e inspección del Impuesto sobre Actividades Económicas.

1. Las entidades que, de acuerdo con el artículo 22 del Real Decreto 243/1995, de 17 de febrero, por el que se dictan normas para la gestión del Impuesto sobre Actividades Económicas y se regula la delegación de competencias en materia de gestión censal de dicho impuesto, puedan solicitar la delegación de competencias en materia de gestión censal y que deseen asumir dicha competencia en 2003, deberán adoptar el oportuno acuerdo y presentar la correspondiente solicitud ante el Departamento de Gestión Tributaria de la Agencia Estatal de Administración Tributaria antes del 15 de abril de 2003.

La solicitud deberá presentarse incluso en los casos en que la entidad tenga asumida la competencia citada en 2002, entendiéndose en otro caso que se renuncia, con efectos de 1 de julio de 2003, al ejercicio por delegación de dicha competencia. Las entidades podrán solicitar la delegación de la gestión censal incluso cuando no hayan asumido por delegación en ejercicios anteriores la inspección del impuesto, siempre que para 2003 soliciten también la delegación de la inspección.

La orden del Ministro de Hacienda que conceda la delegación de la gestión censal para 2003 se publicará en el "Boletín Oficial del Estado" antes del 1 de julio de 2003. En tanto no se publique la orden citada, la gestión censal del impuesto se continuará ejerciendo por la entidad que haya ejercido efectivamente dicha competencia en 2002.

2. La delegación de la inspección para 2003 se solicitará en el plazo establecido en el apartado anterior al Departamento de Inspección Financiera y Tributaria de la Agencia Estatal de Administración Tributaria, sin que en este caso sea necesario presentar una nueva solicitud cuando ya se hubiese ejercido dicha competencia por delegación en 2002. El mismo plazo se aplicará si se desea renunciar al ejercicio de la competencia por delegación en 2003.

La orden del Ministro de Hacienda que conceda la delegación de la inspección se publicará en el "Boletín Oficial del Estado" antes del 1 de julio de 2003.

D.T. 18.ª Régimen de base liquidable y de bonificación de determinados inmuebles en el Impuesto sobre Bienes Inmuebles.

A los inmuebles rústicos valorados conforme a lo dispuesto en el apartado 1 de la disposición transitoria primera del texto refundido de la Ley del Catastro Inmobiliario, aprobado por Real Decreto Legislativo 1/2004, de 5 de marzo, les será de aplicación, hasta la realización de un procedimiento de valoración colectiva de carácter general para inmuebles de esa clase, la reducción a la que se refiere el artículo 67 y, en su caso, la bonificación que hubiera acordado el ayuntamiento conforme al artículo 74.2. En ambos casos, estos beneficios fiscales se aplicarán únicamente sobre la primera componente del valor catastral, de acuerdo con lo descrito en la citada disposición transitoria primera.

A efectos de lo establecido en el párrafo anterior, el componente individual de la reducción a que se refiere el artículo 68 de esta ley será, en cada año, la diferencia positiva entre la primera componente del valor catastral del inmueble en el primer ejercicio de su vigencia y su valor base. Este valor base será el resultado de multiplicar la citada primera componente del valor catastral del inmueble por el coeficiente, no inferior a 0,5 ni superior a 1, que se establezca en la ordenanza fiscal del impuesto. En defecto de determinación por la ordenanza, se aplicará el coeficiente 0,5.

Modificada por Ley 36/2006, de 29 de noviembre, de medidas para la prevención del fraude fiscal. (BOE de 30-11-2006).

D.T. 19.ª Justificación del pago del Impuesto sobre Vehículos de Tracción Mecánica.

En tanto la Dirección General de Tráfico no habilite los procedimientos informáticos necesarios para permitir la comunicación a que se refiere el artículo 99.3 de esta Ley, las Jefaturas Provinciales de Tráfico exigirán, para la realización del trámite de cambio de titularidad administrativa, el recibo que acredite el pago del impuesto correspondiente al año inmediatamente anterior a aquel en que se realiza el trámite.

Añadida por Ley 36/2006, de 29 de noviembre, de medidas para la prevención del fraude fiscal. (BOE de 30-11-2006).

D.T. 20.ª Impuesto sobre el Incremento de Valor de los Terrenos de Naturaleza Urbana.

Con efectos exclusivos para el año 2012, aquellos municipios que no hubieran aprobado la ordenanza para el establecimiento de la reducción potestativa prevista en el apartado

3 del artículo 107 de esta Ley, en su redacción dada por el artículo 4 del Real Decreto-ley 12/2012, de 30 de marzo, continuarán aplicando la reducción establecida en dicho apartado 3 en su redacción anterior al citado real decreto-ley.

Añadida por Real Decreto-ley 12/2012, de 30 de marzo, por el que se introducen diversas medidas tributarias y administrativas dirigidas a la reducción del déficit público. (BOE de 31-03-2012).

D.T. 21.ª Aprobación de las ordenanzas fiscales para el ejercicio 2013.

Con efectos exclusivos para el ejercicio 2013, los Ayuntamientos que decidan aplicar, en uso de su capacidad normativa, las medidas previstas para los tributos locales en la Ley 16/2012, de 27 de diciembre, por la que se adoptan diversas medidas tributarias dirigidas a la consolidación de las finanzas públicas y al impulso de la actividad económica, deberán aprobar el texto definitivo de las nuevas ordenanzas fiscales y publicarlas en el boletín oficial correspondiente, todo ello con arreglo a lo dispuesto en el artículo 17 de este Texto Refundido, antes del 1 de abril de 2013.

Añadida por Ley 16/2012, de 27 de diciembre, por la que se adoptan diversas medidas tributarias dirigidas a la consolidación de las finanzas públicas y al impulso de la actividad económica. (BOE de 28-12-2012).

D.T. 22.ª Consolidación de cuentas.

En tanto no se aprueben las normas para la formulación de cuentas anuales consolidadas en el ámbito del sector público local a que se refiere el apartado 4 del artículo 209 de este texto refundido, las entidades locales unirán a la Cuenta General los estados integrados y consolidados de las distintas cuentas que determine el Pleno de la Corporación.

Añadida por Ley 3/2017, de 27 de junio, de Presupuestos Generales del Estado para el año 2017. (BOE de 28-06-2017).

DISPOSICIONES FINALES

D.F. Única. Potestad reglamentaria.

1. Se faculta al Gobierno para dictar cuantas disposiciones sean necesarias para el desarrollo y ejecución de esta ley.

2. En particular, se faculta al Gobierno para dictar cuantas disposiciones sean necesarias para el desarrollo y aplicación de las tarifas e instrucción del Impuesto sobre Actividades Económicas.

3. Se faculta al Ministro de Hacienda para aprobar los modelos de comunicación a efectos de la aplicación de la exención en el Impuesto sobre Actividades Económicas determinada en función del importe neto de la cifra de negocios del sujeto pasivo y de la aplicación del coeficiente de ponderación de aquélla, así como para determinar los plazos y la forma de presentación de las comunicaciones y los supuestos en los cuales no será necesaria dicha presentación.

ÍNDICE ANALÍTICO

A

B

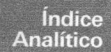
C

D

E

H

I